2021
中国民政统计年鉴

CHINA CIVIL AFFAIRS STATISTICAL YEARBOOK

中华人民共和国民政部　编

中国社会出版社
国家一级出版社 · 全国百佳图书出版单位

图书在版编目（CIP）数据

中国民政统计年鉴. 2021 / 中华人民共和国民政部编. -- 北京：中国社会出版社，2021.11
ISBN 978-7-5087-6627-0

Ⅰ. ①中… Ⅱ. ①中… Ⅲ. ①民政事务－统计资料－中国－2021 Ⅳ. ①D632-66

中国版本图书馆 CIP 数据核字（2021）第 197105 号

书　　名：中国民政统计年鉴（2021）
编　　者：中华人民共和国民政部

出 版 人：浦善新
终 审 人：李　浩
策划编辑：张　党
责任编辑：张翠萍

出版发行：中国社会出版社　　**邮政编码：**100032
通联方式：北京市西城区二龙路甲 33 号新龙大厦 4 层
电　　话：编辑部：（010）58124865
邮购部：（010）58124848
销售部：（010）58124845
传　真：（010）58124856
网　　址：shcbs.mca.gov.cn
经　　销：各地新华书店

中国社会出版社天猫旗舰店

印刷装订：北京华联印刷有限公司
开　　本：210 mm × 297 mm　1/16
印　　张：33.5
字　　数：1000 千字
版　　次：2021 年 11 月第 1 版
印　　次：2021 年 11 月第 1 次印刷
定　　价：320.00 元

中国社会出版社微信公众号

2021
中国民政统计年鉴

编委会和编辑人员

编者说明

一、《中国民政统计年鉴2021》收录了全国各省、自治区、直辖市2020年民政事业主要统计指标数据以及部分历史数据，主要包括2020年民政事业发展统计公报、民政事业主要数据图表、综合统计资料、历年统计资料、当年分省份统计资料和主要指标解释六部分内容。

二、本年鉴中涉及的全国统计数据均不包括香港特别行政区、澳门特别行政区和台湾省的数据。

三、本年鉴所涉及历史数据，均以本年鉴为准。

四、本年鉴中部分指标合计数或相对数由于四舍五入而产生的计算误差，未作机械调整。

五、本年鉴各表中“—”符号表示数据不足本表最小计量单位或无此数据，“空格”符号表示该项统计数据为零，“#”表示其为上级指标的其中主要项。

目　录

第一部分：专文

第二部分：主要数据图表

综合

社会工作

成员组织和其他社会服务

第三部分：综合统计资料

综合

社会工作

成员组织和其他社会服务

第四部分：历年统计资料

综合

社会工作

成员组织和其他社会服务

第五部分：当年分省统计资料

综合

行政区划和行政机关

社会服务总体情况

社会工作

提供住宿的社会服务活动

不提供住宿的社会服务活动

为老年人和残疾人提供的服务

为儿童提供的服务

为生活困难群众提供的服务

为弱势群体筹集资金的活动

成员组织和其他社会服务

成员组织

社会组织

自治组织

其他社会服务

婚姻服务

殡葬服务

其他

第六部分：主要指标解释

第一部分

专 文

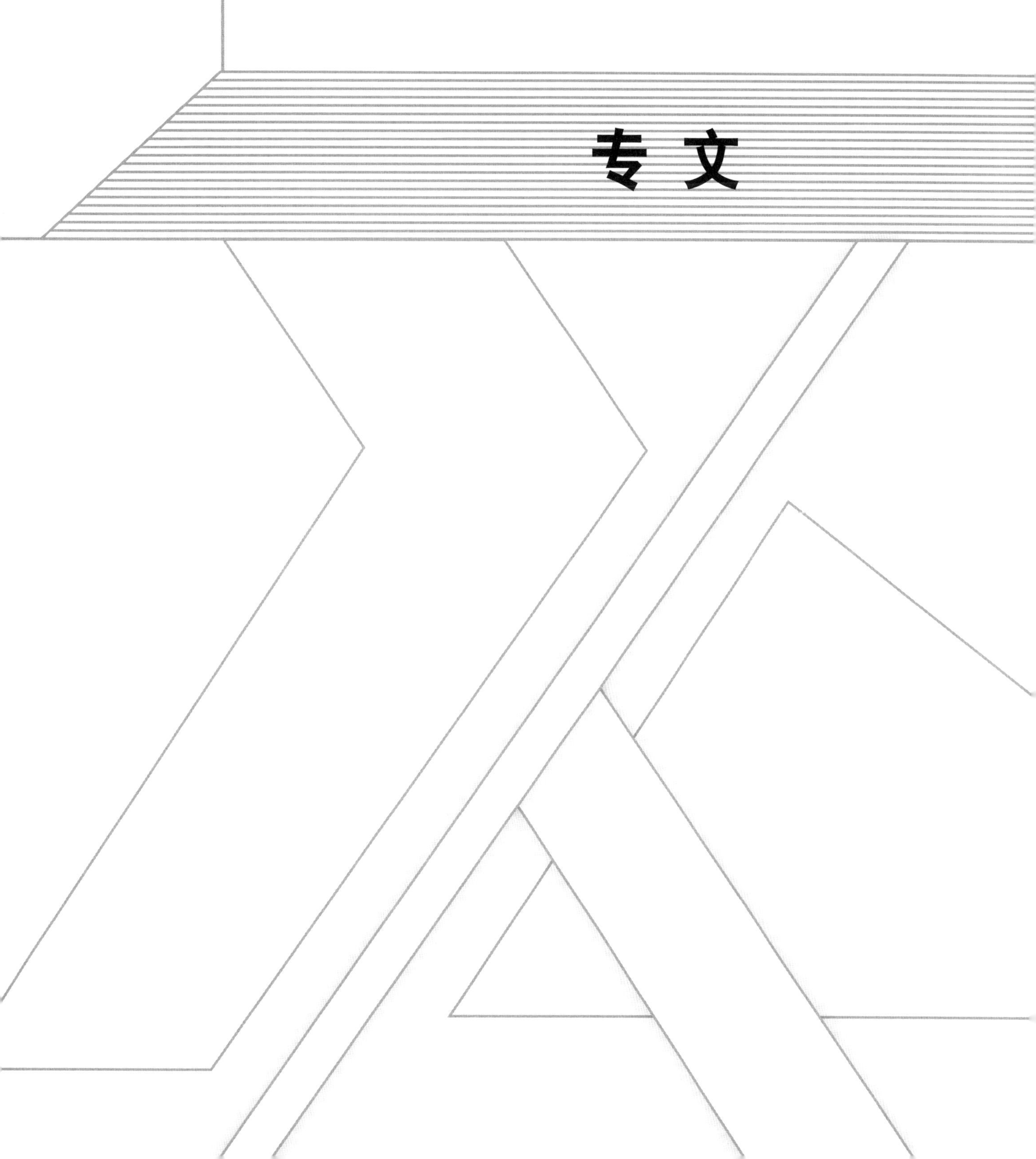

2020年民政事业发展统计公报

2020年，各级民政部门深入学习贯彻习近平新时代中国特色社会主义思想和习近平总书记关于民政工作重要指示精神，认真贯彻落实党中央、国务院决策部署，增强“四个意识”、坚定“四个自信”、做到“两个维护”，履行基本民生保障、基层社会治理、基本社会服务等职责，全面推进民政事业取得新进展、新成效。

一、综合

截至2020年底，全国民政部门登记和管理的机构和设施共计229.3万个，职工总数1644.8万人，固定资产原价7278.0亿元；各类民政服务机构和设施拥有床位848.2万张，每千人口民政服务床位数6.0张；民政服务设施建设项目规模2519.1万平方米，全年实际完成投资总额190.9亿元；全国民政事业费支出4808.2亿元，占国家财政支出的2.0%，其中，中央财政向各地转移支付的民政事业费1704.2亿元，占全年民政事业费支出的35.4%。

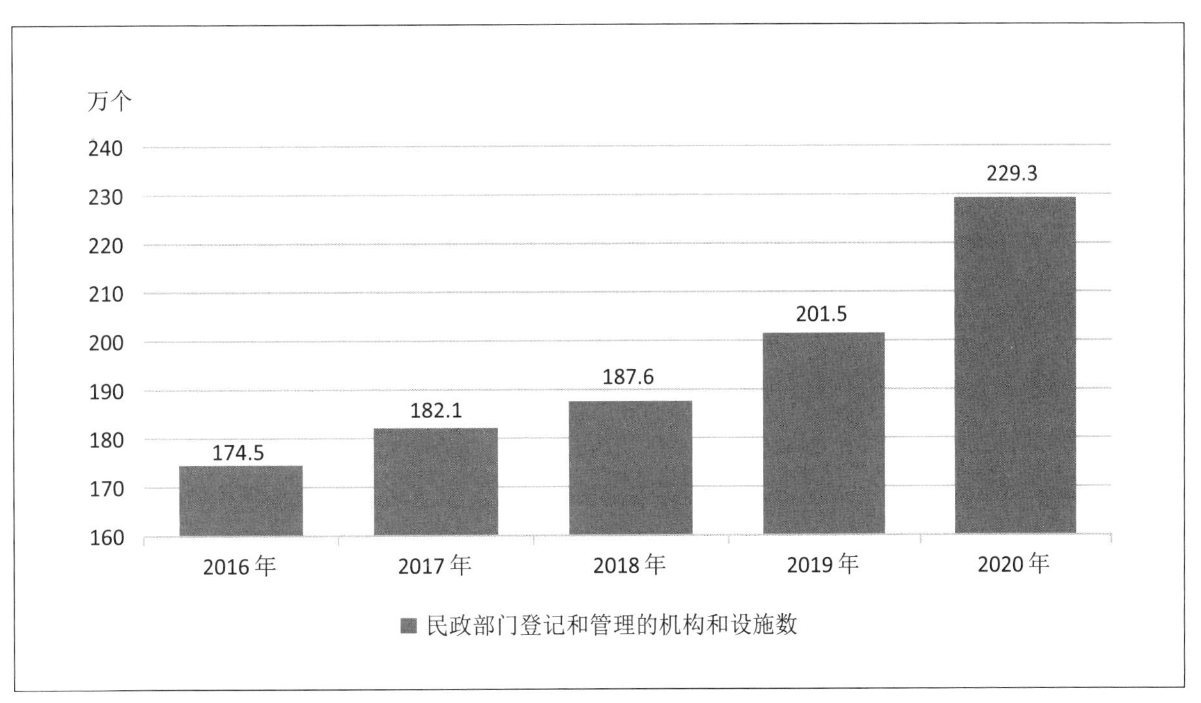

图1　2016—2020年民政部门登记和管理的机构和设施情况

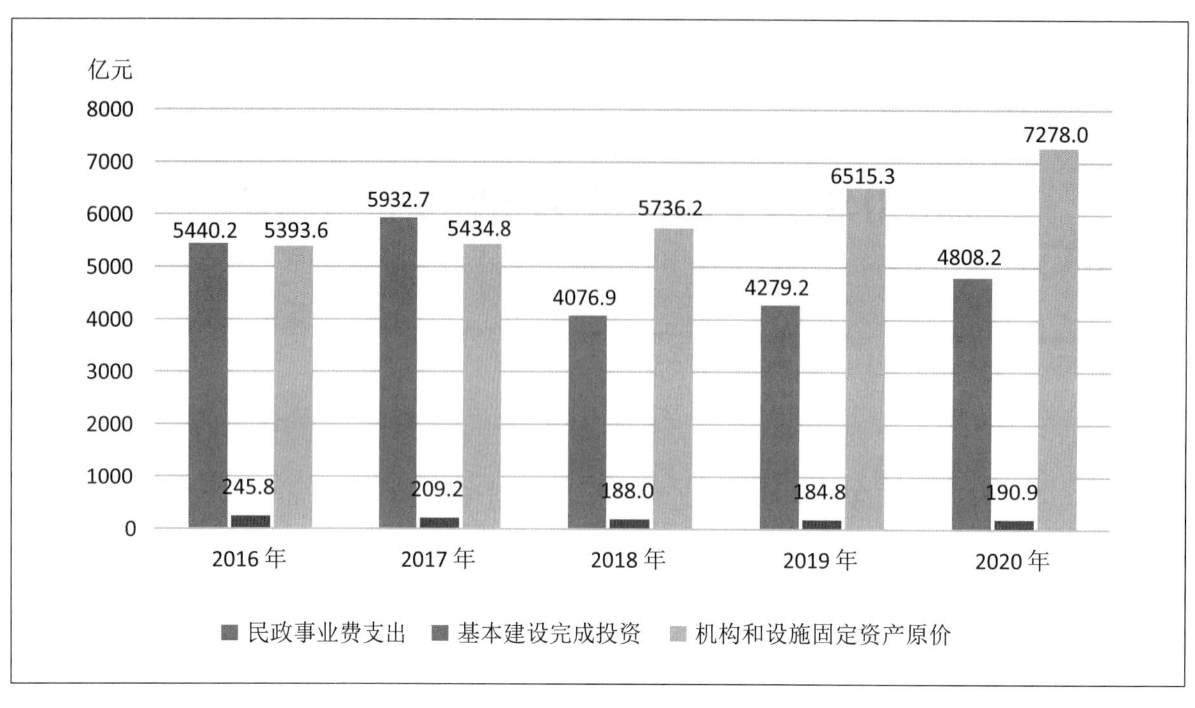

图2　2016—2020年民政事业发展总体情况

二、行政区划

截至2020年底，全国共有省级行政区划单位34个，地级行政区划单位333个，县级行政区划单位2844个，乡级行政区划单位38741个。2020年共联合检查省界14条，完成了总长度约14468公里的省界联检任务。

表1　2020年行政区划情况

单位：个

指标	数量	指标	数量
省级	**34**	**地级**	**333**
直辖市	4	地级市	293
省（含台湾省）	23	地区	7
自治区	5	自治州	30
特别行政区	2	盟	3
县级	**2844**	**乡级**	**38741**
市辖区	973	镇	21157
县级市	388	乡	7693
县	1312	民族乡	962
自治县	117	苏木	153
旗	49	民族苏木	1
自治旗	3	街道	8773
林区	1	区公所	2
特区	1		

三、社会工作

（一）提供住宿的社会工作

截至2020年底，全国注册登记提供住宿的各类民政服务机构共计4.1万个，其中注册登记为事业单位的1.8万个，注册登记为民办非企业单位的1.8万个。机构内床位515.4万张，年末抚养人员235.6万人。

表2　2020年提供住宿的民政服务机构情况

指标	机构（个）	床位（万张）
合计	**40852**	**515.4**
养老机构	**38158**	**488.2**
社会福利院	1524	37.7
特困人员救助供养机构	17153	174.8
其他各类养老机构	19481	275.7
精神疾病服务机构	**141**	**6.7**
社会福利医院	141	6.7
儿童福利和救助保护机构	**760**	**10.1**
儿童福利机构	508	9.1
未成年人救助保护机构	252	1.0
其他提供住宿机构	**1793**	**10.4**
流浪乞讨人员救助管理机构	1555	8.4
其他提供住宿的机构	238	1.9

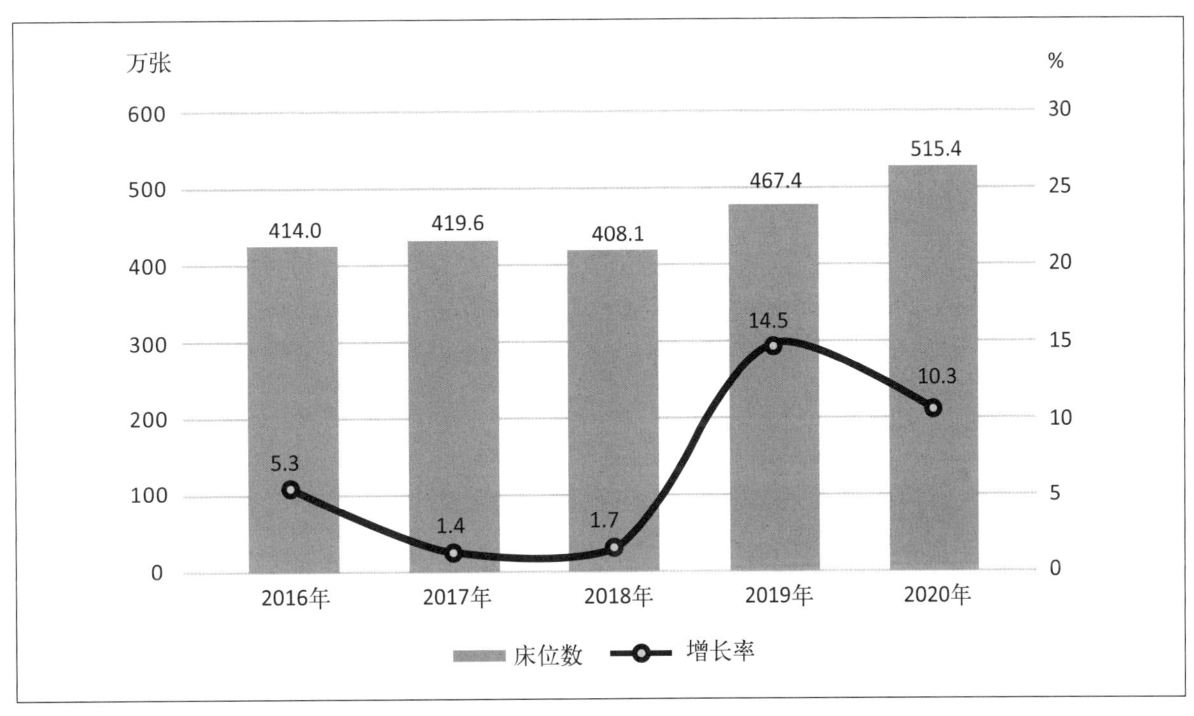

图3　2016—2020年提供住宿的民政服务机构床位情况

1.提供住宿的养老服务。截至2020年底，全国共有各类养老机构和设施32.9万个，养老床位合计821.0万张，比上年增长5.9%。其中：全国共有注册登记的养老机构3.8万个，比上年增长11.0%，床位488.2万张，比上年增长11.3%；社区养老服务机构和设施29.1万个，共有床位332.8万张。

2.提供住宿的精神疾病服务。截至2020年底，全国共有民政部门管理的精神卫生福利机构141个，床位6.7万张。

3.提供住宿的儿童福利和救助保护服务。截至2020年底，全国各类民政服务机构集中养育孤儿5.9万人，基本生活保障平均标准1611.3元/人·月。全国共有注册登记的儿童福利和救助保护服务机构760个，床位10.1万张，年末在机构抚养人员数计4.6万。其中儿童福利机构508个，床位9.1万张；未成年人救助保护机构252个，床位1.0万张，救助流浪乞讨未成年人0.9万人次。

4.其他提供住宿的服务。截至2020年底，全国共有其他提供住宿的民政服务机构1793个，床位10.4万张。其中流浪乞讨人员救助管理机构1555个，床位8.4万张，全年救助流浪乞讨人员83.2万人次。

（二）不提供住宿的社会工作

1.老年人福利。

截至2020年11月1日零时，全国60周岁及以上老年人口26402万人，占总人口的18.7%，其中65周岁及以上老年人口19064万人，占总人口的13.5%。截至2020年底，全国共有3853.7万老年人享受老年人补贴，其中享受高龄补贴的老年人3104.4万人，享受护理补贴的老年人81.3万人，享受养老服务补贴的老年人535.0万人，享受综合老龄补贴的老年人132.9万人。全国共支出老年福利经费385.7亿元，养老服务经费131.3亿元。

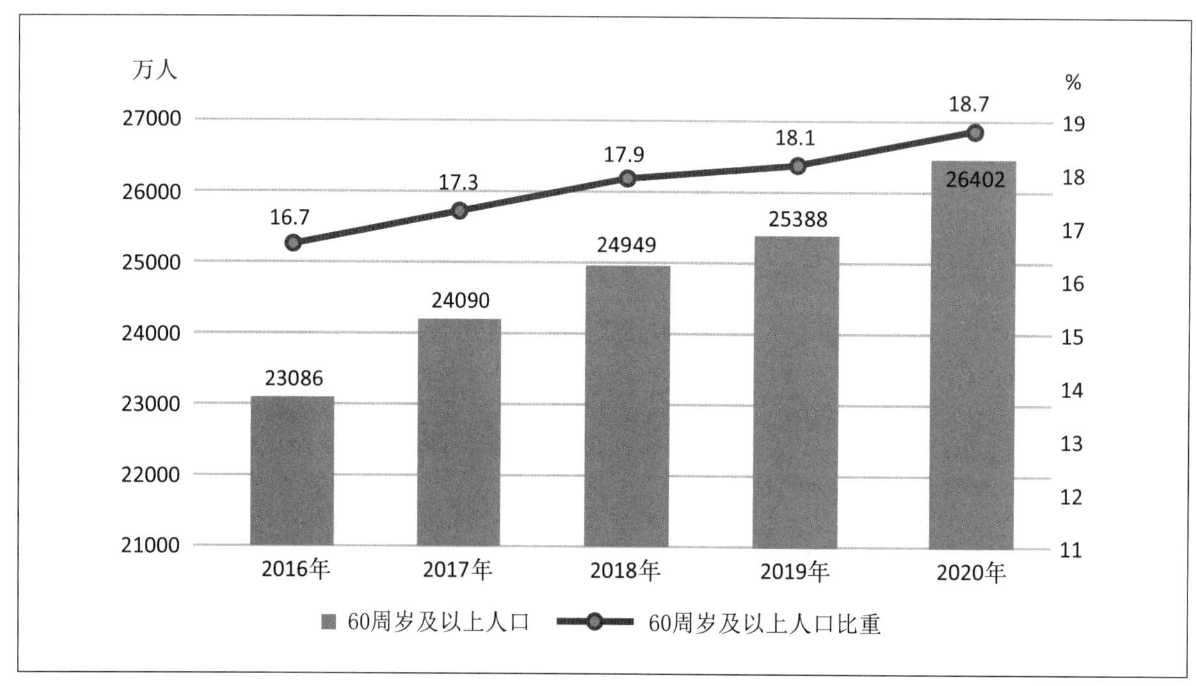

注：本图资料来源于国家统计局。

图4 2016—2020年60周岁及以上老年人口及其占全国总人口比重

2.儿童福利和收养登记。

截至2020年底，全国共有孤儿19.3万人，其中社会散居孤儿13.4万人，基本生活保障平均标准1184.3元/人·月。全国共支出儿童福利经费68.2亿元，其中孤儿基本生活保障经费33.4亿元，事实无人抚养儿童基本生活保障经费21.8亿元，其他儿童福利经费13.0亿元。截至2020年底，全国共有儿童督导员5.5万人，儿童主任66.7万人。

2020年，全国办理收养登记1.1万件，其中港澳台及华侨收养登记31件，外国人收养登记63件。

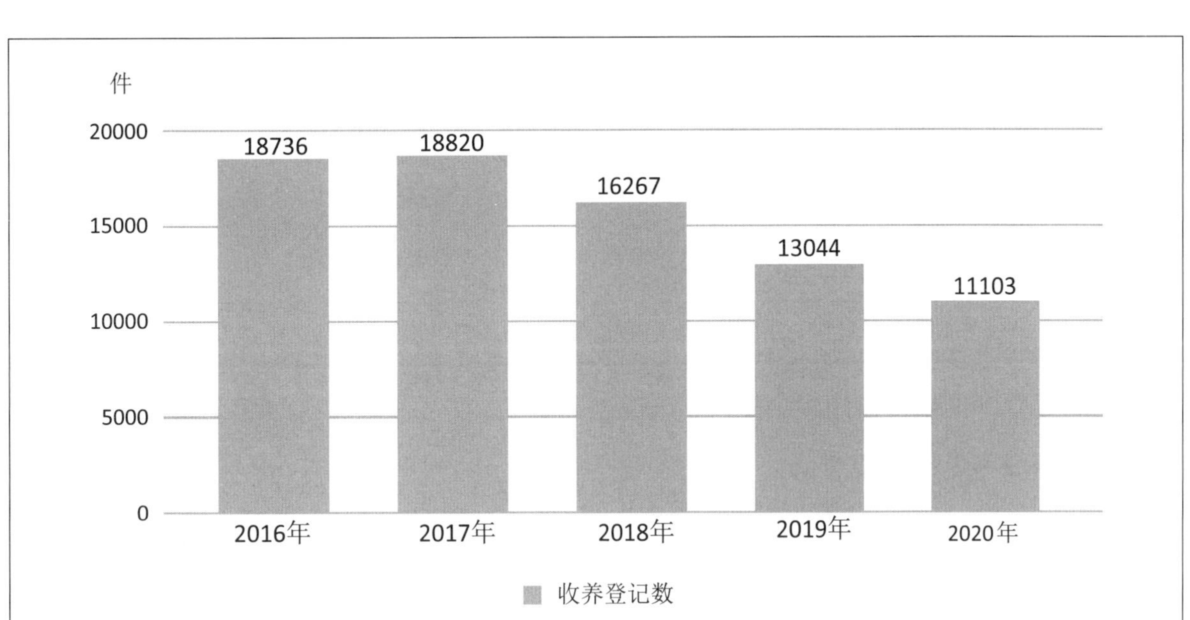

图5　2016—2020年收养登记情况

3.残疾人服务。

2020年，全国共有困难残疾人生活补贴对象1214.0万人，重度残疾人护理补贴对象1475.1万人。截至2020年底，民政部门直属康复辅具机构共有21个，职工0.1万人，固定资产原价10.8亿元。

4.社会救助。

最低生活保障。截至2020年底，全国共有城市低保对象488.9万户、805.1万人。全国城市低保平均保障标准677.6元/人·月，比上年增长8.6%，全年支出城市低保资金537.3亿元；有农村低保对象1985.0万户、3620.8万人。全国农村低保平均保障标准5962.3元/人·年，比上年增长11.7%，全年支出农村低保资金1426.3亿元。

特困人员救助供养。截至2020年底，全国共有农村特困人员446.3万人，全年支出农村特困人员救助供养资金424.0亿元；全国共有城市特困人员31.2万人，全年支出城市特困人员救助供养资金44.6亿元。

临时救助。2020年全年共实施临时救助1380.6万人次，其中救助非本地户籍对象8.4万人次。全年支出临时救助资金165.7亿元，平均救助水平1200.3元/人次。

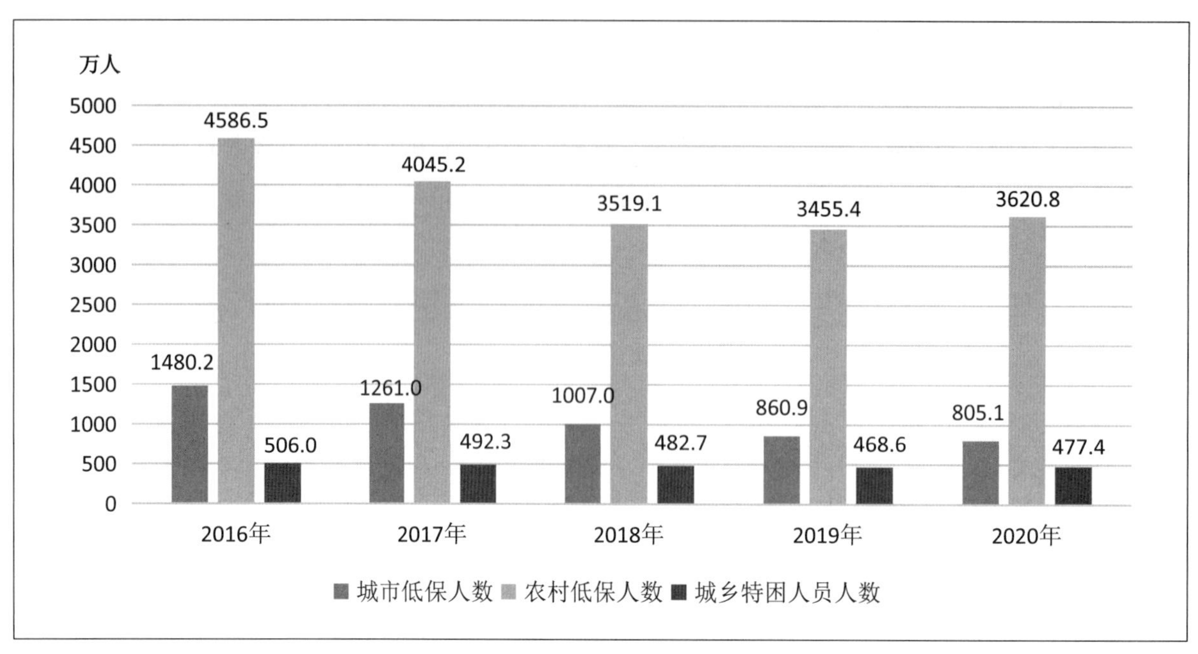

图6　2016—2020年城乡低保对象、城乡特困人员情况

5.慈善事业和专业社会工作。

慈善事业。截至2020年底，全国共有经常性社会捐赠工作站、点和慈善超市1.5万个（其中：慈善超市4655个）。全年共有2401.4万人次在民政领域提供了5741.1万小时志愿服务。全国志愿服务信息系统中汇集的注册志愿者1.9亿人。全国社会组织捐赠收入1059.1亿元，比上年增长21.3%。截至2020年底，全国备案慈善信托482单，慈善信托合同规模24.7亿元。

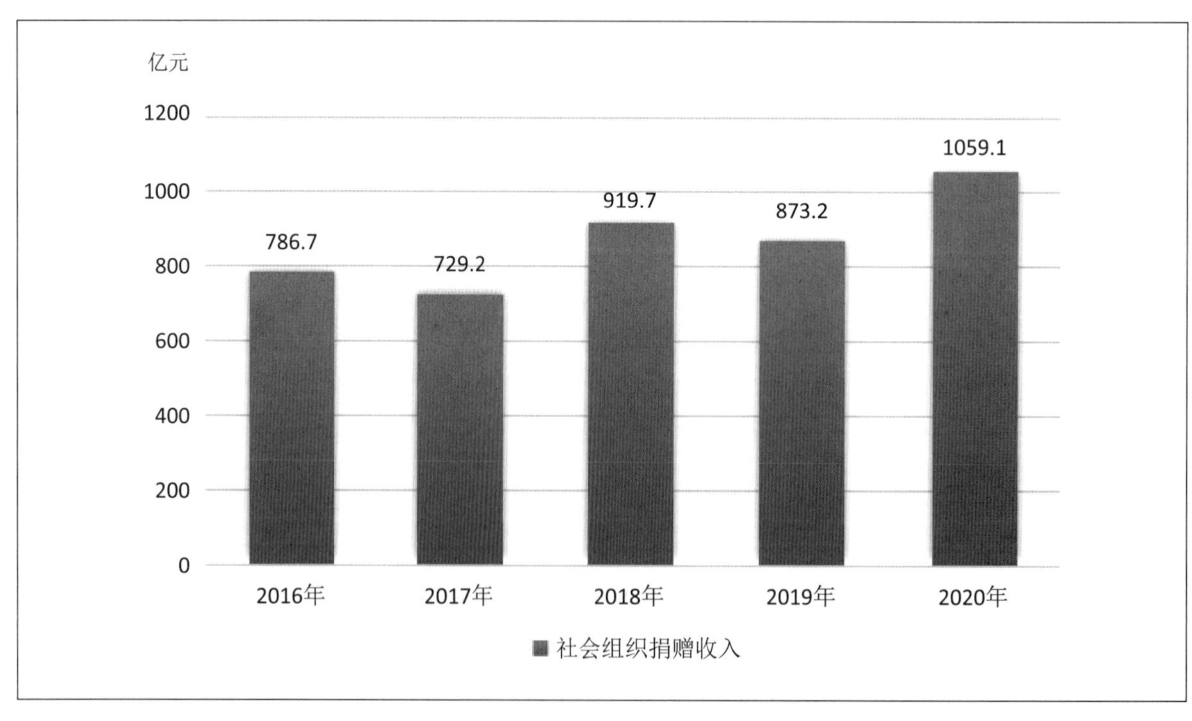

图7　2016—2020年社会组织捐赠收入情况

专业社会工作。2020年，全国共有10.2万人通过助理社会工作师考试，3.2万人通过社会工作师考试。截至2020年底，全国持证社会工作者共计66.9万人，其中助理社会工作师50.7万人，社会工作师16.1万人。

福利彩票。2020年，福利彩票销售1444.9亿元，比上年减少467.5亿元，下降24.4%。全年筹集彩票公益金444.6亿元，比上年下降20.2%。民政系统共支出彩票公益金229.9亿元，比上年下降11.6%，其中用于社会福利160.7亿元，用于社会救助10.5亿元。

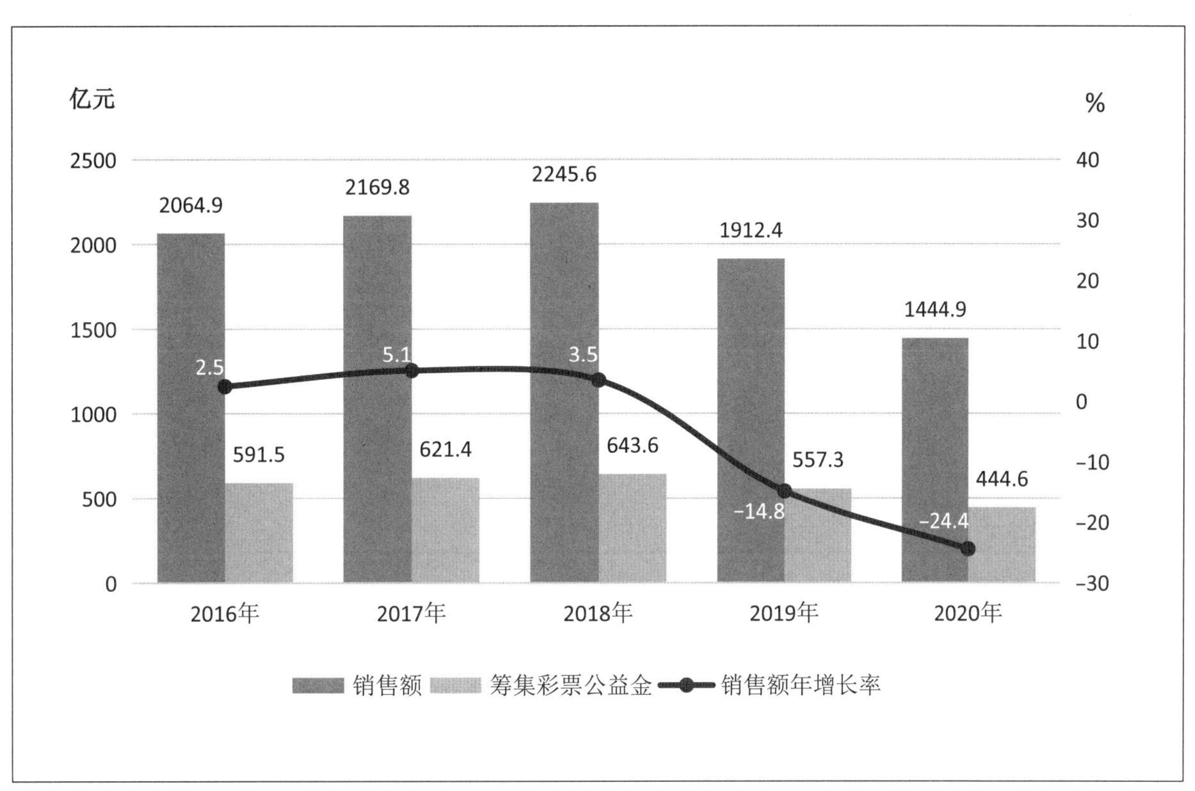

图8　2016—2020年福利彩票销售额、增长率及筹集公益金情况

6.社区服务。

截至2020年底，全国共有社区综合服务机构和设施51.1万个，社区养老服务机构和设施29.1万个。城市社区综合服务设施覆盖率100%，农村社区综合服务设施覆盖率65.7%。

表3　2020年社区服务机构和设施情况

指标	单位	合计	城市	农村
社区综合服务机构和设施	**万个**	**51.1**	**16.1**	**34.9**
社区服务指导中心	个	503	496	7
社区服务中心	万个	2.8	1.6	1.2
社区服务站	万个	42.1	10.2	31.8
社区专项服务机构和设施	万个	6.2	4.3	1.9
社区养老服务机构和设施	**万个**	**29.1**	**8.4**	**20.8**
未登记的特困人员救助供养机构	万个	0.4	–	0.3
全托服务社区养老服务机构和设施	万个	2.0	1.1	1.0
日间照料社区养老服务机构和设施	万个	10.9	5.1	5.8
互助型社区养老服务设施	万个	14.7	1.5	13.3
其他社区养老服务机构和设施	万个	1.0	0.7	0.4

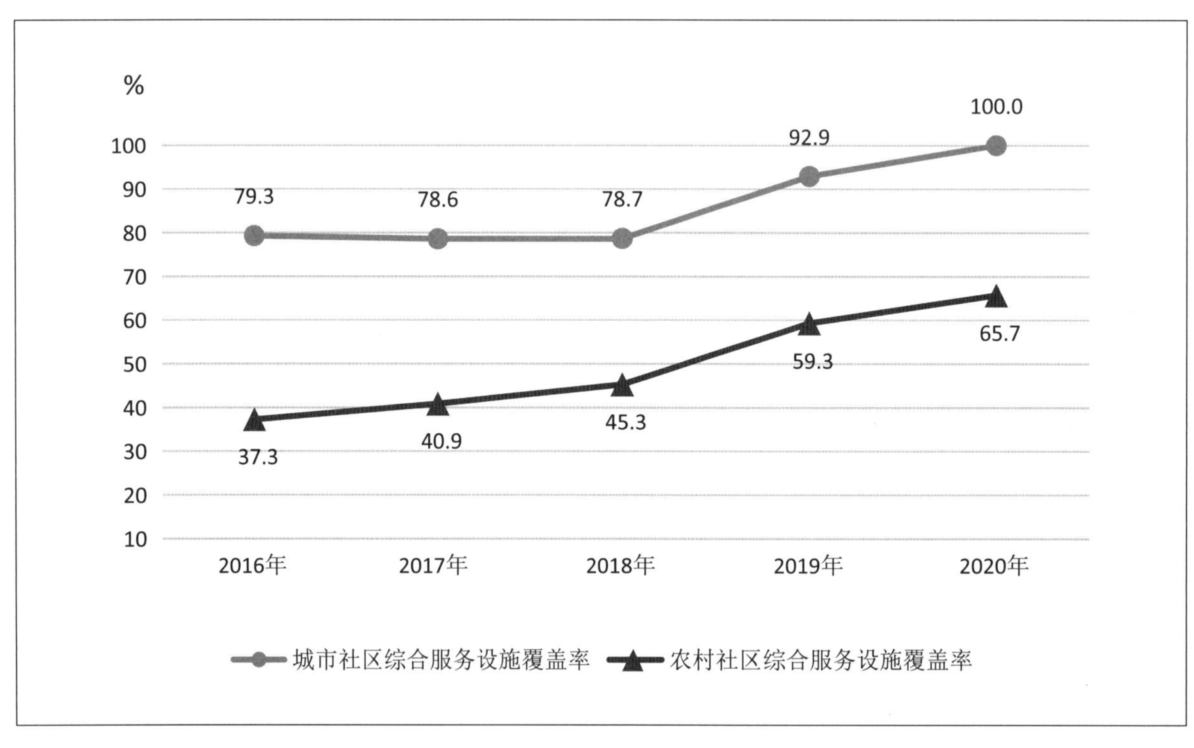

图9　2016—2020年城、乡社区综合服务设施覆盖率

四、成员组织和其他社会服务

（一）成员组织

1.**社会组织**。截至2020年底，全国共有社会组织89.4万个，比上年增长3.2%；吸纳社会各类人员就业1061.9万人，比上年增长5.2%。全年共查处社会组织违法违规案件6935起，行政处罚6707起。

表4　2020年社会组织按登记机关分类

单位：个

指标	社会团体	基金会	民办非企业单位
合计	**374771**	**8432**	**510959**
民政部登记	1979	215	98
省级民政部门登记	31769	5813	15278
市级民政部门登记	90033	1732	65619
县级民政部门登记	250990	672	429964

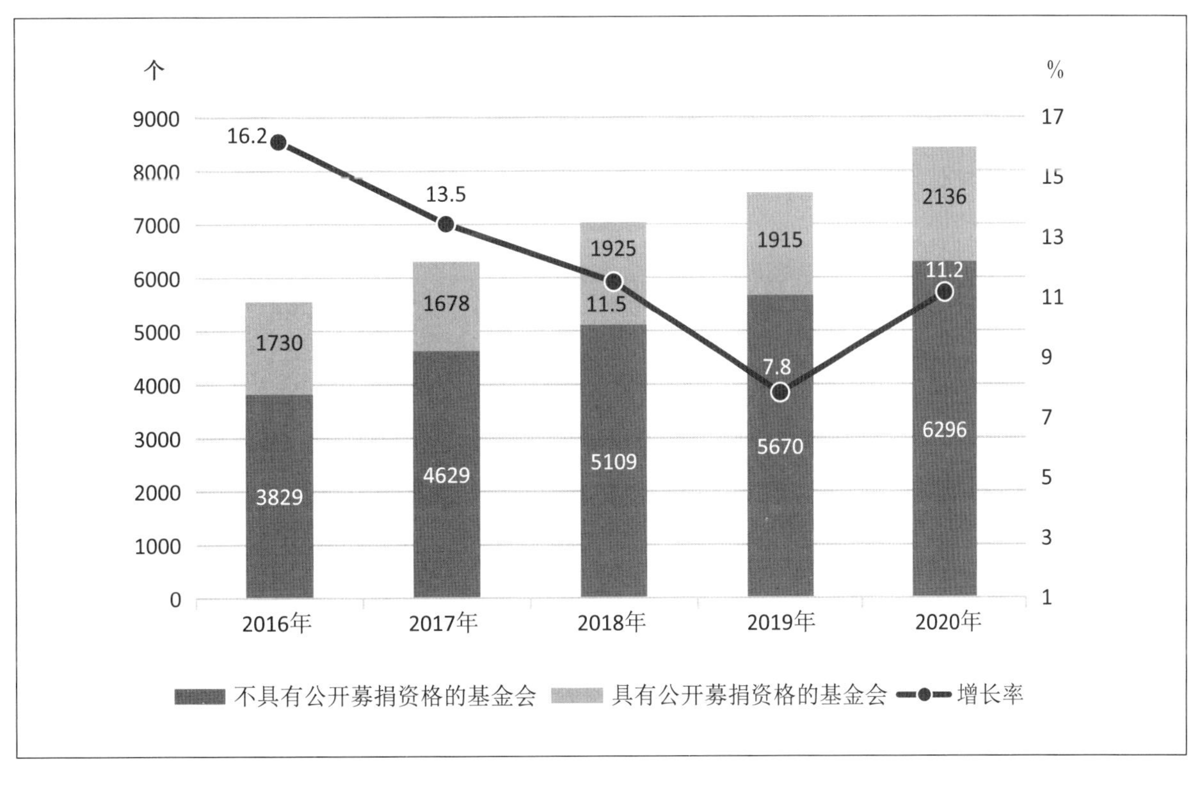

图10　2016—2020年基金会情况

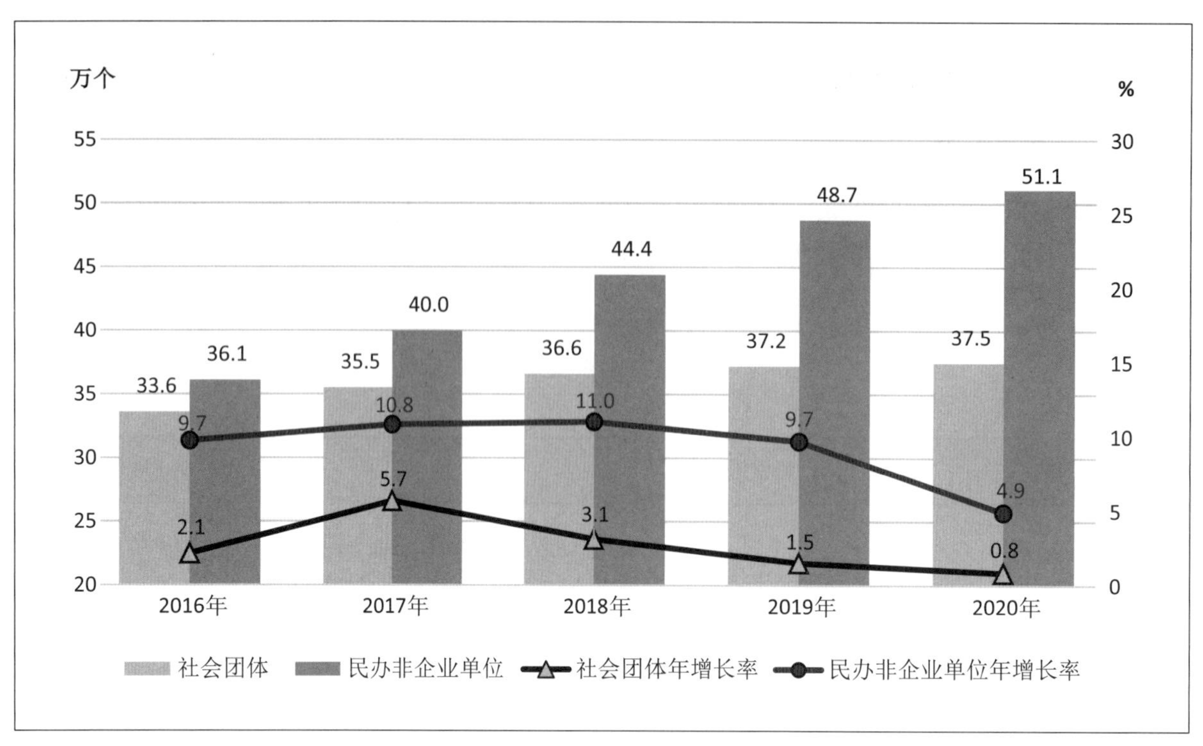

图11　2016—2020年社会团体、民办非企业单位情况

2.自治组织。截至2020年底，全国基层群众性自治组织共计61.5万个，其中：村委会50.2万个，比上年下降5.8%，村民小组376.1万个，村委会成员207.3万人，比上年下降4.9%；居委会11.3万个，比上年增长3.2%，居民小组123.6万个，居委会成员61.6万人，比上年增长3.3%。全年共有6.1万个村（居）委会完成选举，登记选民数为1.1亿人，参与投票人数为0.65亿人。

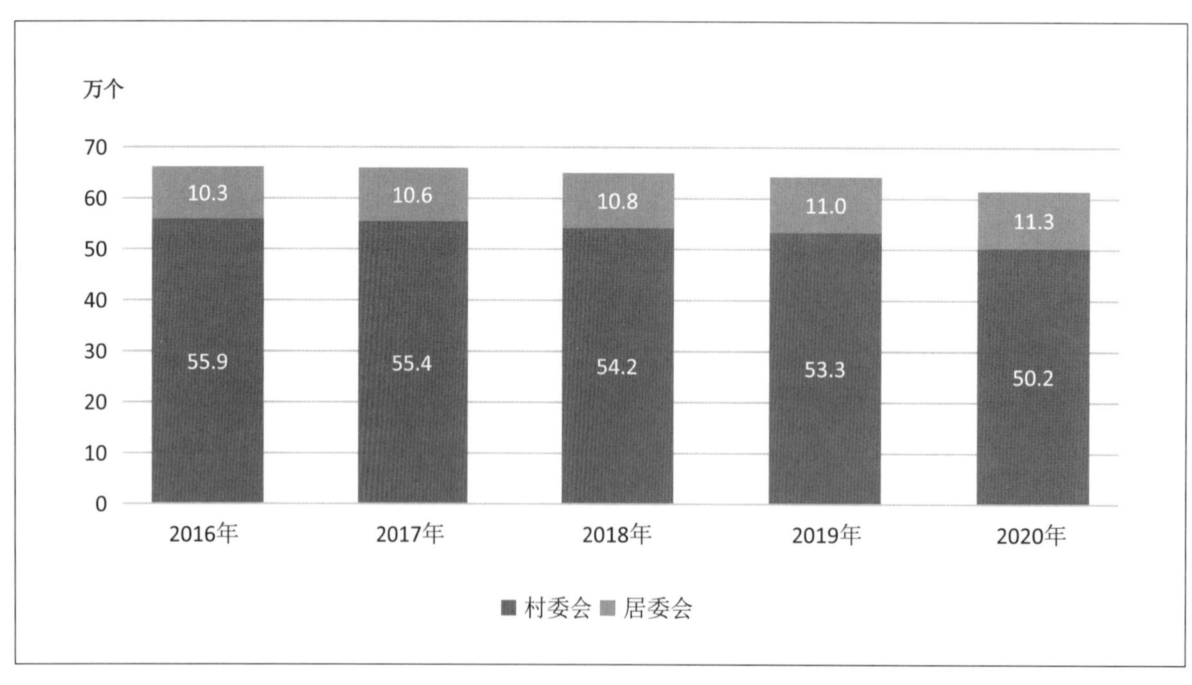

图12　2016—2020年基层群众性自治组织情况

（二）其他社会服务

1.婚姻登记服务。2020年，全国共有婚姻登记机构和场所共计4791个，其中婚姻登记机构1085个，全年依法办理结婚登记814.3万对，比上年下降12.2%，其中涉外及华侨、港澳台居民登记结婚1.7万对。结婚率为5.8‰，比上年下降0.8个千分点。依法办理离婚手续433.9万对，比上年下降7.7%，其中：民政部门登记离婚373.6万对，法院判决、调解离婚60.3万对。离婚率为3.1‰，比上年下降0.3个千分点。

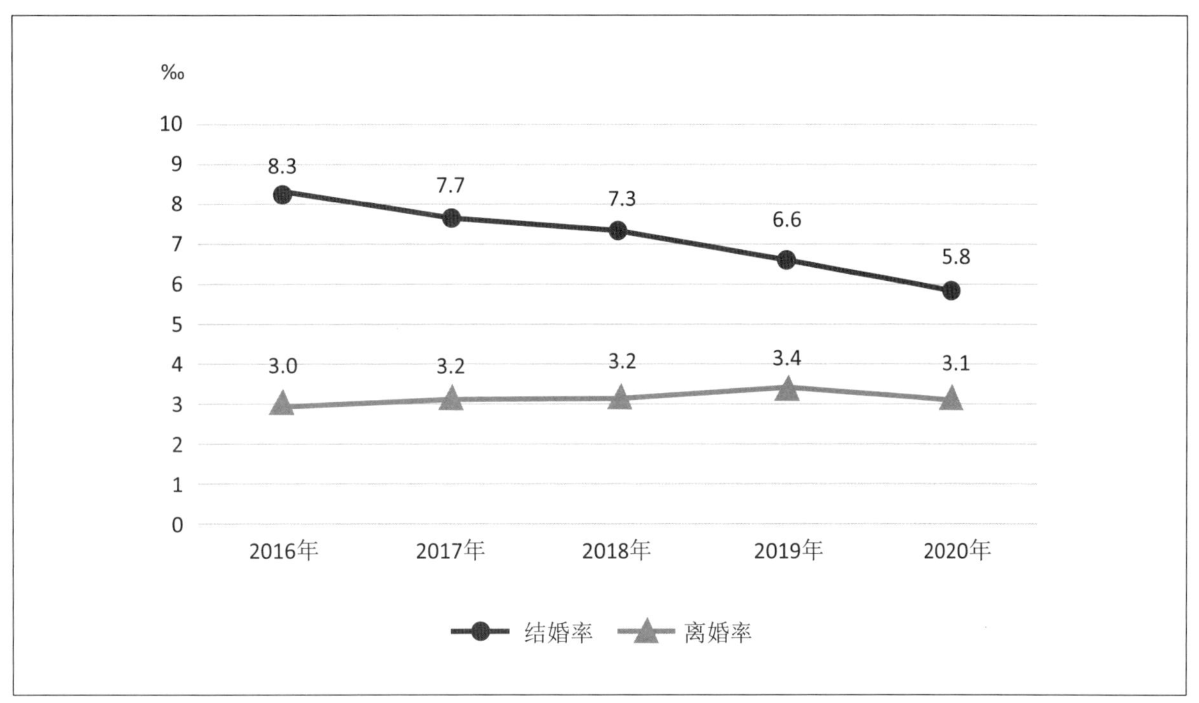

图13　2016—2020年结婚率和离婚率

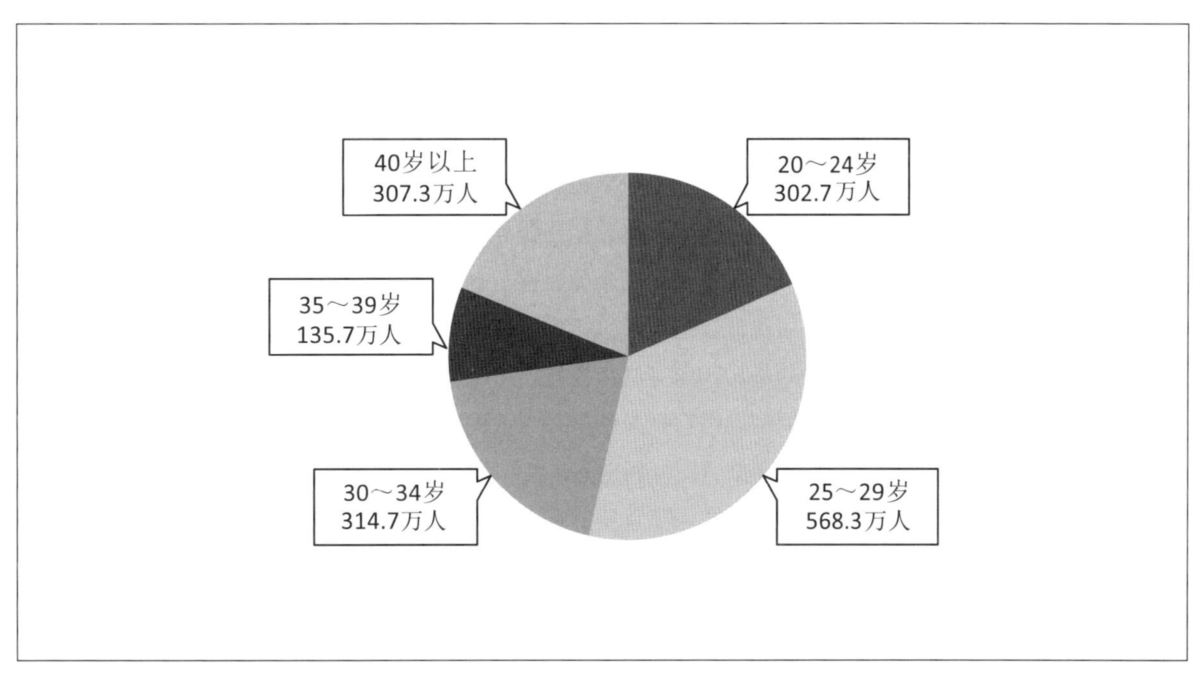

图14　2020年结婚登记人口年龄分布情况

2.殡葬服务。截至2020年底，全国共有殡葬服务机构4201个，其中殡仪馆1722个，殡葬管理机构865个，民政部门管理的公墓1536个。殡葬服务机构职工8.6万人，其中殡仪馆职工4.6万人。火化炉6619台，火化遗体555.8万具。

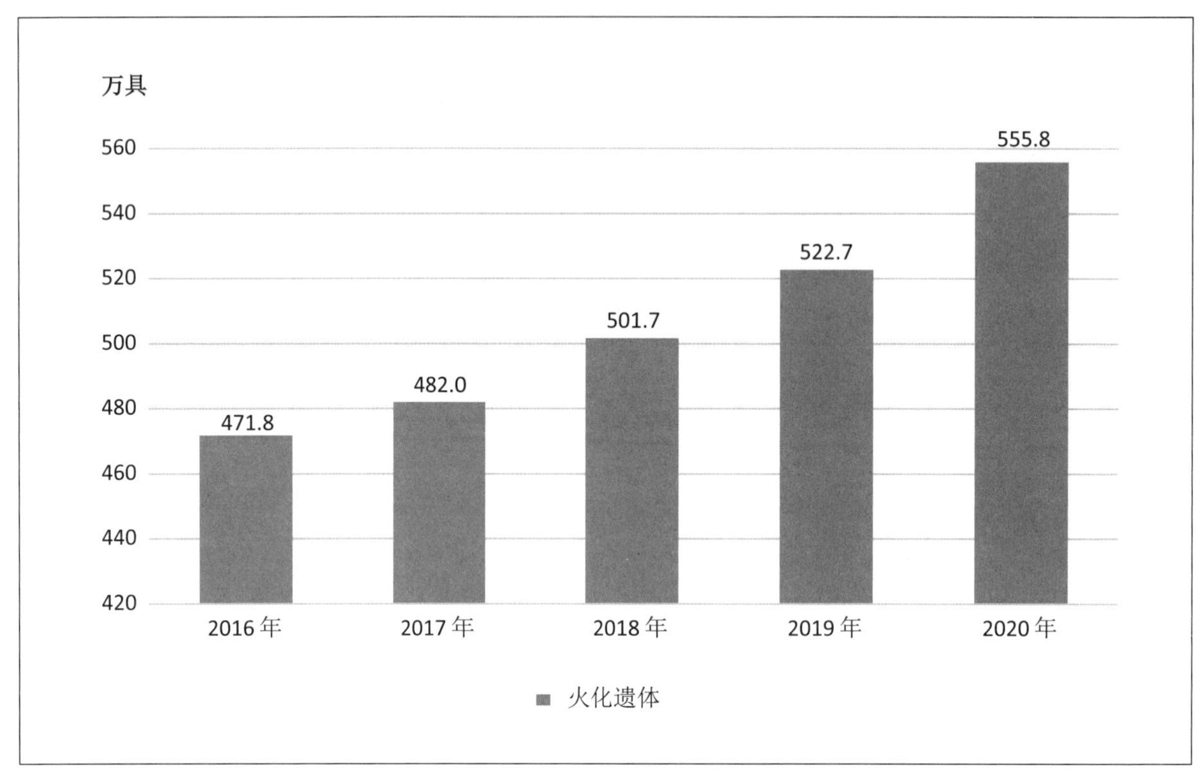

图15　2016—2020年火化遗体情况

注释：

1.本资料中民政对象人数和机构数为当年实际数和注册登记的法定机构数。

2.本资料部分数据因四舍五入产生误差，存在分项数据与合计数据不等情况，未作机械调整。

3.除省级行政区划数以外，各项统计数据均未包括香港特别行政区、澳门特别行政区和台湾省。

4.社会组织捐赠收入数据使用的是2020年完成年检社会组织的相关数据。

5.离婚登记服务中法院判决、调解离婚数据来源于最高人民法院。

结（离）婚率计算公式为：当年结（离）婚对数/当年平均总人口数×1000‰。

6.全国财政支出、人口等相关数据来源于国家统计局。

Statistical Report on the Development of Civil Affairs in 2020

In 2020, civil affairs departments at all levels thoroughly studied and implemented Xi Jinping Thought on Socialism with Chinese Characteristics for a New Era and the guiding principles of general secretary Xi Jinping's important instructions on civil affairs, conscientiously implemented the decisions and plans of the CPC Central Committee and the State Council, strengthened the "Four Consciousnesses" and the "Four-sphere Confidence", ensured the "Two Upholds", fulfilled duties in guaranteeing people's basic living, grassroots social governance, and basic social services, and made new progress and achievements in advancing the cause of civil affairs.

I.Overview

By the end of 2020, there were 2.29 million institutions and facilities registered with or administered by civil affairs departments nationwide, with 16.45 million employees and 727.80 billion yuan worth of fixed assets (original value). The number of beds in civil affairs service institutions and facilities totaled 8.48 million, with 6.0 beds serving every 1,000 people. Civil affairs facility construction projects covered an area of 25.19 million square meters, and 19.09 billion yuan of investment was accomplished throughout the year. Total expenditure on civil affairs nationwide amounted to 480.82 billion yuan, accounting for 2.0% of the national fiscal expenditure of the year. Of all the civil affairs expenditures, 170.42 billion yuan was transferred payment made by the central government to local government, accounting for 35.4% of the total expenditure on civil affairs of the year.

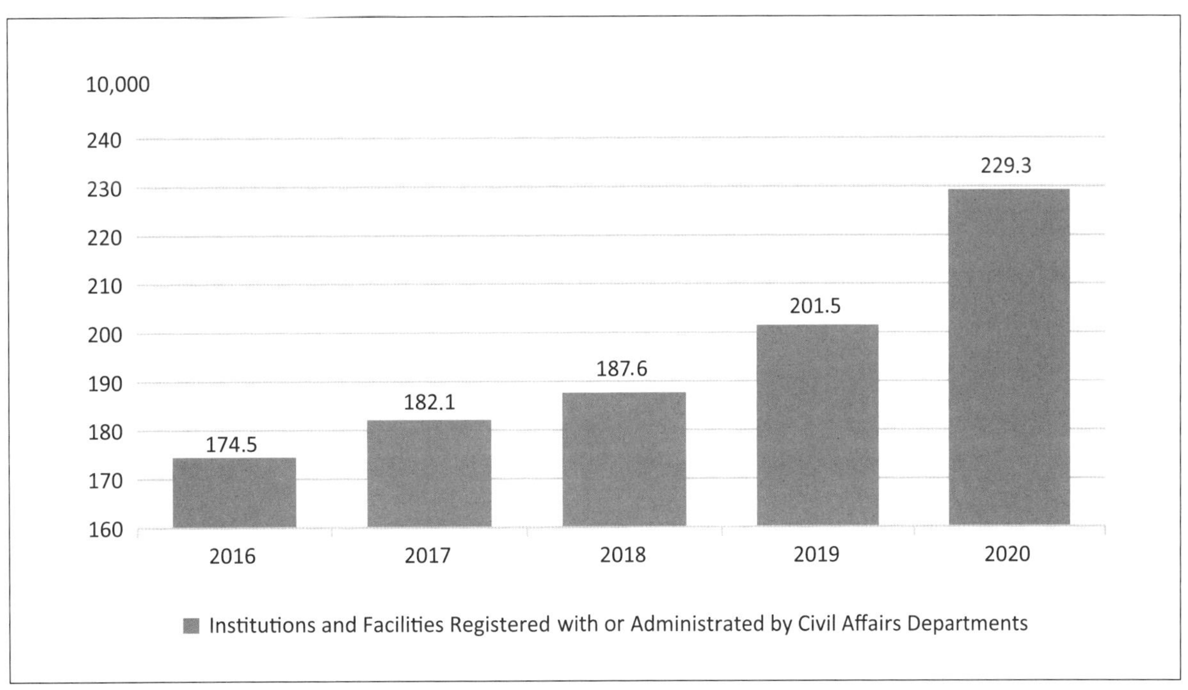

Figure 1 Institutions and Facilities Registered with or Administrated by Civil Affairs Departments, 2016—2020

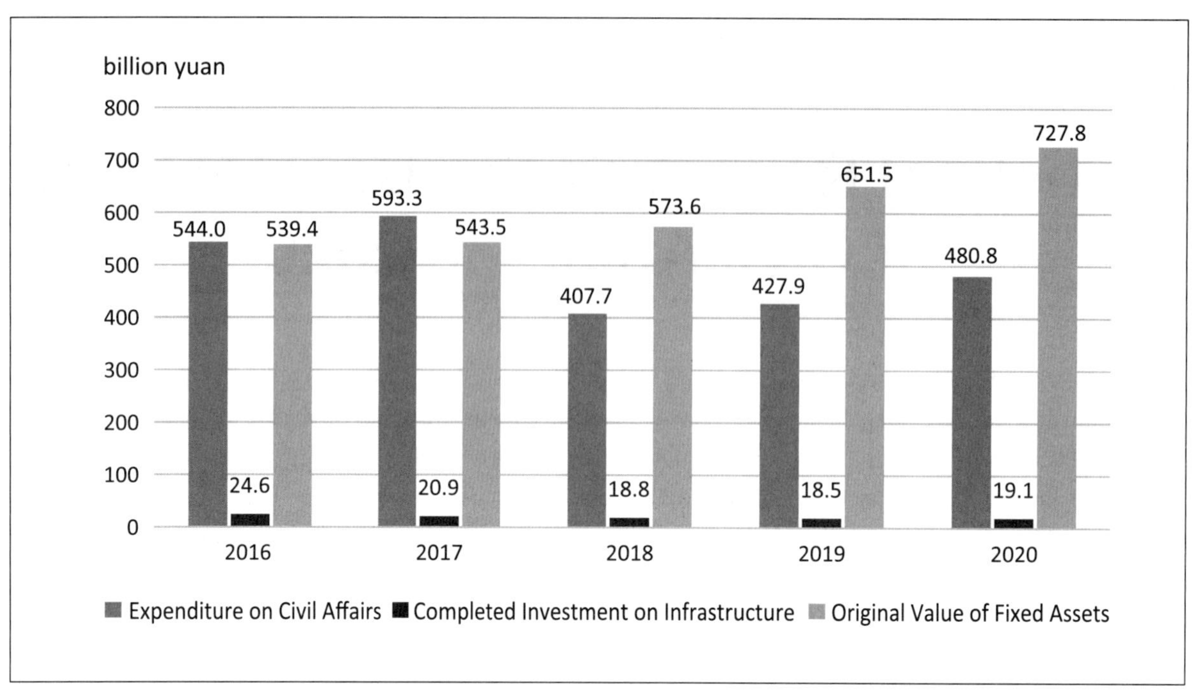

Figure 2 Overview of Civil Affairs Development, 2016—2020

II.Administrative Divisions

By the end of 2020, there were in total 34 provincial-level administrative divisions, 333 prefecture-level administrative divisions, 2,844 county-level administrative divisions and 38,741 township-level administrative divisions nationwide. In 2020, 14 provincial boundaries of approximately 14,468 kilometers were jointly inspected.

Table 1 Administrative Divisions in 2020

Indicators	Number	Indicators	Number
Provincial-level	**34**	**Prefecture-level**	**333**
Municipality Directly Under the Central Government	4	Prefecture-level City	293
Province (Taiwan Province included)	23	Prefecture	7
Autonomous Region	5	Autonomous Prefecture	30
Special Administrative Region	2	League	3
County-level	**2844**	**Township-level**	**38741**
District	973	Town	21157
County-level City	388	Township	7693
County	1312	Ethnic Township	962
Autonomous County	117	Sumu	153
Banner	49	Ethnic Sumu	1
Autonomous Banner	3	Sub-district Office	8773
Forestry District	1	District Public Office	2
Special District	1		

III.Social Work

1.Social Work with Accommodation

By the end of 2020, there were 41 thousand registered civil affairs service institutions that provide accommodation throughout the country, among which 18 thousand were registered as public institutions, and 18 thousand were private non-enterprise units. 5.15 million beds were offered in these institutions which accommodated 2.36 million people in total.

Table 2 Civil Service Institutions that Provided Accommodation in 2020

Indicators	Number of Institutions	Number of Beds (*1000)
Total	**40852**	**5154**
Elderly care institutions	**38158**	**4882**
Social welfare institutions	1524	377
Assistance and support institutions for people in extreme difficulty of rural areas	17153	1748
Other types elderly care institutions	19481	2757
Mental illness service institutions	**141**	**67**
Social welfare hospitals	141	67
Child welfare and assistance institutions	**760**	**101**
Child welfare institutions	508	91
Assistance and protection centers for the minors	252	10
Other institutions providing accommodation	**1793**	**104**
Relief and management agency for vagrants and beggars	1555	84
Other institutions providing accommodation	238	19

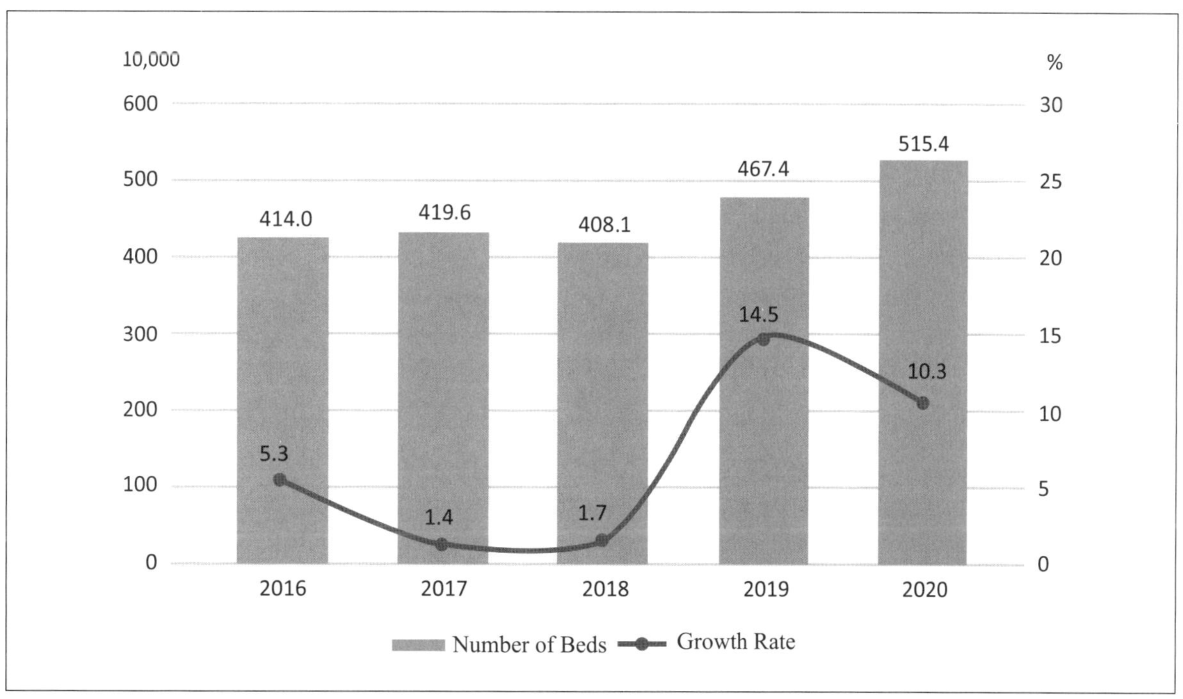

Figure 3 Number of Beds in Civil Service Institutions, 2016—2020

(1) Elderly Care Services with Accommodation

By the end of 2020, elderly care institutions and facilities of various kinds nationwide totaled 329 thousand, providing 8.21 million beds, an increase of 5.9% over the previous year. Among them, 38 thousand were registered elderly care institutions, which was an increase of 11.0%, and the number of their beds totaled 4.88 million, an increase of 11.3% over the previous year. 291 thousand were community-based elderly care institutions and facilities, with 3.33 million elderly care beds.

(2) Mental Health Services with Accommodation

By the end of 2020, there were 141 mental health welfare institutions administered by civil affairs departments, with 67 thousand beds, providing services for people with mental illness.

(3) Child Welfare, Assistance and Protection Services with Accommodation

By the end of 2020, there were over 59 thousand orphans raised in all kinds of civil affairs service institutions, with an average standard of basic living allowance of 1,611.3 yuan/person/month. There were 760 registered institutions for child welfare, assistance and protection, with 101 thousand beds. 46 thousand children were accommodated and supported at these institutions. Among these institutions, 508 were child welfare institutions with 91 thousand beds, and 252 were assistance and protection centers for the minors with 10 thousand beds. In 2020, 9 thousand times of assistance were provided for homeless minors received help from these institutions.

(4) Other Types of Services with Accommodation

By the end of 2020, there were 1,793 other types of civil affairs service institutions providing accommodation with 104 thousand beds. Among them, 1,555 were assistance and management agencies for vagrants and beggars with 84 thousand beds. 832 thousand (person-times) vagrants and beggars received assistance during the year.

2. Social Work without Accommodation

(1) Elderly Welfare

By Nov. 1st, 2020, there were in total 264.02 million elderly people aged 60 or above, accounting for 18.7% of the national population. 190.64 million were aged 65 or above, accounting for 13.5% of the national population. By the end of 2020, a total of 38.54 million elderly people throughout the country were entitled to subsidies for the elderly, among which 31.04 million were entitled to the old age subsidy, 813 thousand were entitled to the nursing subsidy, 5.35 million received the elderly care service subsidy, and 1.33 million received comprehensive old-age allowances. A total of 38.57 billion yuan was spent on welfare for the elderly, and 13.13 billion was spent on old-age services.

(2) Child Welfare and Adoption Registration

By the end of 2020, there were 193 thousand orphans throughout the country, among whom 134 thousand lived separately with an average standard of basic living of 1,183.4 yuan/person/month. In 2020, a total of 6.82 billion yuan was spent on child welfare, among which 3.34 billion yuan was used to ensure their basic livelihood, 2.18 billion yuan for de facto unsupported children, 1.3 billion yuan for other child welfare. By the end of 2020, there were 55 thousand childcare instructors in towns and 667 thousand childcare instructors in villages.

In 2020, 11 thousand adoption cases were registered, among which 31 were applied by Chinese from Hong Kong, Macao and Taiwan, and overseas Chinese, and 63 applied by foreigners.

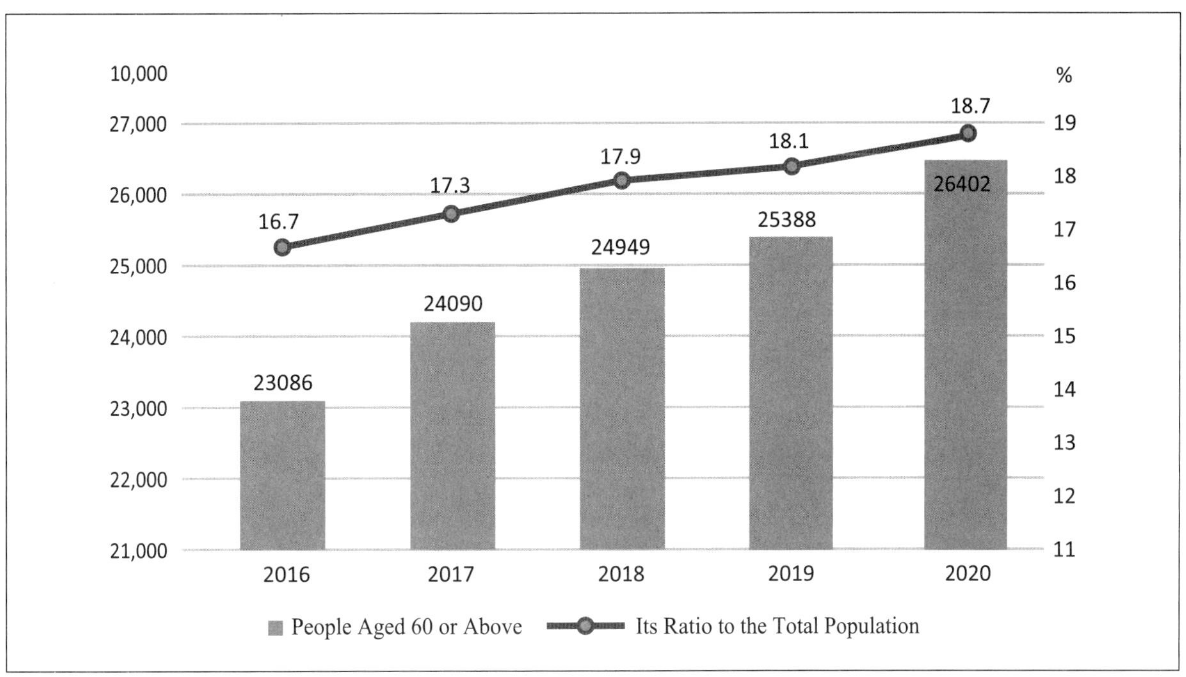

Source: National Bureau of Statistics

Figure 4 Population Aged 60 and above and Its Ratio, 2016—2020

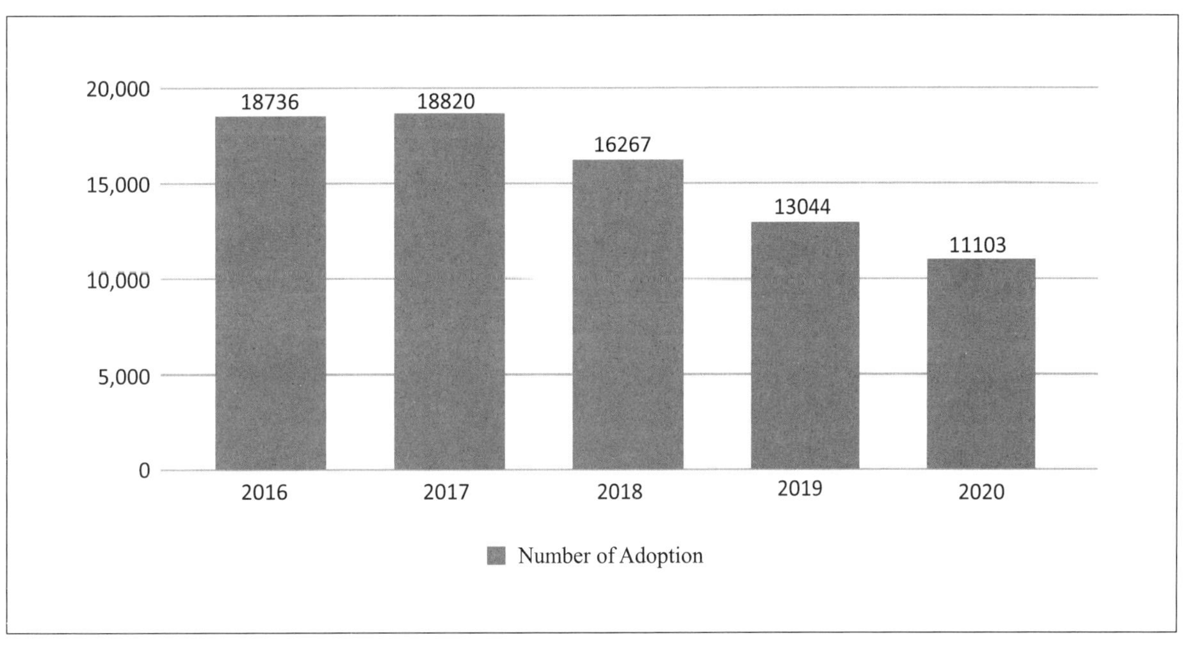

Figure 5 Adoption Registration, 2016—2020

(3) Services for People with Disabilities

By the end of 2020, 12.14 million people with disabilities and in financial difficulties were eligible for living allowances; and 14.75 million people with serious disabilities were eligible for nursing care subsidies. By the end of 2020, there were 21 institutions for rehabilitation assistive devices directly affiliated to civil affairs departments, with over one thousand staff and 1.08 billion yuan worth of fixed assets.

(4) Social Assistance

Subsistence Allowance

By the end of 2020, there were 4.89 million households (8.05million people) in urban areas receiving subsistence allowance. The national average standard for subsistence allowance in urban areas was 677.6 yuan/person/month, up by 8.6% over the previous year. The annual expenditure on subsistence allowance in urban areas reached 53.73 billion yuan. There were 19.85 million households (36.21 million people) in rural areas receiving subsistence allowance. The national standard for subsistence allowance in rural areas averaged 5,962.3 yuan/person/year, up by 11.7%. The annual expenditure on subsistence allowance in rural areas reached 142.63 billion yuan.

Assistance and Support for People Living in Extreme Difficulty

By the end of 2020, the number of people living in extreme difficulty in rural areas was 4.46 million, with the annual expenditure on assistance and support for them being 42.4 billion yuan. The number of people living in extreme difficulty in urban areas was 312 thousand, with the annual expenditure on them being 4.46 billion yuan.

Temporary Assistance

In 2020, in total 13.81 million people received temporary assistance, among whom 84 thousand did not have local household registration. Annual expenditure on temporary assistance reached 16.57 billion yuan, with an average of 1,200.3 yuan every person/time.

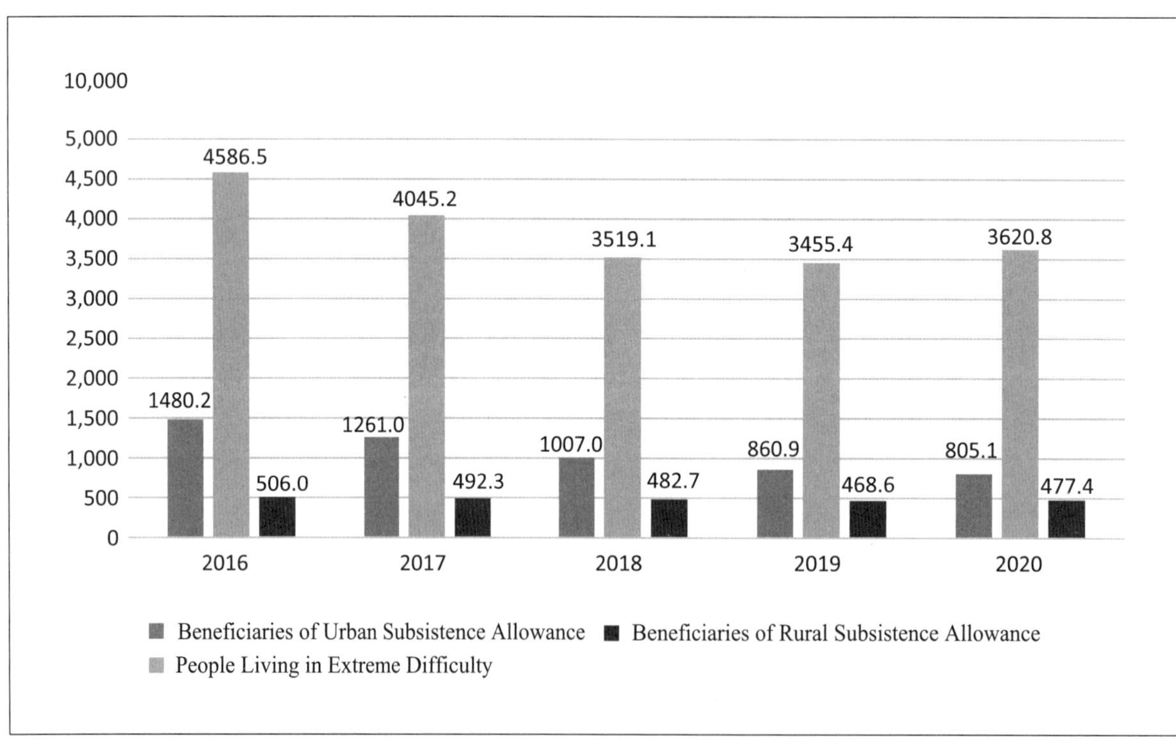

Figure 6 Subsistence Allowance, Assistance and Support for People Living in Extreme Difficulty, 2016—2020

(5) Charity and Professional Social Work

Charity

By the end of 2020, the number of fixed social donation stations, donation points and charity supermarkets was 15 thousand (including 4,655 charity supermarkets). Throughout the year, 24.01 million people provided 57.41 million hours of voluntary services in the field of civil affairs. 190 million volunteers were included in the National Volunteer Information System. The donation revenue of social organizations nationwide was 105.91 billion yuan, up by 21.3% over the previous year. There were 482 registered charitable trusts nationwide, with total charity contracts of 2.47 billion yuan.

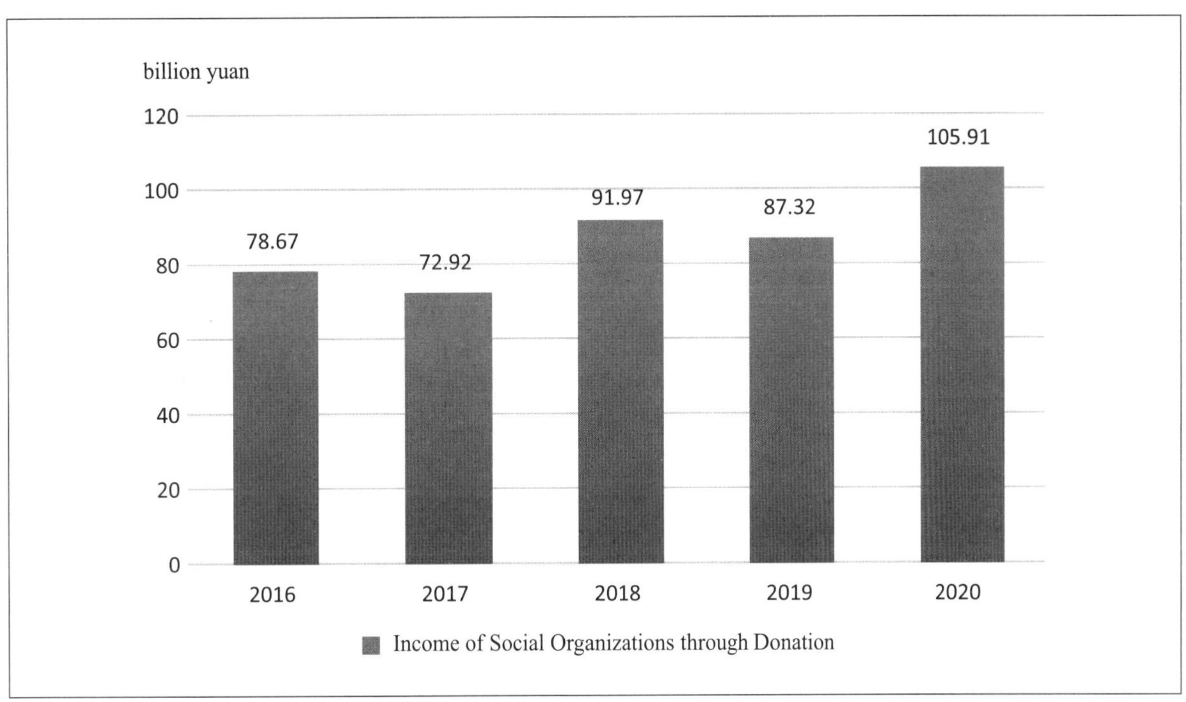

Figure 7 Income of Social Organizations through Donation, 2016—2020

Professional Social Work

In 2020, a total of 102 thousand people around the country passed the exam for junior social workers and 32 thousand passed the exam for social workers. By the end of 2020, there were 669 thousand certified social workers in the country, including 507 thousand junior social workers and 161 thousand social workers.

Welfare Lottery

In 2020, China's welfare lottery sales reached 144.49 billion yuan, a decrease of 24.4% (46.75 billion yuan) over the previous year. The public welfare fund collected from the welfare lottery was 44.46 billion yuan in 2020, a decrease of 20.2% over the previous year. The civil affairs departments spent 22.99 billion yuan of the fund (16.07 billion yuan for social welfare, 1.05 billion yuan for social assistance) in 2020, a decrease of 11.6% over the previous year.

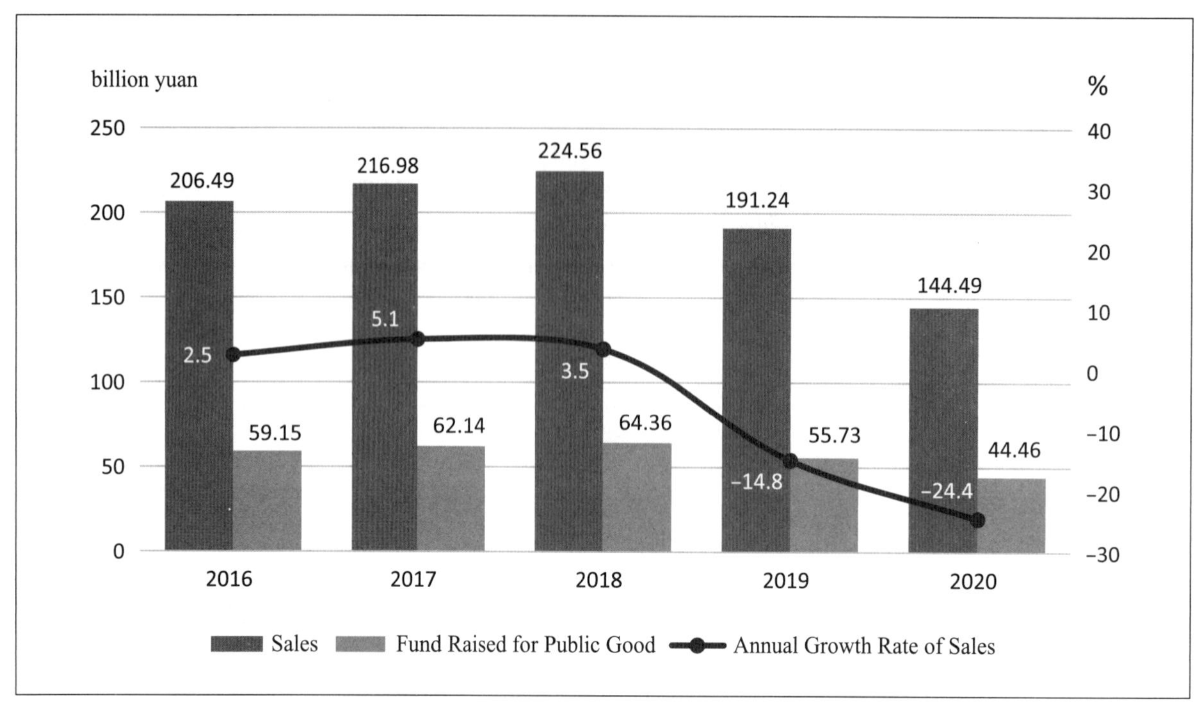

Figure 8 Sales of Welfare Lottery, Its Growth Rate and the Public Welfare Fund, 2016—2020

(6) Community Services

By the end of 2020, there were 511 thousand comprehensive community service institutions and facilities nationwide, and 291 thousand community elderly care service institutions and facilities. The coverage rate of comprehensive service facilities in urban communities was 100%, and in rural communities, the rate was 65.7%.

Table 3 Community Service Institutions of 2020

Indicators	Unit	Total	Urban	Rural
Comprehensive community service institutions and facilities	**1000**	**511**	**161**	**349**
Guidance center for community services	1	503	496	7
Community service centers	1000	28	16	12
Community service stations	1000	421	102	318
Community special service institutions and facilities	1000	62	43	19
Community old-age service institutions and facilities	**1000**	**291**	**84**	**208**
Unregistered assistance and support facilities for people living in extreme difficulty	1000	3.7	0.5	3.2
Full-time Community elderly care institutions and facilities	1000	20	11	9
Day-care Community elderly care institutions and facilities	1000	109	51	58
Community mutually supportive elderly care facilities	1000	147	15	133
Other community old-age service facilities	1000	105	69	36

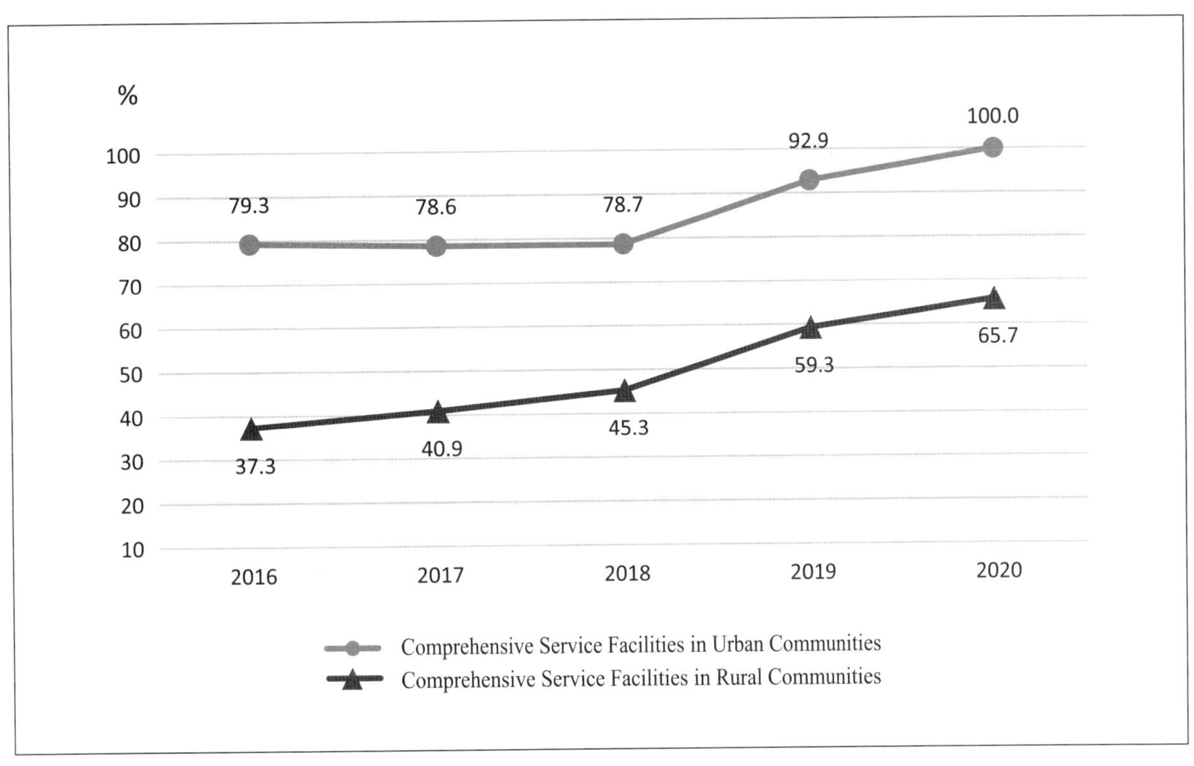

Figure 9 Coverage Rate of Community Comprehensive Service Facilities, 2016—2020

IV. Membership Organizations and Other Social Services

1. Membership Organizations

(1) Social Organizations

By the end of 2020, there were 894 thousand social organizations nationwide, an increase of 3.2% over the previous year. These social organizations created jobs for 10.62million people, an increase of 5.2% over the previous year. In 2020, 6,935 cases of social organizations violating laws and regulations were investigated, with 6,707 administrative penalties.

Table 4 Number of Social Organizations Registered with Civil Affairs Departments of Different Levels, 2020

Indicators	Social Groups	Foundations	Private Non-enterprise Units
Total	**374771**	**8432**	**510959**
Registered with the Ministry of Civil Affairs	1979	215	98
Registered with provincial civil affairs departments	31769	5813	15278
Registered with municipal civil affairs departments	90033	1732	65619
Registered with civil affairs departments at the County level	250990	672	429964

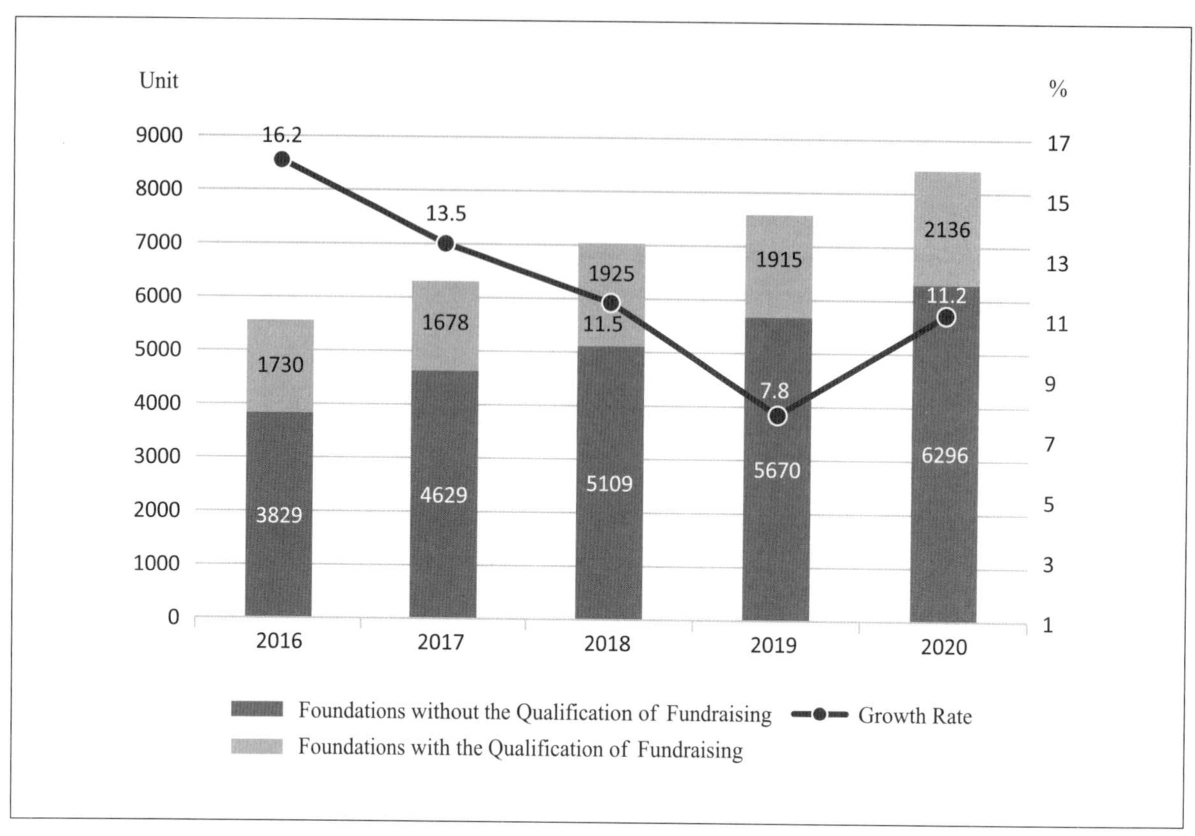

Figure 10 Number of Foundations, 2016—2020

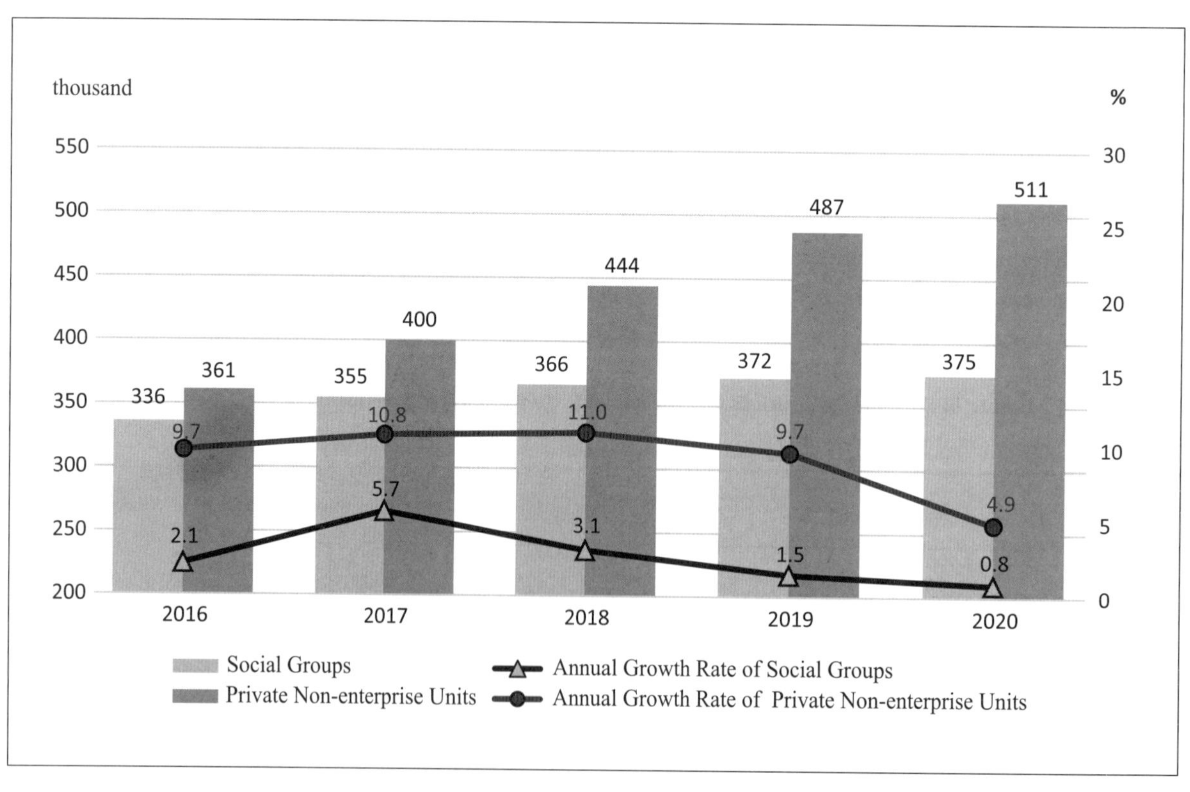

Figure 11 Number of Social Groups and Private Non-enterprise Units, 2016—2020

(2) Self-Governance Organizations

By the end of 2020, there were 615 thousand grassroots self-governance organizations, including 502 thousand village committees (a decrease of 5.8% over the previous year), 3.76 million village residents' groups and 2.07 million village committee members (a decrease of 4.9% over the previous year), and 113 thousand urban neighborhood committees (an increase of 3.2% over the previous year), 1.24 million urban residents' groups and 616 thousand urban neighborhood committee members (an increase of 3.3% over the previous year). Throughout the year, 61 thousand village (neighborhood) committees conducted elections. 110 million people registered as electors and 65 million actually casted their votes.

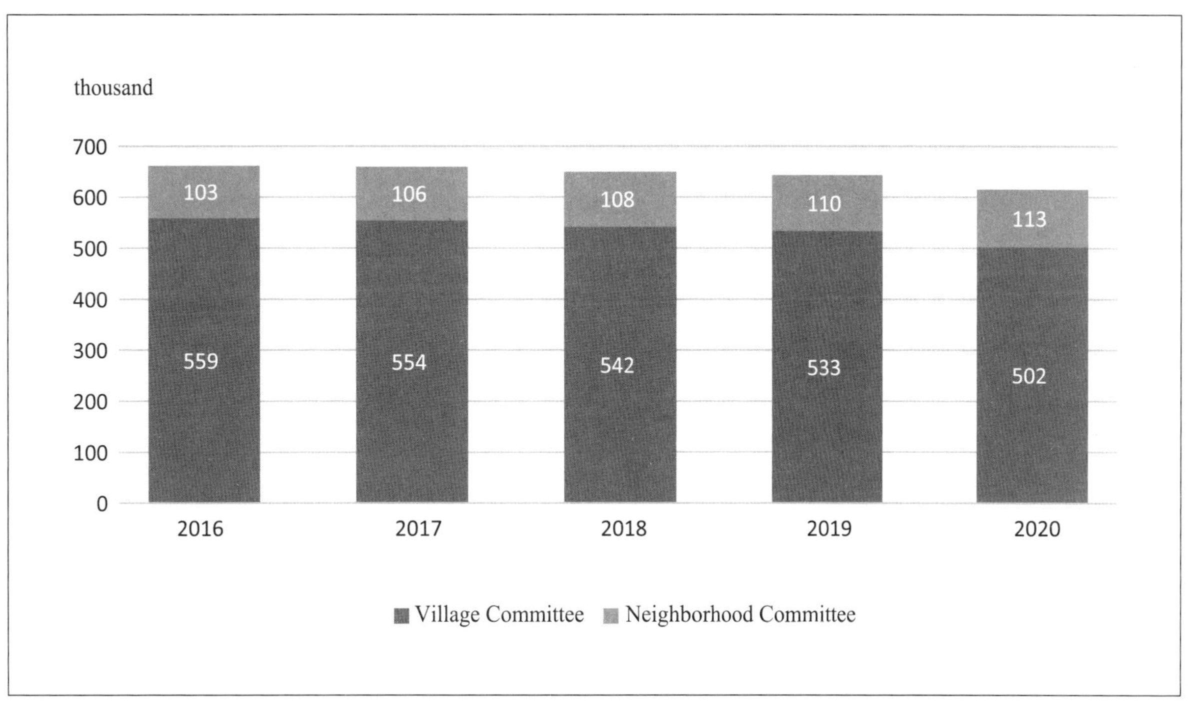

Figure 12 Number of Grassroots Self-governance Organizations, 2016—2020

2. Other Social Services

(1) Marriage Registration Services

In 2020, there were 4,791 marriage registration agencies and sites throughout the country, among which 1,085 were marriage registration agencies. 8.14 million marriages were lawfully registered by marriage registration agencies and sites, a decrease of 12.2% over the previous year. Among these marriages, 17 thousand cases involved foreigners, overseas Chinese, and residents of Hong Kong, Macao and Taiwan. The marriage rate was 5.8‰, down by 0.08 percentage point. 4.34 million divorce cases were lawfully registered, a decrease of 7.7% over the previous year. Among these divorces, 3.74 million were registered at the civil affairs departments, 603 thousand were results of judicial decisions and mediation by the courts. The divorce rate was 3.1‰ , down by 0.03 percentage point.

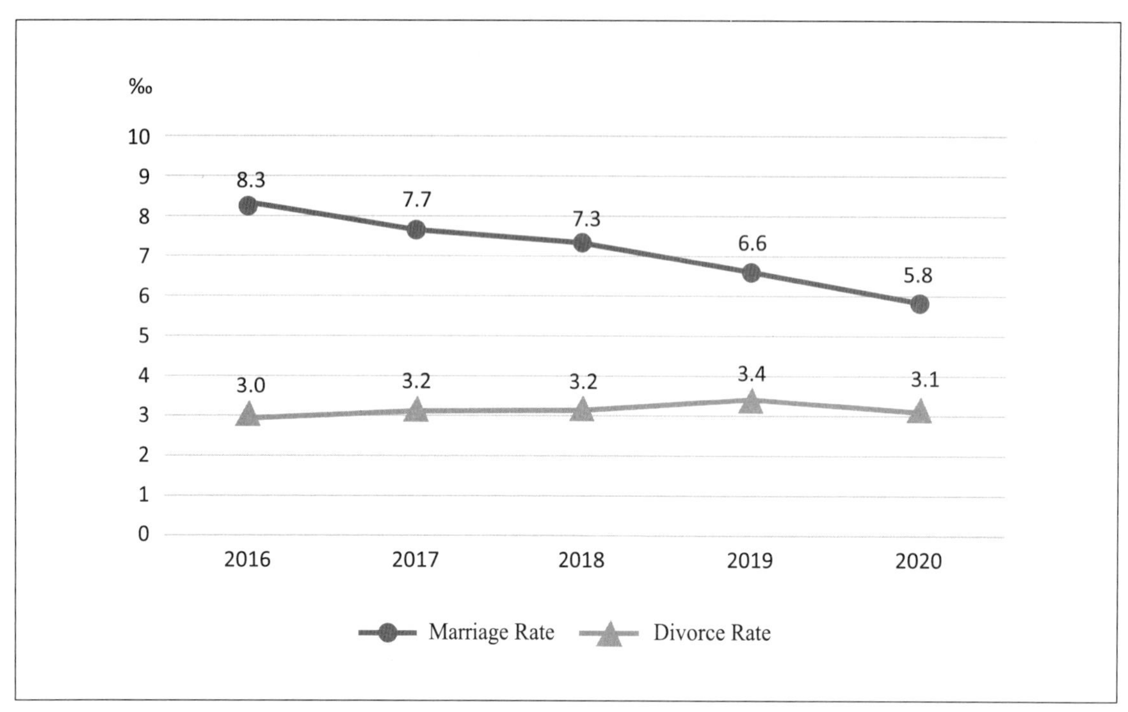

Figure 13 Marriage and Divorce Rate, 2016—2020

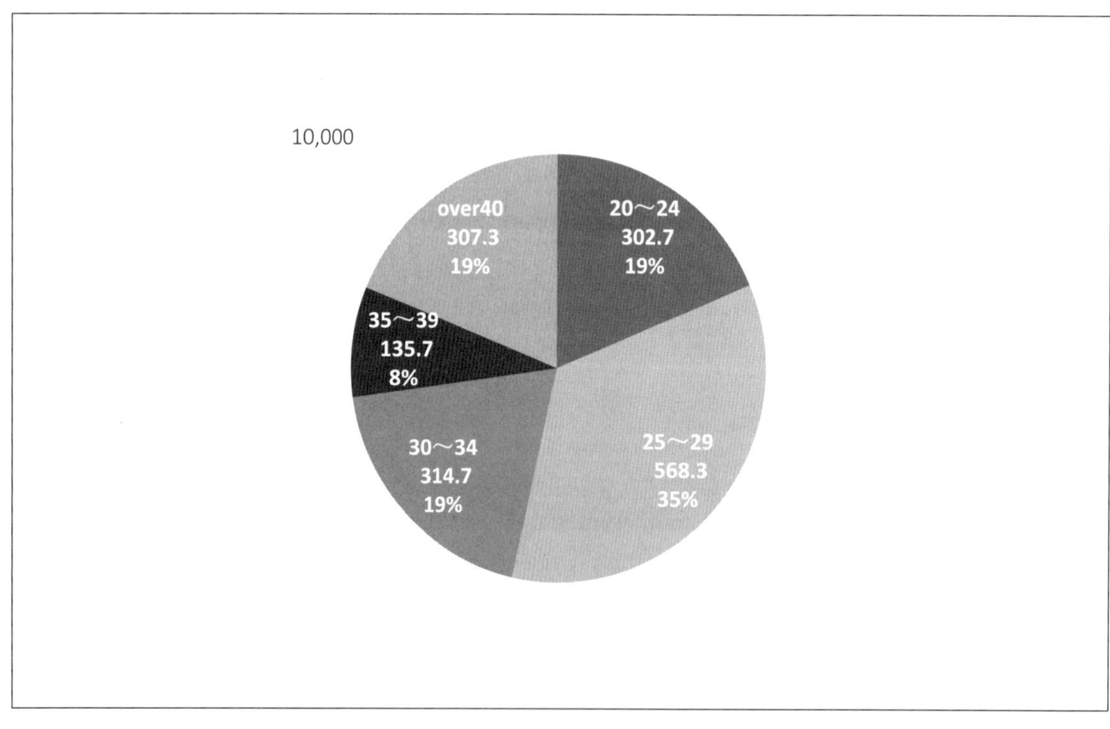

Figure 14 Age Distribution of Marriage Registration in 2020

(2) Funeral Services

By the end of 2020, there were 4,201 funeral service institutions nationwide, including 1,722 funeral homes, 865 funeral management institutions, 1,536 public cemeteries managed by the civil affairs departments. 86 thousand people were employed in funeral service institutions, among whom 46 thousand worked in the funeral homes. There were 6,619 cremators throughout the country providing cremation services to 5.56 million deceased.

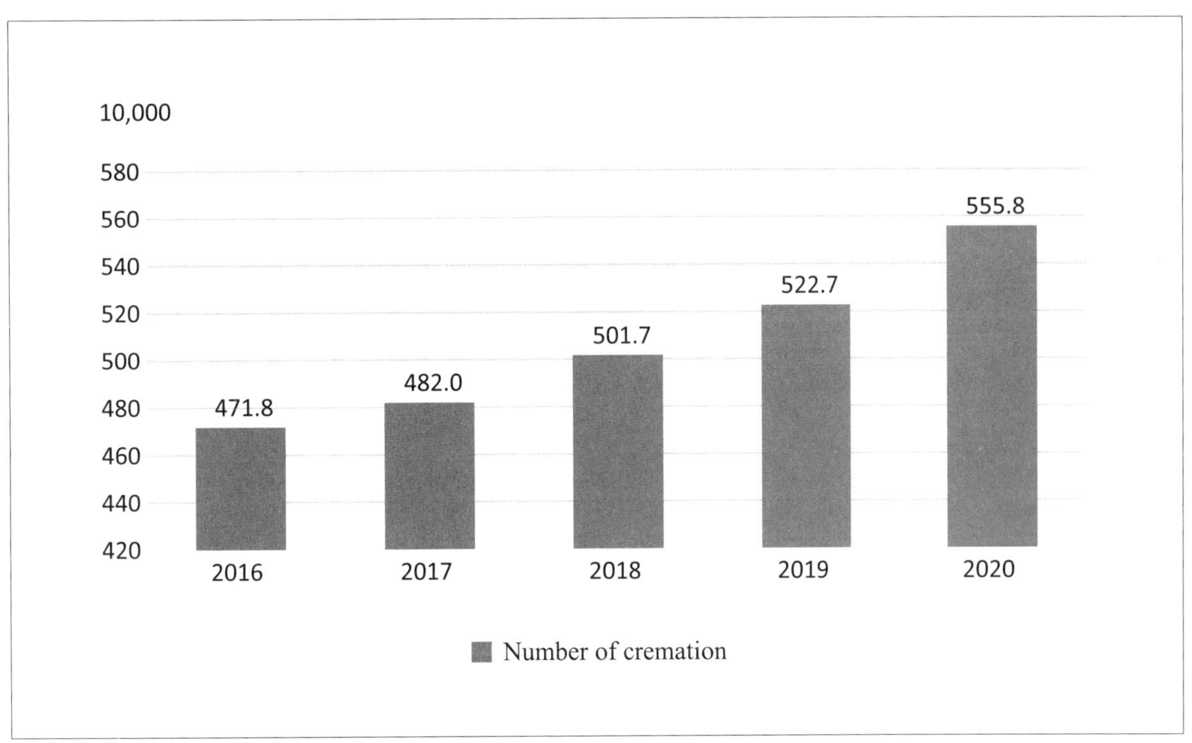

Figure 15 Cremation Rate, 2016—2020

Notes:

1. The number of people receiving civil affairs services in this report is the actual number of 2020. The number of institutions of civil affair services institution in this report is the number of lawfully registered institutions by the end of 2020.

2. Due to the data rounding practices in this report, there are cases in this report where sum of the sub-items does not equal to the "total". Errors caused by rounding practices were not mechanically adjusted.

3. Except for the number of provincial administrative divisions, statistics of Hong Kong SAR, Macao SAR and Taiwan Province are not included in this report.

4. The statistics of donation income of social organizations come from social organizations that have finished the annual review of 2020.

5. The statistics of divorce cases resulting from judicial decisions and meditations are from the Supreme People's Court. The calculating formula of marriage (divorce) rate is the number of marriage (divorce) registrations divided by the average population multiplied by 1000‰.

6. The central government spending, population and other related statistics are from the National Bureau of Statistics.

7. Due to unit conversion, there may be data inconsistency between Chinese and English versions. The Chinese version shall prevail.

第二部分

主要数据图表

图1-1　市、区、县

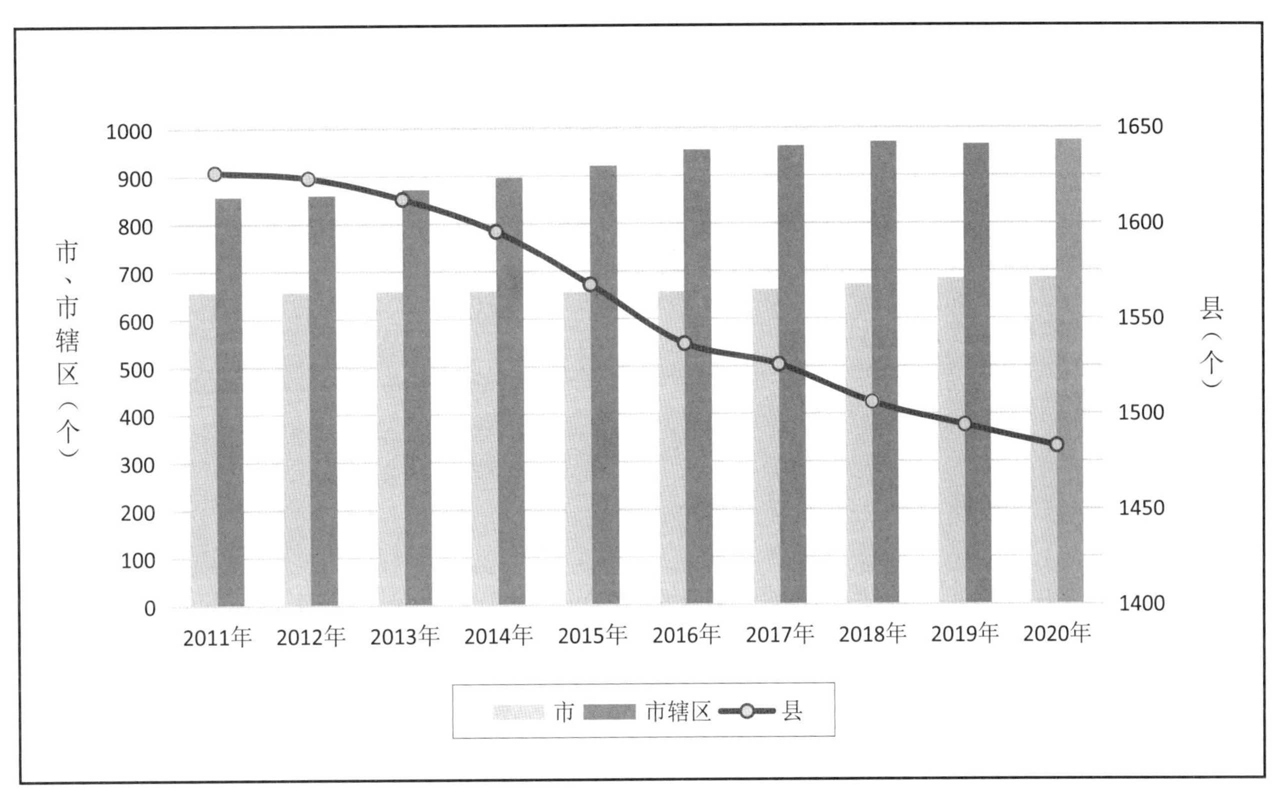

单位：个

指标	2011年	2012年	2013年	2014年	2015年	2016年	2017年	2018年	2019年	2020年
市	657	657	658	653	656	657	661	672	684	685
市辖区	857	860	872	897	921	954	962	970	965	973
县	1627	1624	1613	1596	1568	1537	1526	1506	1494	1483

注：市含直辖市、地级市及县级市，县含县、自治县、旗、自治旗、特区、林区。

图1-2　乡、镇与街道

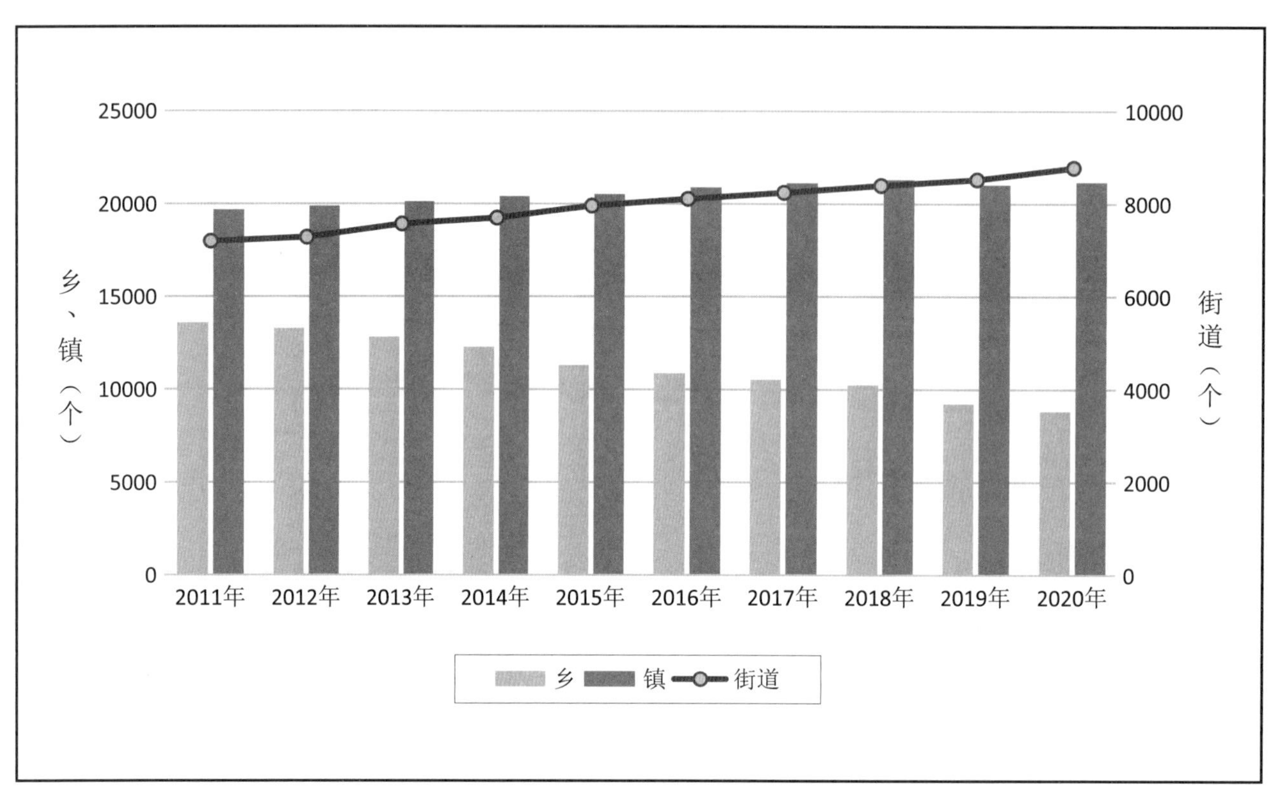

单位：个

指标	2011年	2012年	2013年	2014年	2015年	2016年	2017年	2018年	2019年	2020年
乡	13587	13281	12812	12282	11315	10872	10529	10253	9221	8809
镇	19683	19881	20117	20401	20515	20883	21116	21297	21013	21157
街道	7194	7282	7566	7696	7957	8105	8241	8393	8519	8773

注：乡包含民族乡、苏木、民族苏木。

图1-3　60周岁及以上老年人口占全国总人口比重

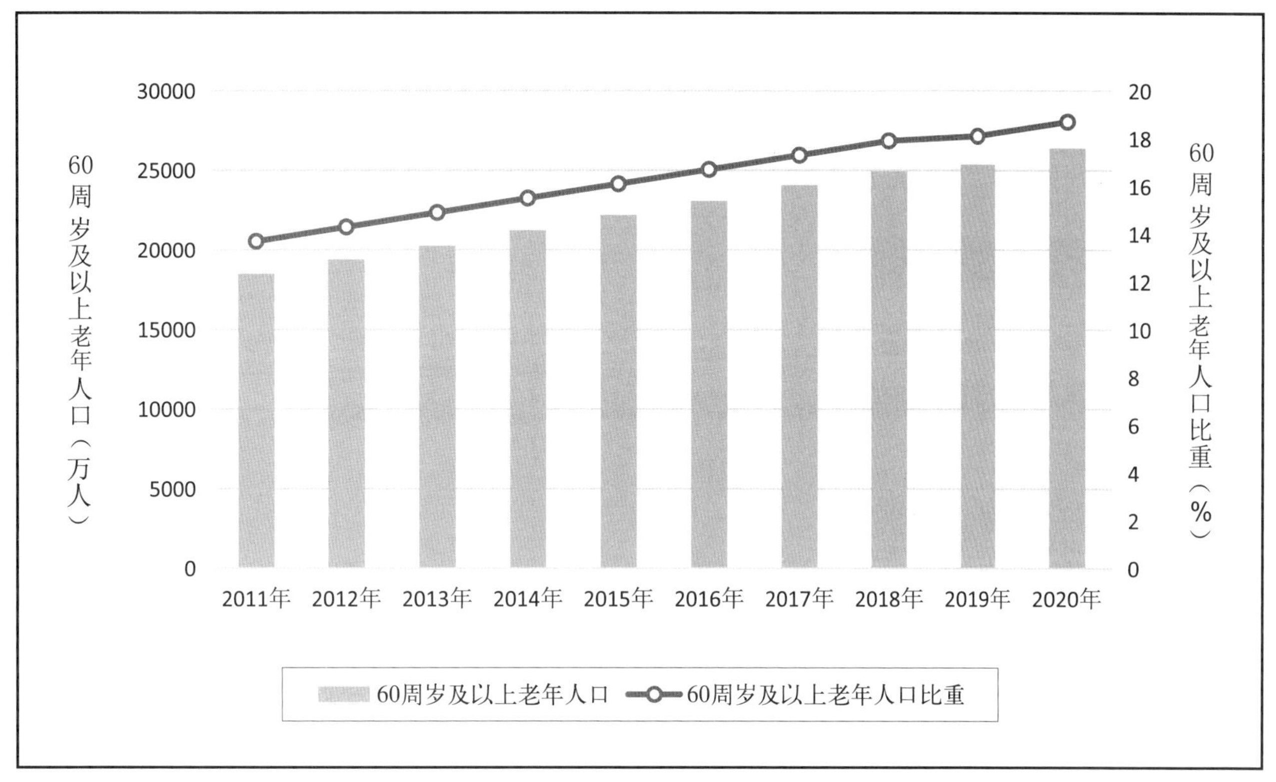

单位：万人、%

指标	2011年	2012年	2013年	2014年	2015年	2016年	2017年	2018年	2019年	2020年
60周岁及以上老年人口	18499	19390	20243	21242	22200	23086	24090	24949	25388	26402
60周岁及以上老年人口比重	13.7	14.3	14.9	15.5	16.1	16.7	17.3	17.9	18.1	18.7

注：本表数据来源于国家统计局。

图1-4 人口年龄结构

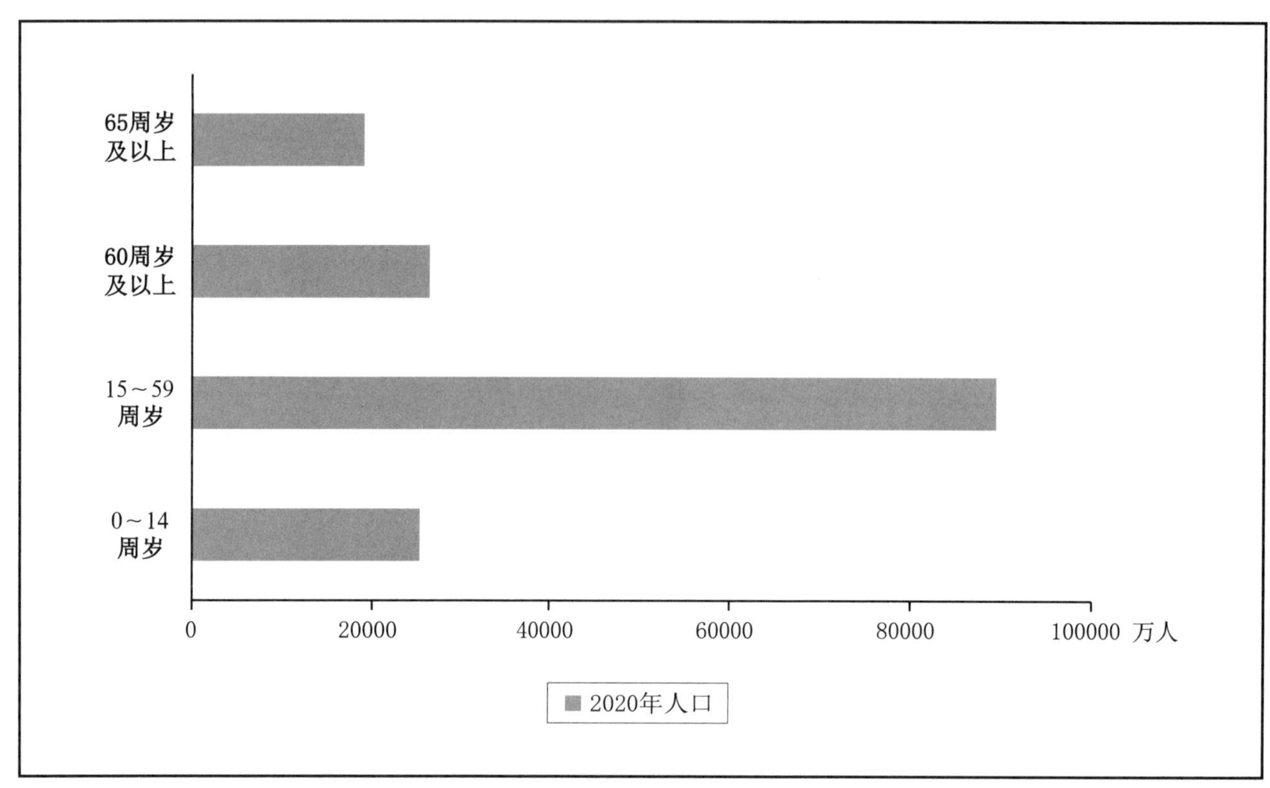

单位：万人、%

指标	0～14周岁	15～59周岁	60周岁及以上	65周岁及以上
2020年人口	25338	89438	26402	19064
不同年龄段人口比重	17.9	63.4	18.7	13.5
比2019年增减百分点	0.1	-0.6	0.6	0.9

注：本表数据来源于国家统计局。

图1-5　民政服务对象占全国总人口比重

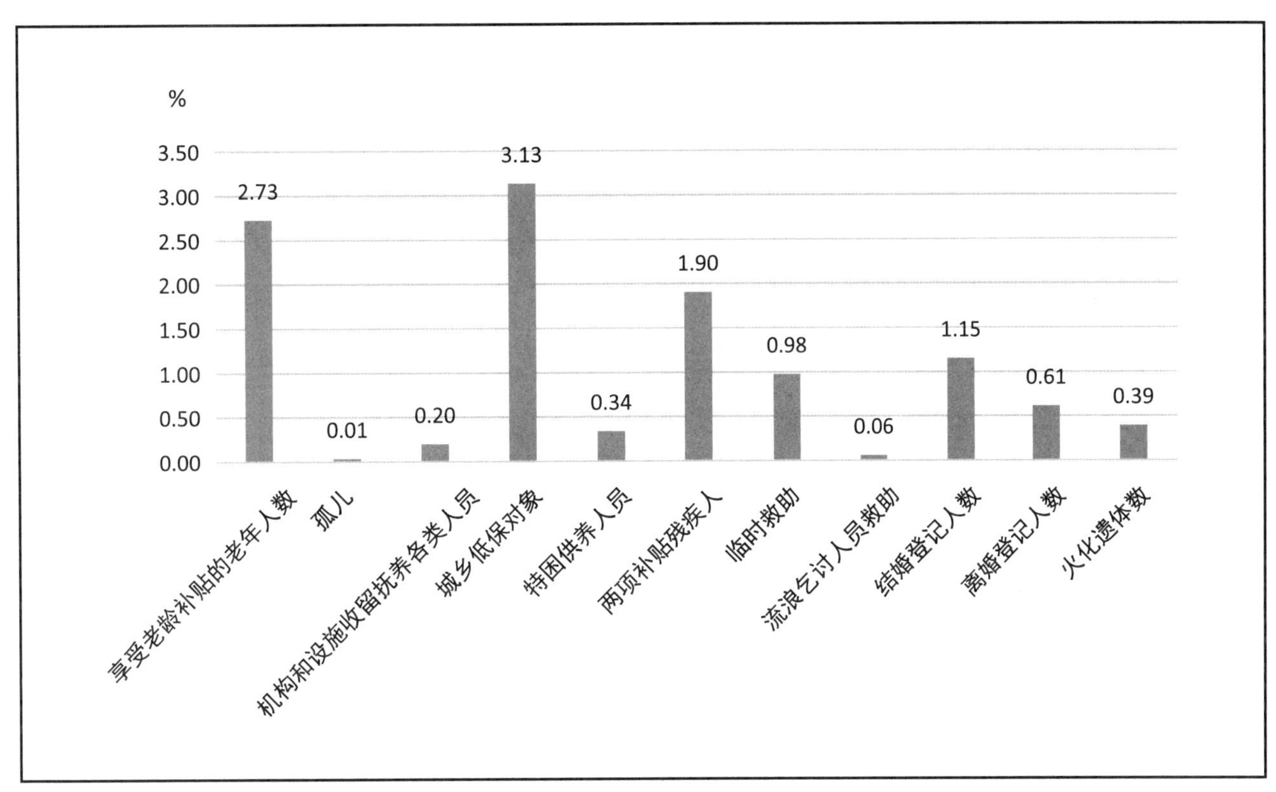

单位：万人、%

指标	2020年	比重
全国总人口	141178	
民政服务对象	16264.7	11.52
享受老龄补贴的老年人数	3853.7	2.73
孤儿	19.3	0.01
机构和设施收留抚养各类人员	282.3	0.20
城乡低保对象	4425.9	3.13
特困供养人员	477.4	0.34
两项补贴残疾人	2689.1	1.90
临时救助	1380.6	0.98
流浪乞讨人员救助	84.1	0.06
结婚登记人数	1628.7	1.15
离婚登记人数	867.8	0.61
火化遗体数	555.8	0.39

注：全国总人口来源于国家统计局网站数据，城乡低保对象包括城市低保人数和农村低保人数。

图1-6 民政部门登记和管理的机构和设施职工

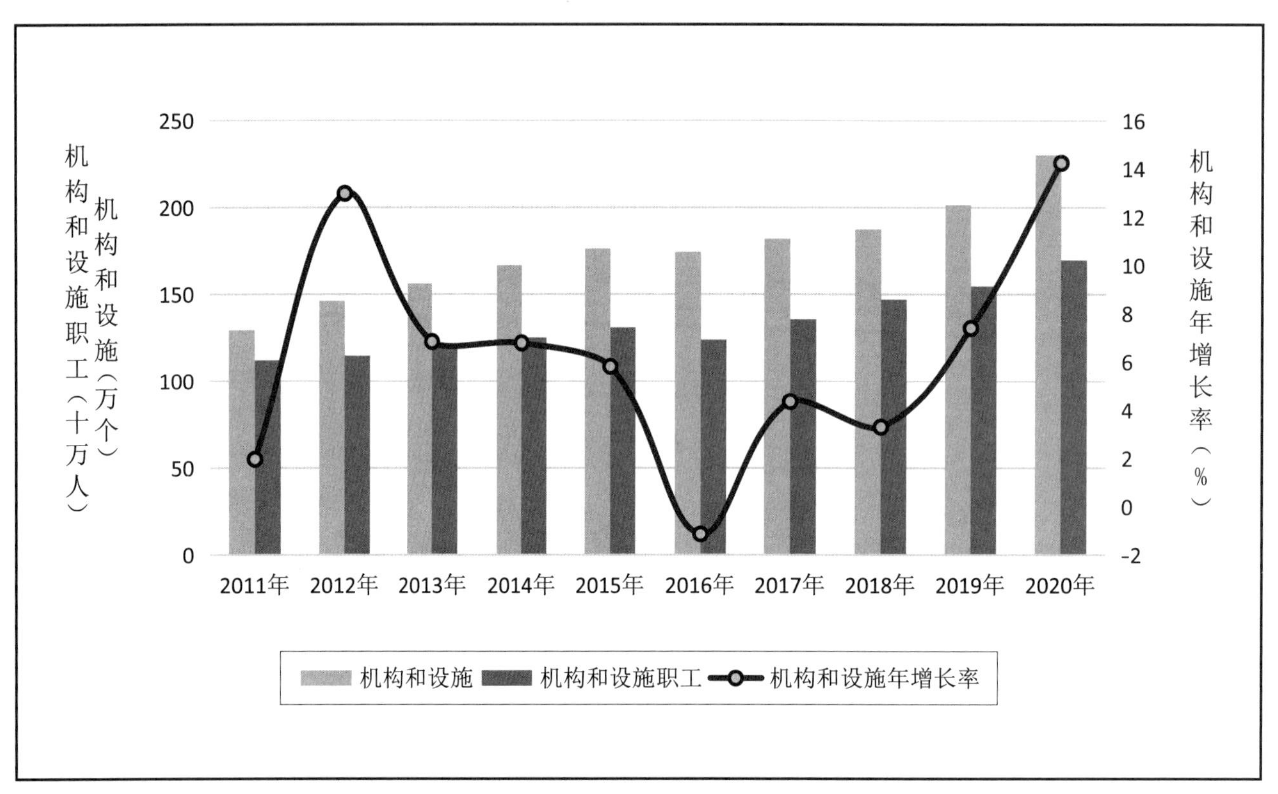

单位：万个、十万人、%

指标	2011年	2012年	2013年	2014年	2015年	2016年	2017年	2018年	2019年	2020年
机构和设施	129.4	146.2	156.2	166.8	176.5	174.5	182.1	187.6	201.5	229.3
机构和设施职工	112.1	114.7	119.8	125.1	130.9	123.9	135.6	147.0	154.6	164.5
机构和设施年增长率	2.0	13.0	6.8	6.8	5.8	-1.1	4.4	3.3	7.4	13.8

图1-7　民政部门登记和管理的机构固定资产原价

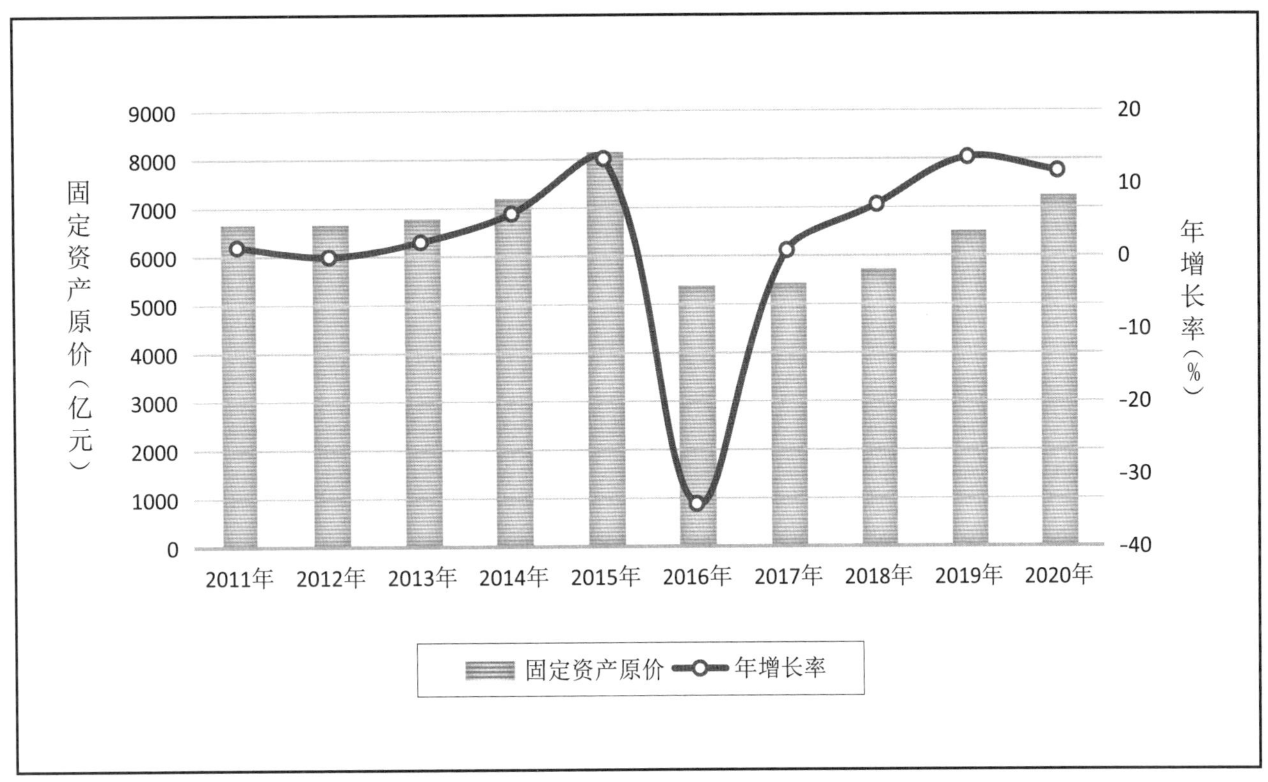

单位：亿元、%

指标	2011年	2012年	2013年	2014年	2015年	2016年	2017年	2018年	2019年	2020年
固定资产原价	6676.7	6675.4	6810.2	7213.0	8183.1	5393.6	5434.8	5736.2	6515.3	7278.0
年增长率	1.3	–	2.0	5.9	13.4	-34.1	0.8	7.1	13.6	11.7

注：自2016年起，民政部取消社会福利企业资质认定，不再统计社会福利企业情况指标，因此民政部门登记和管理的机构固定资产原价指标出现较大降幅。

图1-8　民政事业费支出

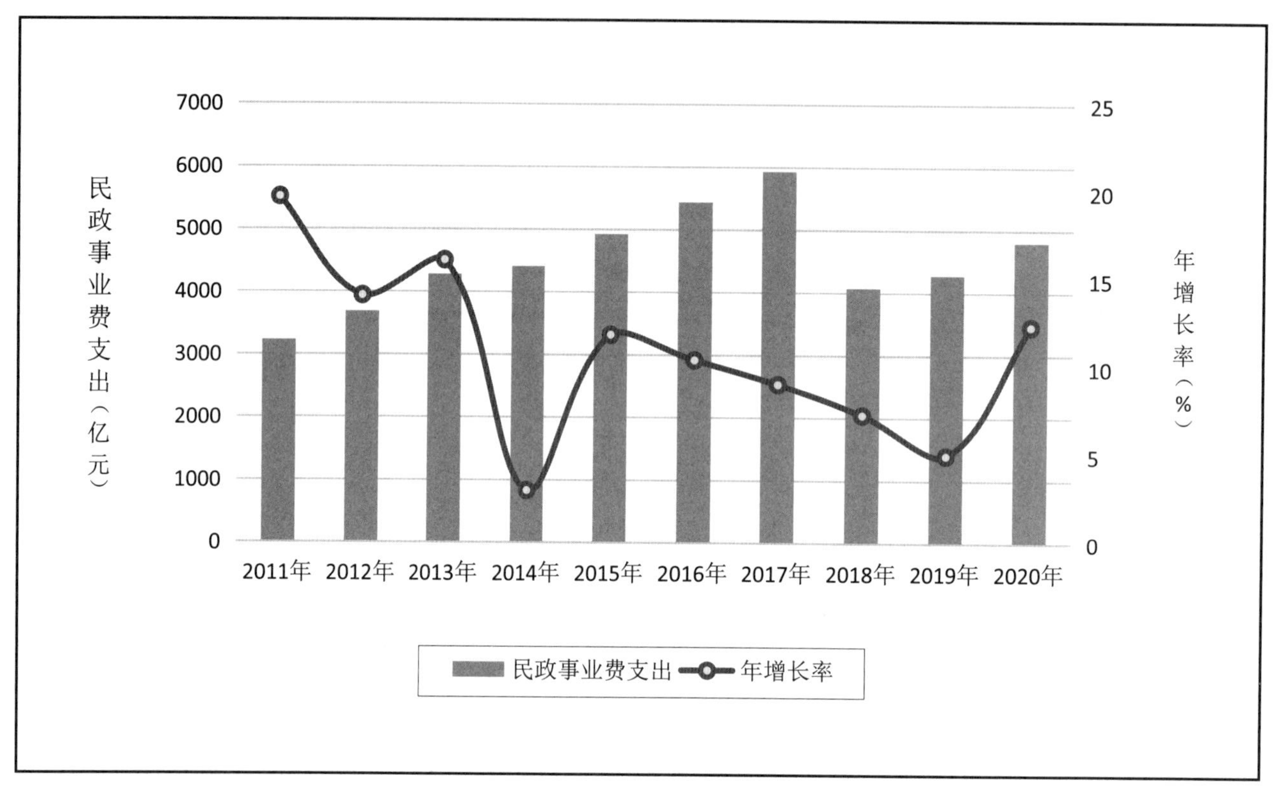

单位：亿元、%

指标	2011年	2012年	2013年	2014年	2015年	2016年	2017年	2018年	2019年	2020年
民政事业费支出	3229.1	3683.7	4276.5	4404.1	4926.4	5440.2	5932.7	4076.9	4279.2	4808.2
年增长率	19.7	14.1	16.1	3.0	11.9	10.4	9.1	7.3	5.0	12.4

图1-9　民政事业费支出占国家财政支出的比重

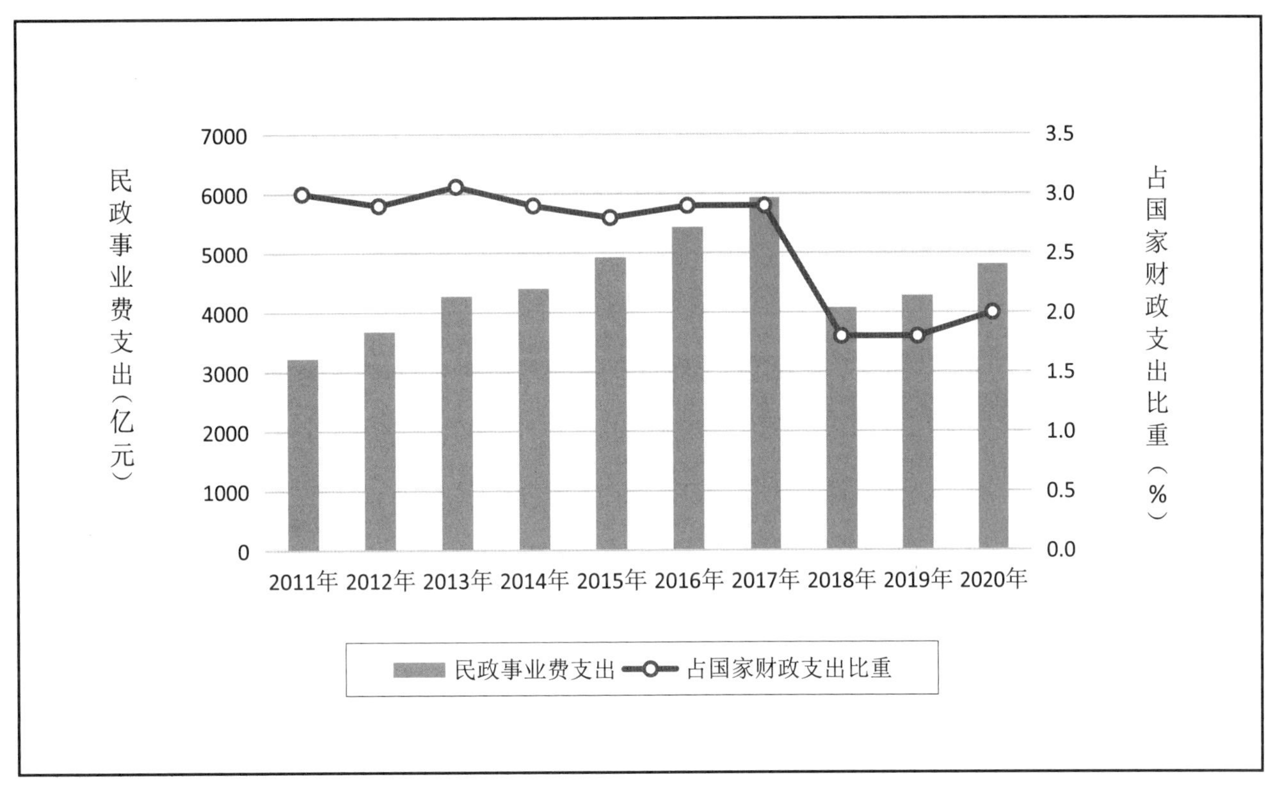

单位：亿元、%

指标	2011年	2012年	2013年	2014年	2015年	2016年	2017年	2018年	2019年	2020年
民政事业费支出	3229.1	3683.7	4276.5	4404.1	4926.4	5440.2	5932.7	4076.9	4279.2	4808.2
占国家财政支出比重	3.0	2.9	3.1	2.9	2.8	2.9	2.9	1.8	1.8	2.0

图1-10　民政事业费支出按用项分

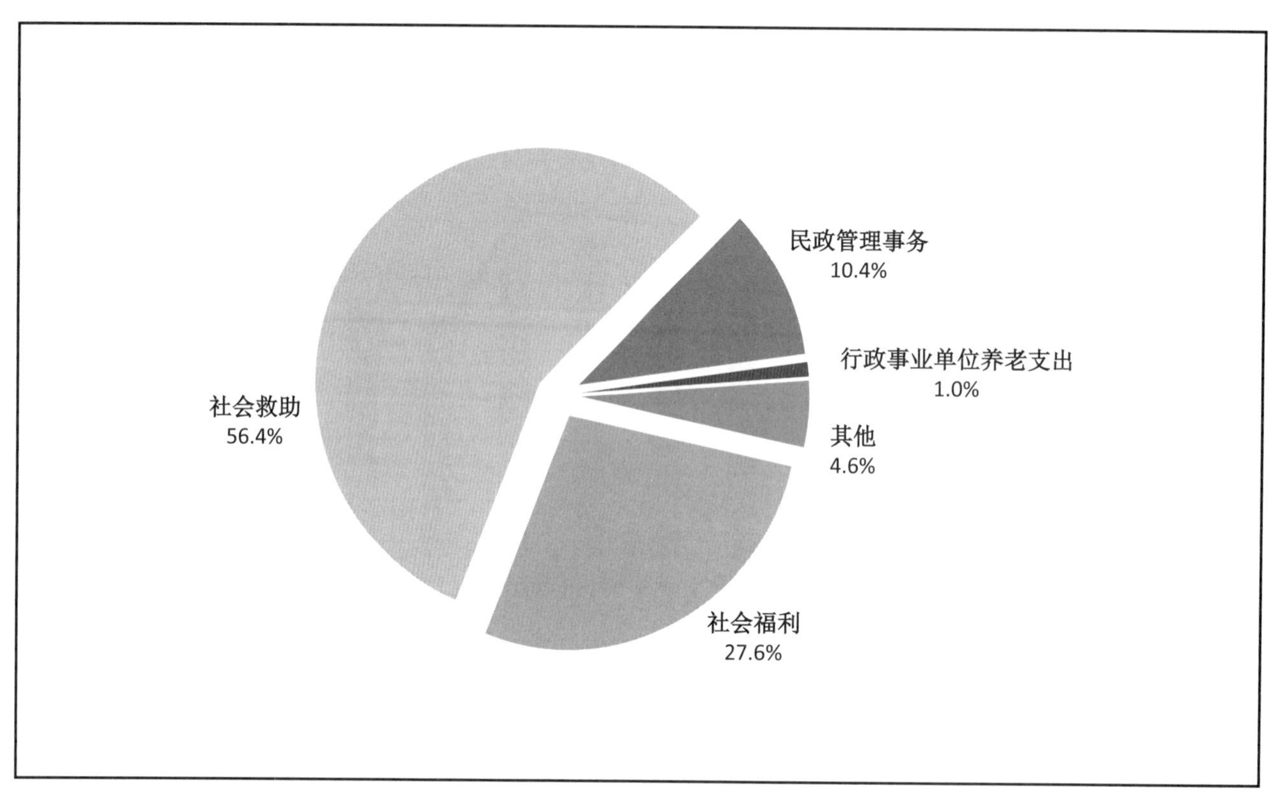

单位：亿元、%

指标	民政事业费支出	社会福利	社会救助	民政管理事务	行政事业单位养老支出	其他
金额	4808.2	1327.3	2711.9	501.2	47.6	220.3
比重	100.0	27.6	56.4	10.4	1.0	4.6

图1-11　中央转移支付民政事业费

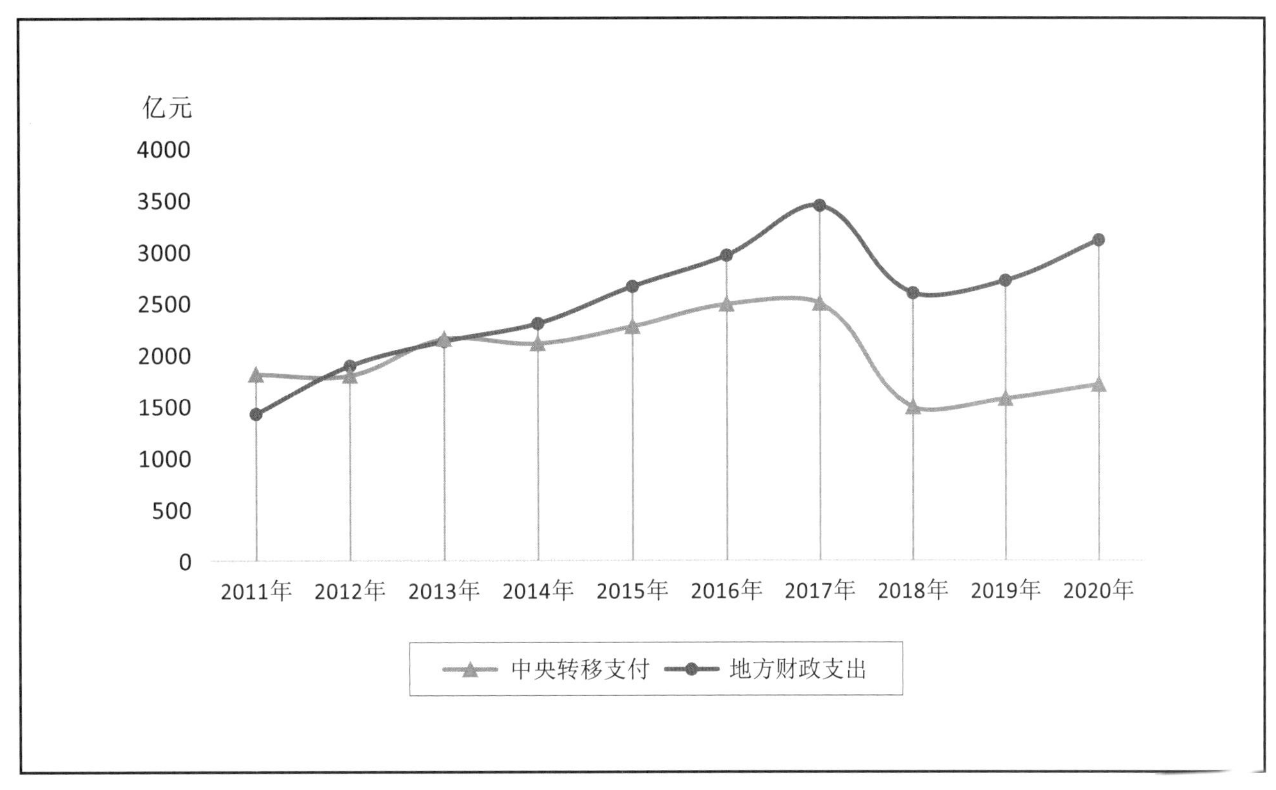

单位：亿元、%

指标	2011年	2012年	2013年	2014年	2015年	2016年	2017年	2018年	2019年	2020年
民政事业费支出	3229.1	3683.7	4276.5	4404.1	4926.4	5440.2	5932.7	4076.9	4279.2	4808.2
中央转移支付	1808.0	1794.6	2149.7	2105.0	2270.3	2484.0	2492.3	1485.6	1566.6	1704.2
地方财政支出	1421.1	1889.1	2126.8	2299.1	2656.1	2956.2	3440.4	2591.3	2712.6	3104.0
中央转移支付比重	56.0	48.7	50.3	47.8	46.1	45.7	42.0	36.4	36.6	35.4

图1-12 完成基本建设投资

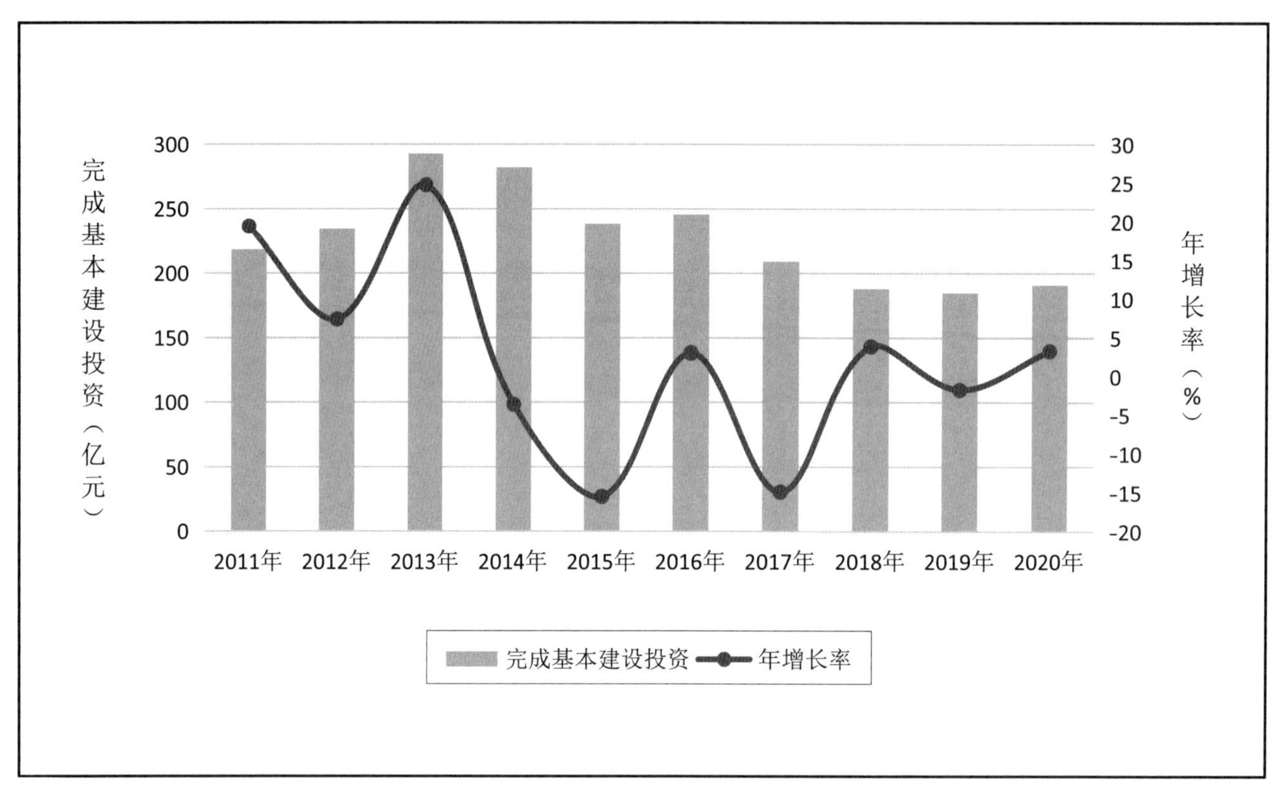

单位：亿元、%

指标	2011年	2012年	2013年	2014年	2015年	2016年	2017年	2018年	2019年	2020年
完成基本建设投资	218.5	234.7	292.8	282.2	238.5	245.8	209.2	188.0	184.8	190.9
年增长率	19.4	7.4	24.8	-3.6	-15.5	3.1	-14.9	3.9	-1.7	3.3

图1-13 预算内基本建设支出和中央转移支付

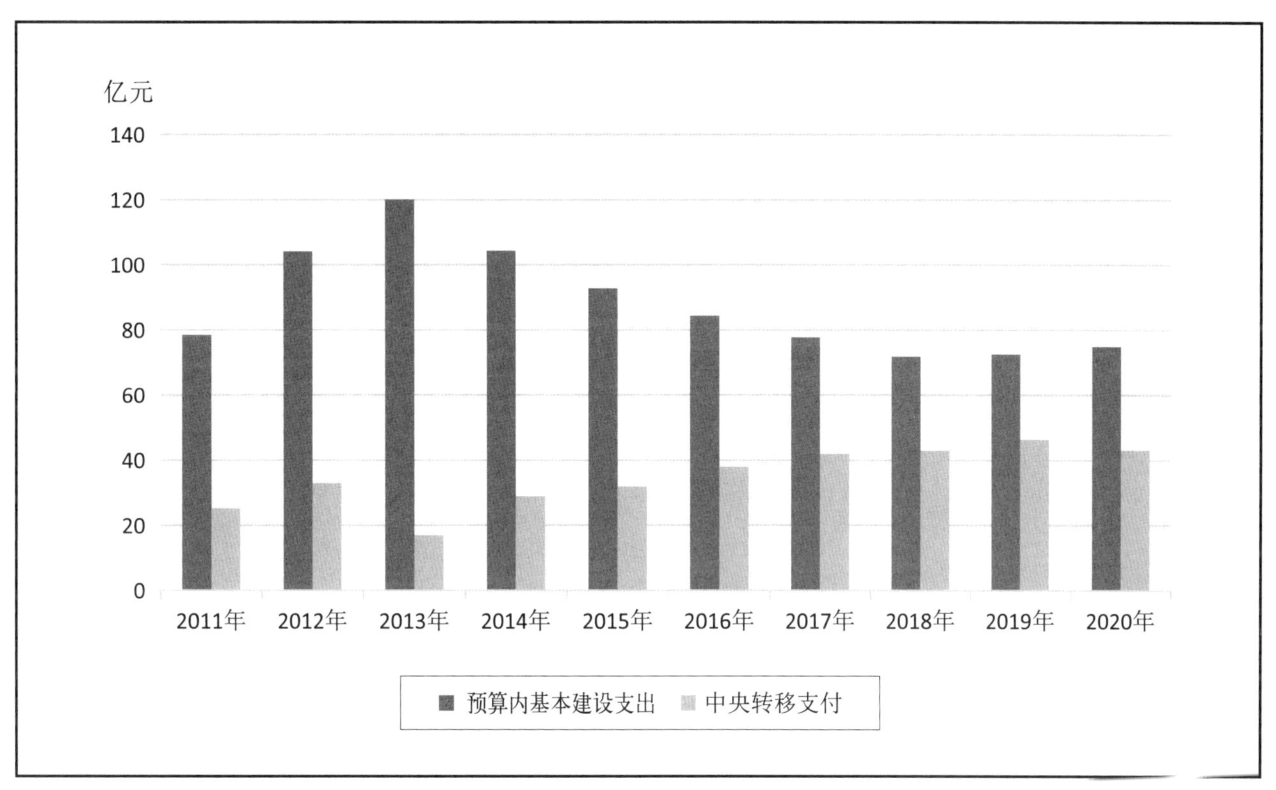

单位：亿元

指标	2011年	2012年	2013年	2014年	2015年	2016年	2017年	2018年	2019年	2020年
民政事业费支出	3229.1	3683.7	4276.5	4404.1	4926.4	5440.2	5932.7	4076.9	4279.2	4808.2
预算内基本建设支出	78.5	104.2	120.1	104.3	92.8	84.4	77.8	71.9	72.6	75.0
中央转移支付	25.3	33.0	17.0	29.0	32.0	38.0	42.0	43.0	46.4	43.1

图2-1　民政服务床位数

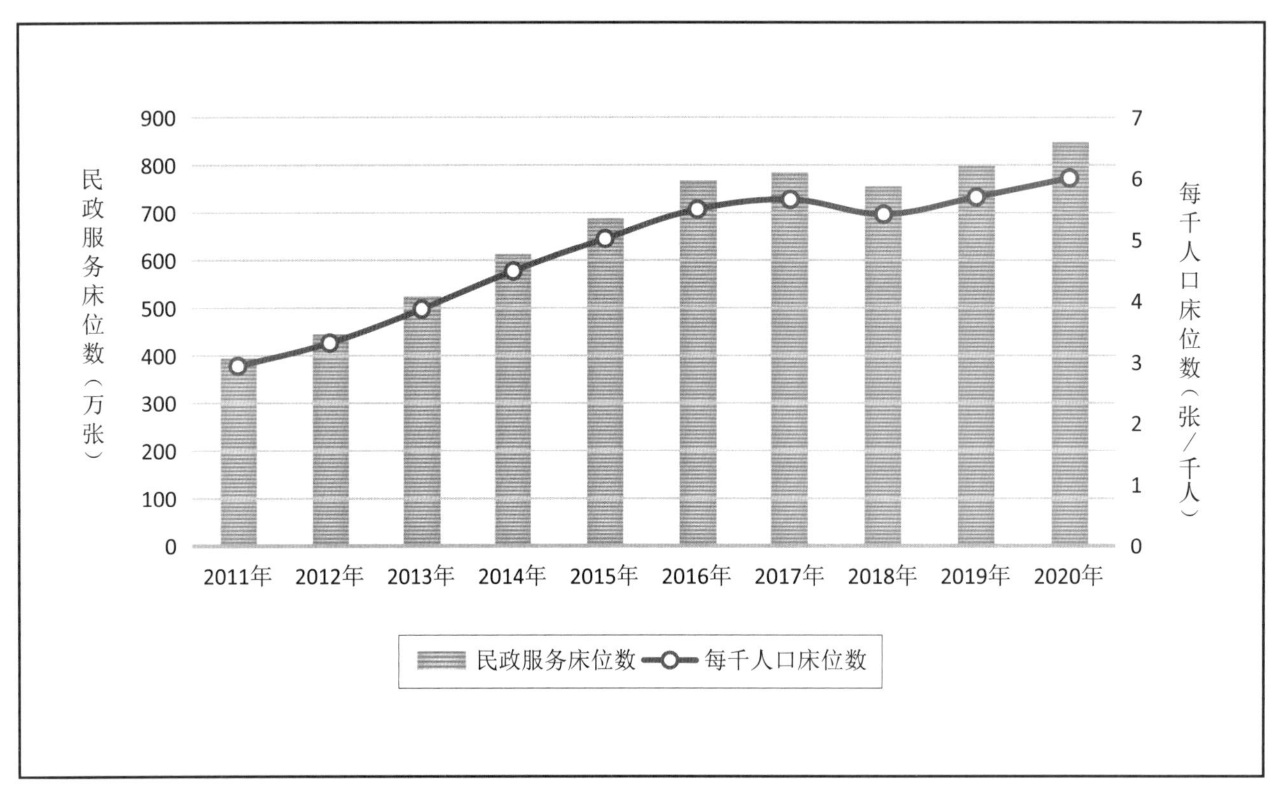

单位：万张、张/千人

指标	2011年	2012年	2013年	2014年	2015年	2016年	2017年	2018年	2019年	2020年
民政服务床位数	396.4	449.3	526.7	613.5	691.3	771.2	786.2	755.9	803.6	848.2
每千人口床位数	2.94	3.32	3.87	4.49	5.02	5.50	5.66	5.42	5.74	6.01

图2-2　养老床位数

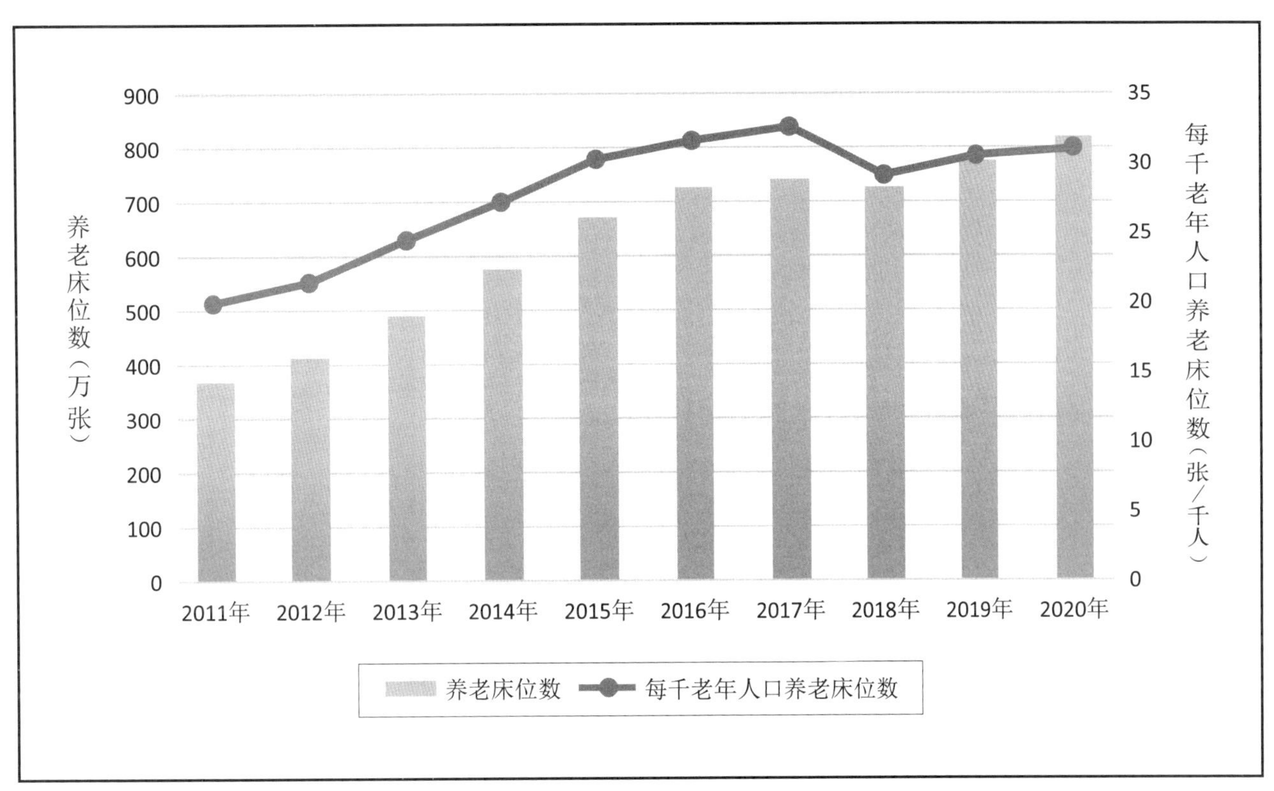

单位：万张、%、张/千人

指标	2011年	2012年	2013年	2014年	2015年	2016年	2017年	2018年	2019年	2020年
养老床位数	369.2	416.5	493.7	577.7	672.7	730.2	744.8	727.1	775.0	821.0
年增长率	16.8	12.8	18.5	17.0	16.4	8.5	2.0	3.3	6.6	5.9
每千老年人口养老床位数	20.0	21.5	24.4	27.2	30.3	31.6	32.6	29.1	30.5	31.1

图2-3　精神疾病服务床位数

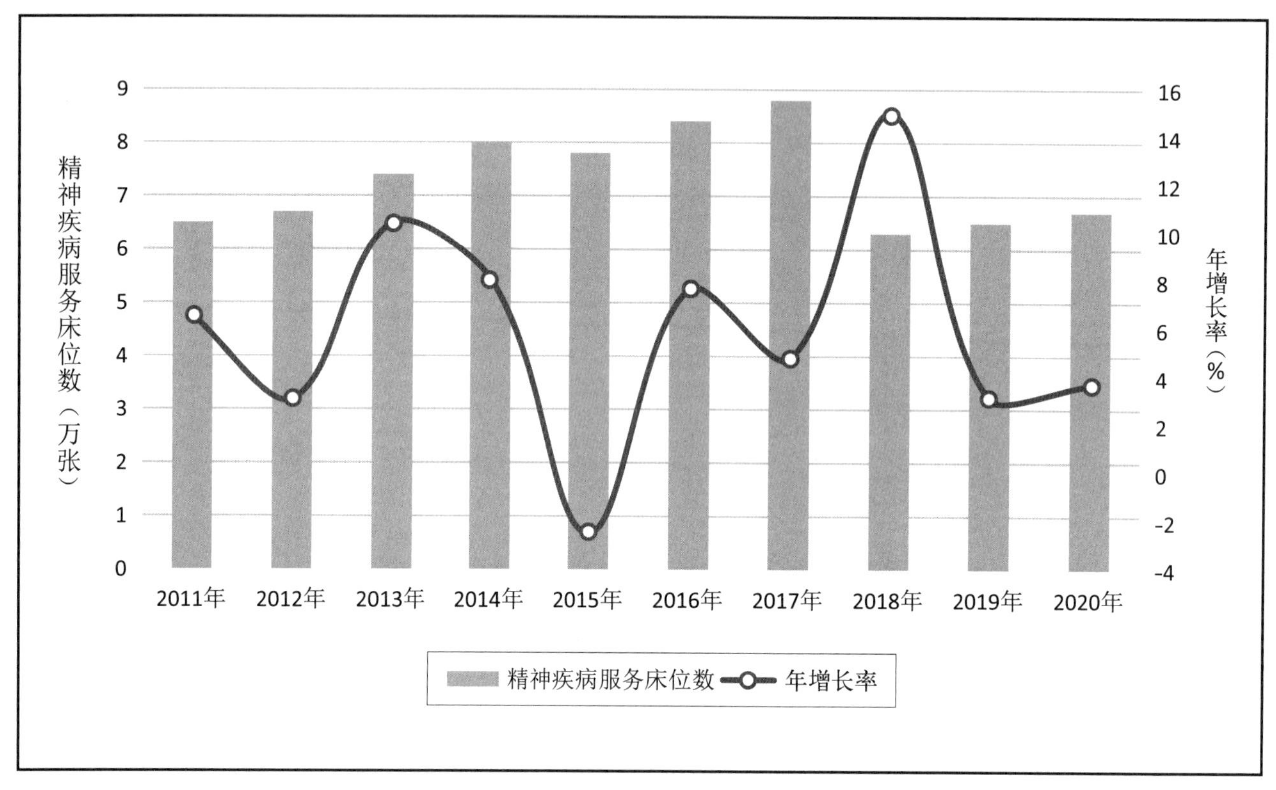

单位：万张、%

指标	2011年	2012年	2013年	2014年	2015年	2016年	2017年	2018年	2019年	2020年
精神疾病服务床位数	6.5	6.7	7.4	8.0	7.8	8.4	8.8	6.3	6.5	6.7
年增长率	6.6	3.1	10.4	8.1	-2.5	7.7	4.8	15.0	3.1	3.7

图2-4　儿童服务床位数

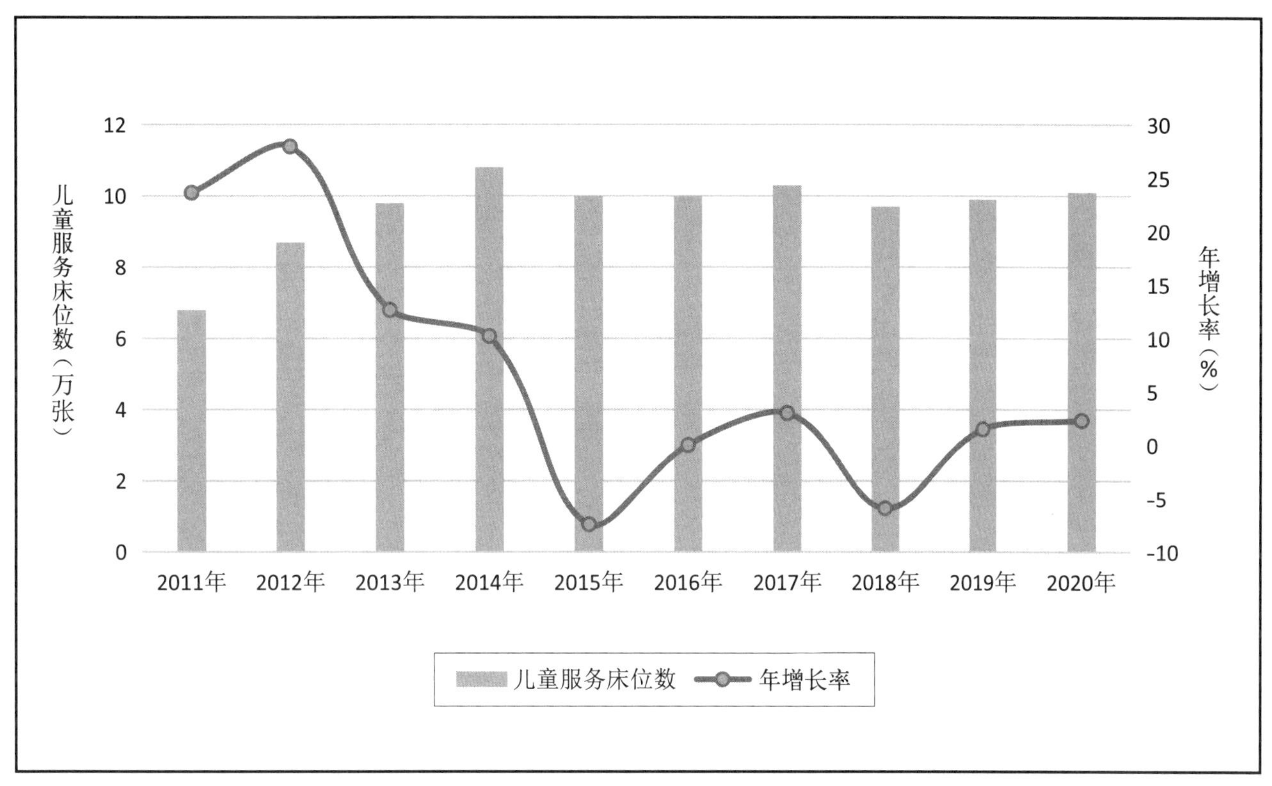

单位：万张、%

指标	2011年	2012年	2013年	2014年	2015年	2016年	2017年	2018年	2019年	2020年
儿童服务床位数	6.8	8.7	9.8	10.8	10.0	10.0	10.3	9.7	9.9	10.1
年增长率	23.6	27.9	12.6	10.2	-7.4	–	3.0	-5.9	1.5	2.3

图2–5　老年人福利

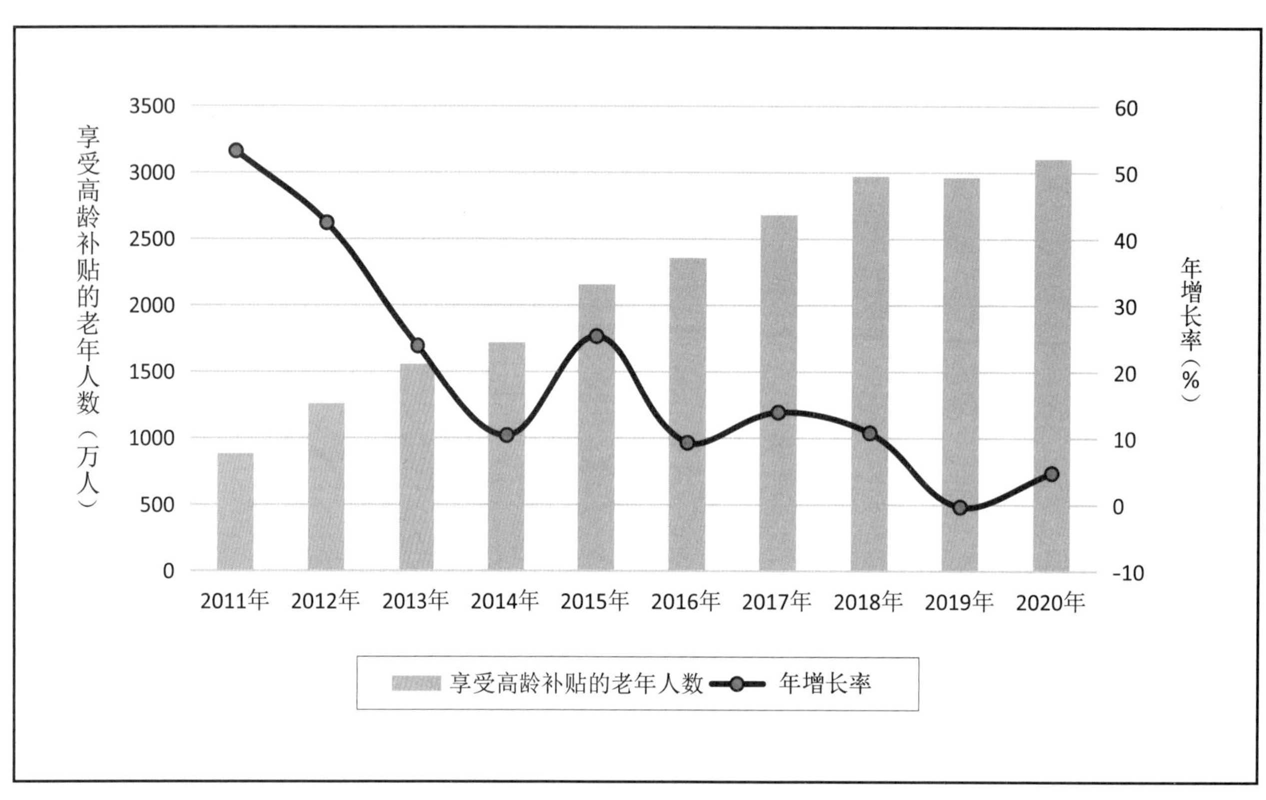

单位：万人、%

指标	2011年	2012年	2013年	2014年	2015年	2016年	2017年	2018年	2019年	2020年
享受高龄补贴的老年人数	883.1	1257.7	1557.9	1719.6	2155.1	2355.4	2682.2	2972.3	2963.0	3104.4
年增长率	53.2	42.4	23.9	10.4	25.3	9.3	13.9	10.8	-0.3	4.8

图2–6　收养登记

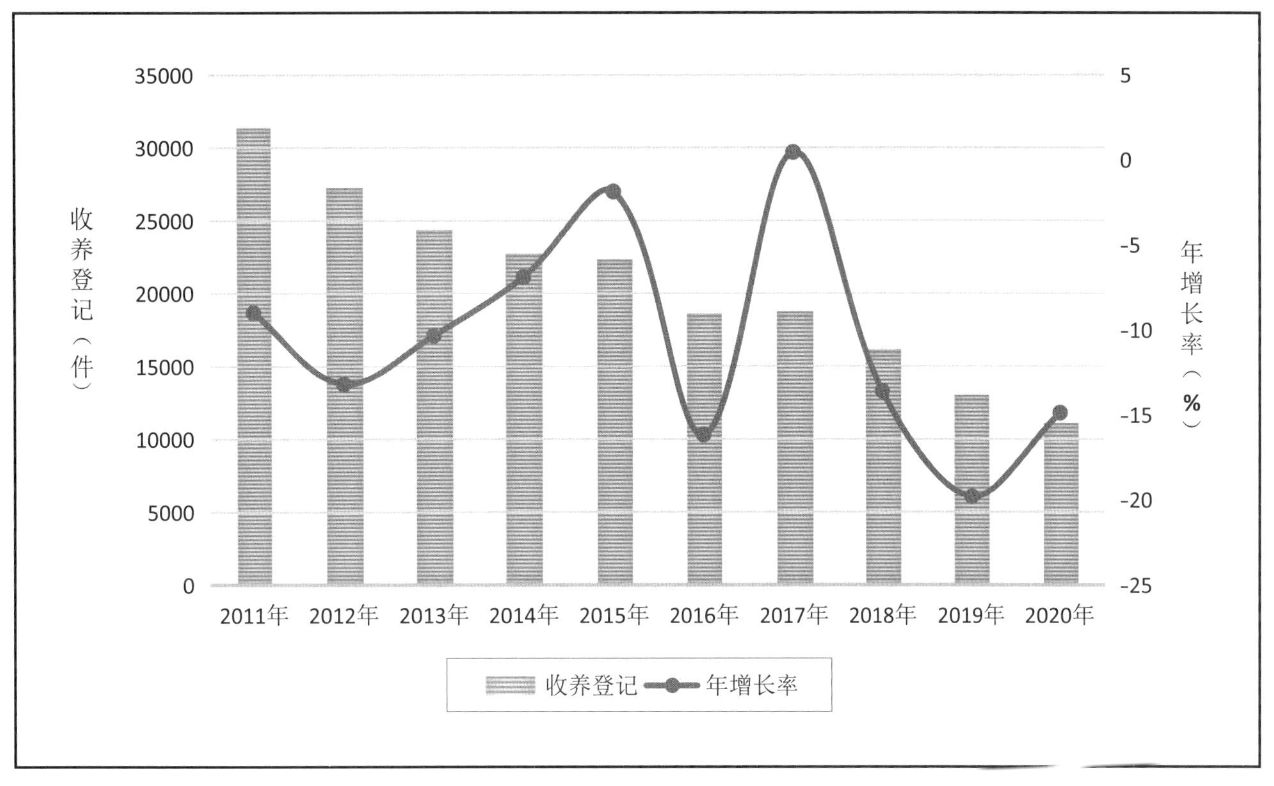

单位：件、%

指标	2011年	2012年	2013年	2014年	2015年	2016年	2017年	2018年	2019年	2020年
收养登记	31424	27278	24460	22772	22348	18736	18820	16267	13044	11103
年增长率	-9.0	-13.2	-10.3	-6.9	-1.9	-16.2	0.4	-13.6	-19.8	-14.9

图2-7　城市最低生活保障人数

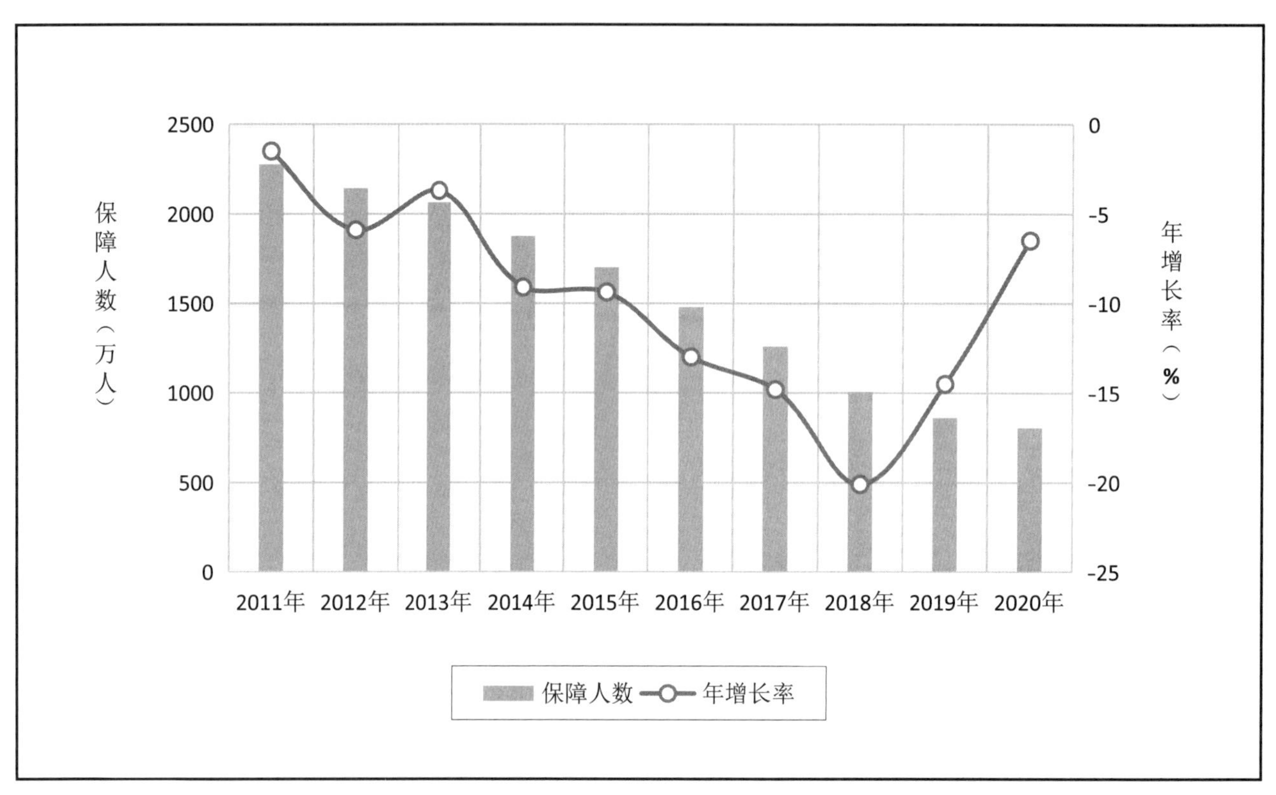

单位：万人、%

指标	2011年	2012年	2013年	2014年	2015年	2016年	2017年	2018年	2019年	2020年
保障人数	2276.8	2143.5	2064.2	1877	1701.1	1480.2	1261.0	1007.0	860.9	805.1
年增长率	-1.5	-5.9	-3.7	-9.1	-9.4	-13.0	-14.8	-20.1	-14.5	-6.5

图2-8 城市最低生活保障平均标准

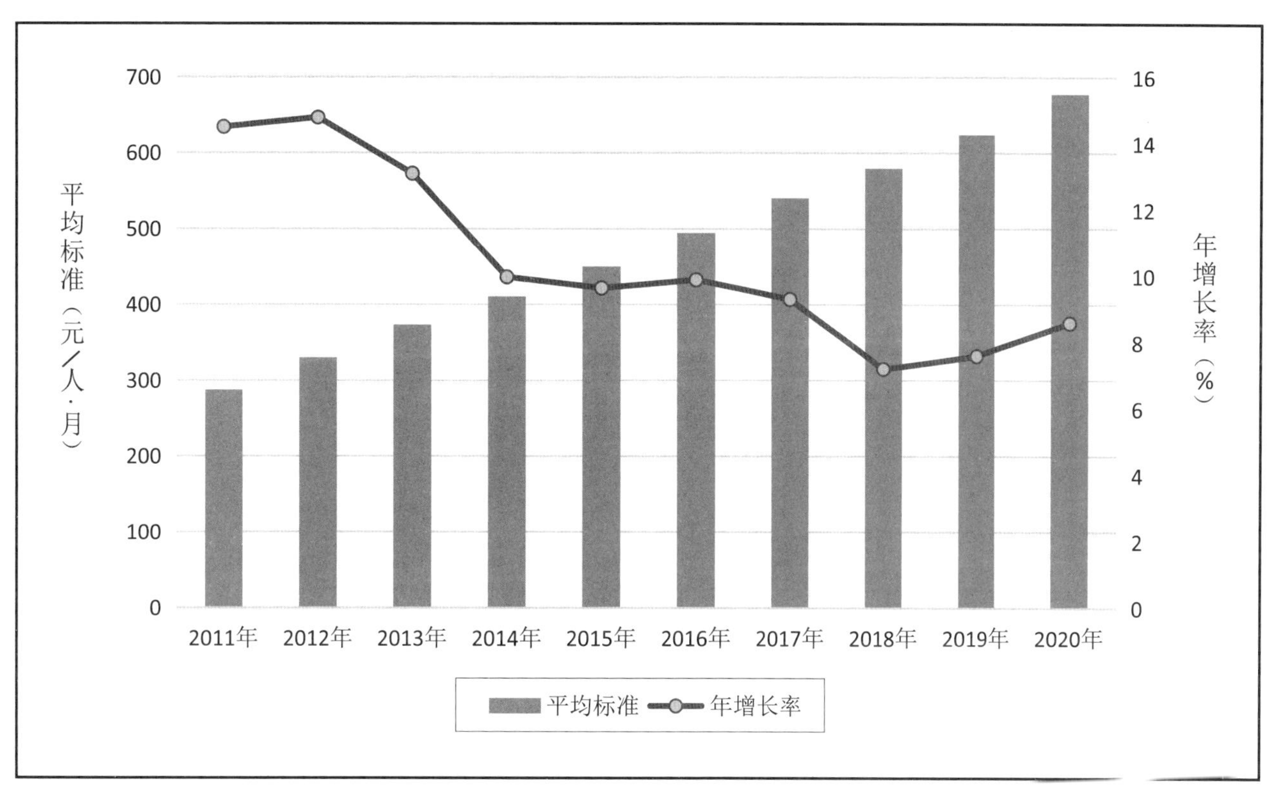

单位：元/人·月、%

指标	2011年	2012年	2013年	2014年	2015年	2016年	2017年	2018年	2019年	2020年
平均标准	287.6	330.1	373.3	410.5	450.1	494.6	540.6	579.7	624.0	677.6
年增长率	14.5	14.8	13.1	10.0	9.6	9.9	9.3	7.2	7.6	8.6

图2-9　分省份城市最低生活保障平均标准

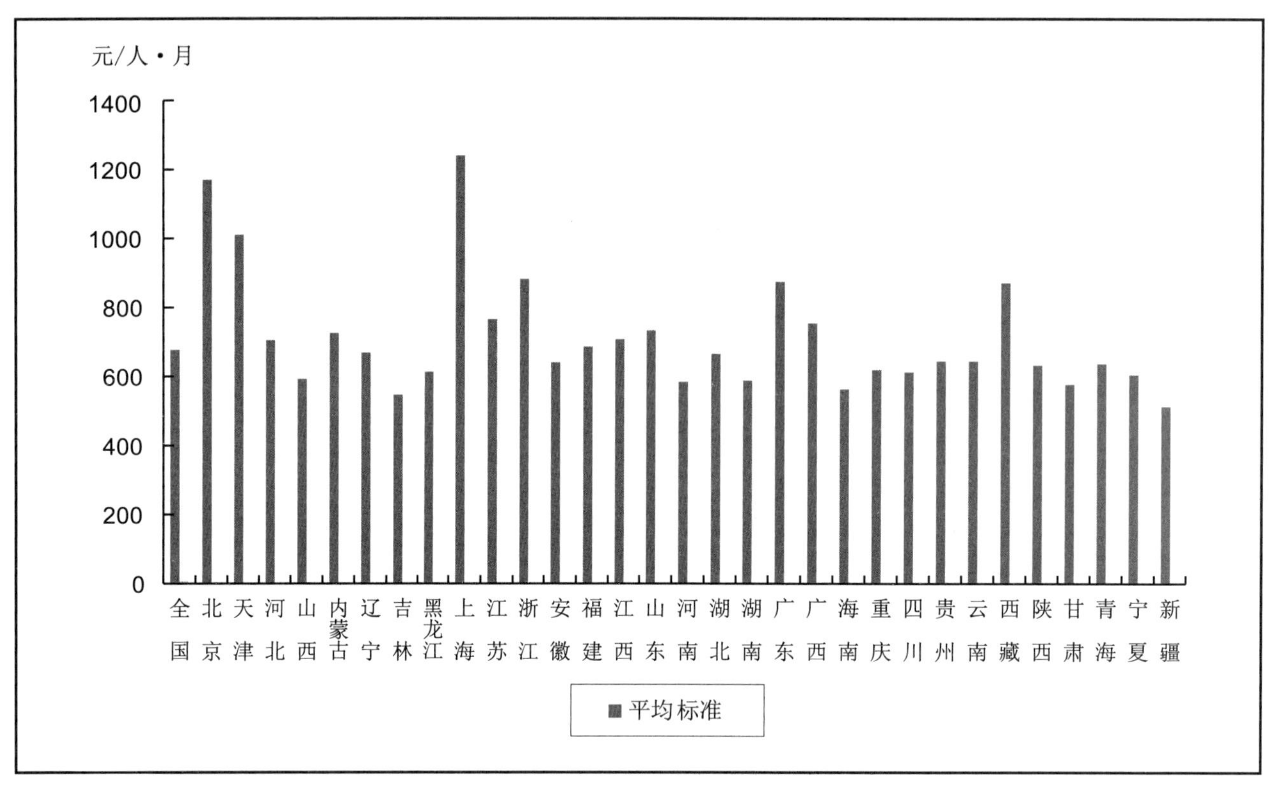

单位：元/人·月

地　区	平均标准	地　区	平均标准	地　区	平均标准	地　区	平均标准
全　国	**677.6**	黑龙江	613.2	河　南	583.9	贵　州	645.1
北　京	1170.0	上　海	1240.0	湖　北	666.0	云　南	644.7
天　津	1010.0	江　苏	765.6	湖　南	588.0	西　藏	871.2
河　北	705.3	浙　江	882.3	广　东	874.2	陕　西	633.4
山　西	592.6	安　徽	641.1	广　西	754.2	甘　肃	577.6
内蒙古	726.2	福　建	686.3	海　南	562.8	青　海	637.5
辽　宁	669.2	江　西	708.2	重　庆	620.0	宁　夏	605.6
吉　林	546.5	山　东	733.1	四　川	613.5	新　疆	513.5

图2-10　农村最低生活保障人数

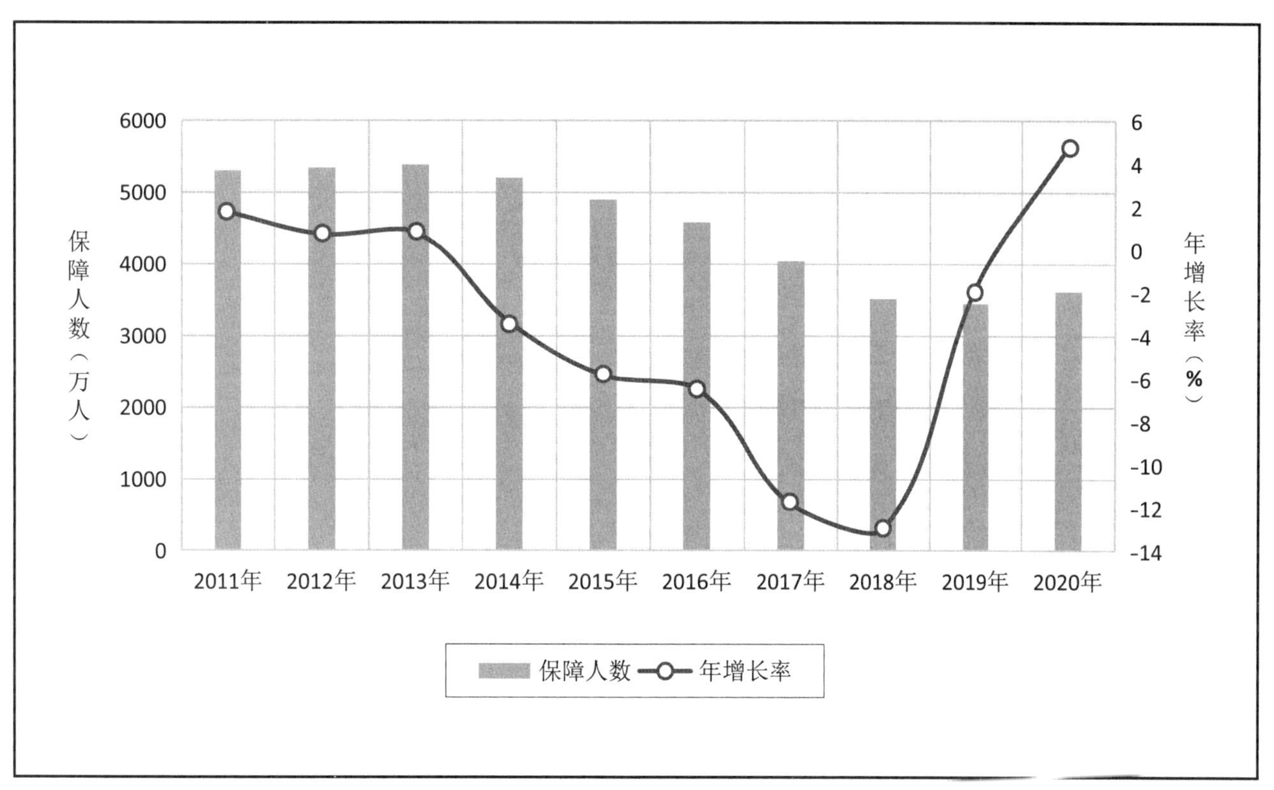

单位：万人、%

指标	2011年	2012年	2013年	2014年	2015年	2016年	2017年	2018年	2019年	2020年
保障人数	5305.7	5344.5	5388.0	5207.2	4903.6	4586.5	4045.1	3519.1	3455.4	3620.8
年增长率	1.8	0.7	0.8	-3.4	-5.8	-6.5	-11.8	-13.0	-1.8	4.8

图2-11　农村最低生活保障平均标准

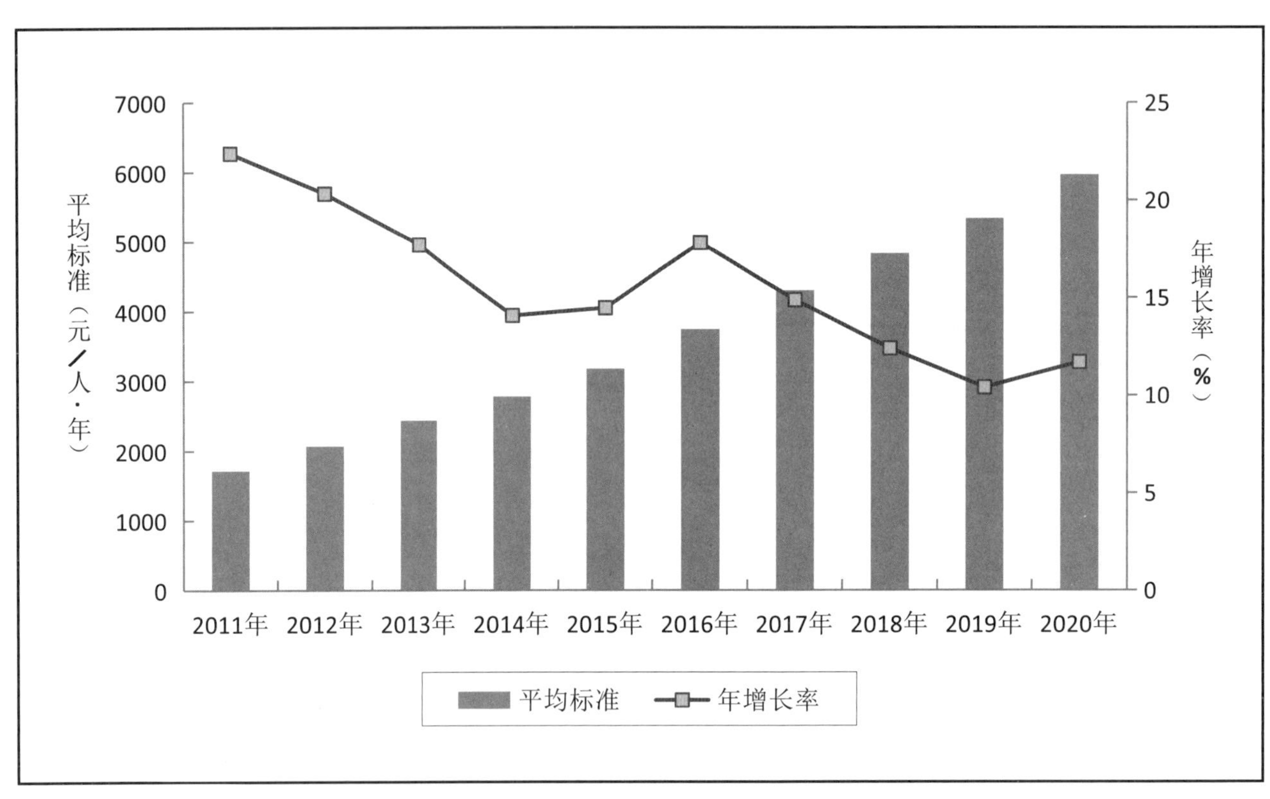

单位：元/人·年、%

指标	2011年	2012年	2013年	2014年	2015年	2016年	2017年	2018年	2019年	2020年
平均标准	1718.4	2067.8	2433.9	2776.6	3178.2	3744.0	4300.7	4833.4	5335.5	5962.3
年增长率	22.4	20.3	17.7	14.1	14.5	17.8	14.9	12.4	10.4	11.7

图2-12　分省份农村最低生活保障平均标准

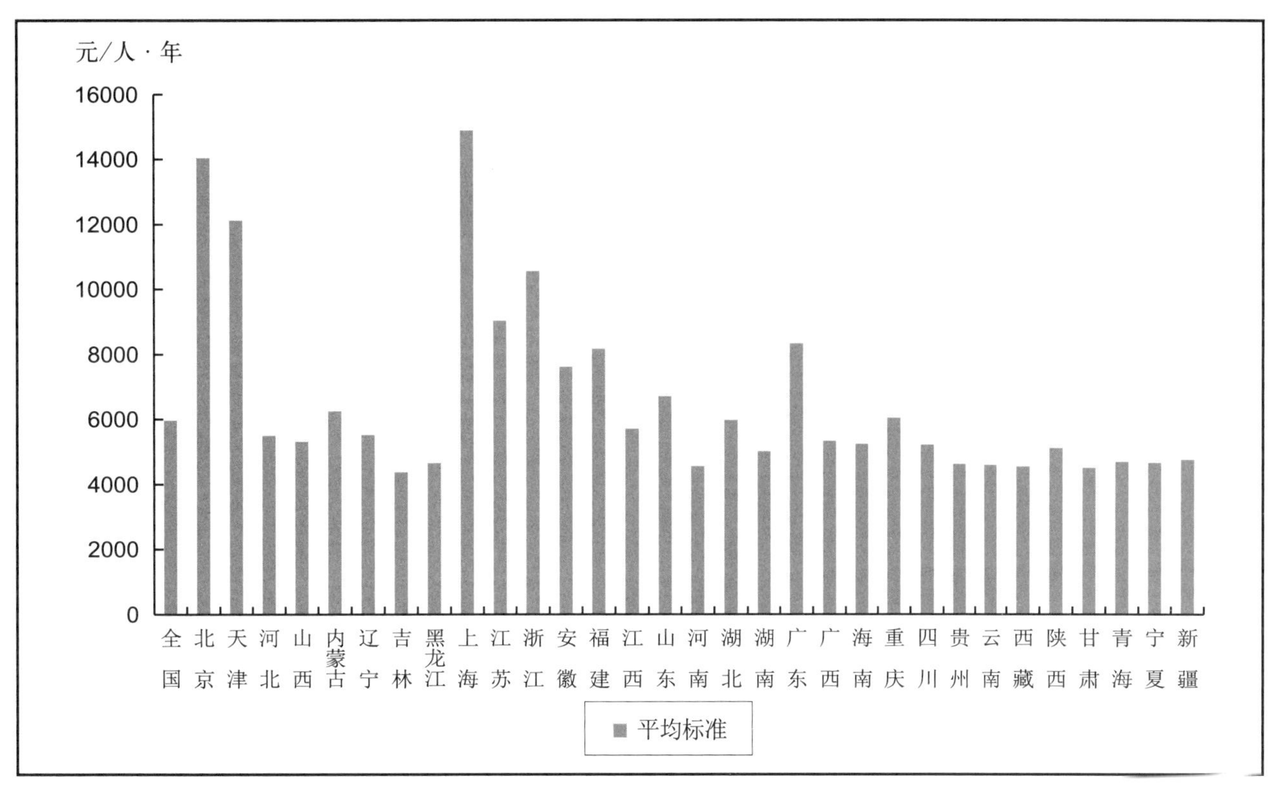

单位：元/人·年

地　区	平均标准	地　区	平均标准	地　区	平均标准	地　区	平均标准
全　国	**5962.3**	黑龙江	4655.0	河　南	4555.6	贵　州	4620.3
北　京	14040.0	上　海	14880.0	湖　北	5967.7	云　南	4591.6
天　津	12120.0	江　苏	9030.5	湖　南	5007.6	西　藏	4545.0
河　北	5496.1	浙　江	10551.5	广　东	8337.3	陕　西	5111.2
山　西	5312.5	安　徽	7613.6	广　西	5328.4	甘　肃	4506.5
内蒙古	6249.0	福　建	8171.6	海　南	5236.8	青　海	4688.8
辽　宁	5517.4	江　西	5706.6	重　庆	6035.7	宁　夏	4660.0
吉　林	4371.7	山　东	6698.6	四　川	5215.0	新　疆	4757.6

图2-13　农村特困人员人数

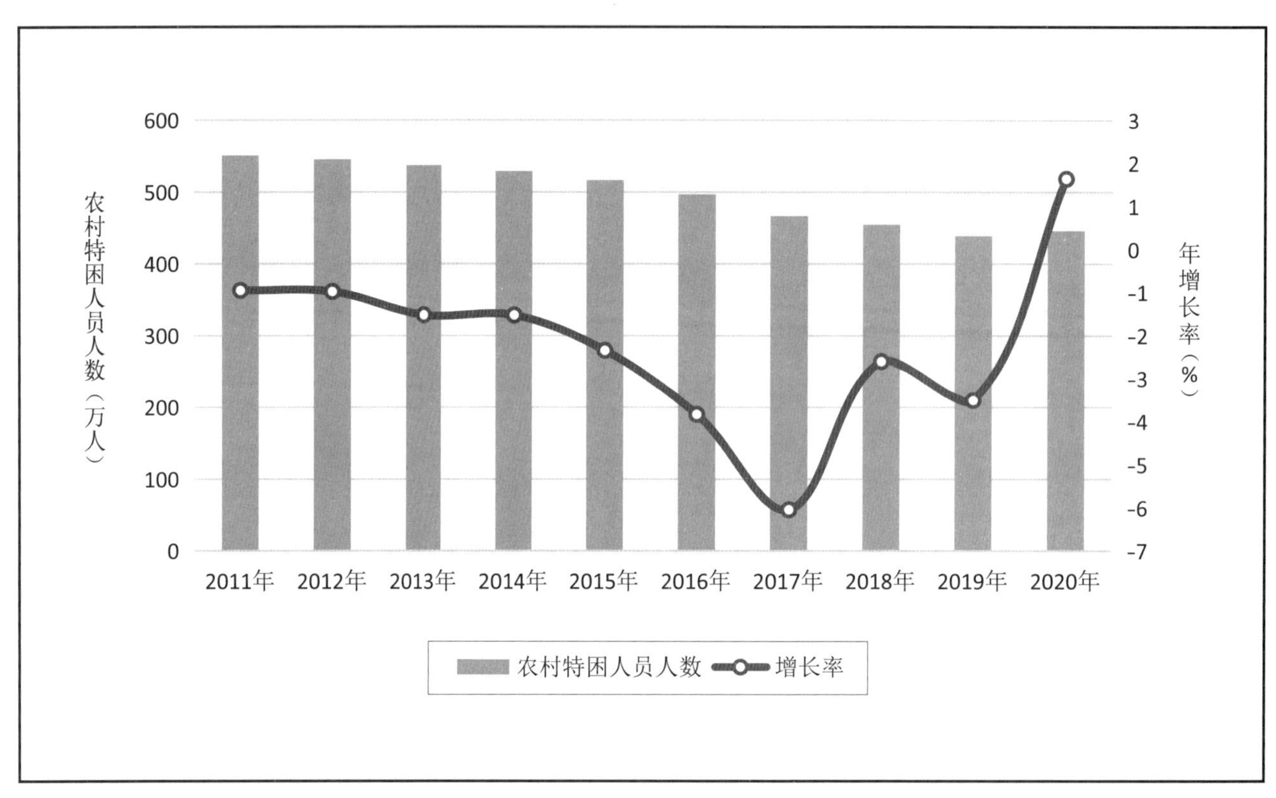

单位：万人、%

指标	2011年	2012年	2013年	2014年	2015年	2016年	2017年	2018年	2019年	2020年
农村特困人员人数	551.0	545.6	537.3	529.1	516.7	496.9	466.9	455.0	439.1	446.3
年增长率	-1.0	-1.0	-1.5	-1.5	-2.3	-3.8	-6.0	-2.6	-3.5	1.6

图2-14 分省份孤儿平均保障标准

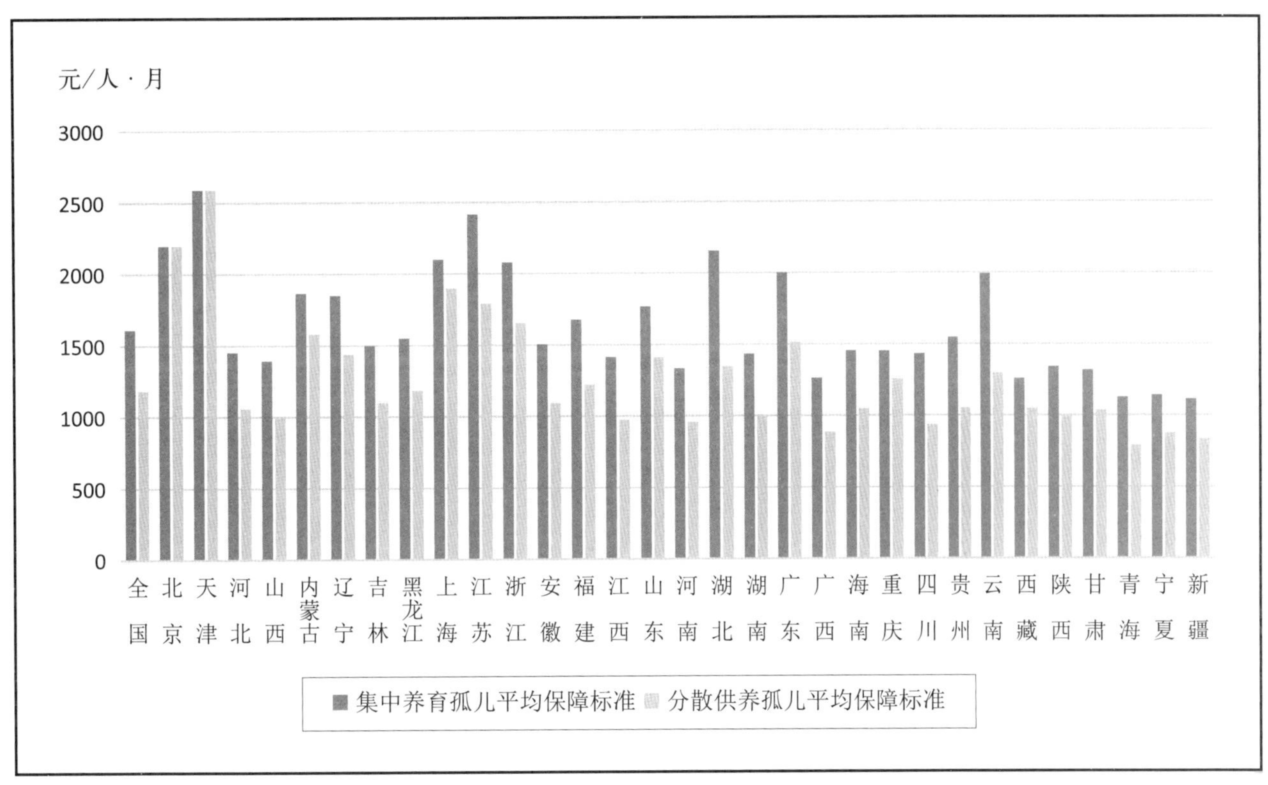

单位：元/人·月

地 区	集中养育孤儿平均保障标准	社会散居孤儿平均保障标准	地 区	集中养育孤儿平均保障标准	社会散居孤儿平均保障标准	地 区	集中养育孤儿平均保障标准	社会散居孤儿平均保障标准	地 区	集中养育孤儿平均保障标准	社会散居孤儿平均保障标准
全 国	**1611.3**	**1184.3**	黑龙江	1551.1	1184.4	河 南	1334.8	958.9	贵 州	1547.8	1051.3
北 京	2200.0	2200.0	上 海	2100.0	1900.0	湖 北	2155.6	1348.5	云 南	1991.5	1296.8
天 津	2590.0	2590.0	江 苏	2416.8	1790.7	湖 南	1435.7	997.5	西 藏	1257.9	1049.2
河 北	1454.1	1058.2	浙 江	2078.6	1655.2	广 东	2000.7	1516.0	陕 西	1340.7	992.1
山 西	1395.1	1004.5	安 徽	1506.1	1093.8	广 西	1263.0	886.6	甘 肃	1317.1	1036.7
内蒙古	1865.5	1582.3	福 建	1676.8	1219.8	海 南	1456.8	1050.0	青 海	1126.3	792.4
辽 宁	1850.3	1439.5	江 西	1415.6	973.9	重 庆	1454.5	1257.0	宁 夏	1141.1	877.4
吉 林	1500.0	1100.0	山 东	1768.0	1413.8	四 川	1434.7	935.1	新 疆	1112.9	834.1

图2-15　社会组织捐赠收入

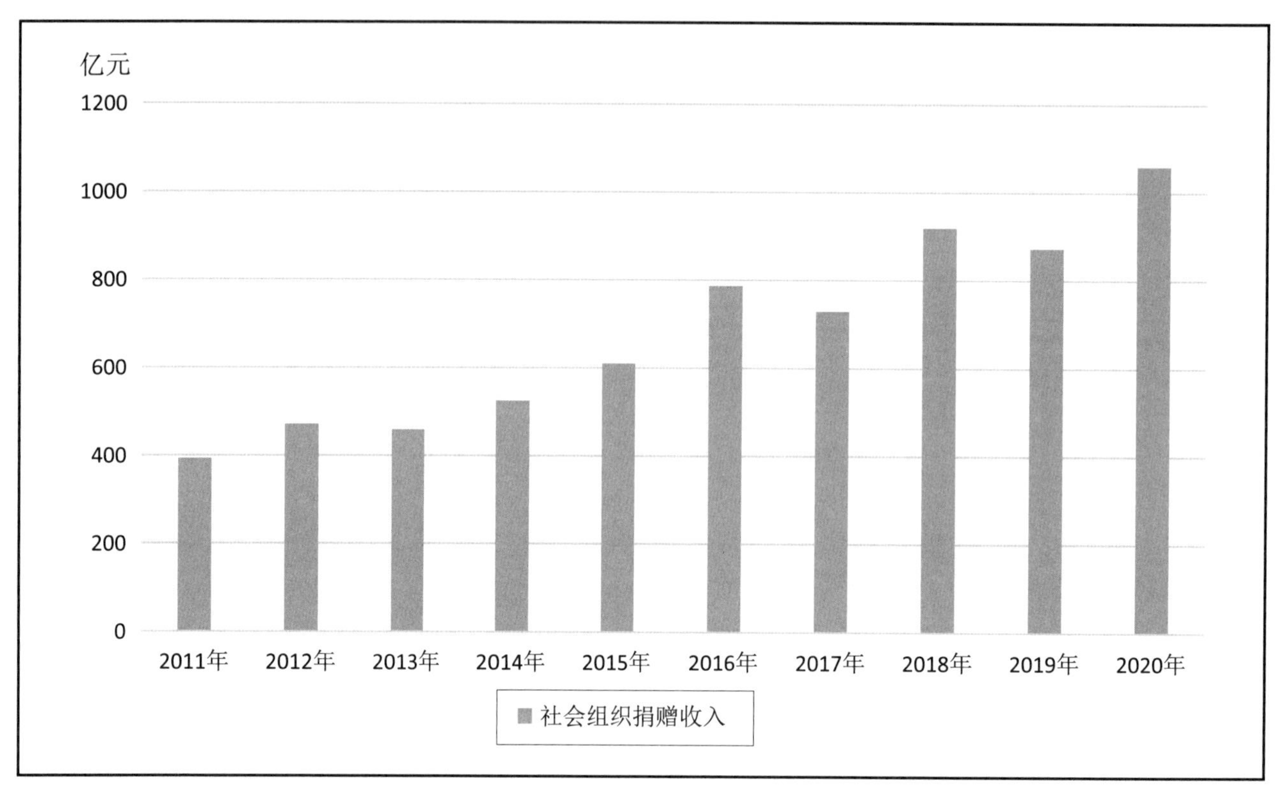

单位：亿元

指标	2011年	2012年	2013年	2014年	2015年	2016年	2017年	2018年	2019年	2020年
社会组织捐赠收入	393.5	470.8	458.8	524.8	610.3	786.7	729.2	919.7	873.2	1059.1

图2-16　福利彩票

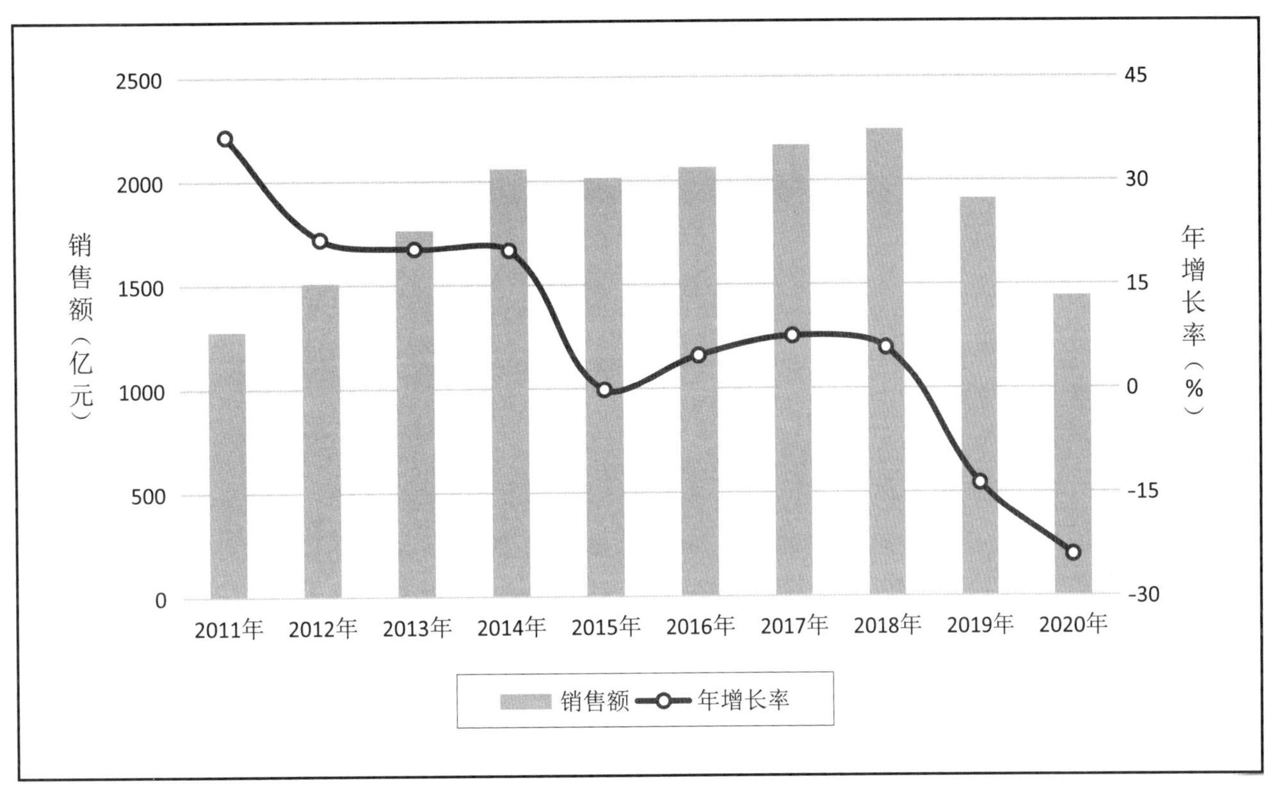

单位：亿元、%

指标	2011年	2012年	2013年	2014年	2015年	2016年	2017年	2018年	2019年	2020年
销售额	1278.0	1510.3	1765.3	2059.7	2015.1	2064.9	2169.8	2245.6	1912.4	1444.9
年增长率	32.0	18.2	16.9	16.7	-2.2	2.5	5.1	3.5	-14.8	-24.4

图2-17　社区综合服务机构和设施

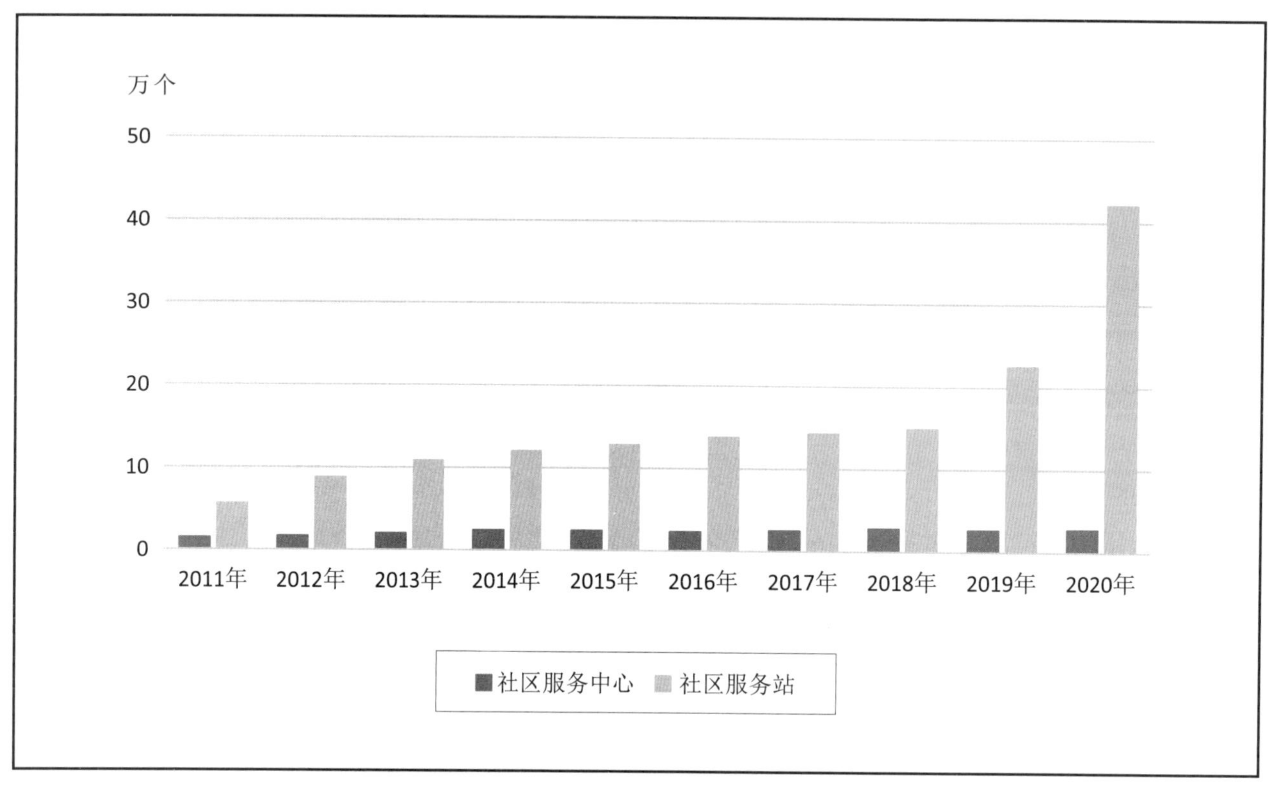

单位：万个

指标	2011年	2012年	2013年	2014年	2015年	2016年	2017年	2018年	2019年	2020年
社区综合服务机构和设施	16.0	20.0	25.2	25.1	27.3	27.5	28.2	28.7	35.9	51.1
#社区服务中心	1.4	1.6	2.0	2.4	2.4	2.3	2.5	2.8	2.7	2.8
社区服务站	5.6	8.8	10.8	12.0	12.8	13.8	14.3	14.9	22.5	42.1

注：2014年以后社区服务中心中含社区服务指导中心。

图2-18　社区综合服务设施覆盖率

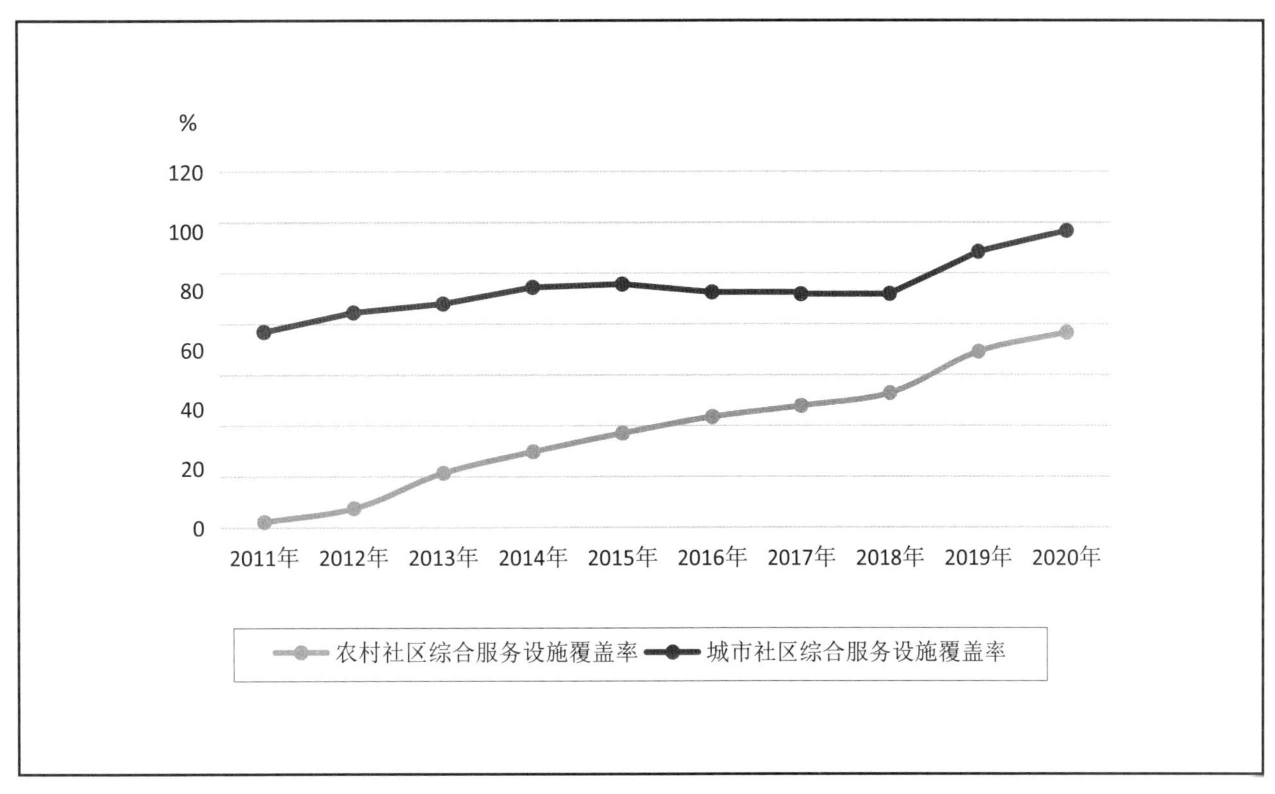

单位：%

指标	2011年	2012年	2013年	2014年	2015年	2016年	2017年	2018年	2019年	2020年
城市社区综合服务设施覆盖率	65.9	72.4	75.4	81.0	82.0	79.3	78.6	78.7	92.9	100.0
农村社区综合服务设施覆盖率	2.0	6.5	18.4	25.5	31.8	37.3	40.9	45.3	59.3	65.7

图3-1　社会组织

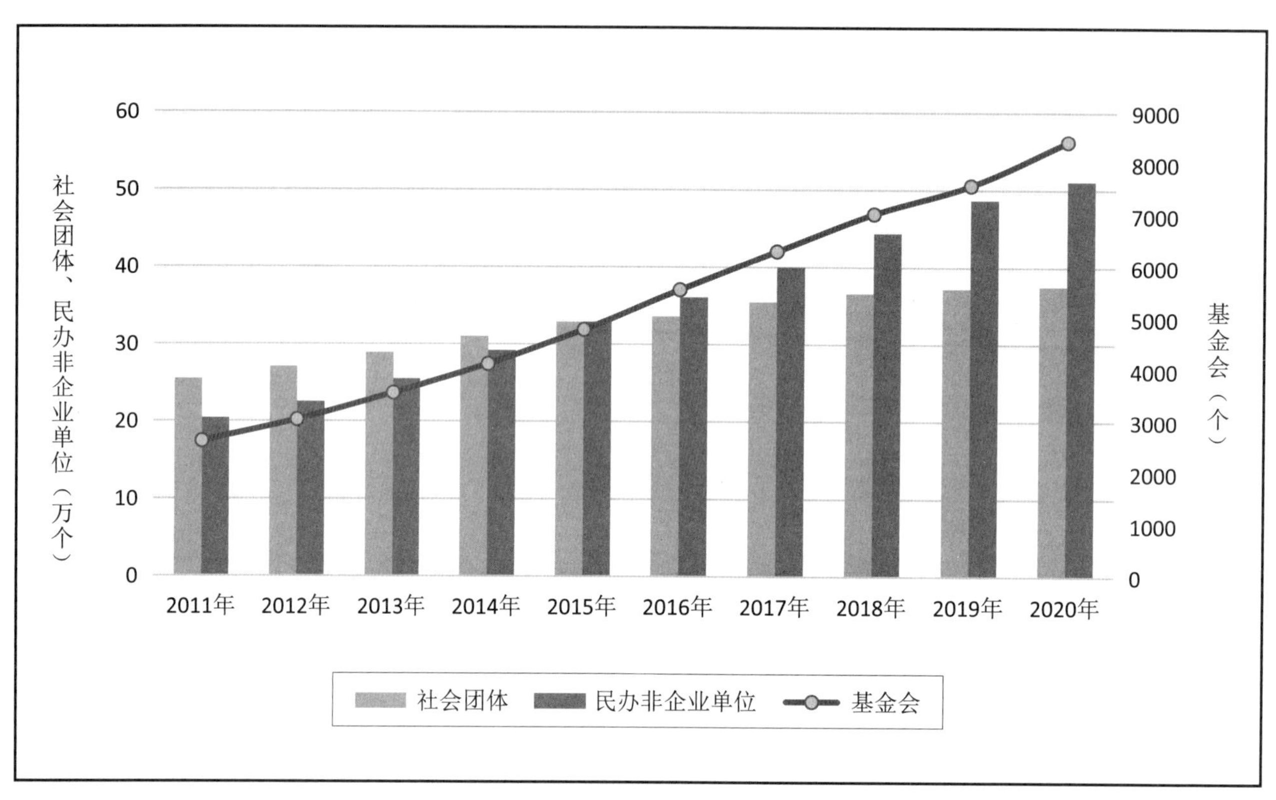

单位：万个、个

指标	2011年	2012年	2013年	2014年	2015年	2016年	2017年	2018年	2019年	2020年
社会组织	46.2	49.9	54.7	60.6	66.2	70.2	76.2	81.7	86.6	89.4
社会团体	25.5	27.1	28.9	31	32.9	33.6	35.5	36.6	37.2	37.5
基金会（个）	2614	3029	3549	4117	4784	5559	6307	7034	7585	8432
民办非企业单位	20.4	22.5	25.5	29.2	32.9	36.1	40.0	44.4	48.7	51.1

图3-2 自治组织

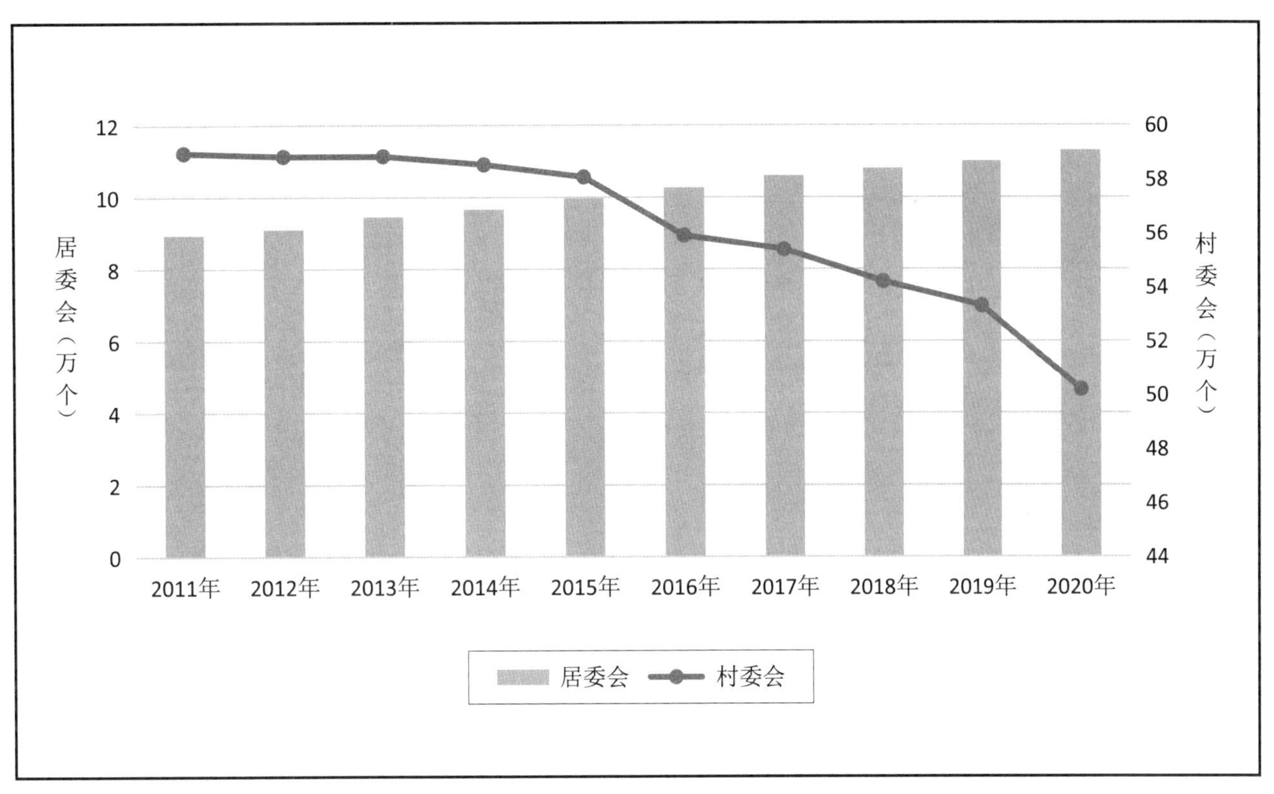

单位：万个

指标	2011年	2012年	2013年	2014年	2015年	2016年	2017年	2018年	2019年	2020年
自治组织	67.9	68.0	68.3	68.2	68.1	66.2	66.1	65.0	64.3	61.5
居委会	8.9	9.1	9.5	9.7	10.0	10.3	10.6	10.8	11.0	11.3
村委会	59.0	58.8	58.9	58.5	58.1	55.9	55.4	54.2	53.3	50.2

图3-3 结婚登记

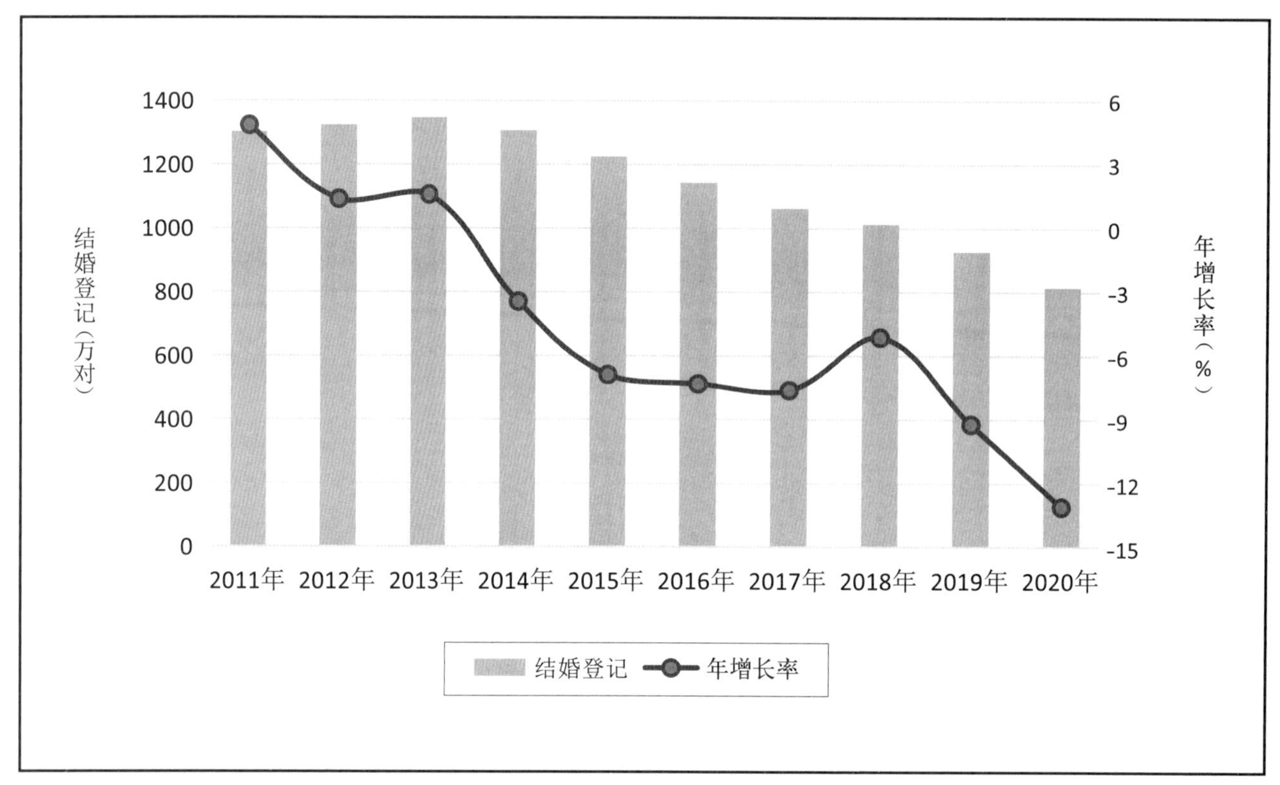

单位：万对、%

指标	2011年	2012年	2013年	2014年	2015年	2016年	2017年	2018年	2019年	2020年
结婚登记	1302.4	1323.6	1346.9	1306.7	1224.7	1142.8	1063.1	1013.9	927.3	814.3
年增长率	4.9	1.6	1.8	-3.0	-6.3	-6.7	-7.0	-4.6	-8.5	-12.2

图3-4 分年龄组结婚登记

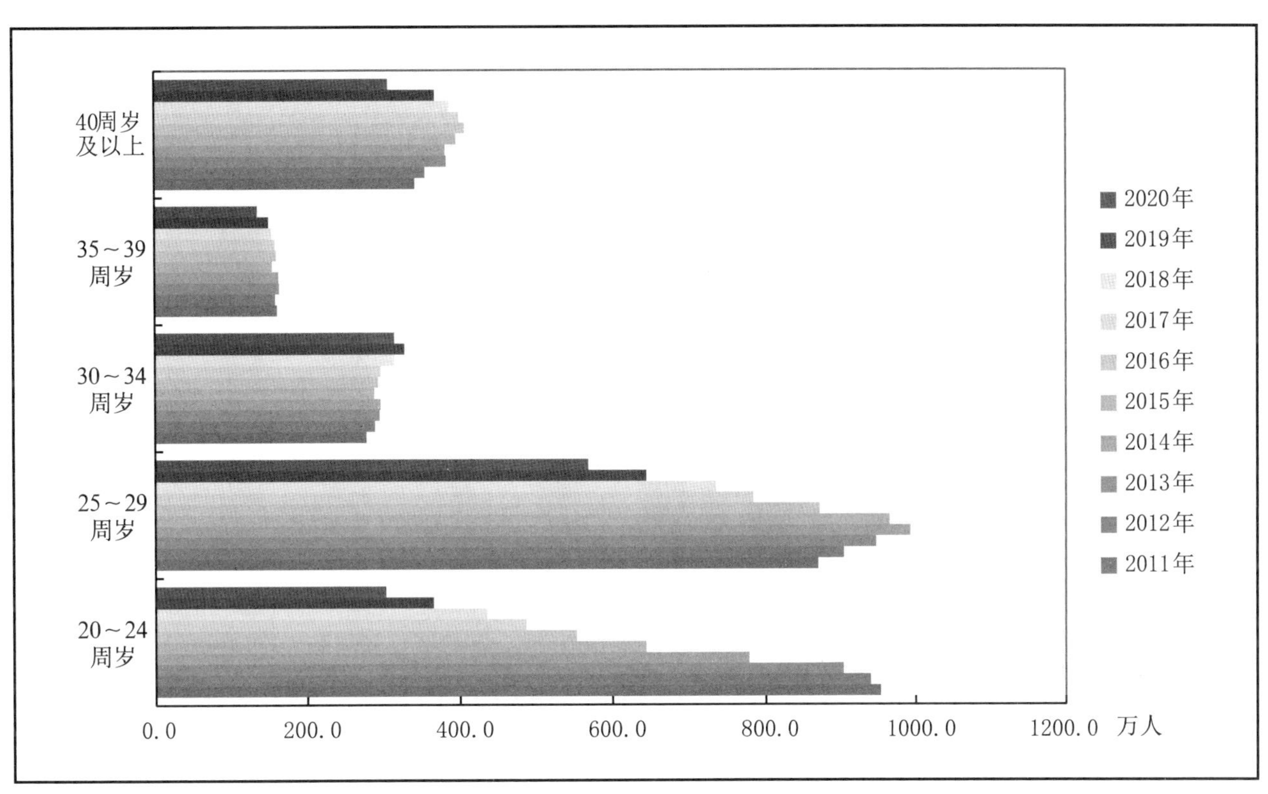

单位：万人

年份	20～24周岁	25～29周岁	30～34周岁	35～39周岁	40周岁及以上
2011	953.0	870.2	277.6	161.5	342.4
2012	939.6	904.1	289.0	158.9	355.6
2013	903.4	947.5	295.1	164.3	383.5
2014	778.2	993.1	296.5	163.5	382.2
2015	643.9	965.7	288.1	155.3	396.4
2016	552.3	872.2	293.0	160.6	407.3
2017	486.6	783.5	296.7	158.7	400.7
2018	435.6	736.2	314.7	154.2	387.2
2019	365.4	644.2	328.0	150.5	368.5
2020	302.7	568.3	314.7	135.7	307.3

图3–5 民政部门办理离婚和法院判决、调解离婚

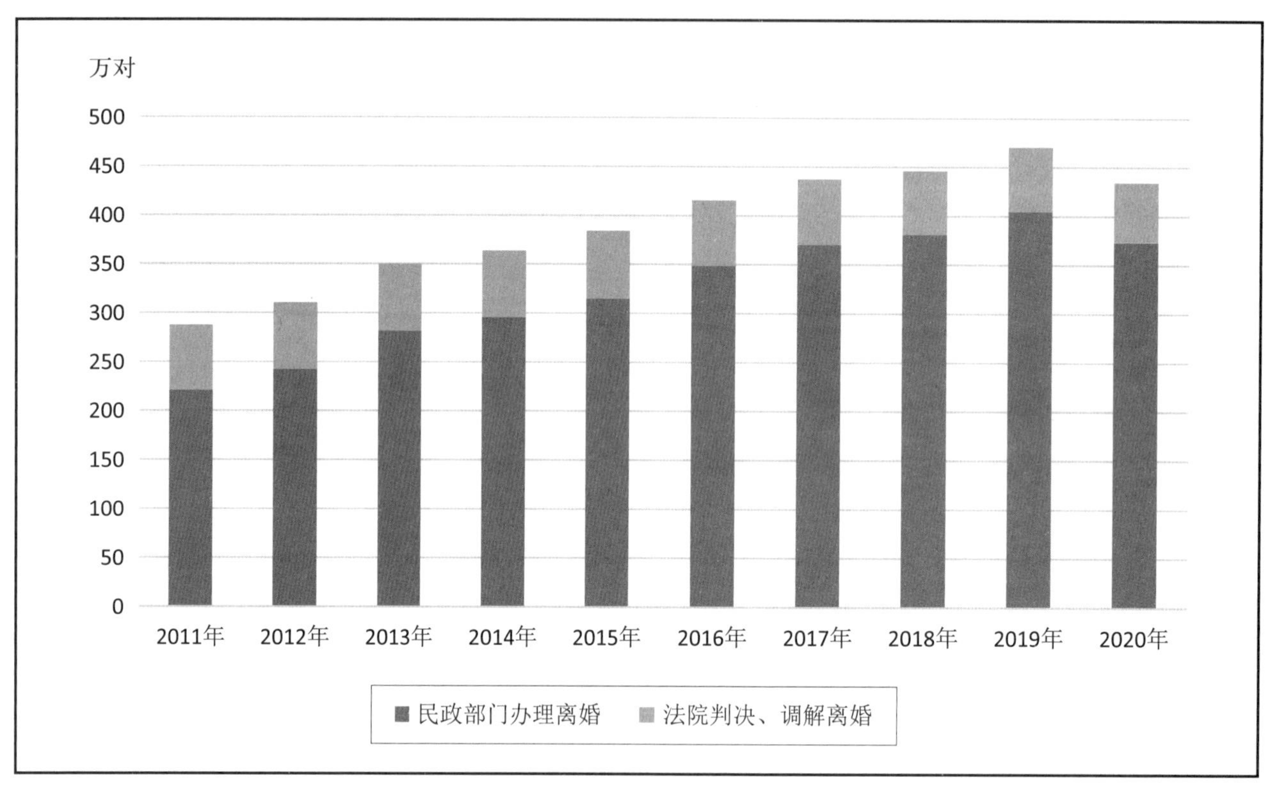

单位：万对

指标	2011年	2012年	2013年	2014年	2015年	2016年	2017年	2018年	2019年	2020年
离婚对数	287.4	310.4	350.0	363.6	384.1	415.8	437.3	446.1	470.1	433.9
民政部门办理离婚	220.7	242.3	281.5	295.7	314.9	348.6	370.4	381.2	404.7	373.6
法院判决、调解离婚	66.7	68.1	68.5	67.9	69.3	67.2	66.9	64.9	65.3	60.3

图3-6　结婚率和离婚率

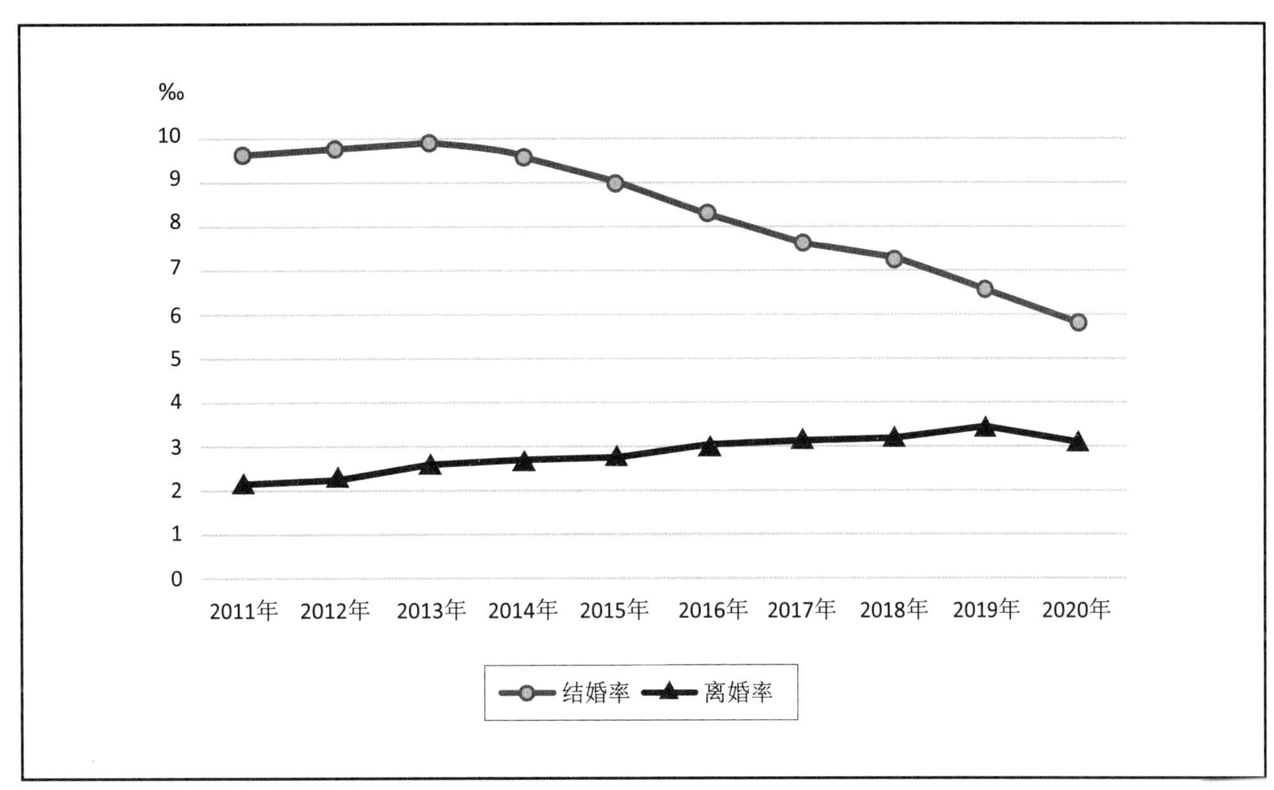

单位：‰

指标	2011年	2012年	2013年	2014年	2015年	2016年	2017年	2018年	2019年	2020年
结婚率	9.67	9.80	9.92	9.58	9.00	8.29	7.66	7.28	6.60	5.79
离婚率	2.13	2.29	2.58	2.67	2.79	3.01	3.15	3.20	3.40	3.09

注：结（离）婚率计算方法是当期结（离）婚对数除以当期人口平均数。

图3–7　火化遗体

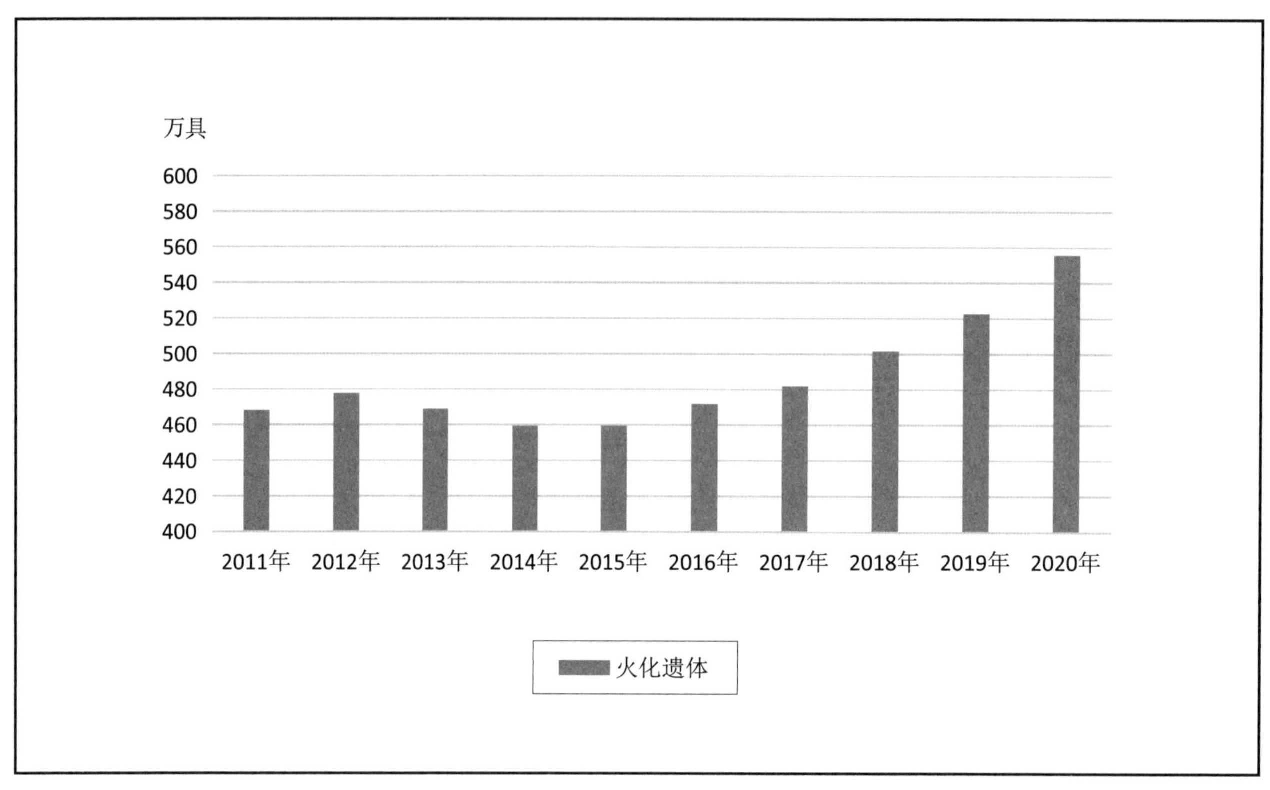

单位：万具

指标	2011年	2012年	2013年	2014年	2015年	2016年	2017年	2018年	2019年	2020年
火化遗体	468.1	477.7	468.9	459.3	459.5	471.8	482.0	501.7	522.7	555.8

第三部分

综合统计资料

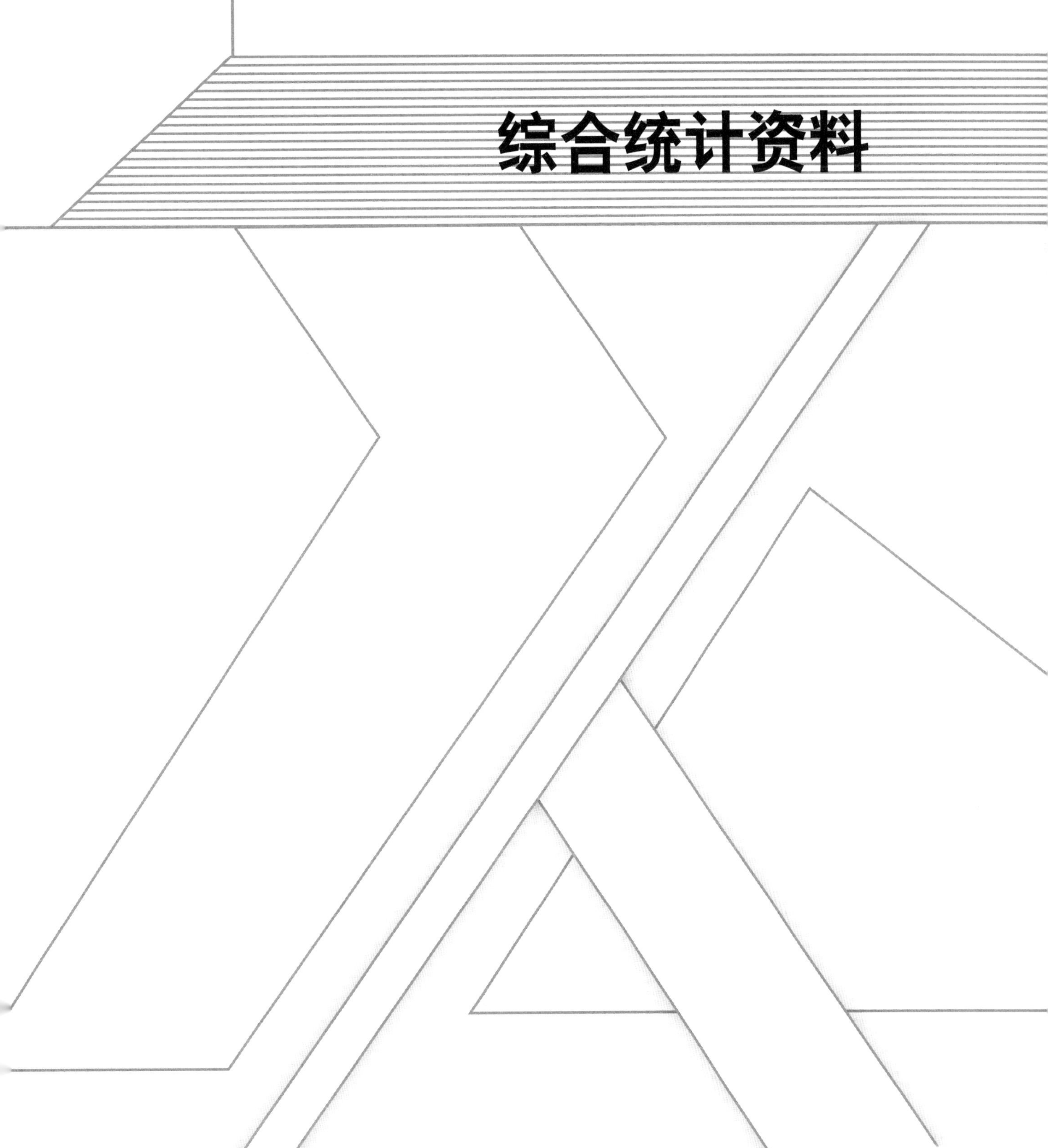

A-1-1 “七五”—“十三五”时期民政事业发展速度

单位：%

指　标	“七五”时期平均增长速度	“八五”时期平均增长速度	“九五”时期平均增长速度	“十五”时期平均增长速度	“十一五”时期平均增长速度	“十二五”时期平均增长速度	“十三五”时期平均增长速度
一、综合							
行政区划							
镇	5.7	7.7	3.0	-0.8	-0.1	1.1	0.6
乡	-11.6	-7.8	-4.7	-7.2	-1.8	-4.9	-4.9
60周岁及以上老年人口					4.3	4.6	3.5
民政事业费支出	11.9	14.8	17.3	25.6	30.3	12.8	-0.5
固定资产原价	20.8	22.5	53.1	9.9	16.3	4.4	-0.9
二、社会工作							
民政服务床位	9.7	4.6	3.0	7.7	13.8	14.6	3.0
#养老床位				5.0	15.3	16.3	3.5
精神疾病服务床位				10.0	8.8	6.7	-2.8
儿童服务床位				11.7	11.5	21.2	0.2
收养登记				-2.0	-7.5	-8.9	-12.9
销售福利彩票		54.5	14.6	29.4	18.7	15.8	-6.4
城市最低生活保障人数				40.9	0.7	-5.9	-13.9
农村最低生活保障人数				28.3	47.9	-1.2	5.9
社区服务中心			8.0	5.6	8.2	13.7	3.0
三、成员组织和其他社会服务							
社会组织		75.5	-3.2	15.8	6.9	8.2	6.2
社会团体				5.6	7.5	6.1	2.7
基金会					17.7	16.8	12.0
民办非企业单位				45.5	6.1	10.7	9.2
自治组织							
村委会	1.1	-6.9	-4.7	-3.0	-1.1	-0.5	-2.9
居委会	4.1	2.5	-0.6	-5.9	1.7	2.8	2.5
婚姻服务							
结婚登记	2.7	-0.4	-0.2	-0.6	8.6	-0.3	-7.8
离婚登记	11.7	5.7	2.8	8.0	8.5	7.5	2.5
殡葬服务							
火化遗体	5.3	5.5	7.3	3.8	1.0	-0.6	3.9

A-1-2 2016—2020年民政事业发展主要指标

指　标	单 位	2016年	2017年	2018年	2019年	2020年
一、综合						
乡镇级行政区划						
镇	个	20883	21116	21297	21013	21157
乡	个	9730	9394	9118	8101	7693
民族乡	个	989	982	981	966	962
苏木	个	152	152	153	153	153
民族苏木	个	1	1	1	1	1
街道	个	8105	8241	8393	8519	8773
区公所	个	2	2	2	2	2
民政事业基本情况						
民政部门登记和管理的机构和设施数	万个	174.5	182.1	187.6	201.5	229.3
职工人数	万人	1239.3	1355.8	1470.0	1545.7	1644.8
固定资产原价	亿元	5393.6	5434.8	5736.2	6515.3	7278.0
民政事业费支出	亿元	5440.0	5932.7	4076.9	4279.2	4808.2
社会福利	亿元	753.4	920.5	1064.8	1228.8	1327.3
社会救助	亿元	2492.8	2609.8	2224.0	2281.4	2711.9
民政管理事务	亿元	441.7	501.0	500.3	497.7	501.2
行政事业单位养老支出	亿元	48.4	47.9	38.2	46.1	47.6
其他	亿元	152.2	175.0	249.6	225.2	220.3
#公益金支出	亿元	268.3	275.2	251.7	259.9	229.9
#基本建设投资	亿元	245.8	209.2	188.0	184.8	190.9
#预算内投资	亿元	84.4	77.8	71.9	72.6	75.0
预算内投资占民政事业费比重	%	1.5	1.3	1.8	1.7	1.6
#公益金投资	亿元	68.4	55.3	48.0	37.9	29.3
公益金投资占公益金支出比重	%	25.5	20.1	19.1	14.6	12.7
中央财政转移支付的民政事业费	亿元	2484.0	2492.3	1484.8	1566.6	1704.2
中央财政转移支付占民政事业费比重	%	45.7	42.0	36.4	36.6	35.4
民政事业费占国家财政支出的比重	%	2.9	2.9	1.8	1.8	2.0
二、社会工作						
机构和设施数	万个	42.3	44.4	45.9	56.6	84.4
#养老机构和设施数	万个	14.0	15.5	16.8	20.4	32.9
机构和设施床位数	万张	771.2	786.2	755.9	803.6	848.2
#养老机构和设施床位数	万张	730.2	744.8	727.1	775.0	821.0
每千人口民政服务床位数	张/千人	5.5	5.7	5.4	5.7	6.0
#每千老年人口养老床位数	张/千人	31.6	30.9	29.1	30.5	31.1

A-1-2续表1

指　标	单 位	2016年	2017年	2018年	2019年	2020年
机构和设施收养人数	万人	348.9	334.7	317.3	387.9	282.3
#养老机构和设施收养照料人数	万人	327.7	317.1	302.9	373.8	269.0
提供住宿的社会工作						
机构数*	万个	3.2	3.2	3.1	3.7	4.1
#养老机构数	万个	2.9	2.9	2.9	3.4	3.8
床位数	万张	414.0	419.6	408.1	467.4	515.4
#养老机构床位数	万张	378.8	383.3	379.4	438.8	488.2
不提供住宿的社会工作						
机构和设施数	万个	39.1	41.2	42.8	52.9	80.3
#社区综合服务机构和设施	万个	27.5	28.2	28.7	35.9	51.1
#社区服务中心	万个	2.3	2.5	2.8	2.7	2.8
其中：农村	万个	0.8	1.0	1.1	1.1	1.2
#社区服务站	万个	13.8	14.3	14.9	22.5	42.1
其中：农村	万个	7.2	7.5	8.1	14.0	31.8
城市社区综合服务设施覆盖率	%	79.3	78.6	78.7	92.9	100.0
农村社区综合服务设施覆盖率	%	37.3	40.9	45.3	59.3	65.7
#社区养老服务机构和设施数	万个	11.1	12.6	14.0	16.9	29.1
#社区养老服务机构和设施床位数	万张	322.8	338.5	347.8	336.2	332.8
老年人福利						
60周岁及以上老年人口	万人	23086	24090	24949	25388	26402
占全国总人口比重	%	16.7	17.3	17.9	18.1	18.7
老龄补贴人数	万人	2678.8	3098.0	3571.9	3579.1	3853.7
残疾人福利						
困难残疾人生活补贴人数	万人	516.2	1019.2	1005.8	1085.7	1214.0
重度残疾人护理补贴人数	万人	497.4	1053.7	1193.0	1368.5	1475.1
儿童福利						
孤儿	万人	46.0	41.0	30.5	23.3	19.3
事实无人抚养儿童	万人					25.4
家庭收养登记	万人	1.9	1.9	1.6	1.3	1.1
流浪儿童救助	万人次	16.7	9.4	7.6	6.2	3.1
社会救助						
最低生活保障						
城市最低生活保障人数	万人	1480.2	1261.0	1007.0	860.9	805.1
城市最低生活保障户数	万户	855.3	741.5	605.1	524.9	488.9

注：机构数是指在市场监管部门、编制部门或民政部门办理了注册登记手续的民政服务机构。

A－1－2续表2

指　标	单 位	2016年	2017年	2018年	2019年	2020年
城市最低生活保障平均标准	元/人·月	494.6	540.6	579.7	624.0	677.6
农村最低生活保障人数	万人	4586.5	4045.2	3519.1	3455.4	3620.8
农村最低生活保障户数	万户	2635.3	2249.3	1901.7	1892.3	1985.0
农村最低生活保障平均标准	元/人·年	3744.0	4300.7	4833.4	5335.5	5962.3
特困人员救助供养						
农村特困人员救助供养	万人	496.9	466.9	455.0	439.1	446.3
城市特困人员救助供养	万人	9.1	25.4	27.7	29.5	31.2
临时救助						
临时救助	万人次	845.5	970.3	1108.0	993.2	1380.6
流浪乞讨人员救助						
流浪乞讨人员救助	万人次	333.8	218.9	157.2	133.3	84.1
福利彩票						
销售福利彩票	亿元	2064.9	2169.8	2245.6	1912.4	1444.9
筹集公益金	亿元	591.5	621.4	643.6	557.3	444.6
慈善和社工						
持证社会工作者	万人	28.8	32.7	43.9	53.4	66.9
成员组织和其他社会服务						
社会组织	**万个**	**70.2**	**76.2**	**81.7**	**86.6**	**89.4**
社会团体	万个	33.6	35.5	36.6	37.2	37.5
基金会	个	5559	6307	7034	7585	8432
民办非企业单位	万个	36.1	40.0	44.4	48.7	51.1
社会组织捐赠收入	亿元	786.7	729.2	919.7	873.2	1059.1
自治组织	**万个**	**66.2**	**66.1**	**65.0**	**64.3**	**61.5**
村委会	万个	55.9	55.4	54.2	53.3	50.2
居委会	万个	10.3	10.6	10.8	11.0	11.3
婚姻登记						
结婚登记	万对	1142.8	1063.1	1013.9	927.3	814.3
#涉外及华侨、港澳台	万对	4.2	4.1	4.8	4.9	1.7
结婚率	‰	8.3	7.7	7.3	6.6	5.8
离婚登记	万对	415.8	437.4	446.1	470.1	433.9
#民政部门办理离婚登记	万对	348.6	370.4	381.2	404.7	373.6
离婚率	‰	3.0	3.2	3.2	3.4	3.1
殡葬服务						
火化遗体	万具	471.8	482.0	501.7	522.7	555.8

A-1-3 民政事业发展主要数据与上年比较

指　标	单　位	2020年	2019年	比上年增长(%)
一、综合				
乡镇级行政区划				
镇	个	21157	21013	0.7
乡	个	7693	8101	-5.0
民族乡	个	962	966	-0.4
苏木	个	153	153	−
民族苏木	个	1	1	−
街道	个	8773	8519	3.0
区公所	个	2	2	−
民政事业基本情况				
民政部门登记和管理的机构和设施数	万个	229.3	201.5	13.8
职工人数	万人	1644.8	1545.7	6.4
固定资产原价	亿元	7278.0	6515.3	11.7
民政事业费支出	亿元	4808.2	4279.2	12.4
社会福利	亿元	1327.3	1228.8	8.0
社会救助	亿元	2711.9	2281.4	18.9
民政管理事务	亿元	501.2	497.7	0.7
行政事业单位养老支出	亿元	47.6	46.1	3.2
其他	亿元	220.3	225.2	-2.2
#公益金支出	亿元	229.9	259.9	-11.6
#基本建设投资	亿元	190.9	184.8	3.3
#预算内投资	亿元	75.0	72.6	3.3
预算内投资占民政事业费比重	%	1.6	1.7	-0.1(百分点)
#公益金投资	亿元	29.3	37.9	-22.8
公益金投资占公益金支出比重	%	12.7	14.6	-1.9(百分点)
中央财政转移支付的民政事业费	亿元	1704.2	1566.6	8.8
中央财政转移支付占民政事业费比重	%	35.4	36.6	-1.2(百分点)
民政事业费占国家财政支出的比重	%	2.0	1.8	0.2(百分点)
二、社会工作				
机构和设施数	万个	84.4	56.6	49.1
#养老机构和设施数	万个	32.9	20.4	31.8
机构和设施床位数	万张	848.2	803.6	5.6
#养老机构和设施床位数	万张	821.0	775.0	5.9
每千人口民政服务床位数	张/千人	6.0	5.7	5.3

A-1-3续表1

指　标	单 位	2020年	2019年	比上年增长(%)
#每千老年人口养老床位数	张/千人	31.1	30.5	2.0
机构和设施收养人数	万人	282.3	387.9	-27.2
#养老机构和设施收养照料人数	万人	269.0	373.8	-28.0
提供住宿的社会工作				
机构数	万个	4.1	3.7	10.3
#养老机构数	万个	3.8	3.4	11.0
床位数	万张	515.4	467.4	10.3
#养老机构床位数	万张	488.2	438.8	11.3
不提供住宿的社会工作				
机构和设施数	万个	80.3	52.9	51.8
#社区综合服务机构和设施	万个	51.1	35.9	42.4
#社区服务中心	万个	2.8	2.7	1.3
其中：农村	万个	1.2	1.1	6.6
#社区服务站	万个	42.1	22.5	86.9
其中：农村	万个	31.8	14.0	127.2
城市社区综合服务设施覆盖率	%	100.0	92.9	7.1(百分点)
农村社区综合服务设施覆盖率	%	65.7	59.3	6.4(百分点)
#社区养老服务机构和设施数	万个	29.1	16.9	72.1
#社区养老服务机构和设施床位数	万张	332.8	336.2	-1.0
老年人福利				
60周岁及以上老年人口	万人	26402	25388	4.0
占全国总人口比重	%	18.7	18.1	0.6
老龄补贴人数	万人	3853.7	3579.1	4.8
残疾人福利				
困难残疾人生活补贴人数	万人	1214.0	1085.7	11.8
重度残疾人护理补贴人数	万人	1475.1	1368.5	7.8
儿童福利				
孤儿	万人	19.3	23.3	-17.1
事实无人抚养儿童	万人	25.4	–	–
家庭收养登记	万人	1.1	1.3	-14.9
流浪儿童救助	万人次	3.1	6.2	-49.5
社会救助				
最低生活保障				
城市最低生活保障人数	万人	805.1	860.9	-6.5
城市最低生活保障户数	万户	488.9	524.9	-6.9

A-1-3续表2

指　标	单　位	2020年	2019年	比上年增长(%)
城市最低生活保障平均标准	元/人·月	677.6	624.0	8.6
农村最低生活保障人数	万人	3620.8	3455.4	4.8
农村最低生活保障户数	万户	1985.0	1892.3	4.9
农村最低生活保障平均标准	元/人·年	5962.3	5335.5	11.7
特困人员救助供养				
农村特困人员救助供养	万人	446.3	439.1	1.6
城市特困人员救助供养	万人	31.2	29.5	5.7
临时救助				
临时救助	万人次	1380.6	993.2	39.0
流浪乞讨人员救助				
流浪乞讨人员救助	万人次	84.1	133.3	-36.9
福利彩票				
销售福利彩票	亿元	1444.9	1912.4	-24.4
筹集公益金	亿元	444.6	557.3	-20.2
慈善和社工				
持证社会工作者	万人	66.9	53.4	25.3
成员组织和其他社会服务				
社会组织	**万个**	**89.4**	**86.6**	**3.2**
社会团体	万个	37.5	37.2	0.8
基金会	个	8432	7585	11.2
民办非企业单位	万个	51.1	48.7	4.9
社会组织捐赠收入	亿元	1059.1	873.2	21.3
自治组织	**万个**	**61.5**	**64.3**	**-4.3**
村委会	万个	50.2	53.3	3.2
居委会	万个	11.3	11.0	-5.8
婚姻登记				
结婚登记	万对	814.3	927.3	-12.2
#涉外及华侨、港澳台	万对	1.7	4.9	-64.8
结婚率	‰	5.8	6.6	-0.8(千分点)
离婚登记	万对	433.9	470.1	-7.7
#民政部门办理离婚登记	万对	373.6	404.7	-7.7
离婚率	‰	3.1	3.4	-0.3(千分点)
殡葬服务				
火化遗体	万具	555.8	522.7	6.3

A-1-4 行政区划与上年比较

单位：个

指　标	2020年	2019年	比上年增长 (%)
地级行政区划合计	**333**	**333**	**–**
地级市	293	293	–
地区	7	7	–
自治州	30	30	–
盟	3	3	–
县级行政区划合计	**2844**	**2846**	**-0.1**
市辖区	973	965	0.8
县级市	388	387	0.3
县	1312	1323	-0.8
自治县	117	117	–
旗	49	49	–
自治旗	3	3	–
特区	1	1	–
林区	1	1	–
乡级行政区划合计	**38741**	**38755**	–
镇	21157	21013	0.7
乡	7693	8101	-5.0
民族乡	962	966	-0.4
苏木	153	153	–
民族苏木	1	1	–
街道	8773	8519	3.0
区公所	2	2	–

A-1-5 民政部门登记和管理的机构和设施与上年比较

单位：个

指 标	2020年	2019年	比上年增长 (%)
合计	**2292778**	**2014933**	**13.8**
一、社会工作	**844240**	**566387**	**49.1**
提供住宿的社会工作	**40852**	**37021**	**10.3**
养老机构	38158	34369	11.0
社会福利院	1524	1527	-0.2
特困人员救助供养机构	17153	15932	7.7
其他各类养老机构	19481	16910	15.2
精神疾病服务机构	141	138	2.2
社会福利医院	141	138	2.2
儿童福利和救助保护机构	760	686	10.8
儿童福利机构	508	484	5.0
未成年人救助保护机构	252	202	24.8
其他提供住宿机构	1793	1828	-1.9
流浪乞讨人员救助管理机构	1555	1545	0.6
其他提供住宿的机构	238	283	-15.9
不提供住宿的社会工作	**803388**	**529366**	**51.8**
民政部门直属康复辅具机构	21	22	-4.5
社会救助服务机构	890	885	0.6
福利彩票发行管理机构	688	702	-2.0
社区综合服务机构和设施	510510	358551	42.4
社区养老服务机构和设施	291279	169206	72.1
二、成员组织和其他社会服务	**1514649**	**1514156**	**–**
成员组织	**1509363**	**1509028**	**–**
社会组织	894162	866335	3.2
社会团体	374771	371638	0.8
基金会	8432	7585	11.2
民办非企业单位	510959	487112	4.9
自治组织	615146	642693	-4.3
居委会	113089	109620	3.2
村委会	502057	533073	-5.8
宗教活动场所法人	55	–	–
其他社会服务	**5286**	**5128**	**3.1**
婚姻登记机构	1085	1068	1.6
殡葬服务机构	4201	4060	3.5
殡仪馆	1722	1677	2.7
公墓	1536	1443	6.4
殡葬管理机构	865	890	-2.8
殡仪服务站	78	50	56.0
三、其他事业单位	**1539**	**1541**	**-0.1**
行政机关	**3283**	**3447**	**-4.8**

A-1-6 民政部门登记和管理的机构和设施职工与上年比较

单位：万人

指 标	2020年	2019年	比上年增长（%）
合计	**1644.8**	**1545.7**	**6.4**
一、社会工作	**355.9**	**248.4**	**43.3**
提供住宿的社会工作	**57.5**	**50.9**	**12.9**
养老机构	51.8	45.2	14.6
社会福利院	4.6	4.4	4.8
特困人员救助供养机构	12.3	10.9	12.7
其他各类养老机构	34.9	29.9	16.8
精神疾病服务机构	2.0	1.9	6.4
社会福利医院	2.0	1.9	6.4
儿童福利和救助保护机构	1.5	1.4	5.8
儿童福利机构	1.3	1.2	1.1
未成年人救助保护机构	0.2	0.2	38.2
其他提供住宿机构	2.1	2.4	-10.0
流浪乞讨人员救助管理机构	1.7	1.6	1.9
其他提供住宿的机构	0.5	0.7	-36.3
不提供住宿的社会工作	**298.4**	**197.5**	**51.1**
民政部门直属康复辅具机构	0.1	0.1	-0.6
社会救助服务机构	0.8	0.8	3.2
福利彩票发行管理机构	1.0	1.2	-18.0
社区综合服务机构和设施	225.6	135.9	66.0
社区养老服务机构和设施	70.9	59.5	19.2
二、成员组织和其他社会服务	**1340.0**	**1295.4**	**3.4**
成员组织	**1330.8**	**1286.8**	**3.4**
社会组织	1061.9	1009.2	5.2
社会团体	422.3	409.3	3.2
基金会	3.9	3.7	6.8
民办非企业单位	635.6	596.2	6.6
自治组织	268.9	277.6	-3.2
居委会	61.6	59.6	3.3
村委会	207.3	218.0	-4.9
其他社会服务	**9.3**	**8.6**	**7.6**
婚姻登记机构	0.7	0.7	1.8
殡葬服务机构	8.6	7.9	8.1
殡仪馆	4.6	4.5	1.8
公墓	3.2	2.7	18.5
殡葬管理机构	0.8	0.7	6.7
殡仪服务站	0.1	–	51.3
三、其他事业单位	**1.9**	**1.8**	**6.0**
行政机关	**8.5**	**8.6**	**-1.1**

A-1-7 职工性别统计

指　标	职工总数（人）	女性	女性占比（%）	比上年增长（百分点）
合计	**16447627**	**5937343**	**36.1**	**0.5**
一、社会工作	**3559007**	**1391763**	**39.1**	**-1.6**
提供住宿的社会工作	**574767**	**336750**	**58.6**	**0.8**
养老机构	518185	305809	59.0	0.7
社会福利院	46018	29150	63.3	0.4
特困人员救助供养机构	123028	60784	49.4	0.9
其他各类养老机构	349139	215875	61.8	0.6
精神疾病服务机构	20103	12619	62.8	-1.0
社会福利医院	20103	12619	62.8	-1.0
儿童福利和救助保护机构	15033	9730	64.7	-1.4
儿童福利机构	12556	8641	68.8	-0.7
未成年人救助保护机构	2477	1089	44.0	1.8
其他提供住宿机构	21446	8592	40.1	0.8
流浪乞讨人员救助管理机构	16723	5831	34.9	-0.2
其他提供住宿的机构	4723	2761	58.5	9.7
不提供住宿的社会工作	**2984240**	**1055013**	**35.4**	**-0.9**
民政部门直属康复辅具机构	1191	398	33.4	-0.2
社会救助服务机构	8078	3718	46.0	0.2
福利彩票发行管理机构	9968	4354	43.7	-3.1
社区综合服务机构和设施	2256253	780118	34.6	-1.5
社区养老服务机构和设施	708750	266425	37.6	1.1
二、成员组织和其他社会服务	**13400154**	**4777542**	**35.7**	**1.1**
成员组织	**13307642**	**4748331**	**35.7**	**1.1**
社会组织	10618599	3926000	37.0	1.0
社会团体	4223167	948107	22.5	0.0
基金会	39174	9207	23.5	4.1
民办非企业单位	6356258	2968686	46.7	1.4
自治组织	2688820	822331	30.6	1.0
居委会	615863	320670	52.1	1.2
村委会	2072957	501661	24.2	0.4
其他社会服务	**92512**	**29211**	**31.6**	**-0.5**
婚姻登记机构	6951	4535	65.2	0.4
殡葬服务机构	85561	24676	28.8	-0.5
殡仪馆	45774	12043	26.3	0.1
公墓	31555	10225	32.4	-2.7
殡葬管理机构	7692	2214	28.8	1.6
殡仪服务站	540	194	35.9	–
三、其他事业单位	**19229**	**8823**	**45.9**	**0.1**
行政机关	**85199**	**30812**	**36.2**	**0.6**

A-1-8 民政部门登记和管理的机构和设施固定资产原价与上年比较

单位：亿元

指　标	2020年	2019年	比上年增长 (%)
合计	**7278.0**	**6515.3**	**11.7**
一、社会工作	**1715.1**	**1555.0**	**10.3**
提供住宿的社会工作	**1478.5**	**1330.3**	**11.1**
养老机构	1283.6	1161.5	10.5
社会福利院	218.2	188.5	15.8
特困人员救助供养机构	370.7	285.5	29.8
其他各类养老机构	694.8	687.4	1.1
精神疾病服务机构	80.9	72.2	11.9
社会福利医院	80.9	72.2	11.9
儿童福利和救助保护机构	58.5	50.1	16.7
儿童福利机构	57.2	48.7	17.5
未成年人救助保护机构	1.3	1.4	-11.2
其他提供住宿机构	55.5	46.4	19.6
流浪乞讨人员救助管理机构	41.0	37.7	8.8
其他提供住宿的机构	14.5	8.7	66.3
不提供住宿的社会工作	**236.5**	**224.7**	**5.2**
民政部门直属康复辅具机构	10.8	5.3	103.2
社会救助服务机构	3.5	3.4	1.6
福利彩票发行管理机构	157.1	145.3	8.1
社区综合服务机构和设施	42.0	54.5	-22.9
社区养老服务机构和设施	23.1	16.2	42.3
二、成员组织和其他社会服务	**6034.9**	**4883.8**	**23.6**
成员组织	**5616.3**	**4525.7**	**24.1**
社会组织	4793.1	3889.1	23.2
社会团体	602.5	468.7	28.5
基金会	59.7	42.6	40.2
民办非企业单位	4130.9	3377.7	22.3
自治组织	823.2	636.6	29.3
居委会	288.2	172.6	67.0
村委会	535.0	464.0	15.3
其他社会服务	**418.6**	**358.1**	**16.9**
婚姻登记机构	4.2	4.2	1.2
殡葬服务机构	414.3	353.9	17.1
殡仪馆	278.1	236.6	17.6
公墓	111.8	99.6	12.2
殡葬管理机构	21.9	17.3	26.8
殡仪服务站	2.6	0.5	389.6
三、其他事业单位	**86.1**	**76.5**	**12.6**
行政机关	**305.6**	**285.8**	**6.9**

A-1-9 民政基本建设投资与上年比较

单位：亿元、万平方米

指　标	2020年	2019年	比上年增长 (%)
计划总投资	**735.3**	**736.0**	**-0.1**
本年计划投资	**157.4**	**156.0**	**0.9**
社会工作	94.0	101.8	-7.7
提供住宿的民政服务机构	88.8	97.2	-8.6
养老机构	76.9	81.9	-6.1
精神疾病服务机构	5.3	5.3	0.7
儿童福利和救助保护机构	4.9	5.5	-11.5
其他提供住宿机构	1.7	4.4	-61.3
不提供住宿的民政服务机构	5.2	4.7	10.5
其他社会服务机构	55.4	43.1	28.7
其他	7.9	11.1	-28.4
本年实际完成投资	**190.9**	**184.8**	**3.3**
按项目类别分			
社会工作	113.7	119.9	-5.1
提供住宿的民政服务机构	107.8	114.6	-5.9
养老机构	94.3	96.1	1.9
精神疾病服务机构	6.4	5.2	22.6
儿童福利和救助保护机构	4.9	8.3	-40.9
其他提供住宿机构	2.2	5.0	-56.1
不提供住宿的民政服务机构	5.9	5.3	12.3
其他社会服务机构	65.3	53.1	23.1
其他	11.9	11.8	0.2
按资金性质分			
国家预算内投资	75.0	72.6	3.3
国内贷款	2.8	3.4	-17.1
利用外资	0.4	0.1	190.6
彩票公益金	29.3	37.9	-22.8
其他	83.4	70.7	18.0
开工累计完成投资	**396.0**	**388.8**	**1.8**
本年完工项目规模	**1051.3**	**899.9**	**16.8**

A-1-10 民政事业费支出与上年比较

单位：亿元

指　标	2020年	2019年	比上年增长 (%)
民政事业费合计	**4808.2**	**4279.2**	**12.4**
占国家财政支出比重（%）	2.0	1.8	0.2(百分点)
#中央转移支付的事业费	1704.2	1566.6	8.8
占民政事业费的比重（%）	35.4	36.6	-1.2(百分点)
#国家预算内基本建设投资	75.0	72.6	3.3
#公益金支出	229.9	259.9	-11.6
按支出用项分			
社会福利	1327.3	1228.8	8.0
老年福利和养老服务	517.0	453.0	14.1
儿童福利	68.2	53.9	26.5
残疾人福利	319.3	279.8	14.1
社会救助	2711.9	2281.4	18.9
最低生活保障	1963.6	1646.7	19.2
特困人员救助供养	468.6	383.0	22.4
临时救助	195.3	171.9	13.6
其他社会救助	84.4	79.9	5.7
民政管理事务	501.2	497.7	0.7
行政事业单位养老支出	47.6	46.1	3.2
其他	220.3	225.2	-2.2
中央财政转移支付的民政事业费合计	**1704.2**	**1566.6**	**8.8**
一般预算财政拨款	1641.8	1471.7	11.6
彩票公益金	19.3	48.5	-60.3
中央预算内基本建设投资	43.1	46.4	-7.1
养老服务	28.0	32.0	-12.5
社会福利	15.1	14.4	4.8

A-1-11　民政事业费支出按用项分

单位：亿元

指　标	2020年	占全部%	2019年	2020年比2019年增加	2020年比2019年增长 (%)
合计	**4808.2**	**100.0**	**4279.2**	**529.0**	**12.4**
社会福利	**1327.3**	**27.6**	**1228.8**	**98.4**	**8.0**
儿童福利	68.2	1.4	53.9	14.3	26.5
老年福利和养老服务	517.0	10.8	453.0	64.0	14.1
残疾人福利	319.3	6.6	279.8	39.5	14.1
殡葬	155.0	3.2	137.7	17.4	12.6
社会福利事业单位	202.9	4.2	219.7	-16.8	-7.7
其他社会福利支出	64.9	1.4	84.7	-19.8	-23.4
社会救助	**2711.9**	**56.4**	**2281.4**	**430.5**	**18.9**
最低生活保障	1963.6	40.8	1646.7	316.9	19.2
城市最低生活保障	537.3	11.2	519.5	17.8	3.4
农村最低生活保障	1426.3	29.7	1127.2	299.1	26.5
临时救助	195.3	4.1	171.9	23.4	13.6
临时救助	165.7	3.4	141.1	24.6	17.4
流浪乞讨人员救助	29.6	0.6	30.7	-1.2	-3.8
特困人员救助供养	468.6	9.7	383.0	85.6	22.4
城市特困人员	44.6	0.9	37.0	7.6	20.5
农村特困人员	424.0	8.8	346.0	78.0	22.6
其他社会救助	84.4	1.8	79.9	4.5	5.7
民政管理事务	**501.2**	**10.4**	**497.7**	**3.5**	**0.7**
行政运行	136.5	2.8	129.2	7.3	5.6
一般行政管理事务	32.1	0.7	42.0	-9.9	-23.5
机关服务	4.0	0.1	5.6	-1.6	-28.2
社会组织管理	10.5	0.2	11.2	-0.7	-6.6
行政区划和地名管理	9.7	0.2	10.7	-1.0	-9.2
基层政权建设和社区治理	159.6	3.3	150.7	8.9	5.9
其他民政管理事务支出	148.8	3.1	148.3	0.4	0.3
行政事业单位养老支出	**47.6**	**1.0**	**46.1**	**1.5**	**3.2**
其他	**220.3**	**4.6**	**225.2**	**-4.9**	**-2.2**

A-2-1 社会工作类机构财务状况与上年比较

单位：万元

指　标	2020年	2019年	比上年增长 (%)
执行企业会计制度单位填报			
存货	17674.5	10164.3	73.9
固定资产原价	2291016.5	1434910.6	59.7
累计折旧	138419.1	234407.4	-40.9
其中：本年折旧	40902.8	25311.0	61.6
资产总计	1728049.0	1308348.3	32.1
负债合计	1084419.4	810294.8	33.8
营业收入	328124.9	234533.3	39.9
营业成本	271790.1	190245.8	42.9
营业税金及附加	7862.3	4738.3	65.9
销售费用	28264.3	24193.2	16.8
管理费用	119809.5	91925.6	30.3
其中：税金	1375.8	1156.9	18.9
差旅费	1138.3	794.1	43.3
财务费用	120630.5	21977.5	448.9
其中：利息支出	6038.6	2777.0	117.5
资产减值损失	1760.4	2003.3	-12.1
公允价值变动收益	3680.7	3896.3	-5.5
投资收益	635.4	2709.8	-76.6
营业利润	-75481.9	-46622.2	61.9
营业外收入	24127.1	16105.2	49.8
其中：政府补助	16090.0	10515.4	53.0
应付职工薪酬	90052.8	57834.2	55.7
本年应交增值税	5175.7	1296.8	299.1

A–2–1续表1

单位：万元

指　标	2020年	2019年	比上年增长 (%)
执行行政事业单位会计制度填报			
存货	117101.5	67980.5	72.3
固定资产原价	9383643.0	8180697.2	14.7
资产总计	8706200.7	8884423.5	-2.0
负债合计	2731348.3	2656102.3	2.8
本年收入合计	5581730.5	5006920.2	11.5
其中：事业收入	1945186.7	2099706.5	-7.4
经营收入	101856.9	99017.3	2.9
本年支出合计	4857801.5	4643487.6	4.6
其中：工资福利支出	1532086.9	1438354.3	6.5
商品和服务支出	1447145.3	1419682.8	1.9
其中：取暖费	26743.2	25098.6	6.6
差旅费	14742.8	17848.8	-17.4
因公出国（境）费用	887.9	372.4	138.4
劳务费	155874.1	134653.5	15.8
工会经费	14447.0	13346.0	8.2
福利费	15975.0	13312.5	20.0
对个人和家庭的补助	677457.3	643675.8	5.2
其中：抚恤金	5427.6	5386.0	0.8
生活补助	134826.0	133167.7	1.2
救济费	300299.6	268039.6	12.0
助学金	2896.8	2629.9	10.1
奖励金	12890.6	10980.5	17.4
生产补贴	550.9	904.7	-39.1
经营支出	45882.7	64011.9	-28.3
销售税金	2883.6	718.0	301.6

A−2−1续表2

单位：万元

指　标	2020年	2019年	比上年增长 (%)
执行民间非营利组织单位会计制度填报			
存货	80634.4	46678.4	72.7
固定资产原价	5476036.1	5935013.1	-7.7
资产总计	2324700.1	2018818.5	15.2
负债合计	1492589.0	1416652.6	5.4
本年收入合计	3066054.8	3709483.8	-17.3
其中：捐赠收入	46626.6	54069.4	-13.8
会费收入	35638.4	41877.8	-14.9
政府补助收入	194052.9	82447.7	135.4
本年费用合计	2215262.6	1788032.1	23.9
其中：业务活动成本	1070591.6	981428.1	9.1
其中：人员费用	415810.5	381332.3	9.0
日常费用	319853.8	235290.3	35.9
固定资产折旧	95529.6	101123.5	-5.5
税费	7147.4	8090.2	-11.7
管理费用	575313.2	509244.6	13.0
其中：人员费用	237405.0	221484.2	7.2
日常费用	140870.9	120814.7	16.6
固定资产折旧	53176.2	55961.4	-5.0
税费	3903.2	3369.1	15.9
净资产变动额	235955.8	98570.0	139.4

A-2-2 提供住宿的民政服务机构和社区养老情况与上年比较

指　标	机构和设施数（个）			职工人数（万人）		
	2020年	2019年	比上年增长(%)	2020年	2019年	比上年增长(%)
机构和设施合计	**332131**	**206227**	**61.1**	**128.4**	**93.8**	**36.9**
机构合计	**40852**	**37021**	**10.3**	**57.5**	**50.9**	**12.9**
养老机构和设施	**329437**	**203575**	**61.8**	**122.7**	**88.1**	**39.3**
机构养老	38158	34369	11.0	51.8	45.2	14.6
社会福利院	1524	1527	-0.2	4.6	4.4	4.8
特困人员救助供养机构	17153	15932	7.7	12.3	10.9	12.7
其他各类养老机构	19481	16910	15.2	34.9	29.9	16.8
社区养老	291279	169206	72.1	70.9	42.9	65.3
未登记的特困人员救助供养机构	3660	4312	-15.1	2.0	2.3	-11.4
全托服务社区养老服务机构和设施	20368	–	–	9.9	–	–
日间照料社区养老服务机构和设施	109306	–	–	32.6	–	–
互助型社区养老服务设施	147485	101276	45.6	24.7	19.1	29.3
其他社区养老服务机构和设施	10460	–	–	1.6	–	–
精神疾病服务机构	**141**	**138**	**2.2**	**2.0**	**1.9**	**6.4**
社会福利医院	141	138	2.2	2.0	1.9	6.4
儿童福利和救助保护机构	**760**	**686**	**10.8**	**1.5**	**1.4**	**5.3**
儿童福利院	508	484	5.0	1.3	1.3	-2.8
未成年人救助保护机构	252	202	24.8	0.2	0.1	82.3
其他提供住宿机构	**1793**	**1828**	**-1.9**	**2.1**	**2.4**	**-10.0**
流浪乞讨人员救助管理机构	1555	1545	0.6	1.7	1.6	1.9
其他提供住宿的机构	238	283	-15.9	0.5	0.7	-36.3

A-2-2续表

指　标	床位数（万张）			收留抚养救助人数（万人）		
	2020年	2019年	比上年增长(%)	2020年	2019年	比上年增长(%)
机构和设施床位合计	**848.2**	**803.6**	**5.6**	**282.3**	**387.9**	**-27.2**
机构合计	**515.4**	**467.4**	**10.3**	**235.6**	**231.6**	**1.7**
养老机构和设施	**821.0**	**775.0**	**5.9**	**269.0**	**373.8**	**-28.0**
机构养老	488.2	438.8	11.3	222.4	217.5	2.2
社会福利院	37.7	37.6	0.2	18.6	19.4	-4.2
特困人员救助供养机构	174.8	164.5	6.3	83.4	87.7	-4.9
其他各类养老机构	275.7	236.7	16.5	120.4	110.4	9.0
社区养老	332.8	336.2	-1.0	46.7	156.2	-70.1
未登记的特困人员救助供养机构	21.9	34.2	-36.1	8.1	15.2	-46.6
全托服务社区养老服务机构和设施	68.5	–	–	18.6	–	–
日间照料社区养老服务机构和设施	109.9	–	–	–	–	–
互助型社区养老服务设施	132.5	107.4	23.4	19.9	61.0	-67.3
其他社区养老服务机构和设施	–	–	–	–	–	–
精神疾病服务机构	**6.7**	**6.5**	**3.7**	**5.7**	**5.5**	**3.2**
社会福利医院	6.7	6.5	3.7	5.7	5.5	3.2
儿童福利和救助保护机构	**10.1**	**9.9**	**2.3**	**4.6**	**4.8**	**-5.2**
儿童福利院	9.1	9.0	0.7	4.4	4.8	-7.4
未成年人救助保护机构	1.0	0.8	19.1	0.1	–	–
其他提供住宿机构	**10.4**	**12.2**	**-15.1**	**3.0**	**3.8**	**-20.6**
流浪乞讨人员救助管理机构	8.4	9.6	-12.5	1.9	2.3	-15.4
其他提供住宿的机构	1.9	2.6	-24.9	1.0	1.5	-28.8

A-2-3 孤儿、家庭收养登记与上年比较

单位：人、件

指 标	2020年	2019年	比上年增长 (%)
孤儿	**193281**	**233117**	**-17.1**
集中养育孤儿	58989	64482	-8.5
社会散居孤儿	134292	168635	-20.4
事实无人抚养儿童	**253886**	–	–
儿童关爱保护			
儿童督导员	54896	55912	-1.8
儿童主任	667443	674562	-1.1
家庭收养登记	**11103**	**13044**	**-14.9**
中国公民收养登记	11040	12074	-8.6
#港澳台及华侨	31	90	-65.6
外国人收养登记	63	970	-93.5
被收养人合计（人）	11103	13044	-14.9
#女性	6561	8159	-19.6
#残疾儿童	151	906	-83.3
儿童福利机构抚养的孤儿	1966	3019	-34.9
社会散居孤儿	1513	2245	-32.6
继子女收养的未成年人	150	414	-63.8
三代以内同辈旁系血亲的子女	1432	1394	2.7
儿童福利机构抚养的未成年人	3093	3452	-10.4
非社会福利机构抚养的未成年人	2035	1637	24.3
生父母有特殊困难无力抚养的子女	874	872	0.2
生父母均不具备完全民事行为能力且具有严重危害可能的子女	40	11	263.6

A-2-4 社会救助与上年比较

指　标	单位	2020年	2019年	比上年增长 (%)
社会救助总人数＊	**万人**	**6400.2**	**5948.8**	**7.6**
城市最低生活保障	**万人**	**805.1**	**860.9**	**-6.5**
老年人	万人	148.1	158.6	-6.6
成年人	万人	529.4	563.4	-6.0
在职人员	万人	8.9	10.2	-13.1
灵活就业	万人	155.9	171.8	-9.3
登记失业	万人	68.7	81.0	-15.2
无就业条件	万人	295.9	300.3	-1.5
未成年人	万人	127.5	138.9	-8.2
# 女性	万人	372.2	386.3	-3.6
# 残疾人	万人	146.2	139.4	4.9
# 重度残疾人	万人	69.1	60.2	14.8
城市最低生活保障户数	万户	488.9	524.9	-6.9
城市低保资金支出	亿元	537.3	519.5	3.4
平均保障标准	元／人·月	677.6	624.0	8.6
农村最低生活保障	**万人**	**3620.8**	**3455.4**	**4.8**
农村最低生活保障户数	万户	1985.0	1892.3	4.9
农村低保支出	亿元	1426.3	1127.2	26.5
平均保障标准	元／人·年	5962.3	5335.5	11.7
特困人员救助供养	万人	**477.4**	**468.6**	**1.9**
农村特困人员	万人	446.3	439.1	1.6
城市特困人员	万人	31.2	29.5	5.7
传统救济	**万人**	**32.3**	**37.4**	**-13.5**
临时救助	**万人次**	**1380.6**	**993.2**	**39.0**
本地户籍	万人次	1372.2	988.6	38.8
非本地户籍	万人次	8.4	4.6	81.3
流浪乞讨人员救助	**万人次**	**84.1**	**133.3**	**-36.9**
在站救助	万人次	59.0	100.1	-41.1
站外救助	万人次	25.1	33.2	-24.4
# 未成年人	万人次	3.1	6.2	-49.5

注：社会救助总人数是救助人数和人次数的合计。

A-2-5 分省份城市最低生活保障平均标准与上年比较

单位：元/人·月

地 区	2020年	2019年	比上年增长 (%)
全 国	**677.6**	**624.0**	**8.6**
北 京	1170.0	1100.0	6.4
天 津	1010.0	980.0	3.1
河 北	705.3	663.4	6.3
山 西	592.6	550.5	7.6
内蒙古	726.2	689.0	5.4
辽 宁	669.2	635.8	5.2
吉 林	546.5	525.3	4.0
黑龙江	613.2	584.0	5.0
上 海	1240.0	1160.0	6.9
江 苏	765.6	718.3	6.6
浙 江	882.3	811.5	8.7
安 徽	641.1	597.1	7.4
福 建	686.3	615.2	11.6
江 西	708.2	635.5	11.4
山 东	733.1	576.6	27.2
河 南	583.9	539.1	8.3
湖 北	666.0	636.3	4.7
湖 南	588.0	516.9	13.8
广 东	874.2	806.6	8.4
广 西	754.2	665.8	13.3
海 南	562.8	562.8	–
重 庆	620.0	580.0	6.9
四 川	613.5	552.0	11.1
贵 州	645.1	613.4	5.2
云 南	644.7	619.8	4.0
西 藏	871.2	834.1	4.4
陕 西	633.4	607.8	4.2
甘 肃	577.6	530.2	8.9
青 海	637.5	575.4	10.8
宁 夏	605.6	574.6	5.4
新 疆	513.5	467.2	9.9

A-2-6 分省份农村最低生活保障平均标准与上年比较

单位：元/人·年

地 区	2020年	2019年	比上年增长 (%)
全 国	**5962.3**	**5335.5**	**11.7**
北 京	14040.0	13200.0	6.4
天 津	12120.0	11760.0	3.1
河 北	5496.1	4907.1	12.0
山 西	5312.5	4758.9	11.6
内蒙古	6249.0	5841.5	7.0
辽 宁	5517.4	5081.6	8.6
吉 林	4371.7	4065.0	7.5
黑龙江	4655.0	4124.2	12.9
上 海	14880.0	13920.0	6.9
江 苏	9030.5	8457.5	6.8
浙 江	10551.5	9740.4	8.3
安 徽	7613.6	6860.4	11.0
福 建	8171.6	7320.7	11.6
江 西	5706.6	4638.5	23.0
山 东	6698.6	5092.4	31.5
河 南	4555.6	4089.4	11.4
湖 北	5967.7	5692.6	4.8
湖 南	5007.6	4505.2	11.2
广 东	8337.3	7625.2	9.3
广 西	5328.4	4473.1	19.1
海 南	5236.8	5236.8	–
重 庆	6035.7	5336.9	13.1
四 川	5215.0	4476.5	16.5
贵 州	4620.3	4410.5	4.8
云 南	4591.6	4353.7	5.5
西 藏	4545.0	4333.2	4.9
陕 西	5111.2	4665.3	9.6
甘 肃	4506.5	4167.7	8.1
青 海	4688.8	4119.7	13.8
宁 夏	4660.0	4040.0	15.3
新 疆	4757.6	4250.7	11.9

A−2−7　分省份孤儿平均保障标准与上年比较

单位：元/人·月

地　区	集中养育平均保障标准			社会散居平均保障标准		
	2020年	2019年	比上年增长(%)	2020年	2019年	比上年增长(%)
全　国	**1611.3**	**1499.2**	**7.5**	**1184.3**	**1073.5**	**10.3**
北　京	2200.0	2000.0	10.0	2200.0	1800.0	22.2
天　津	2590.0	2560.0	1.2	2590.0	2540.0	2.0
河　北	1454.1	1299.3	11.9	1058.2	894.5	18.3
山　西	1395.1	1369.2	1.9	1004.5	979.0	2.6
内蒙古	1865.5	1750.9	6.5	1582.3	1470.5	7.6
辽　宁	1850.3	1700.1	8.8	1439.5	1300.0	10.7
吉　林	1500.0	1497.3	0.2	1100.0	1097.3	0.2
黑龙江	1551.1	1550.1	0.1	1184.4	1167.9	1.4
上　海	2100.0	2093.8	0.3	1900.0	1893.8	0.3
江　苏	2416.8	2189.0	10.4	1790.7	1612.2	11.1
浙　江	2078.6	1815.5	14.5	1655.2	1448.0	14.3
安　徽	1506.1	1430.3	5.3	1093.8	1025.1	6.7
福　建	1676.8	1532.1	9.4	1219.8	981.2	24.3
江　西	1415.6	1216.3	16.4	973.9	860.0	13.2
山　东	1768.0	1449.3	22.0	1413.8	964.0	46.7
河　南	1334.8	1283.4	4.0	958.9	907.7	5.6
湖　北	2155.6	2056.8	4.8	1348.5	1286.0	4.9
湖　南	1435.7	1402.9	2.3	997.5	973.2	2.5
广　东	2000.7	1854.9	7.9	1516.0	1307.2	16.0
广　西	1263.0	1197.1	5.5	886.6	796.1	11.4
海　南	1456.8	1364.3	6.8	1050.0	994.0	5.6
重　庆	1454.5	1404.0	3.6	1257.0	1206.4	4.2
四　川	1434.7	1389.3	3.3	935.1	903.8	3.5
贵　州	1547.8	1427.3	8.4	1051.3	979.5	7.3
云　南	1991.5	1966.6	1.3	1296.8	1275.7	1.7
西　藏	1257.9	1224.1	2.8	1049.2	984.6	6.6
陕　西	1340.7	1050.0	27.7	992.1	830.7	19.4
甘　肃	1317.1	1250.7	5.3	1036.7	988.6	4.9
青　海	1126.3	1055.7	6.7	792.4	711.5	11.4
宁　夏	1141.1	1059.9	7.7	877.4	725.2	21.0
新　疆	1112.9	1106.1	0.6	834.1	790.3	5.6

A-2-8 社区服务与上年比较

指 标	单位	2020年	2019年	比上年增长 (%)
社区服务				
社区综合服务机构和设施	**个**	**510510**	**358551**	**42.4**
社区服务指导中心	个	503	548	-8.2
社区服务中心	个	27835	27489	1.3
社区服务站	个	420552	224986	86.9
社区专项服务机构和设施	个	61620	105528	-41.6
社区养老服务机构和设施	**个**	**291279**	**169206**	**72.1**
未登记的特困人员救助供养机构	个	3660	4312	-15.1
全托服务社区养老服务机构和设施	个	20368	–	–
日间照料社区养老服务机构和设施	个	109306	–	–
互助型社区养老服务设施	个	147485	101276	45.6
其他社区养老服务机构和设施	个	10460	–	–
城市社区综合服务设施覆盖率	%	100.0	92.9	7.1（百分点）
农村社区综合服务设施覆盖率	%	65.7	59.3	6.4（百分点）
社区养老床位数	**张**	**3327530**	**3362036**	**-1.0**
日间照料床位	张	2220533	2026519	9.6
全托服务床位	张	1106997	1335517	-17.1
社会捐赠接收工作站、点数	**个**	**14609**	**12892**	**13.3**
社会捐赠接收工作站数	个	9954	9364	6.3
慈善超市数	个	4655	3528	31.9

A-3-1　社会组织与上年比较

单位：个、亿元

指　标	2020年	2019年	比上年增长(%)
社会组织合计	**894162**	**866335**	**3.2**
社会组织捐赠收入	1059.1	873.2	21.3
社会团体	**374771**	**371638**	**0.8**
按活动区域分			
全国性	1979	1983	-0.2
省级	31769	31789	-0.1
地级	90033	89359	0.8
县级	250990	248507	1.0
基金会	**8432**	**7585**	**11.2**
按性质分			
具有公开募捐资格的基金会	2136	1915	11.5
不具有公开募捐资格的基金会	6296	5670	11.0
民办非企业单位	**510959**	**487112**	**4.9**
按性质分			
法人	448291	421430	6.4
合伙	8181	8302	-1.5
个体	54487	57380	-5.0

注：由于社会组织年检工作滞后于年报汇总工作，社会组织捐赠数据为2019年数据。

A-3-2　基层群众性自治组织与上年比较

单位：个、人

指　标	2020年	2019年	比上年增长 (%)
城市			
社区居委会	113089	109620	3.2
居民小组	1236279	1456431	-15.1
居民委员会成员人数	615863	596431	3.3
#女性	320670	303295	5.7
居委会选举情况			
当年完成选举的居委会数	11201	16391	-31.7
当年完成选举的居委会选民登记总数	33789961	36167723	-6.6
#本届登记选民数	18673025	19504201	-4.3
参加投票人数	14430939	14961660	-3.5
农村			
村民委员会	502057	533073	-5.8
村民小组	3761016	4193261	-10.3
村民委员会成员人数	2072957	2179893	-4.9
#女性	501661	518765	-3.3
村委会选举情况			
当年完成选举的村委会数	49369	71672	-31.1
当年完成选举的村委会选民登记总数	75292876	100114604	-24.8
#本届登记选民数	56950536	67373936	-15.5
参加投票人数	50532203	59689148	-15.3

A-3-3 其他社会服务与上年比较

指 标	单位	2020年	2019年	比上年增长（%）
婚姻服务				
婚姻登记机构	个	1085	1068	1.6
办理婚姻登记业务的处数	处	4791	5594	-14.4
结婚登记	对	8143332	9273269	-12.2
内地居民登记结婚对数	对	8125962	9223910	-11.9
初婚人数	人	12285987	13987101	-12.2
再婚人数	人	4000677	4559437	-12.3
#女性	人	2189834	2467841	-11.3
恢复结婚	对	554869	619098	-10.4
涉外及华侨、港澳台居民登记结婚	对	17370	49359	-64.8
结婚率	‰	5.8	6.6	-0.8（千分点）
离婚登记	对	4338998	4700635	-7.7
民政部门办理离婚对数	对	3736487	4047193	-7.7
内地居民办理离婚	对	3732362	4040089	-7.6
涉外及华侨、港澳台居民登记离婚	对	4125	7104	-41.9
各级法院判决、调解离婚件数	件	602511	653442	-7.8
离婚率	‰	3.1	3.4	-0.3（千分点）
殡葬服务				
殡葬服务机构	个	4201	4060	3.5
火化炉数	台	6619	6400	3.4
全年遗体火化数	具	5558154	5226918	6.3
穴位数	个	21281553	19307152	10.2
安葬数	具	15671962	14390324	8.9

A-3-4 其他社会服务机构财务状况与上年比较

单位：万元

指 标	2020年	2019年	比上年增长 (%)
执行企业会计制度单位填报			
存货	424324.8	283740.5	49.5
固定资产原价	1447725.3	1240026.8	16.7
累计折旧	367378.1	313621.6	17.1
其中：本年折旧	79787.7	54304.2	46.9
资产总计	3643791.7	2610220.1	39.6
负债合计	2303698.5	1458991.8	57.9
营业收入	1388651.0	1325483.7	4.8
营业成本	509893.0	482351.1	5.7
营业税金及附加	6726.7	9275.9	-27.5
销售费用	123654.7	123584.0	0.1
管理费用	273883.9	270409.4	1.3
其中：税金	7279.6	7330.0	-0.7
差旅费	1708.1	2420.8	-29.4
财务费用	14917.0	7682.0	94.2
其中：利息支出	6674.8	1577.6	323.1
资产减值损失	10854.8	499.9	2071.4
公允价值变动收益	141.2	37.7	274.5
投资收益	26667.3	16125.9	65.4
营业利润	385275.9	357270.2	7.8
营业外收入	75599.1	74395.9	1.6
其中：政府补助	4983.3	4380.6	13.8
应付职工薪酬	132205.2	136794.4	-3.4
本年应交增值税	6001.7	3853.6	55.7

A-3-4续表1

单位：万元

指　标	2020年	2019年	比上年增长 (%)
执行事业单位会计制度填报			
存货	82131.4	48938.7	67.8
固定资产原价	2632541.1	2244572.2	17.3
资产总计	2986281.9	2243997.0	33.1
负债合计	543857.4	343449.7	58.4
本年收入合计	1898431.9	1667253.6	13.9
其中：事业收入	838014.6	844515.3	-0.8
经营收入	356101.2	339913.2	4.8
本年支出合计	1696883.0	1592866.6	6.5
其中：工资福利支出	512253.6	492729.9	4.0
商品和服务支出	579537.5	563010.0	2.9
其中：取暖费	4848.9	5037.3	-3.7
差旅费	4128.9	4340.2	-4.9
因公出国（境）费用	54.7	274.9	-80.1
劳务费	52683.7	48764.1	8.0
工会经费	4935.3	4492.3	9.9
福利费	6566.1	7887.9	-16.8
对个人和家庭的补助	57948.8	52913.3	9.5
其中：抚恤金	915.6	933.1	-1.9
生活补助	7008.7	7394.7	-5.2
救济费	5627.6	1331.7	322.6
助学金	51.4	57.0	-9.8
奖励金	2871.0	3484.9	-17.6
生产补贴	91.1	61.5	48.1
经营支出	199711.1	201893.9	-1.1
销售税金	1934.1	2068.4	-6.5

A-3-4续表2

单位：万元

指　标	2020年	2019年	比上年增长 (%)
执行民间非营利组织单位会计制度填报			
存货	10799.8	2640.8	309.0
固定资产原价	105415.1	96645.1	9.1
资产总计	107401.1	79798.1	34.6
负债合计	38956.6	26992.3	44.3
本年收入合计	37642.7	29429.7	27.9
其中：捐赠收入	538.8	547.0	-1.5
会费收入	761.8	775.8	-1.8
政府补助收入	1552.9	105.3	1374.7
本年费用合计	36800.7	28663.9	28.4
其中：业务活动成本	21094.0	13178.7	60.1
其中：人员费用	5898.3	4039.7	46.0
日常费用	5917.2	4849.1	22.0
固定资产折旧	2374.6	1923.3	23.5
税费	173.9	165.2	5.3
管理费用	11876.0	11937.9	-0.5
其中：人员费用	2396.8	3181.6	-24.7
日常费用	1297.8	1557.9	-16.7
固定资产折旧	786.2	795.4	-1.2
税费	5753.3	5751.9	–
净资产变动额	2052.8	17086.9	-88.0

第四部分

历年统计资料

B-1-1 县级及以上行政区划

单位：个

年份	省级	地级（不含地级市）	县级（不含县级市、市辖区）	市			市辖区	县级合计
					#地级	#县级		
1978	30	212	2153	193	98	92	408	2653
1979	30	211	2153	216	104	109	428	2690
1980	30	211	2151	223	107	113	511	2775
1981	30	208	2144	233	108	122	514	2780
1982	30	210	2140	245	112	130	527	2797
1983	30	178	2091	289	144	142	552	2785
1984	30	175	2069	300	147	150	595	2814
1985	30	165	2046	324	162	159	621	2826
1986	30	159	2017	353	166	184	629	2830
1987	30	156	1986	381	170	208	632	2826
1988	31	151	1936	434	183	248	647	2831
1989	31	151	1919	450	185	262	648	2829
1990	31	151	1903	467	185	279	651	2833
1991	31	151	1894	479	187	289	650	2833
1992	31	148	1848	517	191	323	662	2833
1993	31	139	1795	570	196	371	669	2835
1994	31	127	1735	622	206	413	697	2845
1995	31	124	1716	640	210	427	706	2849
1996	31	117	1696	666	218	445	717	2858
1997	33	110	1693	668	222	442	727	2862
1998	33	104	1689	668	227	437	737	2863
1999	34	95	1682	667	236	427	749	2858
2000	34	74	1674	663	259	400	787	2861
2001	34	67	1660	662	265	393	808	2861
2002	34	57	1649	660	275	381	830	2860
2003	34	51	1642	660	282	374	845	2861
2004	34	50	1636	661	283	374	852	2862
2005	34	50	1636	661	283	374	852	2862
2006	34	50	1635	656	283	369	856	2860
2007	34	50	1635	655	283	368	856	2859
2008	34	50	1635	655	283	368	856	2859
2009	34	50	1636	654	283	367	855	2858
2010	34	50	1633	657	283	370	853	2856
2011	34	48	1627	657	284	369	857	2853
2012	34	48	1624	657	285	368	860	2852
2013	34	47	1613	658	286	368	872	2853
2014	34	45	1596	653	288	361	897	2854
2015	34	43	1568	656	291	361	921	2850
2016	34	41	1537	657	293	360	954	2851
2017	34	40	1526	661	294	363	962	2851
2018	34	40	1506	672	293	375	970	2851
2019	34	40	1494	684	293	387	965	2846
2020	34	40	1483	685	293	388	973	2844

B-1-2 乡镇级行政区划

单位：个

年份	乡镇级	镇	乡	民族乡	街道	区公所
1978	6195	2173				4022
1979	10424	2361			4444	3619
1980						
1981	11434	2678			4965	3791
1982						
1983	49695	2968	35514		5304	5909
1984	106439	7186	85290		5844	8119
1985	104900	9140	82450	3144	5402	7908
1986	83954	10718	61353	2936	5718	6165
1987	81025	11103	58739	3020	5680	5503
1988	65345	11481	45195	1571	5099	3570
1989	65419	11873	44624	1755	5420	3502
1990	65188	12084	44397	1980	5269	3438
1991	63391	12455	42654	1403	5186	3096
1992	54830	14539	33827	1348	5233	1231
1993	54863	15805	32445	1351	5470	1143
1994	54605	16702	31463	1322	5372	1068
1995	53360	17532	29502	1330	5596	730
1996	51336	18171	27056	1383	5565	544
1997	50967	18925	25966	1545	5678	398
1998	50999	19216	25712	1517	5732	339
1999	50750	19756	24745	1222	5904	345
2000	51024	20312	24555	1356	5902	255
2001	46369	20358	20012	1165	5972	27
2002	44822	20600	18640	1162	5516	66
2003	44067	20226	18064	1149	5751	26
2004	43275	19892	17534	1127	5829	20
2005	41636	19522	15951	1093	6152	11
2006	41040	19369	15306	1089	6355	10
2007	40813	19249	15120	1094	6434	10
2008	40828	19234	15067	1097	6524	3
2009	40858	19322	14848	1098	6686	2
2010	40906	19410	14571	1096	6923	2
2011	40466	19683	13587	1086	7194	2
2012	40446	19881	13281	1064	7282	2
2013	40497	20117	12812	1035	7566	2
2014	40381	20401	12282	1020	7696	2
2015	39789	20515	11315	991	7957	2
2016	39862	20883	10872	989	8105	2
2017	39888	21116	10529	982	8241	2
2018	39945	21297	10253	981	8393	2
2019	38755	21013	9221	966	8519	2
2020	38741	21157	8809	962	8773	2

注：乡包括民族乡、苏木、民族苏木。

B-1-3 全国人口情况

单位：万人、%

年份	总人口			65周岁及以上老年人口	65周岁及以上人口比重	60周岁及以上老年人口	60周岁及以上人口比重
		城镇	乡村				
1978	96259	17245	79014				
1979	97542	18495	79047				
1980	98705	19140	79565				
1981	100072	20171	79901				
1982	101654	21480	80174	4991	4.9		
1983	103008	22274	80734				
1984	104357	24017	80340				
1985	105851	25094	80757				
1986	107507	26366	81141				
1987	109300	27674	81626	5968	5.4		
1988	111026	28661	82365				
1989	112704	29540	83164				
1990	114333	30195	84138	6368	5.6		
1991	115823	31203	84260				
1992	117171	32175	84996				
1993	118517	33173	85344				
1994	119850	34169	85681				
1995	121121	35174	85947	7510	6.2		
1996	122389	37304	85085	7833	6.4		
1997	123626	39449	84177	8085	6.5		
1998	124761	41608	83153	8359	6.7		
1999	125786	43748	82038	8679	6.9		
2000	126743	45906	80837	8821	7.0		
2001	127627	48064	79563	9062	7.1		
2002	128453	50212	78241	9377	7.3		
2003	129227	52376	76851	9692	7.5		
2004	129988	54283	75705	9857	7.6		
2005	130756	56212	74544	10055	7.7	14408	11.0
2006	131448	57706	73742	10419	7.9	14901	11.3
2007	132129	59379	72750	10636	8.1	15340	11.6
2008	132802	60667	72135	10956	8.3	15989	12.0
2009	133450	62186	71288	11309	8.5	16714	12.5
2010	134091	66558	67415	11883	8.9	17765	13.3
2011	134735	69079	65656	12288	9.1	18499	13.7
2012	135404	71182	64222	12714	9.4	19390	14.3
2013	136072	73111	62961	13161	9.7	20243	14.9
2014	136782	74916	61866	13755	10.1	21242	15.5
2015	137462	77116	60346	14386	10.5	22200	16.1
2016	138271	79298	58973	15003	10.8	23086	16.7
2017	139008	81347	57661	15831	11.4	24090	17.3
2018	139538	83137	56401	16658	11.9	24949	17.9
2019	140005	84843	55162	17603	12.6	25388	18.1
2020	141178	90199	50979	19064	13.5	26402	18.7

注：本表资料来源于国家统计局。

B-1-4 民政部门登记和管理的机构和设施（按登记类型分类）

单位：万个

年份	合计	事业单位及设施合计	事业单位	企业性质机构	社会组织	社会服务类	自治组织	行政机关
1978	1.1	1.1		0.1				
1979	1.3	1.2		0.1				
1980	1.4	1.3		0.1				
1981	1.5	1.3		0.2				
1982	1.7	1.6		0.2				
1983	40.2	1.9		0.6			37.7	
1984	103.6	2.6		0.7			100.3	
1985	107.7	3.3		1.5			103.0	
1986	101.2	3.9		2.0			95.3	
1987	100.1	4.2		2.8			93.2	
1988	106.7	4.3		4.0	0.4		97.8	
1989	111.8	4.4		4.2	0.5		102.8	
1990	119.8	4.5		4.2	1.1		110.0	
1991	129.2	4.7		4.4	8.3		111.9	
1992	136.1	4.8		5.0	15.5		110.8	
1993	139.7	5.3		5.7	16.8		112.0	
1994	140.3	5.2		6.0	17.4		111.7	
1995	133.7	5.2		6.0	18.1		104.4	
1996	133.9	5.3		5.9	18.5		104.2	
1997	131.4	5.3		5.6	18.1		102.4	
1998	122.2	5.4		5.1	16.6		95.2	
1999	115.7	5.4		4.5	14.3		91.6	
2000	109.5	6.1		4.1	15.3		84.0	
2001	109.8	5.7		3.8	21.1		79.2	0.6
2002	110.5	5.8		3.6	24.5		76.7	0.5
2003	109.9	5.8		3.4	26.7		74.0	0.4
2004	111.1	6.7		3.2	28.9		72.2	0.4
2005	112.6	6.6		3.1	32.0		70.9	0.4
2006	115.7	6.7		3.0	35.4		70.5	0.4
2007	117.7	7.0		2.5	38.7		69.5	0.3
2008	119.2	6.6		2.4	41.4		68.8	0.4
2009	125.9	12.1		2.3	43.1		68.4	0.3
2010	126.6	11.6		2.2	44.6	6.3	68.2	0.3
2011	129.4	13.1		2.2	46.2	6.6	67.9	0.3
2012	146.2	26.3		2.0	49.9	7.5	68.0	0.3
2013	156.2	31.4	2.6	1.8	54.7	8.0	68.3	0.3
2014	166.5	36.0	2.9	1.7	60.6	8.8	68.2	0.3
2015	176.5	40.7	3.1	1.5	66.2	9.9	68.1	0.3
2016	174.5	37.9	3.1	0.1	70.2	10.4	66.2	0.3
2017	182.1	39.7	2.9	0.1	76.2	11.3	66.1	0.3
2018	187.6	40.7	2.3	0.2	81.7	12.5	65.0	0.3
2019	201.4	50.2	2.5	0.3	86.6		64.3	0.3
2020	229.3	77.8	2.5	0.6	89.4		61.5	0.3

B-1-5 民政部门登记和管理的机构和设施（按国民经济行业分类）

单位：万个

年份	合计	社会工作	成员组织			其他社会服务机构	其他事业单位	行政机关
				社会组织	自治组织			
1978	1.1	0.8				0.3		
1979	1.3	1.0				0.3		
1980	1.4	1.1				0.3		
1981	1.5	1.2				0.3		
1982	1.7	1.4				0.3		
1983	40.2	2.2	37.7		37.7	0.3		
1984	103.6	3.0	100.3		100.3	0.3		
1985	107.7	4.5	103.0		103.0	0.3		
1986	101.2	5.6	95.3		95.3	0.3		
1987	100.1	6.6	93.2		93.2	0.3		
1988	106.7	8.1	98.3	0.4	97.8	0.3		
1989	111.8	8.3	103.3	0.5	102.8	0.3		
1990	119.8	8.4	111.1	1.1	110.0	0.3		
1991	129.2	8.7	120.2	8.3	111.9	0.3		
1992	136.1	9.5	126.3	15.5	110.8	0.3		
1993	139.7	10.7	128.7	16.8	112.0	0.3		
1994	140.3	10.9	129.1	17.4	111.7	0.3		
1995	133.6	10.9	122.4	18.1	104.4	0.3		
1996	133.9	10.9	122.7	18.5	104.2	0.3		
1997	131.4	10.6	120.5	18.1	102.4	0.3		
1998	122.2	10.2	111.8	16.6	95.2	0.3		
1999	115.7	9.5	105.9	14.3	91.6	0.3		
2000	109.5	9.8	99.3	15.3	84.0	0.3		
2001	109.8	9.2	100.3	21.1	79.2	0.3		0.6
2002	110.5	9.1	101.2	24.5	76.7	0.3		0.5
2003	109.9	8.9	100.7	26.7	74.0	0.3		0.4
2004	111.1	9.6	101.1	28.9	72.2	0.3		0.4
2005	112.6	9.5	102.9	32.0	70.9	0.3		0.4
2006	115.7	9.2	105.9	35.4	70.5	0.5		0.4
2007	117.7	9.0	108.2	38.7	69.5	0.5		0.3
2008	119.2	8.4	110.2	41.4	68.8	0.6		0.4
2009	125.9	13.8	111.5	43.1	68.4	0.6		0.3
2010	126.6	13.2	112.8	44.6	68.2	0.6		0.3
2011	129.4	14.6	114.1	46.2	67.9	0.7		0.3
2012	146.2	27.5	117.9	49.9	68.0	0.6	0.2	0.3
2013	156.1	32.3	123.0	54.7	68.3	0.6	0.2	0.3
2014	166.8	37.1	128.8	60.6	68.2	0.7	0.2	0.3
2015	176.5	41.3	134.3	66.2	68.1	0.7	0.2	0.3
2016	174.5	42.3	136.4	70.2	66.2	0.6	0.2	0.3
2017	182.1	44.4	142.2	76.2	66.1	0.5	0.2	0.3
2018	187.6	45.9	146.7	81.7	65.0	0.5	0.2	0.3
2019	201.4	56.6	150.9	86.6	64.3	0.5	0.2	0.3
2020	229.3	84.4	150.9	89.4	61.5	0.5	0.2	0.3

注：自2012年起，社会工作中包含其他社区服务机构和设施。

B-1-6 民政部门登记和管理的机构和设施职工

单位：万人

年份	合计	社会工作	成员组织			其他社会服务机构	其他事业单位	行政机关	乡、镇、街道民政助理员
				社会组织	自治组织				
1978	19.7	19.7							
1979	21.9	21.9							
1980	25.3	25.3							
1981	27.8	27.8							
1982	29.1	29.1							
1983	41.5	41.5							
1984	48.0	48.0							
1985	497.9	83.4	414.5		414.5				
1986	506.2	104.1	402.1		402.1				
1987	529.1	132.2	396.9		396.9				
1988	569.6	166.9	402.7		402.7				
1989	587.5	171.5	416.0		416.0				
1990	631.8	179.3	452.5		452.5				
1991	661.2	192.7	468.5		468.5				
1992	691.3	213.9	477.4		477.4				
1993	733.9	230.0	503.9		503.9				
1994	749.6	243.1	506.5		506.5				
1995	694.2	245.7	448.5		448.5				
1996	676.0	229.2	446.8		446.8				
1997	666.8	238.2	428.6		428.6			14.3	
1998	634.4	225.0	409.4		409.4			14.8	
1999	615.1	213.7	401.4		401.4			14.8	5.9
2000	566.8	203.4	363.4		363.4			13.5	5.7
2001	565.2	202.4	362.8		362.8			12.1	4.6
2002	526.2	192.4	333.8		333.8			11.2	4.1
2003	551.8	193.0	358.8		358.8			10.8	3.7
2004	532.4	197.8	334.6		334.6			11.3	3.9
2005	500.6	189.5	311.1		311.1			8.4	5.5
2006	895.5	183.0	712.5	425.2	287.3			8.3	4.6
2007	930.0	190.4	739.6	456.9	282.7			8.4	4.7
2008	958.7	206.9	751.8	475.8	276.0			8.7	4.5
2009	1029.3	207.5	821.8	544.7	277.1			8.8	4.7
2010	1129.5	234.0	895.5	618.2	277.3			8.9	5.0
2011	1120.8	235.7	876.6	599.3	277.3	8.5		9.0	4.9
2012	1144.7	241.4	892.5	613.3	279.2	8.6	2.2	9.3	5.2
2013	1197.6	269.2	917.3	636.6	280.7	9.1	2.0	9.4	5.2
2014	1250.9	277.3	962.5	682.3	280.2	9.3	1.9	9.5	5.4
2015	1308.9	281.9	1015.7	734.8	280.9	9.5	1.8	9.5	5.3
2016	1239.3	185.7	1043.0	763.7	279.3	9.0	1.6	9.6	5.3
2017	1355.8	199.8	1145.5	864.7	280.8	9.0	1.6	9.8	5.6
2018	1470.0	200.1	1259.7	980.4	279.4	8.7	1.5	9.5	5.8
2019	1545.7	248.4	1286.8	1009.2	277.6	8.6	1.8	8.6	5.8
2020	1644.8	355.9	1330.8	1061.9	268.9	9.3	1.9	8.5	5.7

注：合计数不含行政机关人员和民政助理员。

B-1-7　社会工作师和助理社会工作师

单位：人

年份	社会工作师		助理社会工作师	
	报考人数	考试通过人数	报考人数	考试通过人数
2008	77698	4192	60139	20648
2009	46015	4227	38204	6611
2010	25547	2664	46047	5428
2011	25500	2338	54515	8068
2012	34245	6104	92621	23846
2013	48287	11658	121937	27300
2014	62881	7427	144813	28431
2015	79535	13155	196965	34274
2016	88974	17772	210267	64638
2017	106810	13972	225941	25251
2018	130428	23843	293789	89087
2019	167447	21285	386066	73220
2020	175264	32323	427482	101880

B-1-8 民政服务对象及民政从业人员性别情况

年份	城市最低生活保障人数（万人）	女	农村最低生活保障人数（万人）	女	农村特困人员人数（万人）	女	本年在站救助人次数（人次）	女
1996	84.9							
1997	87.9							
1998	184.1							
1999	256.9							
2000	402.6							
2001	1170.7		304.6					
2002	2064.7		407.8					
2003	2246.8		367.1				634528	
2004	2205.0		488.0				820254	
2005	2234.2	592.4	825.0	235.1			1196305	209632
2006	2240.1	787.5	1593.1	455.1			1295506	221164
2007	2272.1	922.5	3566.3	1169.2	531.3	137.5	1544492	281987
2008	2334.8	947.7	4305.5	1337.0	548.6	127.5	1573484	269609
2009	2345.6	961.4	4760.0	1502.4	553.4	123.9	1680532	281387
2010	2310.5	943.4	5214.0	1673.4	556.3	120.7	1719008	314866
2011	2276.8	920.2	5305.7	1700.6	551.0	115.6	2409701	373103
2012	2143.5	889.9	5344.5	1814.5	545.6	109.4	2765761	383262
2013	2064.2	867.0	5388.0	1866.5	537.3	102.0	3479536	609333
2014	1877.0	792.4	5207.2	1826.4	529.1	94.1	2953359	568551
2015	1701.1	727.1	4903.6	1795.0	516.7	87.2	3233912	608786
2016	1480.2	643.6	4586.5	1774.2	496.9	76.2	2886925	467503
2017	1261.0	561.4	4045.2	1649.2	466.9	61.5	1665633	257040
2018	1007.0	451.6	3519.1	1476.5	455.0	57.0	1220283	169045
2019	860.9	386.3	3455.4	1502.8	439.1	47.0	1000958	130783
2020	805.1	372.2	3620.8	1673.4	446.3	49.1	589501	73984

B-1-8续表

年份	社会团体负责人数（万人）	女	基金会负责人数（人）	女	民办非企业单位负责人数（万人）	女	居委会主任数（万人）	女	村委会主任数（万人）	女
1996										
1997										
1998										
1999	47.6	6.0			0.9	0.2				
2000	45.4	6.1			3.2	0.7				
2001	43.3	5.7			10.1	3.6				
2002	45.5	6.1			14.4	5.1				
2003	51.8	6.2			16.6	5.8				
2004	56.0	6.6			19.1	6.5				
2005	64.0	6.9	2940	450	23.1	7.0				
2006	36.4	7.0	3014	738	20.9	6.5				
2007	39.2	7.9	3113	925	25.9	7.4	8.2	3.7	61.1	9.1
2008	49.5	10.2	3231	600	30.6	8.9	7.8	3.4	57.6	5.9
2009	49.4	9.4	3856	637	31.1	9.6	7.8	3.4	56.3	6.2
2010	56.9	9.1	4797	1019	35.7	10.1	8.1	3.5	56.3	5.9
2011	59.4	8.2	6257	1388	33.6	11.0	8.0	3.5	54.5	6.1
2012	61.6	9.1	6896	1167	35.9	11.9	9.1	3.8	58.7	6.9
2013	61.0	10.0	7331	1429	37.7	12.6	9.4	3.9	58.7	7.0
2014	63.9	10.7	8952	1687	41.3	13.9	9.6	3.9	58.4	7.2
2015	66.3	12.2	12491	2852	48.4	16.0	9.9	4.1	57.9	6.7
2016	73.8	12.7	11902	2504	51.6	18.0	10.3	4.1	55.8	5.9
2017	76.3	14.1	13640	3259	56.8	20.2	10.5	4.2	55.2	5.9
2018	83.0	16.4	15758	3110	69.1	25.9	10.6	4.2	53.9	6.0
2019	86.4	14.9	17781	2980	78.5	29.3	10.8	4.3	53.0	6.3
2020	83.1	14.2	19988	3892	82.5	30.8	11.1	4.3	50.0	4.9

B-1-9 民政部门登记和管理的机构固定资产原价

单位：亿元

年份	合计	社会工作	成员组织			其他社会服务	其他事业单位	行政机关
				社会组织	自治组织			
1978								
1979								
1980								
1981								
1982								
1983	13.0	13.0						
1984	14.9	14.9						
1985	20.1	20.1						
1986	24.2	24.2						
1987	28.7	28.7						
1988	40.8	40.8						
1989	44.1	44.1						
1990	51.7	51.7						
1991	63.6	63.6						
1992	75.6	75.6						
1993	100.3	100.3						
1994	119.0	119.0						
1995	142.6	142.6						
1996	168.1	168.1						
1997	211.5	211.5						
1998	962.4	962.4						
1999	1017.3	1017.3						
2000	1199.3	1199.3						
2001	1317.0	1317.0						
2002	1394.9	1394.9						
2003	1644.3	1644.3						
2004	1755.6	1755.6						62.8
2005	3032.9	1858.0	1174.9		1174.9			64.9
2006	3972.4	2103.0	1869.4	423.0	1446.4			94.3
2007	3840.2	1934.3	1905.9	682.0	1223.9			132.8
2008	4592.8	2186.8	2273.1	805.8	1467.3			132.9
2009	5198.0	2326.4	2752.4	1030.0	1722.4			119.2
2010	6589.3	2671.9	3795.6	1864.1	1931.5			121.8
2011	6676.7	2790.4	3684.2	1885.0	1799.2	231.0		284.2
2012	6675.4	2898.9	3477.7	1425.4	2052.3	251.8	47.0	344.1
2013	6810.2	3030.7	3465.7	1496.6	1969.1	267.0	46.8	185.4
2014	7212.9	3273.0	3609.3	1560.6	2048.6	283.8	46.8	169.3
2015	8183.1	2892.2	4950.4	2311.1	2639.3	292.0	48.5	251.5
2016	5393.6	1238.6	3807.3	2740.0	1067.3	293.3	54.4	192.4
2017	5434.8	1422.9	3635.7	2802.2	833.5	318.4	57.6	224.3
2018	5736.2	1206.6	4129.3	3542.3	587.0	345.9	54.5	247.8
2019	6515.3	1555.0	4525.7	3889.1	636.6	358.1	76.5	285.8
2020	7278.0	1715.1	5616.3	4793.1	823.2	418.6	86.1	305.6

B-1-10 历年国家财政支出和民政事业费支出情况

单位：亿元

年份	国家财政支出	民政事业费支出	占国家财政支出%	年份	国家财政支出	民政事业费支出	占国家财政支出%
1950	68.04	1.32	1.94	**“七五”时期**	**12865.67**	**208.49**	**1.62**
1951	122.32	1.37	1.12	1986	2204.91	34.41	1.56
1952	175.78	2.83	1.61	1987	2262.18	35.93	1.59
1953	220.50	3.55	1.61	1988	2491.21	39.56	1.59
1954	280.93	6.04	2.15	1989	2823.78	46.65	1.65
1955	474.29	4.98	1.05	1990	3083.59	51.94	1.68
“一五”时期	**1367.89**	**25.99**	**1.90**	**“八五”时期**	**24387.46**	**386.59**	**1.59**
1956	536.79	5.69	1.06	1991	3386.62	62.54	1.85
1957	303.43	5.31	1.75	1992	3742.20	63.71	1.70
1958	408.75	3.27	0.80	1993	4642.30	69.87	1.51
1959	553.09	4.48	0.81	1994	5792.62	87.02	1.50
1960	652.25	7.24	1.11	1995	6823.72	103.45	1.52
“二五”时期	**3760.99**	**53.03**	**1.41**	**“九五”时期**	**57043.46**	**840.90**	**1.47**
1961	367.66	9.89	2.69	1996	7937.55	121.15	1.53
1962	305.33	7.45	2.44	1997	9233.56	133.52	1.45
1963	339.15	8.75	2.58	1998	10798.18	161.84	1.50
1964	398.77	16.15	4.05	1999	13187.67	194.70	1.48
1965	467.10	10.79	2.31	2000	15886.50	229.69	1.45
“三五”时期	**2523.24**	**35.83**	**1.42**	**“十五”时期**	**127800.69**	**2471.74**	**1.93**
1966	540.49	8.81	1.63	2001	18902.58	284.75	1.51
1967	441.40	8.21	1.86	2002	22053.15	392.27	1.78
1968	359.62	5.61	1.56	2003	24649.95	498.92	2.02
1969	525.20	6.67	1.27	2004	28486.89	577.39	2.03
1970	646.53	6.53	1.01	2005	33930.28	718.41	2.12
“四五”时期	**3924.37**	**46.70**	**1.19**	**“十一五”时期**	**318970.83**	**9156.70**	**2.87**
1971	734.41	6.83	0.93	2006	40422.73	915.35	2.26
1972	768.87	8.15	1.06	2007	49781.35	1215.49	2.44
1973	810.57	9.97	1.23	2008	62592.66	2146.45	3.43
1974	792.98	9.04	1.14	2009	76299.93	2181.90	2.86
1975	820.00	12.71	1.55	2010	89874.16	2697.51	3.00
“五五”时期	**5198.77**	**84.22**	**1.62**	**“十二五”时期**	**703076.19**	**20529.88**	**2.92**
1976	804.48	16.17	2.01	2011	109247.79	3229.14	2.96
1977	842.27	18.53	2.20	2012	125952.97	3683.74	2.92
1978	1122.09	13.71	1.22	2013	140212.10	4276.50	3.05
1979	1281.79	18.33	1.43	2014	151785.56	4414.10	2.91
1980	1228.83	17.48	1.42	2015	175877.77	4926.40	2.80
“六五”时期	**7483.18**	**113.85**	**1.52**	**“十三五”时期**	**1096208.82**	**24537.21**	**2.24**
1981	1138.41	19.23	1.69	2016	187755.21	5440.15	2.90
1982	1229.98	19.19	1.56	2017	203085.49	5932.68	2.92
1983	1409.52	21.61	1.53	2018	220906.07	4076.93	1.85
1984	1701.02	24.24	1.43	2019	238874.02	4279.24	1.79
1985	2004.25	29.58	1.48	2020	245588.03	4808.21	1.96

B-1-11　按用项分民政事业费支出

单位：亿元

年份	民政事业费总支出	抚恤	离休费	社会福利及其他社会救济费	最低生活保障事业费	自然灾害救济费	退休费	其他民政事业费
1978	13.7	2.8		4.4		4.2	2.3	
1979	18.4	3.5		5.2		6.8	2.9	
1980	17.5	4.4		5.2		4.5	3.4	
“六五”时期	**114.2**	**27.3**	**0.9**	**32.1**		**35.2**	**16.8**	**1.7**
1981	19.2	4.4		5.1		6.3	3.4	
1982	19.6	4.8		5.1		6.0	3.5	
1983	21.6	5.3		6.5		6.4	3.4	
1984	24.2	6.1	0.2	8.0		6.9	3.0	
1985	29.6	6.7	0.7	7.4		9.6	3.5	1.7
“七五”时期	**208.4**	**59.2**	**11.4**	**46.7**		**56.4**	**22.0**	**12.8**
1986	34.4	8.4	1.2	8.3		10.7	3.8	1.9
1987	35.9	9.6	1.8	8.6		9.9	4.1	2.0
1988	39.6	11.0	2.3	9.0		10.4	4.3	2.5
1989	46.6	14.0	2.9	10.0		12.3	4.6	2.9
1990	51.9	16.2	3.2	10.8		13.1	5.2	3.5
“八五”时期	**386.6**	**107.8**	**23.2**	**75.6**		**94.1**	**45.5**	**40.5**
1991	62.5	16.8	3.6	11.7		20.9	5.4	4.2
1992	63.7	18.0	4.2	12.4		17.1	6.6	5.4
1993	69.9	20.1	3.6	14.5		14.9	8.3	8.4
1994	87.0	24.4	5.5	17.3		17.7	12.1	10.1
1995	103.5	28.5	6.3	19.7		23.5	13.1	12.4

年份	民政事业费总支出	抚恤	军队离退休、退职费	社会福利及其他社会救济费	最低生活保障事业费	自然灾害救济费	地方离、退休人员费	其他民政事业费
“九五”时期	**840.9**	**220.6**	**76.9**	**201.8**	**48.7**	**171.5**	**58.0**	**112.2**
1996	121.2	31.9	6.2	22.8	3.0	30.8	13.9	15.5
1997	133.5	36.1	12.4	27.1	2.9	28.7	10.3	19.0
1998	161.8	39.4	15.2	34.0	7.1	41.2	10.9	21.3
1999	194.7	49.7	18.4	52.5	13.8	35.6	11.2	27.2
2000	229.7	63.5	24.7	65.4	21.9	35.2	11.7	29.2

B-1-11续表

单位：亿元

年份	民政事业费总支出	抚恤	退役安置	社会福利	社会救助	城市低保及其他城市社会救济	农村低保及其他农村社会救济	医疗救助	自然灾害生活救助	离退休人员经费	其他
“十五”时期	**2471.8**	**479.8**	**302.7**	**206.8**	**924.3**	**660.0**	**176.5**	**11.0**	**247.6**	**66.9**	**242.6**
2001	284.8	69.5	31.2	30.1	90.6	49.6	10.9		41.0	13.0	8.4
2002	392.3	74.7	49.5	29.2	138.3	108.7	14.2		40.0	13.2	47.3
2003	498.9	87.9	59.0	39.8	192.2	153.1	23.8		52.9	13.1	54.0
2004	577.4	104.1	74.1	52.1	223.6	172.7	47.7	3.2	51.1	13.9	58.5
2005	718.4	143.6	88.9	55.6	279.6	191.9	79.9	7.8	62.6	13.7	74.4
“十一五”时期	**9156.8**	**1316.2**	**956.0**	**490.0**	**3673.6**	**1941.7**	**1710.7**	**436.1**	**1205.0**	**125.7**	**975.4**
2006	915.4	178.8	115.7	65.3	372.0	224.2	126.6	21.2	79.0	14.0	90.6
2007	1215.5	210.8	165.0	87.6	509.7	277.4	189.8	42.5	79.8	24.8	137.8
2008	2146.5	253.6	180.6	103.1	806.7	393.4	326.8	86.5	609.8	26.5	166.2
2009	2181.9	310.3	225.7	124.1	1098.1	482.1	487.9	128.1	199.2	30.0	194.5
2010	2697.5	362.7	269.0	109.9	1302.0	564.6	579.6	157.8	237.2	30.4	386.3

年份	民政事业费总支出	抚恤	退役安置	社会福利	社会救助	城乡低保	其他社会救助	医疗救助	自然灾害生活救助	民政管理事务	行政事业单位养老支出	其他
“十二五”时期	**20520.0**	**2887.1**	**2149.2**	**1993.1**	**10349.7**	**7586.3**	**1471.4**	**1292.0**	**743.7**	**1496.1**	**212.2**	**688.9**
2011	3229.2	428.3	302.3	232.2	1766.3	1327.6	222.4	216.3	128.7	220.8	35.3	115.3
2012	3683.8	517.0	372.1	319.5	1866.1	1392.3	243.2	230.6	163.4	248.5	39.0	158.2
2013	4276.5	618.4	435.3	397.6	2172.4	1623.6	291.4	257.4	178.7	296.7	43.6	133.8
2014	4404.1	636.6	456.8	481.0	2197.5	1592.0	321.5	284.0	124.4	330.5	44.2	133.1
2015	4926.4	686.8	582.7	562.8	2347.4	1650.8	392.9	303.7	148.5	399.6	50.1	148.5
“十三五”时期	**24537.2**	**1597.1**	**1349.0**	**5294.8**	**12319.9**	**8637.1**	**2974.2**	**708.5**	**284.1**	**2441.9**	**228.2**	**1022.3**
2016	5440.2	769.8	625.6	753.4	2492.8	1702.4	458.0	332.3	156.1	441.7	48.4	152.2
2017	5932.7	827.3	723.4	920.5	2609.8	1692.3	541.3	376.2	128.0	501.0	47.9	175.0
2018	4076.9			1064.8	2224.0	1632.1	591.9			500.3	38.2	249.6
2019	4279.2			1228.8	2281.4	1646.7	634.7			497.7	46.1	225.2
2020	4808.2			1327.3	2711.9	1963.6	748.3			501.2	47.6	220.3

注：2018年民政机构改革，抚恤、退役安置、医疗救助、救灾等职能从民政部门转出。

B-1-12　中央转移支付民政事业费

单位：万元

年份	合计	中央级民政事业费	中央专项转移支付	抚恤、退休、救济费	救灾	社会福利救济事业费	其他
1978	11	11					
1979	44	44					
1980	103	103					
“六五”时期	**335594**	**1108**	**334486**	**63306**	**270745**	**220**	**215**
1981	138	138					
1982	74120	78	74042	14247	59795		
1983	74368	163	74205	14205	60000		
1984	78872	286	78586	18586	60000		

年份	合计	中央级民政事业费	中央专项转移支付	抚恤	安置	救灾	社会福利救济事业费	其他
1985	108096	443	107653	9698	6570	90950	220	215
“七五”时期	**778310**	**9267**	**769043**	**148718**	**105230**	**512500**		
1986	132802	2526	130276	16396	9285	102000		
1987	133877	2742	131135	21726	19409	90000		
1988	158355	1297	157058	24110	21948	111000		
1989	174374	1185	173189	43206	26483	103500		
1990	178902	1517	177385	43280	28105	106000		
“八五”时期	**1488090**	**15897**	**1472193**	**328272**	**315101**	**828820**		
1991	309432	1792	307640	49010	34210	224420		
1992	209360	3217	206143	52156	40587	113400		
1993	238083	3108	234975	60494	53481	121000		
1994	353831	4077	349754	79084	90670	180000		
1995	377384	3703	373681	87528	96153	190000		
“九五”时期	**2943934**	**104302**	**2839632**	**749824**	**773058**	**1122750**	**190000**	**4000**
1996	426354	6371	419983	102394	102589	215000		
1997	455309	5954	449355	110430	114925	220000		4000
1998	568049	50783	517266	120000	149516	247750		

B-1-12续表

单位：亿元

年份	合计	中央级民政事业费	中央专项转移支付	抚恤	安置	福利	低保	临时救助	流浪乞讨救助	医疗救助	救灾	其他
1999	62.8	1.2	61.6	18.0	17.6		4.0				22.0	
2000	86.6	2.9	83.7	23.7	23.0		15.0				22.0	
“十五”时期	**1004.3**	**11.9**	**992.4**	**212.1**	**217.3**		**373.1**			**12.0**	**170.1**	**7.9**
2001	109.6	1.4	108.2	26.3	28.7		23.0				30.2	
2002	140.2	1.8	138.4	31.6	37.0		45.5				24.3	
2003	213.6	1.8	211.8	37.1	39.2		92.0			3.0	40.5	0.1
2004	227.7	3.9	223.8	40.7	47.4		100.6			3.0	32.0	0.1
2005	313.2	2.9	310.3	76.4	65.0		112.0			6.0	43.1	7.7
“十一五”时期	**4745.9**	**87.0**	**4658.9**	**767.6**	**699.9**		**1941.6**			**319.6**	**856.1**	**74.2**
2006	406.8	2.8	404.0	111.7	73.9		136.0			14.3	49.4	18.7
2007	507.7	3.3	504.4	110.9	117.4		189.9			36.3	49.9	0.1
2008	1207.7	26.6	1181.1	142.1	142.9		363.1			54.5	478.4	0.1
2009	1232.5	5.5	1227.0	187.3	160.2		620.0			84.5	174.7	0.3
2010	1391.2	48.8	1342.4	215.6	205.5		632.6			130.0	103.7	55.0
“十二五”时期	**10189.2**	**61.5**	**10127.7**	**1668.5**	**1390.9**	**258.0**	**5312.0**	**73.0**		**785.6**	**489.5**	**150.2**
2011	1817.4	9.4	1808.0	277.4	206.4	25.2	1004.7			150.0	84.0	60.3
2012	1804.6	10.0	1794.6	333.3	265.4	42.0	870.5			150.0	112.7	20.7
2013	2163.5	13.7	2149.7	369.8	277.4	54.4	1168.8			156.7	101.9	20.8
2014	2117.8	12.8	2105.0	338.0	288.8	63.4	1101.3	32.0		165.0	96.3	20.2
2015	2285.9	15.6	2270.3	350.0	352.9	73.0	1166.7	41.0		163.9	94.6	28.2
“十三五”时期	**9811.3**	**78.7**	**9732.7**	**803.6**	**833.7**	**79.1**	**7181.1**		**20.0**	**355.8**	**137.9**	**312.8**
2016	2500.6	16.6	2484.0	390.9	384.7	79.1	1341.5		20.0	177.9	54.0	27.3
2017	2519.1	26.9	2492.3	412.7	449.0		1326.6			177.9	83.9	42.2
2018	1498.5	12.9	1485.6				1399.5					86.1
2019	1578.8	12.1	1566.6				1471.7					94.9
2020	1714.3	10.2	1704.2				1641.8					62.3

注：1. 自2017年开始，孤儿、低保、五保、临时救助资金合并为城乡困难群众救助补助资金打捆下达地方。

2. “其他”包括部本级公益金补助地方中央预算内投资以及其他民政事业费支出。

B-1-13 彩票公益金支出

单位：亿元

年份	合计	抚恤	退役安置	社会福利	低保及其他社会救济	医疗救助	自然灾害生活救助	其他
“十一五”时期	**485.3**	**17.6**	**6**	**204.9**	**26.2**	**48.8**		**175.6**
2006	52.6	2.6	1	24.1	3.3			21.6
2007	77.6	3	0.9	35.5	4.3			33.9
2008	119.2	3.7	1.3	44.9	7.2	17.5		38.5
2009	113.4	3.4	1.2	49.3	5.9	15.5		38
2010	122.5	4.9	1.6	51.1	5.5	15.8		43.6
“十二五”时期	**1002.6**	**30.5**	**2.6**	**596.4**	**42.7**	**90.4**	**8.8**	**206.7**
2011	127.9	4.8	0.4	61.4	7.4	16.3	0.8	36.6
2012	159.0	5.4	0.5	92.2	7.3	16.8	1.3	35.6
2013	195.5	7.5	0.6	117.1	8.7	17.5	2.6	41.5
2014	231.3	5.9	0.9	143.6	10.0	19.1	2.2	49.4
2015	288.9	6.9	0.2	182.1	9.3	20.7	1.9	43.6
“十三五”时期	**1285.0**	**13.3**	**1.4**	**864.3**	**53.5**	**40.1**	**6.2**	**306.2**
2016	268.3	7.1	0.8	172.9	10.4	19.6	2.7	54.7
2017	275.2	6.2	0.6	173.6	14.9	20.5	3.5	55.9
2018	251.7			171.5	9.1			71.1
2019	259.9			185.6	8.6			65.8
2020	229.9			160.7	10.5			58.7

B-1-14 中央彩票公益金安排情况

单位：亿元

年份	合计								
		中央级	转移支付						
				养老	残疾人	儿童	社会公益	医疗救助	居家和社区养老服务改革试点
“十五”时期	**14.9**		**14.9**	**0.7**		**2.1**	**0.2**	**12.0**	
2001									
2002									
2003	3.0		3.0					3.0	
2004	5.9		5.9	0.7		2.1	0.2	3.0	
2005	6.0		6.0					6.0	
“十一五”时期	**112.3**	**2.5**	**109.8**	**21.6**		**16.4**	**1.8**	**70.0**	
2006	14.0	0.1	13.9	1.6		3.2	0.1	9.0	
2007	17.0	0.9	16.1	1.5		1.2	0.3	13.0	
2008	28.1	0.1	28.0	4.8		6.7	0.6	16.0	
2009	26.6	0.1	26.5	7.8		2.1	0.7	16.0	
2010	26.5	1.3	25.2	5.9		3.2	0.1	16.0	
“十二五”时期	**220.8**	**8.2**	**212.6**	**75.8**	**25.3**	**22.9**	**8.6**	**80.0**	
2011	30.0	1.3	28.7	7.9		3.5	1.4	16.0	
2012	36.0	2.3	33.7	10.7	1.0	4.4	1.7	16.0	
2013	48.7	1.8	46.9	22.2	2.0	5.1	1.7	16.0	
2014	36.0	1.1	34.9	10.2	3.0	4.0	1.7	16.0	
2015	70.1	1.7	68.4	24.9	19.4	6.0	2.1	16.0	
“十三五”时期	**216.8**	**3.9**	**213.0**	**68.1**	**20.0**	**28.8**	**10.1**	**36.0**	**49.9**
2016	54.4	1.8	52.6	13.1	3.0	6.0	2.5	18.0	10.0
2017	54.4	0.8	53.6	13.2	4.9	4.9	2.6	18.0	10.0
2018	39.8	0.9	39.0	14.8	5.6	6.8	1.7		10.0
2019	48.7	0.2	48.5	22.2	5.4	8.2	2.8		10.0
2020	19.5	0.2	19.3	4.8	1.1	2.9	0.5		9.9

B-1-15 民政事业基本建设投资（按投资来源分）

单位：亿元、个、万平方米

年份	计划总投资	本年完成投资	国家投资	国内贷款	自筹	彩票公益金	其他	本年完工项目个数
1989	5.8	2.0	0.7	0.1	0.8		0.2	
1990	6.9	2.4	0.8	0.1	1.0		0.3	
“八五”时期	**63.4**	**27.6**	**10.3**	**1.2**	**13.4**		**2.8**	
1991	7.0	3.0	1.0	0.1	1.5		0.3	
1992	7.3	3.2	1.0	0.1	1.9		0.4	
1993	12.8	5.6	1.4	0.2	3.4		0.7	
1994	15.5	6.2	2.3	0.5	2.9		0.6	
1995	20.9	9.6	4.6	0.3	3.8		0.9	
“九五”时期	**237.9**	**89.8**	**21.3**	**5.9**	**54.3**	**6.8**	**8.3**	**2793**
1996	29.8	10.1	2.1	0.4	6.4		1.1	
1997	35.7	13.8	2.7	0.8	8.6		1.6	
1998	41.0	16.6	2.8	0.8	11.1		1.9	
1999	63.2	24.7	6.0	2.3	14.6	3.5	1.8	1456
2000	68.2	24.7	7.7	1.6	13.6	3.3	1.9	1337
“十五”时期	**376.9**	**151.7**	**47.9**	**8.8**	**78.4**	**21.0**	**16.6**	**22117**
2001	77.5	30.8	10.4	2.2	15.1	3.6	3.1	1360
2002	88.7	30.1	9.5	1.4	15.9	3.3	3.3	3659
2003	87.3	30.0	9.9	1.7	15.1	3.5	3.3	3867
2004	89.7	29.2	8.9	2.4	14.4	4.7	3.5	8982
2005	33.8	31.6	9.1	1.0	17.9	5.8	3.5	4249
“十一五”时期	**485.6**	**487.8**	**210.7**	**12.4**	**148.8**	**96.8**	**82.3**	**62453**
2006	34.8	33.5	9.9	0.9	19.9	8.4	2.5	3626
2007	47.6	47.7	14.5	3.0	26.9	13.0	2.9	2446
2008	63.5	66.6	26.6	1.9	34.6	16.5	3.2	3906
2009	166.5	157.0	70.6	3.7	67.4	26.6	15.3	6457

年份	本年计划总投资	本年完成投资	国家投资	国内贷款	利用外资	彩票公益金	其他	本年完工项目个数（规模）
2010	173.2	183.0	89.1	2.9	0.2	32.3	58.5	46018
“十二五”时期	**1234.7**	**1268.1**	**499.9**	**19.6**	**5.8**	**288.3**	**454.5**	**38309**
2011	217.3	218.5	78.5	6.2	0.5	53.4	79.9	4533
2012	222.3	234.7	104.2	3.8	1.1	51	74.6	6095
2013	311.9	292.8	120.1	1.4	1.7	64.7	104.8	15328
2014	266	282.2	104.3	3.5	1.7	57.5	115.3	11355
2015	217.2	239.9	92.8	4.7	0.8	61.7	79.9	1048
“十三五”时期	**860.5**	**1018.7**	**381.7**	**16.8**	**0.9**	**238.9**	**380.4**	**5017**
2016	208.9	245.8	84.4	2.7	–	68.4	90.3	1243
2017	180.3	209.2	77.8	5.2	0.1	55.3	70.9	1154
2018	157.9	188.0	71.9	2.7	0.3	48.0	65.1	669
2019	156.0	184.8	72.6	3.4	0.1	37.9	70.7	900
2020	157.4	190.9	75.0	2.8	0.4	29.3	83.4	1051

注：自2015年起，本年完工项目个数指标更改为本年完工项目规模，单位为万平方米。

B-1-16 国家预算内基本建设投资（按项目分）

单位：亿元

年份	国家预算内基本建设投资	优抚安置单位	社区服务设施	收养性福利机构	殡葬	救助	其他
1989	0.7						0.7
1990	0.8			0.2	0.1		0.5
“八五”时期	**10.3**	**4.2**		**1.4**	**1.1**	**0.2**	**3.4**
1991	1.0	0.1		0.2	0.1		0.6
1992	1.0			0.2			0.8
1993	1.4			0.2	0.4		0.8
1994	2.3	1.2		0.3	0.3		0.5
1995	4.6	2.9		0.5	0.3	0.2	0.7
“九五”时期	**21.3**	**2.0**	**1.6**	**6.6**	**6.5**		**4.6**
1996	2.1	0.1		0.5	0.5		1.0
1997	2.7			0.7	1.1		0.9
1998	2.8	0.2		1.8	0.8		
1999	6.0	0.9	0.6	1.5	1.7		1.3
2000	7.7	0.8	1.0	2.1	2.4		1.4
“十五”时期	**47.9**	**5.0**	**9.4**	**14.3**	**9.2**		**10.0**
2001	10.4	0.7	1.5	3.1	2.1		3.0
2002	9.5	0.7	2.1	2.8	1.9		2.0
2003	9.9	1.2	2.4	3.3	1.5		1.5
2004	9.0	1.1	2.3	2.5	1.1		2.0
2005	9.1	1.3	1.1	2.6	2.6		1.5
“十一五”时期	**210.8**	**27.8**	**31.5**	**85.2**	**19.2**	**8.1**	**39.0**
2006	9.9	1.8	0.8	3.9	1.4	0.3	1.6
2007	14.5	2.5	0.9	6.5	2.4	0.4	1.8
2008	26.6	8.2	1.9	8.5	3.7	1.1	3.2
2009	70.6	7.4	14.0	30.1	5.7	2.5	11.0
2010	89.2	7.9	13.9	36.2	6.0	3.8	21.4
“十二五”时期	**499.9**	**20.8**	**29.4**	**277.3**	**12.9**	**63.5**	**95.9**
2011	78.5	9.5	11.1	31.1	5.8	3.8	17.2
2012	104.2	11.3	18.3	45.1	7.1	6.1	16.2

年份	国家预算内基本建设投资	提供住宿的民政服务机构	养老机构	精神疾病服务机构	儿童福利和救助保护机构	不提供住宿的民政服务机构	其他
2013	120.1	76.2	66.5	3.2	4.6	22.2	21.7
2014	104.3	66.4	58.1	2.7	4.5	16.2	21.7
2015	92.8	58.5	51.6	2.2	4.0	15.2	19.1
“十三五”时期	**381.7**	**251.3**	**209.8**	**13.7**	**20.9**	**27.1**	**103.3**
2016	84.4	54.0	46.7	2.3	4.1	10.0	20.4
2017	77.8	50.7	40.4	3.7	5.9	10.5	16.6
2018	71.9	53.7	46.3	2.7	4.0	3.3	14.9
2019	72.6	47.6	38.2	1.7	4.1	1.7	23.3
2020	75.0	45.3	38.2	3.3	2.8	1.6	28.1

B-1-17　中央预算内

年份	项目合计(个)	投资合计	本级情况					
			本级项目数	本级投资	地方项目小计	补助地方投资小计	养老	
							项目数	资金额
1990		0.1		0.1				
“八五”时期		**0.2**		**0.2**				
1991		0.2		0.2				
“十五”时期	**24**	**0.8**	**24**	**0.8**				
2001	3	0.3	3	0.3				
2002	10	0.2	10	0.2				
2003	6	0.1	6	0.1				
2004	3	0.1	3	0.1				
2005	2	0.1	2	0.1				
“十一五”时期	**2088**	**35.9**	**18**	**5.5**	**2070**	**30.37**	**189**	**5.0**
2006	2	0.2	2	0.2				
2007	218	2.8	5	0.8	213	2.0		
2008	575	6.8	3	2.1	572	4.7		
2009	774	13.0	4	1.3	770	11.7	63	2.0
2010	519	13.1	4	1.1	515	12.0	126	3
“十二五”时期	**1874**	**143.2**	**51**	**6.9**	–	**136.3**	**1364**	**108.0**
2011	433	26.0	4	0.7	429	25.3	338	9
2012	699	33.3	7	0.31	692	33.0	669	31
2013	742	17.2	7	0.21	735	17.0	357	15

年份	建设规模	投资合计	本级情况					
			建设规模	本级投资	建设规模	补助地方投资小计	养老	
							建设规模	资金额
2014	385.5	30.3	7.6	1.3	377.9	29.0	330.0	25.0
2015	368.4	36.4	25.4	4.4	343.0	32.0	302.0	28.0
“十三五”时期	–	227.9	–	15.4	–	212.5	–	148.0
2016	329.5	39.3	32.2	1.3	297.3	38.0	206.4	28.0

年份	建设规模	投资合计	本级情况					
			建设规模	本级投资	建设规模	补助地方投资小计	养老	
							建设规模	资金额
2017	–	44.2	–	2.2	–	42.0	–	30.0
2018	–	47.6	–	4.6	–	43.0	–	31.0
2019	–	52.7	–	6.3	–	46.4	–	32.0
2020	–	44.1	–	1.0	–	43.1	–	28.0

基本建设投资

单位：亿元、个、万平方米

地方情况									
精神卫生		儿童		流浪		社区		烈建	
项目数	资金额	项目数	资金额	项目数	资金额	项目数	资金额	项目数	资金额
26	**4.4**	**134**	**5.0**	**254**	**5.0**	**1334**	**6.0**	**133**	**5.0**
		15	0.5	28	0.8	170	0.7		
		32	1.3	65	1.4	475	2.0		
		33	1.3	78	1.4	463	2.0	133	5.0
26	4.37	54	1.9	83	1.4	226	1.3		
131	**20.3**		**0.0**		**4.0**	**401**	**4.0**		
91	16.3								
						23	2		
						378	2		

地方情况					
儿童和精神病人		社会事务		社区	
建设规模	资金额	建设规模	资金额	建设规模	资金额
22.3	2.0			25.6	2.0
17.5	2.0			23.5	2.0
–	–	–	–	–	–
44.7	5.0	46.2	5.0		

地方情况	
社会福利	
建设规模	资金额
–	12.0
–	12.0
–	14.4
–	15.1

B-2-1 提供住宿的民政服务机构

单位：个

年份	合计					
		养老机构	精神疾病服务机构	儿童福利和救助保护机构	其他提供住宿机构	
						救助管理站
1978	8571	8365	139	67		
1979	8988	8801	135	52		
1980	9669	9460	150	59		
1981	10031	9813	155	63		
1982	12275	12046	165	64		
1983	15807	15582	165	60		
1984	22796	22566	167	63		
1985	29100	28852	161	59	28	
1986	35008	34750	166	58	34	
1987	37372	37109	170	60	33	
1988	39030	38767	173	62	28	
1989	39743	39472	180	64	27	
1990	40583	40340	181	62		
1991	42264	42013	188	63		
1992	43319	43063	189	67		
1993	43681	43375	190	67	49	
1994	43240	42911	188	73	68	
1995	43074	42735	190	77	72	
1996	42829	42518	155	84	72	
1997	42385	42027	192	91	75	
1998	42131	41755	195	105	76	
1999	40430	40030	191	110	99	
2000	40491	39321	201	126	843	
2001	38785	38106	200	160	319	
2002	38200	37591	200	178	231	
2003	37294	36224	205	192	1587	
2004	38593	37880	211	208	1320	
2005	42487	40641	226	224	1396	
2006	43187	40964	219	249	1755	
2007	44958	42713	234	269	1742	
2008	41099	38674	244	290	1891	
2009	43944	39671	266	419	3588	
2010	44482	39904	251	480	3847	
2011	45973	42828	251	638	2256	1547
2012	48078	44304	257	724	2793	1770
2013	45977	42475	261	803	2438	1891
2014	36810	33044	254	890	2622	1949
2015	31187	27753	242	753	2439	1766
2016	31912	28592	244	705	2371	1736
2017	31929	28770	242	663	2254	1623
2018	31291	28671	145	651	1824	1534
2019	37021	34369	138	686	1828	1545
2020	40852	38158	141	760	1793	1555

B-2-2 提供住宿的民政服务机构床位

单位：万张、张/千人

年份	合计	养老床位	精神疾病服务床位	儿童福利和救助保护床位	其他提供住宿床位	救助管理站	每千人口拥有民政服务床位数	每千老年人口拥有养老床位数
1978	16.3	15.7	0.6				0.2	
1979	22.6	20.1	2.1	0.4			0.2	
1980	24.2	21.3	2.4	0.5			0.2	
1981	25.3	22.2	2.5	0.6			0.3	
1982	28.2	24.8	2.8	0.6			0.3	
1983	32.4	29.0	2.8	0.6			0.3	
1984	42.5	39.0	2.9	0.6			0.4	
1985	49.1	45.7	2.9	0.5	0.2		0.5	
1986	58.7	55.0	3.1	0.6	0.3		0.5	
1987	64.9	61.0	3.3	0.6	0.3		0.6	
1988	69.5	65.5	3.4	0.6	0.2		0.6	
1989	73.8	69.5	3.6	0.7	0.2		0.7	
1990	78.0	73.5	3.7	0.8			0.7	
1991	82.8	78.3	3.8	0.7			0.7	
1992	89.8	85.2	3.8	0.8			0.8	
1993	92.7	87.8	4.0	0.9	0.4		0.8	
1994	95.5	90.6	4.0	0.9	0.5		0.8	
1995	97.6	92.5	4.0	1.1	0.6		0.8	
1996	100.8	95.6	4.0	1.2	0.6		0.8	
1997	103.1	97.8	4.0	1.3	0.6		0.8	
1998	105.8	100.2	4.1	1.5	0.6		0.8	
1999	108.9	102.4	4.1	1.6	0.8		0.9	
2000	113.0	104.5	4.1	1.8	2.6		0.9	
2001	140.7	114.6	4.2	2.3	19.6		1.1	
2002	141.5	114.9	4.3	2.5	19.8		1.1	
2003	142.9	120.6	4.5	2.7	15.1		1.1	
2004	157.2	139.5	4.5	3.0	10.2		1.2	
2005	180.7	158.1	4.4	3.2	15.0		1.4	11.0
2006	204.5	179.6	4.4	3.2	17.3		1.6	12.1
2007	269.6	242.9	4.7	3.4	18.6		2.0	15.8
2008	300.3	267.4	5.4	4.3	23.2		2.3	16.7
2009	326.5	293.5	5.9	4.8	22.3		2.5	17.6
2010	349.6	316.1	6.1	5.5	21.9		2.6	17.8
2011	396.4	369.2	6.5	6.8	13.9	7.1	2.9	20.0
2012	449.3	416.5	6.7	8.7	17.4	9.0	3.3	21.5
2013	462.4	429.5	7.4	9.8	15.7	9.7	3.9	24.4
2014	426.0	390.2	8.0	10.8	17.0	9.9	4.5	27.2
2015	393.2	358.2	7.9	10.0	17.1	10.3	5.3	30.3
2016	414.0	378.8	8.4	10.0	16.7	10.2	5.5	31.6
2017	419.6	383.5	8.8	10.3	17.1	10.1	5.7	30.9
2018	408.1	379.4	6.3	9.7	12.7	10.2	5.4	29.1
2019	467.4	438.8	6.5	9.9	12.2	9.6	5.7	30.5
2020	515.4	488.2	6.7	10.1	10.4	8.4	6.0	31.1

B-2-3 提供住宿的民政服务机构收养人员情况

单位：万人

年份	合计	养老机构	精神疾病服务机构	儿童福利和救助保护机构	其他提供住宿机构
1978	16.3	14.0	1.9	0.4	
1979	18.6	16.3	1.9	0.4	
1980	19.1	16.7	2.0	0.4	
1981	19.7	17.0	2.2	0.5	
1982	22.5	19.7	2.3	0.5	
1983	25.9	23.0	2.4	0.5	
1984	34.1	31.0	2.6	0.5	
1985	40.8	37.5	2.6	0.5	0.2
1986	47.4	43.9	2.8	0.5	0.2
1987	51.8	48.2	2.9	0.5	0.2
1988	54.8	51.1	3.0	0.6	0.1
1989	56.9	53.0	3.1	0.6	0.2
1990	59.9	56.1	3.2	0.6	
1991	64.6	60.8	3.2	0.6	
1992	69.6	65.6	3.3	0.7	
1993	72.4	68.0	3.4	0.7	0.3
1994	73.6	69.2	3.3	0.8	0.3
1995	74.7	70.1	3.2	1.0	0.4
1996	76.9	72.3	3.1	1.1	0.4
1997	78.5	73.7	3.2	1.2	0.4
1998	80.0	74.9	3.2	1.4	0.5
1999	82.7	77.6	3.2	1.4	0.5
2000	85.4	78.6	3.2	1.8	1.8
2001	88.5	82.0	3.3	2.1	1.1
2002	91.6	85.0	3.4	2.2	1.0
2003	96.5	89.1	3.5	2.5	1.4
2004	110.9	103.9	3.6	2.8	0.6
2005	123.6	116.2	3.7	2.9	0.8
2006	147.0	138.5	3.8	3.2	1.5
2007	200.0	191.3	4.1	3.0	1.6
2008	240.0	211.5	4.5	3.4	20.6
2009	256.0	227.5	5.0	3.7	19.8
2010	278.2	247.0	5.3	4.2	21.7
2011	293.4	279.7	5.5	4.6	3.6
2012	309.5	293.6	5.8	5.4	4.7
2013	322.5	307.4	6.0	5.6	3.5
2014	337.0	320.4	6.5	5.9	4.2
2015	231.7	214.8	6.4	5.6	4.9
2016	236.3	219.8	6.9	5.5	4.2
2017	228.8	211.1	7.4	5.9	4.4
2018	211.9	197.6	5.4	4.9	4.0
2019	231.6	217.5	5.5	4.8	3.8
2020	235.6	222.4	5.7	4.6	3.0

B-2-4　按城乡分类的提供住宿的民政服务机构情况

年份	单位数（个）	城市	农村	床位数（万张）	城市	农村	收养人数（万人）	城市	农村
1978	8571	728	7843	16.3	0.1	16.2	16.3	5.7	10.6
1979	8988	1518	7470	22.6	6.4	16.2	18.6	8.0	10.6
1980	9669	1407	8262	24.2	7.1	17.1	19.1	7.9	11.2
1981	10031	1487	8544	25.3	7.4	17.9	19.7	8.2	11.5
1982	12275	1689	10586	28.2	7.6	20.6	22.5	8.7	13.8
1983	15807	1760	14047	32.4	7.7	24.7	25.9	9.0	16.9
1984	22796	1925	20871	42.5	8.5	34.0	34.1	10.0	24.1
1985	29100	5478	23622	49.1	18.2	30.9	40.8	14.6	26.2
1986	35008	8330	26678	58.7	23.6	35.1	47.4	18.9	28.5
1987	37372	9358	28014	64.9	25.8	39.1	51.8	20.5	31.3
1988	39030	10498	28532	69.5	28.4	41.1	54.8	22.3	32.5
1989	39743	10118	29625	73.8	28.7	45.1	56.9	22.3	34.6
1990	40583	12697	27886	78.0	34.5	43.5	59.9	26.8	33.1
1991	42264	13197	29067	82.8	36.7	46.1	64.6	28.5	36.1
1992	43319	16847	26472	89.8	44.6	45.2	69.6	34.5	35.1
1993	43681	17400	26281	92.7	47.0	45.7	72.4	37.2	35.2
1994	43240	18035	25205	95.5	50.0	45.5	73.6	39.1	34.5

年份	单位数（个）	国有社会福利院	社会办敬老院	床位数（万张）	国有社会福利院	社会办敬老院	收养人数（万人）	国有社会福利院	社会办敬老院
1995	43074	11184	31890	97.6	18.6	79.0	74.7	14.4	60.3
1996	42829	11216	31613	100.8	19.2	81.6	76.9	14.8	62.1
1997	42385	10417	31968	103.1	19.9	83.2	78.5	15.4	63.1
1998	42131	9895	32236	105.8	21.0	84.8	80.0	16.1	63.9
1999	40430	3086	37344	108.9	23.6	85.3	82.7	17.9	64.8

B-2-4 续表

年份	单位数（个）	城市	农村	床位数（万张）	城市	农村	收养人数（万人）	城市	农村
2000	40491	14915	25576	113	57.4	55.6	85.4	42.6	42.8
2001	38785	12135	26650	140.7	72.3	68.4	88.5	39.6	48.9
2002	38200	12503	25697	141.5	75.3	66.2	91.6	42.2	49.4
2003	37294	12951	24343	142.9	75.3	67.6	96.5	46.1	50.4
2004	38593	12151	26442	157.2	79.7	77.5	110.9	51.5	59.4
2005	42487	12806	29681	180.7	91.2	89.5	123.6	55.7	67.9
2006	43187	11814	31373	204.5	90.9	113.6	147.0	55.0	92.0
2007	44958	10274	34684	269.6	89.8	179.8	200.0	43.9	149.3
2008	41099	10731	30368	300.3	107.2	193.1	240.0	79.5	160.5
2009	43944	12658	31286	326.5	117.7	208.8	256.0	83.0	173.0
2010	44482	13010	31472	349.6	124.7	224.9	278.2	95.7	182.5
2011	45973	13833	32140	396.4	154.5	241.9	293.4	100.9	192.5
2012	48078	15291	32787	449.3	188.3	261.1	309.5	109.5	200.0
2013	45977	15730	30247	462.4	189.6	272.8	322.5	121.3	201.2
2014	36810	16549	20261	426.0	206.4	219.6	334.0	127.6	206.4
2015	31187	15600	15587	393.2	216.1	177.1	231.7	116.5	115.2
2016	31912	16514	15398	414.0	234.1	179.9	236.3	123.1	113.2
2017	31929	16923	15006	419.6	242.9	176.7	228.8	127.3	101.3
2018	31291	17406	13885	408.1	253.9	154.2	211.9	124.9	87.0
2019	37021	21089	15932	467.4	302.9	164.5	231.6	143.9	87.7
2020	40852	23699	17153	515.4	340.6	174.8	235.6	152.2	83.4

B-2-5 老年人和残疾人福利

单位：万人

年份	老年人福利				残疾人福利	
	高龄补贴老年人数	护理补贴老年人数	养老服务补贴老年人数	老龄综合补贴老年人数	困难残疾人生活补贴人数	重度残疾人护理补贴人数
2006	233.5					
2007	247.1					
2008	349.3					
2009	430.9					
2010	576.4					
2011	883.1					
2012	1257.7					
2013	1557.9	11.7	101.9			
2014	1719.6	20.0	154.7			
2015	2155.1	26.5	257.9			
2016	2355.4	40.5	282.9		521.3	500.0
2017	2682.2	61.3	354.4		1019.2	1053.7
2018	2972.3	74.8	521.7	3.0	1005.8	1193.0
2019	2963.0	66.3	516.3	33.5	1085.7	1368.5
2020	3104.4	81.3	535.0	132.9	1214.0	1475.1

B-2-6 孤儿和家庭收养登记

单位：件、人

年份	孤儿数	收养登记总数	中国公民收养登记	外国公民收养登记	被收养人合计	#福利机构抚养的儿童	中国公民收养	外国人收养
1996		18896	14804	4092	20389	2201		
1997		21548	17193	4355	21548	975		
1998		26498	20611	5887	26498	677		
1999		38074	31916	6158	38019	1670	31882	6137
2000		55802	49037	6765	56191	1847	49500	6691
2001		44706	36089	8617	45844	1908	37200	8644
2002		45336	35372	9964	47860	2404	37642	10218
2003		54159	44884	9275	54159	3427	44884	9275
2004		52603	40084	12519	55572	3189	44708	10864
2005		49506	35470	14036	50921	3564	38057	12864
2006		48178	38393	9785	49148	2867	39424	9724
2007		45192	36893	8299	46047	1146	37790	8257
2008	67921	42550	37009	5541	44115	1846	38617	5498
2009	127599	44260	39801	4459	44359	1605	39964	4395
2010	252110	34529	29618	4911	34473	1878	29978	4495
2011	509695	31424	27579	3845	31329	1679	28117	3212
2012	570075	27278	23157	4121	27310	1760	23189	4121
2013	548845	24460	21230	3230	24491	9657	21261	3230
2014	525179	22772	19885	2887	22876	10336	20055	2821
2015	502105	22348	19406	2942	22363	10704	19430	2933
2016	460450	18736	15965	2771	18736	8884	15965	2771
2017	409840	18820	16592	2228	18820	9115	16592	2228
2018	305110	16267	14582	1685	16267	8581	14582	1685
2019	233117	13044	12074	970	13044	6471	12074	970
2020	193281	11103	11040	63	11103	5059	11040	63

注：2013年以后，福利机构抚养的儿童除孤儿外，还包括弃婴。

B-2-7 城市社会救济和城市最低生活保障

单位：万人

年份	城市居民传统救济总人数	城市居民传统定救人数	城市精减退职老职工人数		
				40%救济对象人数	定量救济人数
1980	32.9	22.9	10.0		
1981	31.5	21.5	10.0		
1982	34.7	21.4	13.3		
1983	47.1	22.6	24.5		
1984	207.4	160.6	46.8	25.3	
1985	30.0	18.2	11.8	6.4	5.4
1986	49.0	35.6	13.4	7.1	6.3
1987	29.8	16.2	13.6	7.2	6.4
1988	32.9	17.6	15.3	7.7	7.6
1989	30.5	16.2	14.3	7.1	7.2
1990	41.8	16.4	25.4	16.4	9.0
1991	33.7	16.1	17.6	8.5	9.0
1992	39.5	19.2	20.3	9.7	10.6
1993	24.6	13.8	10.8	5.0	5.8
1994	23.0	12.4	10.6	4.9	5.7
1995	109.0	55.2	53.8	23.9	29.9
1996	120.1	66.5	53.6	23.6	30.0

注：1984年的精减退职老职工人数含农村的数据。

B-2-7续表

单位：万人

年份	城市最低生活保障人数	在职人员	下岗人员	退休人员	失业人员	“三无”人员	其他人员
1996	84.9						
1997	87.9						
1998	184.1						
1999	256.9						
2000	402.6						
2001	1170.7						
2002	2064.7	186.8	554.5	90.8	358.3	91.9	783.1
2003	2246.8	179.3	518.4	90.7	409.0	99.9	949.3
2004	2205.0	141.0	468.9	73.1	423.1	95.4	1003.5
2005	2234.2	114.1	430.7	61.3	410.1	95.8	1122.1
2006	2240.1	97.6	350.0	53.2	420.8	93.1	1225.3

年份	城市最低生活保障人数	残疾人	“三无”人员	老年人	成年人				未成年人	城市特困人员
					在职人员	灵活就业	登记失业	无就业条件		
2007	2272.1	161.0	125.8	298.4	93.9	343.8	627.2	364.3	544.6	
2008	2334.8	169.1	106.9	316.7	82.2	381.7	564.3	402.2	587.7	
2009	2345.6	181.0	94.1	333.5	79.0	432.2	510.2	410.9	579.8	
2010	2310.5	180.7	89.3	338.6	68.2	432.4	492.8	420.0	558.5	
2011	2276.8	184.1	80.3	346.9	61.5	429.7	472.5	426.7	539.5	
2012	2143.5	174.5	64.9	339.3	49.6	459.3	400.4	422.1	472.8	
2013	2064.2	169.2	58.0	330.3	45.1	462.1	365.5	416.8	444.5	
2014	1877.0	161.1	50.0	315.8	37.5	425.8	312.5	398.7	386.7	
2015	1701.1	165.7	43.8	293.5	31.1	377.3	264.1	394.0	341.0	
2016	1480.2	156.5		258.0	22.7	304.4	252.9	370.9	271.4	9.1
2017	1261.0	159.9		219.0	18.6	265.0	153.5	399.6	205.4	25.4
2018	1007.0	145.5		180.4	14.0	219.2	109.2	320.6	163.6	27.7
2019	860.9	139.4		158.6	10.2	171.8	81.0	300.3	138.9	29.5
2020	805.1	146.2		148.1	8.9	155.9	68.7	295.9	127.5	31.2

注：1.1984年的精减退职老职工人数含农村的数据。

2.2016年开始，城市低保中的“三无”人员纳入特困人员救助供养保障。

B-2-8　农村社会救济和农村最低生活保障

单位：万人、万户

年份	农村社会救济总人数	农村定期定量救济人数	农村精减退职老职工人数		
				40%救济对象人数	定量救济人数
1980	4651.8	4641.8	10.0		
1981	4265.1	4255.1	10.0		
1982	4270.7	4257.4	13.3		
1983	3526.7	3502.2	24.5		
1984	3842.7	3795.9	46.8	25.3	
1985	116.7	75.1	41.6	18.1	23.5
1986	103.0	63.1	39.9	18.1	21.7
1987	92.2	53.2	39.0	17.7	21.3
1988	93.0	54.1	38.9	17.6	21.4
1989	75.7	35.0	40.7	18.3	22.3
1990	100.2	46.7	53.5	23.6	29.9
1991	97.0	43.8	53.2	23.5	29.8
1992	97.5	45.6	51.9	23.3	28.6
1993	80.1	36.3	43.8	19.5	24.3
1994	82.1	38.5	43.6	19.2	24.3
1995	98.3	55.2	43.1	19.0	24.1
1996	109.2	66.5	42.7	18.6	24.1
1997	104.5	51.4	53.1	23.2	29.8
1998	120.5	65.6	54.9	24.9	30.0
1999	107.1	55.6	51.5	22.5	28.7
2000	112.2	62.5	49.7	22.1	27.6
2001	130.5	80.7	49.8	21.3	27.8
2002	138.7	90.0	48.7	20.9	27.8

注：1984年以前的“农村社会救济总人数”含应保未保的农村救济人数。

B-2-8续表

单位：万人、万户

年份	农村困难群众救助总人数	农村最低生活保障人数	农村特困户救助人数	农村困难群众救助总户数	农村最低生活保障户数	困难户	其他	农村特困户救助户数	困难户	其他	农村特困供养户数	农村传统救济人数
2001	385.3	304.6	80.7									
2002	497.8	407.8	90.0	156.7	156.7							
2003	1160.5	367.1	793.4	632.8	146.5	114.5	32.0	282.1	192.7	89.3	204.2	
2004	1402.1	488.0	914.1	780.8	197.9	165.2	33.6	317.1	260.4	56.6	265.8	
2005	1891.8	825.0	1066.8	1061.0	356.5	298.8	57.7	354.8	290.4	64.4	349.7	
2006	2987.8	1593.1	775.8	1606.3	777.2			325.8			503.3	115.6

年份	农村救助总人数	农村最低生活保障人数	农村特困人员集中供养人数	农村特困人员分散供养人数	传统救济人数
2007	4172.6	3566.3	138.0	393.3	75.0
2008	4926.3	4305.5	155.6	393.0	72.2
2009	5375.6	4760.0	171.8	381.6	62.2
2010	5829.8	5214.0	177.4	378.9	59.5
2011	5925.4	5305.7	184.5	366.5	68.7
2012	5969.7	5344.5	185.3	360.3	79.6
2013	5998.3	5388.0	183.5	353.8	73.0
2014	5810.8	5207.2	174.3	354.8	74.5
2015	5484.1	4903.6	162.3	354.4	63.8
2016	5143.6	4586.5	139.7	357.2	60.2
2017	4573.8	4045.2	99.6	367.2	61.8
2018	4030.9	3519.1	86.2	368.8	56.8
2019	3931.9	3455.4	75.0	364.1	37.4
2020	4099.4	3620.8	73.9	372.4	32.3

注：1984年以前的“农村社会救济总人数”含应保未保的农村救济人数。

B-2-9 最低生活保障平均标准

年份	城市最低生活保障平均标准（元/人·月）	农村最低生活保障平均标准（元/人·年）
2004	152.0	
2005	156.0	
2006	169.6	850.8
2007	182.4	840.0
2008	205.3	987.6
2009	227.8	1210.1
2010	251.2	1404.0
2011	287.6	1718.4
2012	330.1	2067.8
2013	373.3	2433.9
2014	410.5	2776.6
2015	451.1	3177.6
2016	494.6	3744.0
2017	540.6	4300.7
2018	579.7	4833.4
2019	624.0	5335.5
2020	677.6	5962.3

B-2-10 流浪乞讨人员救助

年份	救助站（个）	未成年人救助保护机构（个）	流浪乞讨人员救助总数（人次）	未成年人救助总数（人次）	救助类单位床位总数（张）	未成年人救助保护机构床位（张）
1978	783					
1979	845					
1980	665					
1981	598					
1982	610					
1983	615					
1984	628					
1985	636					
1986	647					
1987	639					
1988	644					
1989	669					
1990	666					
1991	691					
1992	692					
1993	719					
1994	712					
1995	722					
1996	720					
1997	728					
1998	742					
1999	800					
2000	857					
2001	838					
2002	861					
2003	864		634528	60257		
2004	977		820254	104455	47086	
2005	1079	40	1196305	120487	45603	1849
2006	1189	50	1295506	129337	45661	1133
2007	1261	90	1544492	159989	46800	3621
2008	1334	88	1573484	155794	50642	3543
2009	1372	116	1680532	167283	51049	3670
2010	1448	145	1719008	146329	55562	5221
2011	1547	241	2409701	178705	71109	8165
2012	1770	261	2765761	152070	99901	10038
2013	1891	274	3484727	183802	108360	11499
2014	1949	345	3474544	128033	110806	11584
2015	1766	275	3752106	166723	113402	10682
2016	1736	240	3338221	167029	112944	10473
2017	1623	194	2188572	93783	109683	8411
2018	1534	176	1572077	76380	109683	7681
2019	1545	202	1333365	61919	104524	8334
2020	1555	252	840816	31268	94102	9924

B-2-11 福利彩票

年份	福利彩票发行管理单位（个）	福利彩票销售额（亿元）	筹集公益金（亿元）	公益金支出（亿元）
“六五”时期				
1981				
1982				
1983				
1984				
1985				
“七五”时期		**14.2**	**4.6**	
1986				
1987		0.2	0.1	
1988		3.8	1.2	
1989		3.8	1.3	
1990		6.5	2.0	
“八五”时期		**115.2**	**34.3**	
1991		7.7	2.5	
1992		13.8	4.1	
1993		18.4	5.5	
1994		18.0	5.3	
1995		57.3	16.9	
“九五”时期		**358.7**	**103.4**	**72.7**
1996		64.8	19.1	
1997		36.4	10.1	
1998		63.2	19.6	14.1
1999	1169	104.4	30.4	19.9
2000	1253	89.9	24.2	38.7
“十五”时期		**1145.2**	**393.6**	**161.9**
2001	1185	139.6	41.9	19.7
2002	1121	168.0	58.8	25.5
2003	1145	200.1	70.0	30.6
2004	1128	226.4	79.2	33.8
2005	1113	411.2	143.7	52.3
“十一五”时期		**3455.4**	**1130.2**	**484.0**
2006	989	495.7	171.5	52.6
2007	985	631.6	215.7	77.6
2008	999	604.0	199.0	119.2
2009	988	756.1	246.3	113.4
2010	993	968.0	297.7	121.2
“十二五”时期		**8628.4**	**2488.2**	**1002.6**
2011	974	1278.0	382.0	127.9
2012	955	1510.3	446.1	159.0
2013	940	1765.3	510.7	195.5
2014	893	2059.7	585.7	231.3
2015	861	2015.1	563.7	288.9
“十三五”时期		**9837.6**	**2858.9**	**1284.7**
2016	788	2064.9	592.0	268.3
2017	729	2169.8	621.4	275.2
2018	700	2245.6	643.6	251.4
2019	702	1912.4	557.3	259.9
2020	688	1444.9	444.6	229.9

B-2-12 社区服务机构和设施

单位：个

年份	合计			便民利民网点
		社区服务中心	其他社区服务机构	
1993	92946	3711	89235	169503
1994	98679	4034	94645	204229
1995	115175	4380	110795	234024
1996	132309	5055	127254	259201
1997	138366	5113	133253	307226
1998	154196	6154	148042	345075
1999	164962	7623	157339	405740
2000	187888	6444	181444	451567
2001	201758	6179	195579	539544
2002	206743	7898	198845	622986
2003	203945	7520	196425	668418
2004	205926	7804	198122	703760
2005	203275	8479	194796	664764
2006	160007	8565	151442	457896

B-2-12续表

单位：个

年份	社区服务机构和设施合计	社区指导中心	社区服务中心	社区服务站	其他社区服务机构	便民利民网点
2007	134852		9319	50116	75417	892656
2008	146322		9873	30021	106428	748684
2009	146341		10003	53170	83168	692625
2010	152941		12720	44237	95984	539136
2011	160352		14391	56156	89805	452868
2012	200162	809	15497	87931	95925	397222
2013	251939	890	19014	108377	123658	358518

年份	社区服务机构和设施合计	社区指导中心	社区服务中心	社区服务站	社区养老照料机构和设施	社区互助型的养老设施	未登记的特困人员供养机构	其他社区服务机构和设施
2014	310652	918	23088	120188	18927	40357		107174
2015	360956	863	24138	128083	26067	62027		119778
2016	386186	809	23493	137533	34924	76374		113053
2017	407453	619	25015	142823	43212	82648		113136
2018	426524	569	27635	148779	44558	91057	3991	109935
2019	527757	548	27489	224986	63618	101276	4312	105528

年份	合计	社区综合服务机构和设施	社区指导中心	社区服务中心	社区服务站	社区专项服务机构和设施	社区养老服务机构和设施	未登记的特困人员救助供养机构	全托服务社区养老服务机构和设施	日间照料社区养老服务机构和设施	互助型社区养老服务设施	其他社区养老服务机构和设施
2020	801789	510510	503	27835	420552	61620	291279	3660	20368	109306	147485	10460

B-3-1 社会组织

单位：个、亿元

年份	社会组织合计	社会团体	基金会	民办非企业单位	社会组织捐赠收入合计
1980					
1981					
1982					
1983					
1984					
1985					
1986					
1987					
1988	4446	4446			
1989	4544	4544			
1990	10855	10855			
1991	82814	82814			
1992	154502	154502			
1993	167506	167506			
1994	174060	174060			
1995	180583	180583			
1996	184821	184821			
1997	181318	181318			
1998	165600	165600			
1999	142665	136764		5901	2.0
2000	153322	130668		22654	3.9
2001	210939	128805		82134	4.1
2002	244509	133297		111212	7.9
2003	266612	141167	954	124491	11.9
2004	289432	153359	892	135181	16.9
2005	319762	171150	975	147637	29.0
2006	354393	191946	1144	161303	40.1
2007	386916	211661	1340	173915	81.9
2008	413660	229681	1597	182382	265.2
2009	431069	238747	1843	190479	417.2
2010	445631	245256	2200	198175	417.0
2011	461971	254969	2614	204388	393.5
2012	499268	271131	3029	225108	470.8
2013	547245	289026	3549	254670	458.8
2014	606048	309736	4117	292195	524.9
2015	662425	328500	4784	329141	610.3
2016	702405	335932	5559	360914	786.7
2017	761539	354794	6307	400438	729.2
2018	817360	366234	7034	444092	919.7
2019	866335	371638	7585	487112	873.2
2020	894162	374771	8432	510959	1059.1

注：2001年以前的基金会含在社会团体内。

B-3-2 自治组织

年份	自治组织合计（万个）	居民委员会（个）	居民小组（万个）	居民委员会成员（万人）	村民委员会（万个）	村民小组（万个）	村民委员会成员（万人）
1979		46810					
1980							
1981		57169					
1982							
1983	37.7	65519			31.2		
1984	100.3	75609			92.7		
1985	103.0	80943		34.9	94.9		379.6
1986	95.3	86824		36.2	86.6		365.9
1987	93.2	86799		37.0	84.5		359.9
1988	97.8	95684		36.1	88.3		366.6
1989	102.8	93691		36.6	93.4		379.4
1990	110.0	98814		43.1	100.1		409.4
1991	111.9	100347		44.1	101.9		424.4
1992	110.8	104136		46.5	100.4		430.9
1993	112.0	107173		47.9	101.3		456.0
1994	111.7	110112		48.0	100.7		458.5
1995	104.4	111860		48.0	93.2		400.5
1996	104.2	113690		49.3	92.8		397.5
1997	102.4	117915	108.3	49.8	90.6	535.8	378.8
1998	95.2	119042	117.2	50.8	83.3	537.1	358.6
1999	91.6	114815	124.7	50.1	80.1	555.7	351.3
2000	84.0	108424	127.2	48.4	73.2	553.4	315.0
2001	79.2	91893	125.9	46.4	70.0	541.9	316.4
2002	76.7	86087	124.4	39.6	68.1	528.6	294.2
2003	74.1	77431	122.2	39.7	66.3	519.2	319.1
2004	72.2	77884	129.6	42.5	64.4	507.9	292.1
2005	70.9	79947	123.3	45.4	62.9	490.5	265.7
2006	70.4	80717	123.5	44.3	62.4	453.3	243.0
2007	69.5	82006	122.3	41.6	61.3	466.9	241.1
2008	68.8	83413	128.7	42.2	60.4	480.9	233.9
2009	68.4	84689	129.5	43.1	59.9	480.5	234.0
2010	68.2	87057	130.7	43.9	59.5	479.1	233.4
2011	67.9	89480	134.0	45.4	59.0	476.4	231.9
2012	68.0	91153	133.5	46.9	58.8	469.4	232.3
2013	68.3	94620	135.7	48.4	58.9	466.4	232.3
2014	68.2	96693	135.8	49.7	58.5	470.4	230.5
2015	68.1	96679	134.7	51.2	58.1	469.2	229.7
2016	66.2	103292	142.0	54.0	55.9	447.8	225.3
2017	66.1	106491	137.1	56.5	55.4	439.7	224.3
2018	65.0	107869	156.3	57.9	54.2	449.1	221.5
2019	64.3	109620	145.6	59.6	53.3	419.3	218.0
2020	61.5	113089	123.6	61.6	50.2	376.1	207.3

B-3-3　结婚登记

年份	结婚登记（万对）	内地居民登记结婚（万对）	涉外华侨港澳台登记结婚（万对）	结婚登记人数（万人）	初婚人数（万人）	再婚人数（万人）	#女（万人）	#恢复结婚（万对）	结婚率（‰）
1978	597.8	597.8							6.2
1979	637.1	636.3	0.8						6.7
1980	720.9	719.8	1.1						7.3
1981	1041.7	1040.3	1.4						10.4
1982	836.9	835.5	1.4						8.3
1983	765.4	764.2	1.3						7.5
1984	784.8	783.4	1.4						7.5
1985	831.3	829.1	2.2						7.9
1986	884.0	882.3	1.7						8.2
1987	926.7	924.7	2.0						8.6
1988	899.2	897.2	2.0						8.3
1989	937.2	935.2	2.0						8.4
1990	951.1	948.7	2.4						8.2
1991	953.6	951.0	2.6						8.3
1992	957.5	954.5	3.0						8.3
1993	915.4	912.2	3.3						7.8
1994	932.4	929.0	3.4						7.8
1995	934.1	929.7	4.4						7.7
1996	938.7	934.0	4.7	1877.4	1781.7	86.2	41.1	4.8	7.7
1997	914.1	909.1	5.1	1828.3	1726.0	92.2	46.3	6.3	7.4
1998	891.7	886.7	5.0	1783.4	1675.4	97.9	49.8	6.9	7.2
1999	885.3	879.9	5.4	1770.6	1659.4	100.5	50.0	5.8	7.1
2000	848.5	842.0	6.5	1697.0	1581.4	102.6	50.8	5.6	6.7
2001	805.0	797.1	7.9	1610.0	1481.7	112.5	58.0	6.3	6.3
2002	786.0	778.8	7.3	1572.0	1440.3	117.2	60.2	6.8	6.1
2003	811.4	803.5	7.8	1622.8	1483.9	123.3	60.7	6.8	6.3
2004	867.2	860.8	6.4	1734.4	1569.6	152.0	77.1	8.5	6.7
2005	823.1	816.6	6.4	1646.2	1483.0	163.1	74.3	11.5	6.3
2006	945.0	938.2	6.8	1890.0	1705.6	184.4	86.7	10.7	7.2
2007	991.4	986.3	5.1	1982.8	1779.7	203.1	97.3	13.9	7.5
2008	1098.3	1093.2	5.1	2196.6	1972.5	224.1	108.0	16.2	8.3
2009	1212.4	1207.5	4.9	2424.8	2168.8	256.0	124.7	18.1	9.1
2010	1241.0	1236.1	4.9	2482.0	2200.9	281.1	138.8	19.0	9.3
2011	1302.4	1297.5	4.9	2604.8	2309.9	294.9	146.5	21.0	9.7
2012	1323.6	1318.3	5.3	2647.2	2361.2	286.0	145.8	23.0	9.8
2013	1346.9	1341.4	5.5	2693.8	2386.0	307.9	156.5	30.0	9.9
2014	1306.7	1302.0	4.7	2613.5	2286.8	326.7	168.7	34.8	9.6
2015	1224.7	1220.6	4.1	2449.4	2109.0	340.4	177.2	39.9	9.0
2016	1142.8	1138.6	4.2	2285.6	1913.3	372.4	195.0	47.4	8.3
2017	1063.1	1059.0	4.1	2126.2	1746.3	379.9	201.4	52.3	7.7
2018	1013.9	1009.1	4.8	2027.9	1598.7	429.2	230.6	56.3	7.3
2019	927.3	922.4	4.9	1854.7	1398.7	455.9	246.8	61.9	6.6
2020	814.3	812.6	1.7	1628.7	1228.6	400.1	219.0	55.5	5.8

注：$结婚率=\frac{登记结婚对数}{（当年期初人口数+当年期末人口数）/2}\times 1000‰$

B-3-4 离婚登记

年份	离婚总数（万对）	民政部门登记离婚数（万对）	内地居民登记离婚数（万对）	涉外华侨港台登记离婚（对）	法院部门判决、调解离婚数（万件）	离婚率（‰）
1978	28.5	17.0	17.0		11.5	0.2
1979	31.9	19.3	19.3	82	12.6	0.3
1980	34.1	18.0	18.0	330	16.1	0.4
1981	38.9	18.7	18.7	46	20.2	0.4
1982	42.8	21.1	21.1	116	21.7	0.4
1983	41.8	19.7	19.7	126	22.1	0.4
1984	45.4	19.9	19.9	110	25.5	0.4
1985	45.8	19.6	19.6	108	26.2	0.4
1986	50.6	21.4	21.4	205	29.2	0.5
1987	58.1	23.6	23.6	220	34.5	0.6
1988	65.5	26.4	26.4	310	39.1	0.6
1989	75.3	28.8	28.7	518	46.5	0.7
1990	80.0	30.1	30.0	602	49.9	0.7
1991	83.1	30.1	30.0	588	53.0	0.7
1992	85.0	31.6	31.5	833	53.4	0.7
1993	91.0	33.6	33.5	968	57.4	0.8
1994	98.2	35.5	35.4	737	62.7	0.8
1995	105.6	36.8	36.7	813	68.8	0.9
1996	113.4	39.4	39.3	1175	74.0	0.9
1997	119.9	44.0	43.9	1385	75.9	1.0
1998	119.2	46.6	46.5	948	72.6	1.0
1999	120.2	47.8	47.7	975	72.4	1.0
2000	121.3	48.9	48.8	1075	72.4	1.0
2001	125.0	52.8	52.5	2856	72.2	1.0
2002	117.7	57.3	56.8	5221	60.4	0.9
2003	133.0	69.0	68.7	3333	64.0	1.1
2004	166.5	104.6	104.0	5830	61.9	1.3
2005	178.5	118.4	117.5	8267	60.1	1.4
2006	191.3	129.1	128.3	8414	62.2	1.5
2007	209.8	145.7	144.8	8852	64.1	1.6
2008	226.9	161.0	160.0	9470	65.9	1.7
2009	246.8	180.2	179.6	5608	66.6	1.9
2010	267.8	201.0	200.4	5783	66.8	2.0
2011	287.4	220.7	220.2	5761	66.7	2.1
2012	310.4	242.3	241.7	6161	68.1	2.3
2013	350.0	281.5	280.9	6538	68.5	2.6
2014	363.9	295.7	295.1	6714	67.9	2.7
2015	384.3	314.9	314.3	6237	69.3	2.8
2016	415.8	348.6	348.0	6315	67.2	3.0
2017	437.4	370.4	369.8	6307	66.9	3.2
2018	446.1	381.2	380.5	7567	64.9	3.2
2019	470.1	404.7	404.0	7104	65.3	3.4
2020	433.9	373.6	373.2	4125	60.3	3.1

注：离婚率 $=\dfrac{\text{离婚对数}}{(\text{当年期初人口数}+\text{当年期末人口数})/2}\times 1000‰$

B-3-5 殡葬服务

年份	殡仪馆（个）	公墓（个）	殡仪服务站（个）	殡葬管理机构（个）	火化炉（台）	火化遗体（万具）
1978					*1712*	*117.5*
1979					*2300*	*102.1*
1980					*2510*	*98.7*
1981					*2586*	*85.4*
1982					*2622*	*96.2*
1983					*2622*	*108.0*
1984					*2686*	*128.2*
1985	*9*	*24*		*122*	*2729*	*155.2*
1986	*5*	*25*		*143*	*2745*	*155.5*
1987	*6*	*29*		*195*	*2752*	*162.0*
1988	*14*	*37*		*219*	*2729*	*180.9*
1989	*17*	*50*		*217*	*2768*	*182.3*
1990	1260	73		211	2795	201.3
1991	1283	84		234	2714	215.6
1992	1288	88		228	2852	242.6
1993	1264	136		296	2891	247.6
1994	1272	163		284	2882	257.1
1995	1281	209		302	2927	262.7
1996	1283	256		313	3005	282.7
1997	1289	359		340	2959	295.0
1998	1310	425		374	3157	319.7
1999	1318	624		402	3340	336.4
2000	1363	692		466	3565	373.7
2001	1415	757		540	4299	386.7
2002	1486	854		542	3945	415.2
2003	1515	855		599	4159	434.9
2004	1549	937		633	4792	436.9
2005	1594	1009		681	5037	450.2
2006	1635	1109		805	5649	430.2
2007	1708	1162		799	4838	442.1
2008	1692	1209		853	4789	453.4
2009	1729	1266		901	5123	454.2
2010	1724	1308		919	5229	474.1
2011	1745	1406		952	5209	468.1
2012	1782	1597		978	5539	477.7
2013	1784	1535		1063	5743	468.9
2014	1801	1617		1141	5908	459.3
2015	1821	1582		1127	6063	459.5
2016	1775	1386		1005	6206	471.8
2017	1760	1420		952	6361	482.0
2018	1730	1367		946	6444	501.7
2019	1677	1443	50	890	6400	522.7
2020	1722	1536	78	865	6619	555.8

注：1．斜体数据经过修正。

2．1989年以前部分数据统计不完全。

第五部分

当年分省统计资料

C-1-1 省级行政区划

单位：个

地 区	省级合计	直辖市	省	自治区	特别行政区
全 国	**34**	**4**	**23**	**5**	**2**
北 京	1	1			
天 津	1	1			
河 北	1		1		
山 西	1		1		
内蒙古	1			1	
辽 宁	1		1		
吉 林	1		1		
黑龙江	1		1		
上 海	1	1			
江 苏	1		1		
浙 江	1		1		
安 徽	1		1		
福 建	1		1		
江 西	1		1		
山 东	1		1		
河 南	1		1		
湖 北	1		1		
湖 南	1		1		
广 东	1		1		
广 西	1			1	
海 南	1		1		
重 庆	1	1			
四 川	1		1		
贵 州	1		1		
云 南	1		1		
西 藏	1			1	
陕 西	1		1		
甘 肃	1		1		
青 海	1		1		
宁 夏	1			1	
新 疆	1			1	
香 港	1				1
澳 门	1				1
台 湾	1		1		

C-1-2 地级与县级行政区划

单位：个

地区	地级合计	地级市	地区	自治州	盟	县级合计	市辖区	县级市	县	自治县	旗	自治旗	特区	林区
全国	**333**	**293**	**7**	**30**	**3**	**2844**	**973**	**388**	**1312**	**117**	**49**	**3**	**1**	**1**
北京						16	16							
天津						16	16							
河北	11	11				167	49	21	91	6				
山西	11	11				117	26	11	80					
内蒙古	12	9			3	103	23	11	17		49	3		
辽宁	14	14				100	59	16	17	8				
吉林	9	8		1		60	21	20	16	3				
黑龙江	13	12	1			121	54	21	45	1				
上海						16	16							
江苏	13	13				95	55	21	19					
浙江	11	11				90	37	20	32	1				
安徽	16	16				104	45	9	50					
福建	9	9				85	29	12	44					
江西	11	11				100	27	12	61					
山东	16	16				136	58	26	52					
河南	17	17				158	53	22	83					
湖北	13	12		1		103	39	26	35	2				1
湖南	14	13		1		122	36	18	61	7				
广东	21	21				122	65	20	34	3				
广西	14	14				111	41	9	49	12				
海南	4	4				25	10	5	4	6				
重庆						38	26		8	4				
四川	21	18		3		183	55	18	106	4				
贵州	9	6		3		88	16	9	51	11			1	
云南	16	8		8		129	17	17	66	29				
西藏	7	6	1			74	8		66					
陕西	10	10				107	30	6	71					
甘肃	14	12		2		86	17	5	57	7				
青海	8	2		6		44	7	5	25	7				
宁夏	5	5				22	9	2	11					
新疆	14	4	5	5		106	13	26	61	6				

C-1-3 乡镇级行政区划

单位：个

地区	乡镇级合计	镇	乡合计	乡	民族乡	苏木	民族苏木	街道	区公所
全国	**38741**	**21157**	**8809**	**7693**	**962**	**153**	**1**	**8773**	**2**
北京	343	143	35	30	5			165	
天津	250	125	3	2	1			122	
河北	2254	1230	713	671	42			310	1
山西	1396	579	610	610				207	
内蒙古	1024	508	270	99	17	153	1	246	
辽宁	1355	640	201	147	54			514	
吉林	951	426	181	153	28			344	
黑龙江	1292	562	340	288	52			390	
上海	215	106	2	2				107	
江苏	1258	712	31	30	1			515	
浙江	1365	618	259	245	14			488	
安徽	1501	968	271	262	9			262	
福建	1107	658	264	245	19			185	
江西	1566	830	568	560	8			168	
山东	1822	1072	57	57				693	
河南	2453	1181	610	598	12			662	
湖北	1251	761	161	151	10			329	
湖南	1940	1133	392	309	83			415	
广东	1611	1116	11	4	7			484	
广西	1251	806	312	253	59			133	
海南	218	175	21	21				22	
重庆	1031	621	171	157	14			239	
四川	3230	1978	793	710	83			459	
贵州	1509	833	315	122	193			361	
云南	1410	678	540	400	140			192	
西藏	697	142	534	525	9			21	
陕西	1313	973	17	17				323	
甘肃	1356	892	337	305	32			127	
青海	403	144	222	194	28			37	
宁夏	241	103	90	90				48	
新疆	1128	444	478	436	42			205	1

C-1-4 民政部门

地 区	单位数	年末职工人数	#女性	受教育程度	
				大学专科	大学本科及以上
全 国	**3283**	**85199**	**30812**	**29005**	**43848**
中央级	1	317	99	2	315
北 京	18	1135	585	83	978
天 津	17	525	189	113	344
河 北	184	6099	2479	2136	2281
山 西	129	1577	477	547	815
内蒙古	118	2963	1053	1031	1601
辽 宁	116	2231	757	604	1431
吉 林	70	938	251	180	635
黑龙江	139	2349	894	904	1199
上 海	18	665	300	45	557
江 苏	115	3194	1018	809	2107
浙 江	103	2701	956	665	1827
安 徽	121	2286	705	723	1349
福 建	96	1767	541	574	904
江 西	114	3129	873	1236	1044
山 东	171	4874	1774	1552	2982
河 南	179	6459	2289	2399	2645
湖 北	120	3583	1266	1452	1540
湖 南	142	5817	2180	2221	2527
广 东	150	4119	1566	1094	2560
广 西	126	1907	703	650	1062
海 南	25	705	212	279	308
重 庆	40	989	405	274	676
四 川	212	5216	1887	2029	2559
贵 州	100	3678	1352	1493	1876
云 南	147	3948	1430	1470	2058
西 藏	82	1312	654	401	626
陕 西	118	3141	1005	1228	1489
甘 肃	103	3149	1076	1059	1368
青 海	54	896	336	287	442
宁 夏	28	740	305	228	465
新 疆	127	2790	1195	1237	1278

行政机构

单位：个、人

职业资格水平		年龄结构			
助理社会工作师	社会工作师	35岁及以下	36岁至45岁	46岁至55岁	56岁及以上
2281	**2547**	**20087**	**29892**	**27394**	**7826**
		64	171	51	31
28	17	238	377	400	120
		112	160	191	62
105	124	1419	2189	1942	549
17	32	249	441	687	200
59	69	735	1024	941	263
31	28	360	772	823	276
3		128	303	379	128
55	49	619	810	790	130
14	16	145	225	208	87
338	273	559	1060	1200	375
108	169	528	885	946	342
132	146	457	749	828	252
56	152	383	469	668	247
52	42	592	1176	1026	335
190	325	1114	1760	1526	474
129	180	1781	2292	1904	482
95	105	665	1065	1295	558
215	221	1383	2157	1754	523
152	171	968	1430	1382	339
11	24	313	499	883	212
23	7	209	242	208	46
56	53	262	253	336	138
95	101	1252	1939	1608	417
54	47	1103	1412	955	208
91	43	760	1461	1371	356
8	2	724	435	142	11
44	40	834	1103	942	262
76	74	956	1215	781	197
10	5	218	386	256	36
13	19	173	278	235	54
21	13	784	1154	736	116

C-1-4续表

地区	职工按行政层级分				乡、镇、街道民政助理员
	中央级	省级	地级	县级	
全　国	**317**	**3576**	**11679**	**69627**	**56871**
中央级	**317**				
北　京		291		844	626
天　津		119		406	342
河　北		111	570	5418	3612
山　西		76	245	1256	1709
内蒙古		82	387	2494	1520
辽　宁		84	561	1586	1470
吉　林		97	253	588	951
黑龙江		112	427	1810	1386
上　海		223		442	383
江　苏		126	552	2516	1742
浙　江		108	359	2234	1991
安　徽		97	418	1771	2093
福　建		108	260	1399	1681
江　西		80	332	2717	2075
山　东		102	628	4144	3416
河　南		112	708	5639	3507
湖　北		107	475	3001	1839
湖　南		143	599	5075	3413
广　东		137	1024	2958	2362
广　西		77	342	1488	2299
海　南		74	104	527	256
重　庆		175		814	2355
四　川		127	670	4419	3839
贵　州		70	431	3177	2328
云　南		142	486	3320	2543
西　藏		97	371	844	531
陕　西		100	325	2716	2290
甘　肃		121	570	2458	2121
青　海		71	164	661	504
宁　夏		92	97	551	297
新　疆		115	321	2354	1390

单位：人、万元

行政单位会计制度财务指标		
固定资产原价	本年收入合计	本年支出合计
3056070.6	**11406395.8**	**11642567.6**
	101684.1	115741.3
130198.8	668158.3	671701.8
24539.8	162587.0	221791.0
113442.9	609642.9	595751.2
65767.8	315144.9	344934.8
167357.4	232004.8	238427.8
63878.2	282497.1	305374.0
40749.0	77571.1	70487.7
54242.8	108578.1	111491.9
75818.4	789163.5	793239.7
120399.6	605293.5	604819.1
101987.4	919228.9	912664.0
76331.8	385933.0	392401.5
111688.2	255029.3	282054.4
49108.0	159979.0	162250.1
140750.8	344924.2	348688.3
87794.4	276399.1	282958.5
110467.1	307242.4	297464.1
104175.6	532421.6	535996.5
218361.4	939045.3	951777.7
103327.5	554311.4	601185.9
20435.5	111365.2	122723.6
47256.2	150088.8	147742.9
102419.2	464753.2	465432.0
161618.9	407579.8	424210.3
196989.3	703931.7	731962.1
131305.5	57921.8	65028.5
127788.5	261634.2	257031.2
37487.1	94498.8	97530.8
83122.2	154023.5	134739.1
62335.8	100427.1	108184.0
124925.5	273332.2	246781.8

C-1-5 民政部门登记和管理

地区	机构和设施数	按登记类型分				
		市场监管部门登记	编制部门登记	民政部门登记	自治组织	设施和多牌子机构
全 国	**2292778**	**5704**	**25483**	**894217**	**615146**	**752228**
中央级	2311		19	2292		
北 京	32500	96	525	13016	7122	11741
天 津	17080	51	79	6026	5183	5741
河 北	131515	301	564	34654	53186	42810
山 西	69341	60	419	17581	25035	26246
内蒙古	35963	43	523	16763	13615	5019
辽 宁	67235	120	241	26185	16067	24622
吉 林	42318	408	831	13381	11321	16377
黑龙江	37516	249	432	20246	11691	4898
上 海	33879	81	241	17052	6125	10380
江 苏	147859	425	1397	97930	21373	26734
浙 江	128397	317	975	71299	24958	30848
安 徽	74062	289	434	34130	17997	21212
福 建	85765	119	570	34200	17112	33764
江 西	94048	109	1999	27703	20777	43460
山 东	214001	459	884	60247	66420	85991
河 南	159456	742	2396	47368	51962	56988
湖 北	104892	166	1674	31737	27473	43842
湖 南	130218	218	2409	37118	29276	61197
广 东	152552	298	1858	71846	26322	52228
广 西	61068	121	544	28921	16396	15086
海 南	14975	14	58	8419	3195	3289
重 庆	46512	334	588	18110	11186	16294
四 川	109407	343	2332	45657	35057	26018
贵 州	62316	94	993	14063	17819	29347
云 南	50775	87	1064	23294	14648	11682
西 藏	7564		39	559	6860	106
陕 西	64203	59	629	31074	19870	12571
甘 肃	54490	37	259	22820	17465	13909
青 海	12524	3	47	6173	4637	1664
宁 夏	11244	19	83	5583	2783	2776
新 疆	36792	42	377	8770	12215	15388

的机构和设施总表

单位：个、人

按行业分类分				年末职工人数	#女性	受教育程度	
*社会工作	*成员组织	*其他社会服务	其他事业单位			大学专科人数	大学本科及以上人数
844240	**1509363**	**5286**	**1539**	**16447627**	**5937343**	**3014005**	**2397090**
4	2292		15	48294	20303	1955	40412
13645	20138	63	58	317544	179605	121185	129207
6268	11209	31	17	112637	52036	19115	32945
45054	87840	212	29	853332	298243	122647	87998
27160	42616	96	54	399474	127577	61080	32802
5907	30378	162	21	255896	96895	59756	37958
26937	42252	425	51	421975	200288	101324	81760
18140	24702	191	5	174605	59128	27143	9324
7470	31937	177	19	194444	70540	27279	17206
15259	23177	89	38	344060	83681	107078	44505
54442	119303	303	55	1074327	293019	150094	132114
40924	96257	278	128	873028	340992	170842	146412
24102	52127	172	21	625253	212988	161560	114243
35530	51312	152	51	471607	156795	61674	42344
45434	48480	144	317	732587	199198	78357	69469
90309	126667	325	46	1622253	680824	340684	342978
61013	99330	367	113	1034430	370880	192210	106550
46126	59210	230	61	687138	241810	106228	75147
64261	66394	220	89	844367	306398	149205	88955
55439	98168	304	29	1309947	566122	300175	296833
15963	45317	151	51	388806	170242	61254	42047
3567	11614	20	4	101663	36496	13679	8699
18003	29296	150	24	364308	180320	98712	81191
30255	80714	309	131	815701	319300	132742	122382
30570	31882	131	31	400578	120904	65857	42728
12779	37942	197	23	511437	132830	66364	46909
152	7419	20		46869	9791	3250	3923
13862	50944	149	28	566514	157940	75601	45022
14591	40285	76	12	363706	69459	41319	20672
1995	10810	7	4	109127	28816	14301	7741
2984	8366	40	2	58323	20849	9532	4053
16095	20985	95	12	323397	133074	71803	42561

注：“成员组织”中的一些机构，也隶属于行业分类中的“社会工作”类和“其他社会服务”类行业，在计算“机构和设施数”时，对其进行了剔重处理。

C-1-5续表1

地 区	按登记类型分			
	市场监管部门登记	编制部门登记	民政部门登记	设施和多牌子机构
全 国	**104744**	**317312**	**10618822**	**5406749**
中央级		1422	46872	
北 京	3741	10577	218536	84690
天 津	840	2249	62543	47005
河 北	3689	12024	545255	292364
山 西	816	5601	220377	172680
内蒙古	572	7550	169973	77801
辽 宁	1841	8212	237473	174449
吉 林	4828	10465	83723	75589
黑龙江	1478	9662	99203	84101
上 海	4288	8350	265247	66175
江 苏	9524	21471	815093	228239
浙 江	5100	13204	657879	196845
安 徽	3932	6956	439925	174440
福 建	2452	5157	259020	204978
江 西	1416	13274	472440	245457
山 东	6859	13735	1028156	573503
河 南	7704	24982	517424	484320
湖 北	7244	20608	406657	252629
湖 南	4632	20046	517471	302218
广 东	10002	25959	960903	313083
广 西	2286	11092	251892	123536
海 南	524	869	66545	33725
重 庆	5892	6329	218808	133279
四 川	5907	20732	567278	221784
贵 州	3660	7460	179319	210139
云 南	2301	7206	375934	125996
西 藏		701	7459	38709
陕 西	1589	9016	428239	127670
甘 肃	853	3828	256746	102279
青 海	41	823	82672	25591
宁 夏	214	1836	32083	24190
新 疆	519	5916	127677	189285

单位：人

职业资格水平		年龄结构			
助理社会工作师人数	社会工作师人数	35岁及以下人数	36岁至45岁人数	46岁至55岁人数	56岁及以上人数
204484	**148687**	**5337401**	**5660085**	**3849145**	**1600773**
15	7610	7770	14632	14327	11565
7898	3845	115991	69174	108777	23602
5106	1753	34585	34534	34426	9092
4599	5510	322352	264913	185416	80582
4102	3632	120344	137496	94462	47161
2462	1698	86475	87402	59304	22647
19144	6850	138133	146581	97921	39340
3427	2854	41837	89266	33406	10093
2952	1969	51018	82705	46083	14638
3224	9394	100358	129664	79874	34132
15629	7938	367077	405342	221221	80687
19760	10620	279103	305211	205354	83360
6432	3478	203398	250974	133845	37036
5129	4011	138735	176706	111384	44782
4363	1336	219246	290837	149062	73442
27753	29367	478190	512380	420440	211243
7285	7444	330013	339528	242406	122483
6774	2888	181936	229414	192260	83493
6657	4008	273603	282439	207118	81207
22818	11135	563966	390475	249449	106052
1468	1190	111385	130773	91553	55095
1915	306	29952	42820	21059	7832
8122	5486	138305	105911	85856	34236
6479	4614	280398	302015	146412	86876
2389	908	127408	150849	94960	27361
1160	580	144706	172330	135368	59033
43	58	13258	18128	11055	4428
3305	3296	162632	172558	180067	51257
987	1735	101651	140350	89522	32183
900	1265	34589	43859	20242	10437
325	237	17424	22430	14226	4243
1862	1672	121563	118389	72290	11155

C−1−5续表2

地　区	企业会计制度财务指标			
	固定资产原价	营业收入	费用合计	营业利润
全　国	**3775673.5**	**1728625.2**	**686689.8**	**310226.1**
中央级	33423.6	17326.2	12049.1	-2551.3
北　京	73519.4	110413.0	51398.2	4175.8
天　津	30990.9	13512.0	6503.3	4242.0
河　北	93605.3	28124.8	16117.0	-4789.1
山　西	42069.5	17059.8	8461.5	-233.6
内蒙古	22538.0	9209.3	5038.9	955.7
辽　宁	57529.0	20831.2	8045.4	602.8
吉　林	46603.0	7696.3	2002.3	2088.2
黑龙江	32590.3	10627.6	5237.2	1213.0
上　海	336390.7	545290.2	106493.6	222526.2
江　苏	353363.3	98214.4	39015.8	42862.4
浙　江	110133.2	89417.6	26149.7	13327.4
安　徽	210687.8	26349.8	8506.1	3790.1
福　建	125623.6	35291.5	14100.9	537.4
江　西	39366.5	21278.5	10493.7	321.7
山　东	235567.6	29350.5	11515.0	-2580.8
河　南	204809.1	29632.4	14057.6	1392.7
湖　北	113373.3	30911.6	8238.5	2664.9
湖　南	164985.7	24992.3	112466.1	382.7
广　东	362606.0	170091.1	70601.8	445.7
广　西	140147.7	46430.4	16499.0	7352.6
海　南	28706.7	9700.5	3220.7	400.7
重　庆	207314.7	74067.0	32626.3	130.8
四　川	251629.7	102931.4	40571.7	1249.8
贵　州	157838.6	82069.7	35971.1	4232.0
云　南	148618.2	18859.3	5154.0	2226.3
西　藏	24735.1	31.4	18.7	
陕　西	48465.3	33394.6	13512.3	2515.4
甘　肃	33802.1	22730.5	1764.9	647.1
青　海	1935.0	10.0		
宁　夏	20665.3	1436.9	500.1	92.0
新　疆	22039.3	1343.4	359.3	5.5

单位：万元

事业单位会计制度财务指标			民间非营利组织会计制度财务指标		
固定资产原价	本年收入合计	本年支出合计	固定资产原价	本年收入合计	本年费用合计
13090420.2	**7842122.3**	**6869980.4**	**55913605.4**	**65280152.6**	**59706272.5**
343231.8	196883.4	171723.9	1580431.5	8722854.9	7332967.9
469680.1	420995.7	404739.6	2077019.3	4500561.2	6082729.1
141763.4	105264.4	118079.7	343610.5	417533.6	380872.6
434690.7	253300.7	245756.8	2429824.2	2266983.2	1920875.5
245058.0	133239.8	137844.1	1629064.9	3987221.0	382005.4
277224.3	260287.8	130941.6	156204.0	109324.1	120450.5
296057.7	159592.5	153449.0	1172195.9	878502.9	927729.9
272417.3	147174.1	135606.9	27253.2	36224.5	39357.7
411406.8	147546.8	152702.0	169974.3	58606.9	107940.6
263098.5	300151.0	270024.9	3252582.8	6665865.4	5940905.7
1076741.9	517434.8	506470.1	2833506.9	5835253.1	4704879.3
332958.5	373718.3	361917.5	3207510.1	3787642.4	3792952.5
270857.2	126794.7	132465.2	2035574.5	895559.7	835752.1
180211.9	158532.2	147181.7	379848.4	418702.4	414040.8
493055.6	106700.9	111135.4	389274.5	282610.6	288550.5
813444.8	352888.7	342881.5	4666314.7	467913.2	4497670.0
493339.2	476057.1	475332.0	3990036.0	5261397.9	1559122.9
911382.6	861417.5	296596.3	1041033.5	1399147.4	1180310.6
651771.6	319973.0	282957.5	1078056.2	1066815.1	1472790.8
1333462.4	889172.8	852165.7	11758122.4	11414593.2	10689492.7
315930.0	274026.5	170734.9	1034652.2	1108433.1	1108726.3
93306.5	30125.5	40788.6	114846.2	41243.2	65789.3
343452.4	183867.5	183699.8	2924685.3	2029094.1	1903884.3
713266.7	387877.1	371340.6	3507469.7	2016608.9	2234160.2
302501.7	125968.4	111966.4	544006.2	494132.3	449762.6
418615.5	119889.7	121715.7	647629.4	400170.8	419135.1
35638.3	21030.8	19017.5	7123.3	3778.9	4649.1
533797.7	154406.8	155922.1	1331345.2	444305.2	560542.8
230508.1	65466.5	66569.4	189819.9	93472.3	113209.0
43209.4	14179.4	14187.4	76705.0	39954.0	34211.1
82148.0	34345.1	39034.2	132224.9	73012.8	66063.3
266191.6	123812.8	145032.4	1185660.3	62634.3	74742.3

C-1-6 分省份民政事业

地 区	人均民政事业费支出（元/人）	民政事业费占财政支出比重（%）	每万人拥有民政服务机构和设施（个/万人）	每万人拥有民政服务机构和设施职工（人/万人）
全 国	**340.6**	**2.0**	**6.0**	**25.9**
北 京	782.4	2.4	6.3	36.3
天 津	474.7	2.1	4.5	23.9
河 北	245.6	2.0	6.1	18.4
山 西	328.4	2.2	7.8	23.8
内蒙古	552.6	2.5	2.5	14.6
辽 宁	281.8	2.0	6.4	29.1
吉 林	359.8	2.1	7.6	26.5
黑龙江	312.9	1.8	2.4	16.7
上 海	695.6	2.1	6.2	43.5
江 苏	317.7	2.0	6.5	33.4
浙 江	296.5	1.9	6.4	23.3
安 徽	352.6	2.9	4.0	20.0
福 建	249.4	2.0	8.6	36.2
江 西	326.3	2.2	10.1	37.9
山 东	211.5	1.9	8.9	37.1
河 南	233.9	2.2	6.2	31.3
湖 北	393.1	2.7	8.0	29.7
湖 南	271.5	2.1	9.7	33.1
广 东	247.0	1.8	4.4	18.6
广 西	410.2	3.3	3.2	11.6
海 南	254.2	1.3	3.6	18.7
重 庆	363.9	2.4	5.7	29.7
四 川	349.9	2.6	3.7	14.2
贵 州	458.5	3.1	8.0	35.4
云 南	455.6	3.1	2.7	13.1
西 藏	644.3	1.1	0.5	3.6
陕 西	387.2	2.6	3.5	15.4
甘 肃	542.7	3.3	5.9	15.5
青 海	830.4	2.5	3.4	12.7
宁 夏	542.7	2.6	4.2	19.0
新 疆	478.1	2.3	6.3	50.9

孤儿集中养育标准占当地人均消费支出比重（%）	孤儿社会散居标准占当地人均消费支出比重（%）	城市低保标准占当地城镇居民人均消费支出比重（%）	农村低保标准占当地农村居民人均消费支出比重（%）	农村低保标准占城市低保标准比例（%）
91.2	**67.0**	**30.1**	**43.5**	**73.3**
67.9	67.9	33.6	67.1	100.0
109.2	109.2	39.2	72.0	100.0
96.7	70.4	36.5	43.5	64.9
106.4	76.6	35.0	51.6	74.7
113.1	95.9	36.5	46.0	71.7
107.4	83.6	32.3	44.8	68.7
103.9	76.2	30.3	36.8	66.7
109.1	83.3	36.1	37.7	63.3
59.2	53.6	33.2	67.3	100.0
110.6	81.9	29.8	53.1	98.3
79.7	63.5	29.3	49.0	99.7
95.7	69.5	33.9	50.7	99.0
80.1	58.3	27.0	50.0	99.2
94.6	65.1	38.4	42.0	67.1
101.3	81.0	32.2	52.9	76.1
99.2	71.3	33.9	37.3	65.0
134.4	84.1	34.9	41.2	74.7
82.0	57.0	26.3	33.4	71.0
84.3	63.8	31.3	48.7	79.5
92.7	65.0	43.3	42.9	58.9
92.1	66.4	28.7	39.8	77.5
80.5	69.6	28.1	42.7	81.1
87.0	56.7	29.3	34.9	70.8
124.9	84.8	37.6	42.7	59.7
142.3	92.7	31.5	41.5	59.4
114.1	95.2	41.9	51.0	43.5
92.4	68.4	33.2	44.9	67.2
97.7	76.9	28.2	45.4	65.0
73.9	52.0	31.5	38.6	61.3
78.2	60.1	32.5	39.7	64.1
80.9	60.6	26.8	44.1	77.2

注：人口数、居民人均消费支出数据使用国家统计局发布数据。

C-1-6续表

地　区	每千名老年人拥有养老床位数（张/千人）	老龄补贴人数占老年人比例（%）	城市社区综合服务设施覆盖率（%）	农村社区综合服务设施覆盖率（%）
全　国	**31.1**	**14.6**	**100.0**	**65.7**
北　京	30.3	18.9	100.0	100.0
天　津	24.4	1.9	100.0	75.2
河　北	30.3	9.7	62.1	22.9
山　西	24.6	3.7	100.0	75.1
内蒙古	44.2	12.8	70.2	5.3
辽　宁	22.3	2.2	100.0	89.9
吉　林	30.0	2.0	100.0	100.0
黑龙江	28.8	3.5	92.6	8.4
上　海	29.4	68.2	64.0	79.6
江　苏	40.8	25.9	100.0	61.1
浙　江	53.2	10.6	83.5	47.9
安　徽	37.3	20.8	100.0	79.2
福　建	36.9	14.3	100.0	89.5
江　西	34.5	13.8	100.0	100.0
山　东	28.5	6.7	100.0	100.0
河　南	22.3	12.1	100.0	86.5
湖　北	40.1	12.4	100.0	74.4
湖　南	30.5	5.8	100.0	100.0
广　东	30.2	19.2	100.0	100.0
广　西	32.2	15.8	72.2	7.1
海　南	9.9	16.4	92.7	93.4
重　庆	25.5	7.6	100.0	91.9
四　川	26.4	19.3	82.2	17.2
贵　州	27.6	14.2	100.0	100.0
云　南	17.3	15.3	86.3	55.9
西　藏	19.4	3.6	6.5	0.1
陕　西	26.3	39.1	79.9	6.8
甘　肃	35.0	2.5	100.0	22.9
青　海	26.4	61.3	60.9	1.0
宁　夏	27.9	4.5	88.3	67.3
新　疆	27.3	16.2	100.0	92.0

残疾人两项补贴对象人数占持证残疾人数比例（%）	人均福利彩票销售额（元/人）	每万人口拥有持证社会工作者（人/万人）
71.1	**102.3**	**4.7**
40.0	115.7	16.6
49.1	176.7	9.0
66.3	51.1	1.4
60.1	82.2	2.4
76.1	121.0	3.1
62.2	146.7	5.0
70.9	89.1	5.3
59.6	91.1	3.0
49.3	186.8	12.4
72.7	105.2	9.4
66.2	182.2	15.1
89.8	71.7	2.7
83.3	73.7	5.6
76.9	56.1	1.6
67.4	90.5	3.8
74.0	40.8	1.3
75.0	90.9	3.9
76.0	76.5	2.4
84.3	128.7	9.0
76.3	62.9	1.3
82.8	37.9	1.2
55.8	96.9	4.5
66.0	94.9	3.4
55.0	50.6	0.8
79.0	135.5	1.5
97.4	483.5	0.4
77.2	211.9	4.5
71.3	107.9	1.8
96.2	247.4	1.5
90.5	159.8	3.8
66.9	198.1	1.6

注：残疾人两项补贴人数占比、老龄补贴人数占比均采用简单加总数据计算，暂无法区分一人同时享受两种或多种补贴情况，数据仅供参考分析。

C-1-7 社会工作师、

地区	社会工作师和助理社会工作师累计合格人数	社会工作师			
		累计合格人数	当年考试通过人数	当年报考人数	当年实考人数
全 国	**667863**	**160529**	**32323**	**175264**	**134477**
北 京	36336	9482			
天 津	12497	2898	531	2850	2216
河 北	10710	3440	710	4530	3753
山 西	8343	2627	514	2587	2069
内蒙古	7543	3052	874	5401	4041
辽 宁	21242	5868	788	4926	3953
吉 林	12861	2764	502	3041	2689
黑龙江	9677	2542	459	2945	2159
上 海	30782	8198	1230	9519	5673
江 苏	79475	17905	3074	14960	12122
浙 江	97691	22070	6107	35984	26395
安 徽	16576	4222	945	5534	4241
福 建	23102	6394	1523	8192	6083
江 西	7319	1586	398	2294	1731
山 东	38830	13081	3609	15673	12140
河 南	12634	3436	735	3660	2888
湖 北	22352	4356	1179	6164	5289
湖 南	15635	3750	856	4013	3218
广 东	113215	21846	3795	17400	14618
广 西	6521	1439	270	1759	1369
海 南	1247	222	66	468	360
重 庆	28738	5833	1633	8520	6732
四 川	3246	621	191	1173	743
贵 州	6879	1565	404	2940	1888
云 南	128	19	8	117	92
西 藏	14269	3218	578	3213	2446
陕 西	17755	4954	685	2797	2104
甘 肃	4613	1109	295	1768	1292
青 海	883	188	48	427	327
宁 夏	2750	688	166	1190	976
新 疆	4014	1156	150	1219	870

助理社会工作师

单位：人

助理社会工作师			
累计合格人数		当年报考人数	当年实考人数
	当年考试通过人数		
507334	**101880**	**427482**	**334912**
26854			
9599	1215	4140	3271
7270	1927	9127	7843
5716	1417	6441	5115
4491	1267	6313	4342
15374	1726	9528	7344
10097	1526	9215	8066
7135	1029	6307	4735
22584	3363	15970	10413
61570	10503	41915	34428
75621	26340	103834	77587
12354	2525	12007	9548
16708	4507	18347	14279
5733	1774	8740	7098
25749	6938	23852	18551
9198	2117	7227	5732
17996	4714	22338	19592
11885	2379	9665	8052
91369	14202	49724	41212
5082	851	3883	3063
1025	288	1602	1253
22905	4732	22484	18132
2625	522	2597	1843
5314	1323	7235	4755
109	60	672	519
11051	2360	10832	8283
12801	788	2736	1949
3504	657	3675	2709
695	150	1387	1112
2062	431	3083	2593
2858	249	2606	1493

C-1-8 1952—2020年民政

地 区	1952年	1953年	1954年	1955年	1956年	1957年	1958年
全 国	**28265**	**35484**	**60390**	**49842**	**56906**	**53119**	**32693**
中央级	6	443	20619	8736	270	85	82
北 京	198	237	276	247	584	302	376
天 津	208	315	131	157	217	240	194
河 北	2849	4558	4764	4526	9681	6640	2494
山 西	1253	1398	1531	1373	2096	1953	2279
内蒙古	912	370	306	364	625	417	505
辽 宁	611	1434	1392	1298	1638	1339	1098
吉 林	346	595	880	856	1331	1610	1126
黑龙江	640	831	912	952	1442	1336	948
上 海	550	306	411	729	1121	1073	464
江 苏	1980	1993	2051	3003	4052	5051	2617
浙 江	398	426	505	757	1430	988	672
安 徽	2051	4061	3382	3453	4748	4306	1642
福 建	828	732	789	933	1473	866	823
江 西	1519	1040	1368	2253	1889	1802	1717
山 东	2624	3993	5082	3975	3664	5261	3795
河 南	1440	2745	2307	2494	4360	5539	2990
湖 北	2719	1058	2765	2664	1306	1505	1210
湖 南	1255	1089	3381	2205	2259	2177	1344
广 东	1762	1454	1270	1407	2725	2729	1223
广 西	516	645	735	700	1414	1589	582
海 南							
重 庆							
四 川	1583	2035	2052	2646	3570	2606	1982
贵 州	368	686	633	567	618	494	331
云 南	630	695	875	740	908	599	514
西 藏			43	207	91		2
陕 西	519	1023	984	1135	1794	1250	588
甘 肃	390	1074	675	1171	1083	871	539
青 海	52	134	140	154	281	237	164
宁 夏							92
新 疆	58	114	131	140	236	254	300

事业费支出情况

单位：万元

1959年	1960年	1961年	1962年	1963年	1964年	1965年
44786	**72444**	**98912**	**74475**	**87533**	**161510**	**107869**
192	262	39			31	2325
751	824	658	542	638	816	1047
4148	5070	10807	5780	15681	31433	18545
1656	2659	2896	2556	2640	2361	2899
873	525	785	1468	1124	1360	1440
1249	4475	4392	3933	3467	3382	2942
764	1055	1271	1660	2138	2235	1798
782	991	1485	2151	2362	2796	2611
475	471	422	539	874	1074	1220
2956	4843	4107	4873	7282	11070	5506
874	857	1414	1597	1166	1152	1351
3169	3161	4704	3530	5431	10567	3347
4141	2823	2798	1493	1687	1394	1463
1691	2179	3224	3168	2273	3081	1989
4494	8141	11332	6963	7201	11079	15807
2672	10271	11417	8107	10099	48554	17841
2466	4428	4569	3767	3468	3319	2790
967	1690	4299	2697	2834	4522	2482
2982	4608	3475	2830	3146	3056	2664
903	997	2687	1505	2125	4006	1983
2583	6315	9758	5918	4227	4495	5179
613	750	2390	1429	1792	1808	1726
675	880	1692	773	1250	1494	1596
1	25	48	117		133	192
1109	1113	1530	1422	1640	1918	3137
681	1778	4522	2464	2988	2310	1611
447	576	1028	1005		465	695
239	428	303	365		378	284
233	249	860	1823		1212	1399

C−1−8续表1

地　区	1966年	1967年	1968年	1969年	1970年	1971年	1972年
全　国	**88112**	**81887**	**56154**	**66683**	**65349**	**68269**	**81549**
中央级	454	534	308	11			
北　京	914	939	868	820	895	974	1192
天　津		473	439	572	405	407	546
河　北	12395	6983	4443	5333	2054	3591	5482
山　西	4447	2692	2478	2579	4777	4563	4025
内蒙古	2182	2401	1194	842	891	649	1020
辽　宁	2572	2781	2473	3542	2867	3922	4574
吉　林	1704	1745	1579	1890	1837	1968	1753
黑龙江	2548	2169	1775	2355	2247	2317	2768
上　海	1472	1654	1410	1359	1442	1554	1676
江　苏	7298	5400	3756	3839	4191	4969	7368
浙　江	1142	1366	1486	1481	1496	1517	2399
安　徽	4119	6861	4025	4246	5547	3365	4639
福　建	1673	1738	1727	1922	1463	1481	1721
江　西	2145	2318	1637	1924	2047	2357	2357
山　东	9458	9844	5878	7622	6442	9034	8801
河　南	9303	8611	4105	6983	4947	4699	4799
湖　北	2579	3177	2651	3509	4197	3116	3462
湖　南	2141	2562	1848	2019	1668	1602	2272
广　东	2454	2644	2046	2639	2734	2410	2800
广　西	1997	2541	1641	1607	1555	1827	1713
海　南							
重　庆							
四　川	4774	4067	3374	3439	3678	4518	5615
贵　州	1730	1926	1224	1314	1646	1535	2116
云　南	1772	1412	807	1018	2460	1454	1746
西　藏	374			96	100	104	173
陕　西	3623	1874	1477	1733	1778	2099	2415
甘　肃	1161	1963	671	989	952	968	2206
青　海	409	185	190	246	207	291	366
宁　夏	272	287	200	238	242	354	810
新　疆	1000	740	444	516	584	651	727

单位：万元

1973年	1974年	1975年	1976年	1977年	1978年	1979年
99675	**90406**	**127082**	**161690**	**185288**	**137135**	**183279**
8	10				11	44
1506	1284	1461	1742	3068	1990	2238
762	937	881	933	13670	1061	1482
8727	5925	5960	7041	36568	11605	9140
4696	3587	3420	4111	4813	5437	8154
1914	1575	1559	2502	1873	2040	5922
5590	3902	18731	14705	7427	6103	5607
2174	2500	2448	2834	3677	3869	3477
3701	3884	3701	4176	5463	5545	5149
1885	2088	2263	2469	2581	2777	3290
6988	7258	8001	7719	8031	9208	10019
2103	1973	1984	2424	2641	2853	3475
4625	3981	5828	15690	6300	6756	13263
2142	2150	1991	2432	2826	2730	3272
4039	3220	2964	3606	3981	3953	8610
8110	8601	10417	9746	10599	12292	15169
5474	4190	24152	40056	21437	14140	19495
4747	3487	4471	5463	5160	6149	9597
3321	2580	2942	3442	3550	4380	6747
4041	5051	3836	4884	5546	5435	8146
1597	1669	1653	1963	2355	2073	4019
6780	5936	6061	9037	12602	8511	12722
3574	1955	2352	2748	3296	2740	4767
1509	2245	2242	3428	3783	2948	3478
228	195	206	289	270	379	1366
3435	2986	2579	3174	4575	4834	5780
3421	4183	2603	2240	5485	4030	5204
311	342	521	407	514	696	853
1369	1813	600	1150	1780	1090	1040
896	909	1255	1279	1417	1500	1754

C-1-8续表2

地 区	1980年	1981年	1982年	1983年	1984年	1985年	1986年
全 国	**174769**	**192267**	**191874**	**216116**	**242371**	**295841**	**344064**
中央级	103	138	78	163	286	443	2526
北 京	2802	3167	3416	4063	4904	5719	7287
天 津	1474	1670	1669	2194	3101	3583	4113
河 北	11165	13597	10179	9692	12427	16654	16581
山 西	6749	7893	7854	7015	7924	10683	10193
内蒙古	5714	6218	5135	7379	7909	9030	11684
辽 宁	6671	8073	10591	11727	11741	18341	22112
吉 林	4482	4970	4951	6300	5952	8391	13570
黑龙江	5370	6562	8005	9546	8782	10119	13791
上 海	3375	3381	3215	3170	3540	4467	5503
江 苏	11269	12914	11991	14750	16403	16254	20586
浙 江	3703	3897	4070	4808	6480	8174	10211
安 徽	9385	9550	7521	12093	14059	14340	13524
福 建	3625	4268	4773	5506	5601	8298	7657
江 西	6289	5309	6183	7093	8360	8364	9768
山 东	16327	14126	18998	17811	17413	22757	22496
河 南	12007	10921	12862	15216	13710	18456	20939
湖 北	9265	12458	7956	10798	10760	11860	14581
湖 南	7026	8924	7546	10428	10373	12357	15013
广 东	8337	7767	9550	9035	12337	14516	15526
广 西	3213	3674	3897	4779	6382	9438	9634
海 南							
重 庆							
四 川	12063	15429	14542	13943	17823	20667	24973
贵 州	4123	4718	4354	5211	5833	9182	8657
云 南	4172	4599	4231	5251	7025	10137	13752
西 藏	1704	1208	1151	1357	1821	1391	1789
陕 西	5390	8198	6271	5820	6313	7545	8586
甘 肃	4801	4338	5778	4902	8983	6541	7655
青 海	862	915	1068	1270	1674	1918	2134
宁 夏	1385	1118	1819	2329	1497	1826	1990
新 疆	1918	2267	2220	2467	2958	4395	4768

单位：万元

1987年	1988年	1989年	1990年	1991年	1992年	1993年
359278	**395646**	**466492**	**519383**	**625359**	**637097**	**698708**
2742	1297	1185	1517	1792	3217	3108
8906	11355	12805	14738	16249	19073	26105
4531	5209	5861	6585	7176	8173	9218
20578	24272	26484	32162	30785	33344	38161
11833	13977	15845	15976	17378	19264	19515
10867	11254	10975	13510	13449	14250	15314
18104	19595	22233	26318	26380	29561	32903
14016	10692	11439	14155	14619	16553	18461
13686	14205	15127	15982	18411	19734	19377
5603	3965	4741	5364	6270	7742	10368
21208	23816	27647	33150	50604	48290	47590
12353	16113	18710	21111	22094	22124	26924
12942	14854	16444	19755	80611	39002	26982
9238	10332	11213	13935	15070	18423	20141
11546	13240	15076	15791	16915	21249	21410
29017	31890	39382	44965	46744	52525	62616
2260	21784	26566	24275	27675	31304	34498
14846	17804	20704	21092	23318	23677	28918
15167	19110	22384	24981	23436	24712	29096
17076	16675	20206	21863	25022	29602	43983
9054	9757	11955	11313	12728	14317	16760
	2338	3659	3366	3843	4270	4630
25524	28123	32186	36228	39004	42563	49037
9092	9408	11568	12079	11043	11761	15154
12712	14934	31640	33901	38725	41026	30502
1828	1795	2116	2909	3499	2647	2598
9299	10602	12277	13688	13412	16805	20107
7238	8346	7681	8813	9124	11256	12186
1837	1750	1802	2086	2036	2387	2965
1780	2609	1805	2000	2206	2456	2464
4896	4549	4776	5775	5741	5790	7617

C-1-8续表3

地　区	1994年	1995年	1996年	1997年	1998年	1999年
全　国	**870194**	**1034502**	**1211500**	**1335202**	**1618445**	**1946843**
中央级	4077	3703	6371	5954	50783	11856
北　京	36146	44073	54012	61184	74406	97748
天　津	11970	15023	17254	19738	20952	20611
河　北	48303	58804	74364	71151	79064	88202
山　西	22995	31008	37882	37150	39519	45466
内蒙古	18378	20470	26012	26773	35484	35659
辽　宁	44239	60067	59580	65370	74946	85394
吉　林	24648	30876	31416	33928	52337	53311
黑龙江	26195	28798	30459	33020	55977	60566
上　海	15557	19773	23984	30860	37336	54151
江　苏	59349	69907	80163	93383	108862	121349
浙　江	40044	43610	50852	60657	65733	88269
安　徽	26883	37348	43979	50559	56473	72895
福　建	25502	31904	34498	46134	49421	50996
江　西	23815	30354	33883	35962	47177	45334
山　东	71995	76826	88009	101613	112960	131746
河　南	44163	52458	59353	64155	68311	80338
湖　北	39148	40291	50385	58511	85285	75622
湖　南	35093	42680	53778	48234	54533	73272
广　东	53653	64806	75354	88748	96993	112133
广　西	30480	28730	36280	28944	30995	31950
海　南	6163	7210	8828	8274	9472	10818
重　庆				25048	35054	51123
四　川	59629	70257	77059	63016	72283	89492
贵　州	15641	20528	26419	27866	27126	30834
云　南	31529	36916	46048	52043	53384	63169
西　藏	5304	4466	5228	6987	11749	6824
陕　西	20404	26336	32108	31702	25791	43230
甘　肃	13897	17748	21484	20366	20554	26371
青　海	3454	4342	6473	8088	8669	23784
宁　夏	3244	3458	4279	4397	5442	8651
新　疆	8297	11732	15706	25387	22690	55676

单位：万元

2000年	2001年	2002年	2003年	2004年	2005年	2006年
2296954	**2847548**	**3922695**	**4989171.8**	**5773906.5**	**7184146**	**9153527**
29338	13965	18467	18027.2	39289.8	37423	27907
150746	196540	233429	303795.3	327957.0	370918	450229
30547	41580	58202	62682.2	71091.4	92462	121917
113381	125698	153525	185640.8	216769.6	283480	356510
56815	71776	105897	124002.5	147569.6	192257	236469
44674	55328	70606	99367.7	126236.7	141727	187147
131675	180547	227704	279736.9	304551.2	368476	437608
51153	76026	118392	166702.2	182133.4	218688	284676
61753	80658	177852	167487.2	193823.3	222865	376619
87021	121538	167719	222539.6	228764.3	282196	316864
159691	170800	205763	256062.6	309196.0	419996	502744
97755	124023	159432	189645.4	294720.4	354320	415110
72568	89476	138918	208605.9	195411.9	250782	312519
67797	68897	85353	94060.8	139539.3	157015	226313
49521	57966	92013	149217.2	176371.5	225667	340990
159315	180470	233918	283989.3	311522.3	408419	526836
102698	117574	159157	221712.8	251438.9	337872	425038
113381	122382	167653	229233.9	270653.4	345556	440298
80343	104818	158443	210815.4	252891.5	326694	422998
144461	198362	278022	341821.0	386221.4	483430	635940
35135	49819	82929	109901.0	113722.5	156841	175928
13568	15372	18032	24304.1	27949.8	38103	49003
55934	70571	117114	125112.4	145713.0	174682	216847
105249	139493	194774	244374.4	302566.3	376043	500440
36085	51264	67973	82093.5	102696.6	151257	181266
78944	98782	115945	150814.0	183854.7	202346	228950
9920	14979	15358	17912.7	23199.7	22574	30224
54365	72136	103474	147038.8	149120.1	186935	244342
35251	42851	58315	75346.0	91876.1	111530	149598
16159	19790	24812	36616.0	39139.1	47402	51844
13775	21289	28724	30448.1	34071.3	35346	57593
56940	52768	104762	130065.0	133844.4	160847	222762

C-1-8续表4

地　区	2007年	2008年	2009年	2010年	2011年	2012年	2013年
全　国	**12154874**	**21464484**	**21819430.2**	**26975149.0**	**32291356.0**	**36837379.4**	**42765370.8**
中央级	32841	263213	55240.2	488035.9	93505.4	100110.8	137419.9
北　京	575756	575302	745435.4	982144.3	1031493.0	1260515.9	1555734.8
天　津	149046	196893	244982.6	313824.7	375011.5	444250.9	552118.0
河　北	488387	678036	843485.2	969269.1	1244217.3	1438698.1	1672465.7
山　西	339210	457567	562518.4	634004.6	876097.5	936468.5	1130400.3
内蒙古	283105	420111	575897.9	768526.2	968084.5	1127395.6	1236610.0
辽　宁	575209	724799	887386.5	1066504.6	1347428.2	1567755.2	1672890.8
吉　林	341920	470519	642777.6	750632.3	801698.3	765275.0	986245.5
黑龙江	478896	643011	800947.6	854398.8	1050480.9	1152380.1	1589618.1
上　海	406118	515828	557187.9	572521.7	662862.5	727872.8	832211.6
江　苏	632560	811832	996449.2	1265312.3	1711513.8	1970955.5	2335259.9
浙　江	508925	610800	704117.9	884859.5	1061597.3	1253870.2	1428845.7
安　徽	490974	659432	804010.6	971558.4	1263090.4	1421837.3	1601142.2
福　建	247500	282403	322487.9	422187.8	503195.6	614533.8	729824.6
江　西	434664	596019	693704.1	847650.9	986614.7	1075144.7	1224409.1
山　东	715079	885720	1122739.0	1437374.8	1691804.7	2183629.3	2502270.9
河　南	598726	785189	1035342.8	1230796.6	1586875.1	1740800.2	2097496.0
湖　北	514067	748412	897367.7	1082788.8	1408483.1	1531263.7	1849392.5
湖　南	521304	771404	997685.9	1165255.4	1545645.5	2003252.4	1996276.3
广　东	720130	834465	1021108.9	1154286.9	1480652.6	1668953.2	1981669.0
广　西	247212	410162	492763.3	731162.4	971372.9	1173997.1	1292515.6
海　南	65929	96527	142315.6	190264.1	223849.3	240254.6	254400.4
重　庆	307697	435014	514479.6	674873.3	783120.4	907587.4	999446.7
四　川	734868	4848630	2289514.1	2408738.2	2168767.6	2375722.4	2880631.2
贵　州	264299	443051	560108.4	728242.8	1116447.6	1248670.9	1341494.8
云　南	420914	687354	930167.6	1224026.2	1432131.1	1730472.3	1845730.7
西　藏	38363	69982	82169.4	85017.8	130279.7	155073.7	156074.8
陕　西	365358	849627	867024.3	1139380.6	1356364.3	1424205.1	1838401.7
甘　肃	226791	1063855	577204.8	740624.8	1000902.5	1051754.7	1299304.5
青　海	81455	123508	189659.7	330701.5	359785.5	341516.9	377594.3
宁　夏	79705	110375	143479.2	161335.6	195226.4	220055.6	266258.2
新　疆	267867	395446	519670.9	698848.1	862756.8	983105.5	1101217.0

单位：万元

2014年	2015年	2016年	2017年	2018年	2019年	2020年
44041244.2	**49264448.4**	**54401503.4**	**59326813.1**	**40769320.0**	**42792437.9**	**48082138.5**
128646.0	155949.2	165749.1	269330.6	128747.8	121352.7	115741.3
1600353.6	2220633.5	2558934.6	2830370.7	1410839.6	1638311.6	1712782.0
591814.0	769084.9	895069.9	976094.3	723647.0	697325.4	658421.3
1653297.9	1805161.2	2115331.3	2491031.8	1267321.2	1451118.4	1832081.1
1144649.5	1201392.7	1291517.7	1427974.2	965414.8	1068424.9	1146730.5
1409253.2	1410121.9	1400524.5	1530138.7	1229044.8	1242620.6	1329014.9
1694087.8	1844543.3	1845473.1	2000385.4	1345926.0	1136119.9	1200285.6
942015.8	1057440.4	1041251.7	1229440.2	833078.7	865328.9	866067.3
1373441.2	1504605.0	1526756.7	1621673.2	1016669.9	939507.0	996573.0
857287.8	966471.0	1532275.2	1774025.0	1440387.9	1639409.9	1729957.3
2460508.3	2605552.1	2872252.8	3252262.8	2541719.9	2511988.2	2692853.3
1502557.1	1674651.1	1899440.0	2100207.6	1423390.2	1610842.0	1914409.0
1699609.2	1812233.9	1970515.8	2205766.4	1654232.3	1907107.4	2151662.1
775607.4	903162.9	1041706.7	1038592.5	812950.4	896362.5	1035956.8
1472214.2	1571857.7	1717261.4	1868755.5	1436320.2	1434244.3	1474742.5
2706751.9	2871388.9	3048812.9	3394553.1	1570595.4	1691002.8	2147801.8
2054924.0	2292633.2	2469598.6	2606924.3	1762338.9	1979422.4	2324396.7
1852790.6	2269799.1	2423266.1	2564107.9	1776866.8	1849894.4	2270361.0
2085354.4	2305544.2	2716411.4	2759086.8	1707022.3	1730690.3	1803685.7
2237116.3	2595187.3	3056715.3	3723480.8	2631089.6	2826465.3	3112302.8
1391271.4	1492923.0	1577969.5	1785362.3	1301233.1	1437469.5	2056114.3
287775.5	296623.7	300733.3	299638.3	299986.6	259235.4	256183.2
1027739.5	1146517.8	1299701.7	1563300.9	1091804.0	1071546.9	1166173.6
2917857.6	3152459.5	3486433.8	3663630.9	2489797.5	2512033.7	2927582.6
1391678.3	1472311.4	1602657.5	1734040.9	1363187.2	1445052.1	1767795.9
1979476.0	2310934.8	2348845.7	2404442.3	1799879.2	1865562.9	2150926.9
136789.5	175034.3	235821.1	273337.7	221186.6	201015.4	235165.5
1679000.3	1847868.8	2020674.1	2099088.3	1385599.4	1483555.2	1530428.6
1214834.5	1367615.6	1631306.1	1490098.4	1254450.3	1283731.0	1357819.5
381598.0	462567.9	492304.9	577580.9	404933.9	459092.4	491604.4
264662.5	409809.1	420877.6	426405.6	375733.0	386732.1	390738.4
1126280.9	1292369.0	1395313.3	1345684.8	1103925.5	1149872.4	1235779.6

C-1-9 民政事业费中央

地 区	合计	
		困难群众救助补助资金
全 国	**17041801**	**16418483**
北 京	20371	18662
天 津	60107	58241
河 北	729766	709215
山 西	593170	577107
内蒙古	512706	492174
辽 宁	488034	469249
吉 林	452133	436696
黑龙江	613480	589316
上 海	25159	21779
江 苏	204026	193470
浙 江	129147	119519
安 徽	791911	771954
福 建	198774	185130
江 西	717020	689316
山 东	579793	562715
河 南	920391	895145
湖 北	920246	890092
湖 南	873403	840678
广 东	297438	290128
广 西	898963	872022
海 南	140411	136688
重 庆	399959	377534
四 川	1249423	1190298
贵 州	923509	892542
云 南	1067452	1023662
西 藏	155137	146328
陕 西	642953	621553
甘 肃	1009125	981111
青 海	299357	279325
宁 夏	213570	209075
新 疆	865812	837180
兵 团	49055	40579

专项拨款对账单简表

单位：万元

彩票公益金	中央预算内投资
192526	**430792**
1709	
1866	
4974	15577
5342	10721
4490	16042
7522	11263
5319	10118
6033	18131
3380	
7054	3502
5281	4347
5255	14702
2628	11016
7362	20342
8117	8961
8640	16606
9934	20220
9943	22782
7110	200
6827	20114
339	3384
7295	15130
15935	43190
6514	24453
4619	39171
4609	4200
7310	14090
7565	20449
2960	17072
2835	1660
9855	18777
3904	4572

C-1-10 民政事业费中央

地　区	困难群众救助补助资金合计	财社〔2020〕210号 财政部 民政部关于下达2020年中央财政困难群众救助补助预算（第三批）的通知	财社〔2020〕64号 财政部 民政部关于下达2020年中央财政困难群众救助补助预算（第二批）的通知	财社〔2020〕24号 财政部 民政部关于下达2020年中央财政困难群众救助补助预算的通知	财社〔2020〕25号 财政部 民政部关于下达新疆生产建设兵团2020年中央财政困难群众救助补助预算的通知
全　国	**16418483**	**-226790**	**1050000**	**5285905**	**7406**
北　京	18662	-272	2500	4842	
天　津	58241	-256	8141	10338	
河　北	709215	-11997	61505	213619	
山　西	577107	-13358	36604	165659	
内蒙古	492174	-16746	25991	139949	
辽　宁	469249	-2587	45388	102482	
吉　林	436696	-4762	31227	94950	
黑龙江	589316	159	46564	132388	
上　海	21779	-1046	3056	7036	
江　苏	193470	-15876	21474	72732	
浙　江	119519	-3119	12295	46627	
安　徽	771954	-15843	52529	264223	
福　建	185130	-3980	20098	58489	
江　西	689316	3368	42609	221848	
山　东	562715	-1240	75232	148217	
河　南	895145	-47257	67775	297948	
湖　北	890092	-7791	59963	383351	
湖　南	840678	-2161	61277	216003	
广　东	290128	-110	31246	97608	
广　西	872022	21116	42628	285290	
海　南	136688	-4271	11818	34184	
重　庆	377534	-12150	25361	103709	
四　川	1190298	-7202	58207	442299	
贵　州	892542	15517	37212	294668	
云　南	1023662	-26893	39139	383141	
西　藏	146328	-2091	5859	52684	
陕　西	621553	-49982	36908	230722	
甘　肃	981111	-6729	35739	339527	
青　海	279325	-1750	11644	81029	
宁　夏	209075	-2269	8783	66048	
新　疆	837180	-5212	31228	294295	
兵　团	40579				7406

专项拨款对账单明细表

单位：万元

财社〔2019〕190号 财政部 民政部关于提前下达2020年中央财政困难群众救助补助预算的通知	财社〔2019〕191号 财政部 民政部关于提前下达新疆生产建设兵团2020年中央财政困难群众救助补助预算指标的通知	彩票公益金合计	中央集中彩票公益金合计	财社〔2020〕65号 财政部 民政部关于下达2020年中央集中彩票公益金支持社会福利事业专项资金预算的通知	财社〔2020〕66号 财政部 民政部关于下达新疆生产建设兵团2020年中央集中彩票公益金支持社会福利事业专项资金预算的通知
10268789	**33173**	**192526**	**93226**	**92323**	**903**
11592		1709	340	340	
40018		1866	422	422	
446088		4974	3366	3366	
388202		5342	2079	2079	
342980		4490	1390	1390	
323966		7522	2996	2996	
315281		5319	2079	2079	
410205		6033	2170	2170	
12733		3380	1285	1285	
115140		7054	3106	3106	
63716		5281	1758	1758	
471045		5255	3646	3646	
110523		2628	1273	1273	
421491		7362	4462	4462	
340506		8117	4553	4553	
576679		8640	5248	5248	
454569		9934	4438	4438	
565559		9943	4584	4584	
161384		7110	3332	3332	
522988		6827	3800	3800	
94957		339	339	339	
260614		7295	1939	1939	
696994		15935	9320	9320	
545145		6514	3486	3486	
628275		4619	3285	3285	
89876		4609	3351	3351	
403905		7310	2443	2443	
612574		7565	3946	3946	
188402		2960	1509	1509	
136513		2835	1045	1045	
516869		9855	5333	5333	
	33173	3904	903		903

C-1-10续表

地　区	中央专项彩票公益金合计	财社〔2020〕60号 财政部关于下达2020年中央专项彩票公益金支持开展居家和社区养老服务改革试点补助资金预算的通知	财社〔2020〕61号 财政部关于下达新疆生产建设兵团2020年中央专项彩票公益金支持开展居家和社区养老服务改革试点补助资金预算的通知	财社〔2020〕132号 财政部关于下达2020年中央专项彩票公益金支持开展居家和社区养老服务改革试点补助资金预算（第四批试点奖励）的通知	财社〔2020〕202号 财政部关于下达2020年中央专项彩票公益金支持开展居家和社区养老服务改革试点补助资金预算（第五批试点奖励）的通知
全　国	**99300**	**94299**	**3001**	**1000**	**1000**
北　京	1369	1169		100	100
天　津	1444	1444			
河　北	1608	1608			
山　西	3263	3163			100
内蒙古	3100	3100			
辽　宁	4526	4326		100	100
吉　林	3240	3240			
黑龙江	3863	3763		100	
上　海	2095	1895		100	100
江　苏	3948	3848		100	
浙　江	3523	3423			100
安　徽	1609	1509		100	
福　建	1355	1355			
江　西	2900	2900			
山　东	3564	3364		100	100
河　南	3392	3292			100
湖　北	5496	5496			
湖　南	5359	5259		100	
广　东	3778	3678			100
广　西	3027	3027			
海　南	0				
重　庆	5356	5256			100
四　川	6615	6415		100	100
贵　州	3028	2928		100	
云　南	1334	1334			
西　藏	1258	1258			
陕　西	4867	4867			
甘　肃	3619	3619			
青　海	1451	1451			
宁　夏	1790	1790			
新　疆	4522	4522			
兵　团	3001		3001		

单位：万元、个

中央预算内投资				
国家发展改革委关于下达社会服务兜底工程2020年中央预算内投资计划的通知（发改投资〔2020〕956号）				
项目个数		本次下达投资		
社会福利	养老	小计	1.社会福利体系（含殡葬）	2.基本养老
28	**130**	**430792**	**150792**	**280000**
1	5	15577	6402	9175
1	5	10721	3700	7021
1	6	16042	8000	8042
1	2	11263	2900	8363
1	1	10118	2930	7188
1	9	18131	6775	11356
1	5	3502	500	3002
2	4	4347	950	3397
1	5	14702	5700	9002
1	3	11016	3000	8016
1	3	20342	4600	15742
1	5	8961	2100	6861
1	2	16606	8507	8099
1	4	20220	8190	12030
1	9	22782	9300	13482
1		200	200	
1	7	20114	7110	13004
	1	3384		3384
1	4	15130	3800	11330
1	9	43190	10176	33014
1	8	24453	9700	14753
1	10	39171	14000	25171
1		4200	4200	
1	3	14090	6100	7990
1	5	20449	7100	13349
1	8	17072	3400	13672
	1	1660		1660
1	5	18777	10530	8247
1	1	4572	922	3650

C-1-11 民政事业费预算

地 区	本年预算指标合计	上年结转预算指标	本级财政安排预算指标	本年上级下达预算指标
全 国	**49303159.7**	**2095840.1**	**47419331.9**	**61330025.4**
中央级	173713.9	72029.8	17143485.1	
北 京	1742087.1	98838.1	1646509.0	230279.8
天 津	701874.9	32313.0	611245.6	120000.0
河 北	1911278.5	84424.7	1097165.8	2627221.9
山 西	1233336.7	150702.0	492323.1	2120593.9
内蒙古	1359666.0	72623.9	774784.2	2222705.9
辽 宁	1315099.1	57690.8	774732.4	1767480.5
吉 林	884938.7		434754.7	977662.0
黑龙江	1021735.0	18599.2	390875.8	2005732.5
上 海	1726151.9	18114.9	1683121.0	48920.8
江 苏	2592062.4	14425.7	2374729.7	1183882.2
浙 江	2037407.2	69945.2	1839122.5	597649.4
安 徽	2159984.2	21295.1	1346944.3	1940833.2
福 建	1050273.6	33063.8	819747.8	1051933.3
江 西	1521372.7	3021.0	804266.7	2828640.2
山 东	2170078.2	109077.9	1485974.9	2564640.8
河 南	2326892.6	33529.8	1374330.9	3830062.8
湖 北	2438571.1	212157.7	1317034.1	3309453.5
湖 南	1768375.4	16018.0	881934.4	3283188.5
广 东	3082765.0	72056.7	2717781.3	2972470.1
广 西	1912750.1	167888.6	852659.8	2619960.1
海 南	410809.2	39809.6	238380.0	321146.9
重 庆	1212375.4	99863.1	715461.3	1082052.6
四 川	2957696.2	138168.9	1579266.4	4485240.2
贵 州	1903276.7	92744.0	891496.2	3171927.8
云 南	2212721.7	67976.3	1090787.8	4118301.0
西 藏	335359.5	70505.6	109726.9	398918.4
陕 西	1567967.9	57174.8	933072.1	2758134.4
甘 肃	1398852.0	50291.4	369613.8	2269229.0
青 海	509328.4	31051.7	181571.7	1013800.8
宁 夏	418693.0	69513.8	135609.2	502969.6
新 疆	1245665.4	20925.0	310823.4	2904993.3

指标来源情况表

单位：万元

本年下达所属地方预算指标	划转平级其他部门预算指标	一般公共预算财政拨款	上年结转预算指标	本级财政安排预算指标
61330025.4	**212012.3**	**44414779.8**	**1506373.7**	**43069807.4**
17041801.0		121707.5	54799.1	16485391.4
209908.8	23631.0	1301397.2	47754.2	1257153.0
59893.0	1790.7	549637.3	16566.5	476666.5
1897455.9	78.0	1763432.6	69812.6	984421.4
1527423.9	2858.4	1144532.2	126582.2	443697.6
1709999.9	448.1	1250557.6	34828.6	719359.3
1279446.5	5358.1	1155024.8	45052.0	685174.5
525529.0	1949.0	841236.2		404540.2
1392252.5	1220.0	960753.1	8321.3	359127.2
23761.8	243.0	1620388.9	13887.0	1584965.9
979856.2	1119.0	2415310.0	9631.7	2212989.3
468502.4	807.5	1634287.3	26620.4	1488635.4
1148922.2	166.2	2059169.9	6103.2	1268897.4
853159.3	1312.0	926203.6	23859.7	717486.9
2111620.2	2935.0	1443690.0	1596.3	754627.8
1984847.8	4767.6	1975712.4	77663.0	1339769.4
2909671.8	1359.1	2119147.1	24086.0	1195101.0
2389207.5	10866.7	2276259.1	199975.4	1195780.8
2409785.5	2980.0	1642014.5	12990.3	788292.4
2675032.1	4511.0	2841243.4	63760.7	2492136.7
1720997.1	6761.3	1552414.0	122895.9	563220.6
180735.9	7791.4	393296.4	35635.6	228363.3
682093.6	2908.0	1094046.5	83008.9	633503.6
3235817.2	9162.1	2738539.4	70962.6	1471220.2
2248418.8	4472.5	1612871.8	73927.9	646921.4
3050849.0	13494.4	2069378.0	45713.7	1003908.8
243781.4	10.0	286721.7	46091.3	94312.4
2115181.4	65232.0	1365911.2	46046.3	754358.9
1260104.0	30178.2	1319588.5	37884.7	326136.0
714443.8	2652.0	449614.5	26497.3	143792.2
289399.6		371094.4	45227.2	116608.3
1990126.3	950.0	1119598.7	8592.1	233247.6

C-1-11续表1

地　区	本年上级下达预算指标	本年下达所属地方预算指标	划转平级其他部门预算指标	彩票公益金预算指标
全　国	**57785497.5**	**57788571.6**	**158327.2**	**2632302.8**
中央级		16418483.0		2077.7
北　京	172383.7	153721.7	22172.0	81540.3
天　津	116278.0	58083.0	1790.7	52983.2
河　北	2506552.5	1797337.5	16.4	90199.2
山　西	2052927.2	1475820.2	2854.6	47435.6
内蒙古	2112853.3	1616111.9	371.7	89208.0
辽　宁	1597051.5	1167895.1	4358.1	125277.2
吉　林	946684.0	509988.0		29923.1
黑龙江	1932545.0	1339240.4		30903.2
上　海	40789.8	19010.8	243.0	75199.9
江　苏	1138241.3	945552.3		138335.0
浙　江	508451.4	388932.4	487.5	217537.2
安　徽	1866693.0	1082507.5	16.2	77774.2
福　建	937355.4	752225.4	273.0	76431.3
江　西	2717999.1	2028683.2	1850.0	42540.7
山　东	2390804.9	1828089.8	4435.1	145292.5
河　南	3519549.8	2619219.7	370.0	101624.3
湖　北	3157300.5	2267208.5	9589.1	108308.3
湖　南	3071226.5	2230484.7	10.0	74093.5
广　东	2860550.4	2570833.4	4371.0	180558.9
广　西	2272824.2	1400802.1	5724.6	98834.4
海　南	310047.8	173255.5	7494.8	13454.4
重　庆	1033262.6	655728.6		64645.3
四　川	4268777.2	3067230.9	5189.7	123563.5
贵　州	3061032.1	2168490.1	519.5	53003.4
云　南	3916705.9	2893043.9	3906.5	86220.8
西　藏	378301.4	231973.4	10.0	41882.7
陕　西	2557232.2	1934995.7	56730.5	136166.6
甘　肃	2200766.0	1219655.0	25543.2	56861.4
青　海	939529.7	660204.7		41806.3
宁　夏	484943.5	275684.6		45569.2
新　疆	2715837.6	1838078.6		83051.5

单位：万元

上年结转 预算指标	本级财政安排 预算指标	本年上级下达 预算指标	本年下达所属地方 预算指标	划转平级其他部门 预算指标
446728.7	**2164237.0**	**2067841.5**	**2036314.9**	**10189.5**
455.7	194148.0		192526.0	
28255.3	53035.0	56396.1	54687.1	1459.0
11573.2	39498.0	3722.0	1810.0	
12059.0	73226.2	73938.4	68964.4	60.0
18466.7	23630.7	35503.7	30161.7	3.8
37248.5	50089.3	69614.6	67668.0	76.4
10131.3	70179.6	115131.7	69165.4	1000.0
	24604.1	12691.0	7372.0	
4001.5	21905.3	24948.5	19952.1	
3762.2	68057.7	8131.0	4751.0	
4794.0	125973.0	39488.9	31920.9	
37350.8	175225.4	79548.0	74267.0	320.0
8665.8	64015.5	54728.6	49485.7	150.0
8978.9	65331.4	66283.9	63655.9	507.0
1424.7	33753.9	48319.1	40957.0	
31351.5	105976.6	144276.9	136160.0	152.5
9269.2	83927.3	151064.0	142424.1	212.1
9711.6	89500.3	111421.0	101487.0	837.6
2706.6	65595.0	138536.2	132744.3	
6324.2	166853.7	110157.2	102636.2	140.0
35251.3	57551.9	73808.1	66981.2	795.7
3958.9	9557.4	4331.1	4096.4	296.6
14496.2	42854.1	18530.0	11235.0	
28119.4	80453.1	114521.7	98436.3	1094.4
14734.4	31755.0	41026.7	34512.7	
17743.8	64861.9	101250.1	96631.1	1003.9
23335.3	13938.4	11517.0	6908.0	
10461.2	119254.4	159330.5	152028.0	851.5
12161.9	38363.5	30971.0	23406.0	1229.0
4554.4	34291.9	33861.7	30901.7	
23955.1	18963.0	14706.1	12055.0	
11426.1	57866.4	120086.7	106327.7	

C-1-11续表2

地　区	预算内投资资金预算指标	上年结转预算指标	本级财政安排预算指标	本年上级下达预算指标	本年下达所属地方预算指标	划转平级其他部门预算指标
全　国	**542130.8**	**20614.7**	**592737.6**	**1141380.4**	**1170125.9**	**42476.0**
中央级	10256.0		441048.0		430792.0	
北　京						
天　津						
河　北	32779.1	402.1	16800.0	46731.0	31154.0	
山　西	13851.0	100.0	3030.0	32163.0	21442.0	
内蒙古	16548.0	330.0	2200.0	40238.0	26220.0	
辽　宁	23378.4	2178.1	13912.3	49674.0	42386.0	
吉　林	8549.0		380.0	18287.0	8169.0	1949.0
黑龙江	25810.8	4150.0	7701.8	48239.0	33060.0	1220.0
上　海	6072.0		6072.0			
江　苏	6989.2		4671.2	5820.0	2383.0	1119.0
浙　江	13901.6		9554.6	9650.0	5303.0	
安　徽	5226.0	525.0	2227.0	19403.0	16929.0	
福　建	41384.9		30900.9	48294.0	37278.0	532.0
江　西	28879.8		9622.8	62322.0	41980.0	1085.0
山　东	16899.0		8118.0	29559.0	20598.0	180.0
河　南	18486.3		2935.3	48763.0	33212.0	
湖　北	20880.0	770.0	330.0	40732.0	20512.0	440.0
湖　南	29408.8		3839.9	71404.9	42866.0	2970.0
广　东	225.8		25.8	600.0	400.0	
广　西	32927.3	1602.9	11210.4	67431.5	47317.5	
海　南	3419.0		35.0	6768.0	3384.0	
重　庆	15757.8	2347.1	1188.7	30260.0	15130.0	2908.0
四　川	33811.5	3135.5	1891.4	101812.6	70150.0	2878.0
贵　州	22832.7	2332.7		69759.0	45306.0	3953.0
云　南	33469.7	2221.3	661.4	100345.0	61174.0	8584.0
西　藏	4200.0			9100.0	4900.0	
陕　西	11014.0		5250.0	33734.0	20320.0	7650.0
甘　肃	18152.9		1109.9	37492.0	17043.0	3406.0
青　海	17907.6		3487.6	40409.4	23337.4	2652.0
宁　夏	1660.0			3320.0	1660.0	
新　疆	27452.6	520.0	4533.6	69069.0	45720.0	950.0

单位：万元

其他民政事业费预算指标	上年结转预算指标	本级财政安排预算指标	本年上级下达预算指标	本年下达所属地方预算指标	划转平级其他部门预算指标
1713946.3	**122123.0**	**1592549.9**	**335306.0**	**335013.0**	**1019.6**
39672.7	16775.0	22897.7			
359149.6	22828.6	336321.0	1500.0	1500.0	
99254.4	4173.3	95081.1			
24867.6	2151.0	22718.2			1.6
27517.9	5553.1	21964.8			
3352.4	216.8	3135.6			
11418.7	329.4	5466.0	5623.3		
5230.4		5230.4			
4267.9	2126.4	2141.5			
24491.1	465.7	24025.4			
31428.2		31096.2	332.0		
171681.1	5974.0	165707.1			
17814.1	6001.1	11804.4	8.6		
6253.8	225.2	6028.6			
6262.2		6262.2			
32174.3	63.4	32110.9			
87634.9	174.6	92367.3	110686.0	114816.0	777.0
33123.7	1700.7	31423.0			
22858.6	321.1	24207.1	2020.9	3690.5	
60736.9	1971.8	58765.1	1162.5	1162.5	
228574.4	8138.5	220676.9	205896.3	205896.3	241.0
639.4	215.1	424.3			
37925.8	10.9	37914.9			
61781.8	35951.4	25701.7	128.7		
214568.8	1749.0	212819.8	110.0	110.0	
23653.2	2297.5	21355.7			
2555.1	1079.0	1476.1			
54876.1	667.3	54208.8	7837.7	7837.7	
4249.2	244.8	4004.4			
369.4	331.5	37.9			
15562.6	386.8	15175.8			

C-1-12 民政事业费预

地 区	预算指标合计			
	2020年	2019年	增长（%）	2020年
全 国	**45879250.9**	**42361577.3**	**8.3**	**17175842.2**
中央级	134041.2	164088.7	-18.3	134041.2
北 京	1330559.0	1168387.2	13.9	20371.0
天 津	576271.5	665044.1	-13.3	60107.0
河 北	1804213.6	1442486.9	25.1	729766.0
山 西	1063528.3	1067899.8	-0.4	593170.0
内蒙古	1284354.6	1228377.8	4.6	512706.0
辽 宁	1257300.4	1226197.7	2.5	488034.0
吉 林	881657.3	889251.5	-0.9	452133.0
黑龙江	1002214.3	1002548.6	0.0	613480.0
上 海	1684254.6	1590892.9	5.9	25159.0
江 苏	2547659.5	2499289.9	1.9	204026.0
浙 江	1802562.4	1583217.0	13.9	129147.0
安 徽	2127050.9	1885092.4	12.8	791911.0
福 建	1012493.2	901678.8	12.3	198774.0
江 西	1515024.5	1425945.1	6.2	717020.0
山 东	2033657.0	1667658.7	21.9	579793.0
河 南	2202271.0	1981839.3	11.1	920391.0
湖 北	2205857.1	1828790.7	20.6	920246.0
湖 南	1731130.3	1719236.1	0.7	873403.0
广 东	2956454.2	2719326.1	8.7	297438.0
广 西	1530945.9	1442553.7	6.1	898963.0
海 南	378366.7	337136.0	12.2	140411.0
重 庆	1077505.4	1015879.1	6.1	399959.0
四 川	2800285.4	2521538.9	11.1	1249423.0
贵 州	1602185.4	1439511.2	11.3	923509.0
云 南	2136884.1	1781826.0	19.9	1067452.0
西 藏	263387.8	242807.9	8.5	155137.0
陕 西	1521816.3	1506948.6	1.0	642953.0
甘 肃	1374734.4	1318841.4	4.2	1009125.0
青 海	480928.7	569783.2	-15.6	299357.0
宁 夏	349141.3	382033.4	-8.6	213570.0
新 疆	1210514.6	1145468.6	5.7	914867.0

算与上年比较

单位：万元

中央安排预算指标		地方安排预算指标		
2019年	增长（%）	2020年	2019年	增长（%）
15830376.7	**8.5**	**28703408.7**	**26531200.6**	**8.2**
164088.7	-18.3			
22318.0	-8.7	1310188.0	1146069.2	14.3
62683.0	-4.1	516164.5	602361.1	-14.3
667580.0	9.3	1074447.6	774906.9	38.7
581969.0	1.9	470358.3	485930.8	-3.2
519859.0	-1.4	771648.6	708518.8	8.9
486071.0	0.4	769266.4	740126.7	3.9
475687.0	-5.0	429524.3	413564.5	3.9
620792.0	-1.2	388734.3	381756.6	1.8
25530.0	-1.5	1659095.6	1565362.9	6.0
178864.0	14.1	2343633.5	2320425.9	1.0
103933.0	24.3	1673415.4	1479284.0	13.1
714123.0	10.9	1335139.9	1170969.4	14.0
186755.0	6.4	813719.2	714923.8	13.8
657939.0	9.0	798004.5	768006.1	3.9
516333.0	12.3	1453864.0	1151325.7	26.3
863381.0	6.6	1281880.0	1118458.3	14.6
697847.0	31.9	1285611.1	1130943.7	13.7
858098.0	1.8	857727.3	861138.1	-0.4
246007.0	20.9	2659016.2	2473319.1	7.5
790576.0	13.7	631982.9	651977.7	-3.1
143902.0	-2.4	237955.7	193234.0	23.1
400737.0	-0.2	677546.4	615142.1	10.1
1058774.0	18.0	1550862.4	1462764.9	6.0
823103.0	12.2	678676.4	616408.2	10.1
946472.0	12.8	1069432.1	835354.0	28.0
146340.0	6.0	108250.8	96467.9	12.2
622116.0	3.3	878863.3	884832.6	-0.7
910963.0	10.8	365609.4	407878.4	-10.4
292856.0	2.2	181571.7	276927.2	-34.4
209361.0	2.0	135571.3	172672.4	-21.5
835319.0	9.5	295647.6	310149.6	-4.7

C-1-13 民政事业费预算

地　区	全国预算安排合计	中央安排合计	全省安排合计		
				省级	市级
全　国	**45879250.9**	**17175842.2**	**28703408.7**	**7632608.0**	**4653073.9**
中央级	134041.2	134041.2			
北　京	1330559.0	20371.0	1310188.0	352181.1	
天　津	576271.5	60107.0	516164.5	57005.4	
河　北	1804213.6	729766.0	1074447.6	221867.1	139048.9
山　西	1063528.3	593170.0	470358.3	151960.7	138644.6
内蒙古	1284354.6	512706.0	771648.6	304604.0	148794.9
辽　宁	1257300.4	488034.0	769266.4	131824.1	310019.1
吉　林	881657.3	452133.0	429524.3	95572.7	72010.5
黑龙江	1002214.3	613480.0	388734.3	113013.5	62322.6
上　海	1684254.6	25159.0	1659095.6	140560.6	
江　苏	2547659.5	204026.0	2343633.5	289291.2	325394.1
浙　江	1802562.4	129147.0	1673415.4	324401.6	162711.9
安　徽	2127050.9	791911.0	1335139.9	154622.6	200104.9
福　建	1012493.2	198774.0	813719.2	200827.8	151934.8
江　西	1515024.5	717020.0	798004.5	334417.2	97055.6
山　东	2033657.0	579793.0	1453864.0	304698.2	353598.0
河　南	2202271.0	920391.0	1281880.0	480510.8	183056.9
湖　北	2205857.1	920246.0	1285611.1	450791.4	263995.9
湖　南	1731130.3	873403.0	857727.3	316488.3	140661.7
广　东	2956454.2	297438.0	2659016.2	942594.4	652875.3
广　西	1530945.9	898963.0	631982.9	177118.7	110252.9
海　南	378366.7	140411.0	237955.7	19893.3	55682.8
重　庆	1077505.4	399959.0	677546.4	335890.6	
四　川	2800285.4	1249423.0	1550862.4	326411.5	211748.0
贵　州	1602185.4	923509.0	678676.4	193162.0	129834.3
云　南	2136884.1	1067452.0	1069432.1	360377.3	301593.3
西　藏	263387.8	155137.0	108250.8	5348.7	24383.6
陕　西	1521816.3	642953.0	878863.3	343670.6	275691.2
甘　肃	1374734.4	1009125.0	365609.4	255614.0	46028.2
青　海	480928.7	299357.0	181571.7	68872.4	13423.5
宁　夏	349141.3	213570.0	135571.3	92983.9	10746.1
新　疆	1210514.6	914867.0	295647.6	86032.3	71460.3

指标各级安排情况表

单位：万元

县级及以下	一般公共预算财政拨款	中央安排	全省安排	省级
16417726.8	**43132076.6**	**16550446.5**	**26581630.1**	**6703877.4**
	131963.5	131963.5		
958006.9	1275815.0	18662.0	1257153.0	299181.1
459159.1	534907.5	58241.0	476666.5	42498.1
713531.6	1693636.4	709215.0	984421.4	196338.2
179753.0	1020804.6	577107.0	443697.6	144704.1
318249.7	1211533.3	492174.0	719359.3	264702.0
327423.2	1154423.5	469249.0	685174.5	89806.6
261941.1	841236.2	436696.0	404540.2	87524.7
213398.2	948443.2	589316.0	359127.2	104542.5
1518535.0	1606744.9	21779.0	1584965.9	130809.6
1728948.2	2406459.3	193470.0	2212989.3	282250.0
1186301.9	1608154.4	119519.0	1488635.4	257401.6
980412.4	2040851.4	771954.0	1268897.4	132271.0
460956.6	902616.9	185130.0	717486.9	167301.8
366531.7	1443943.8	689316.0	754627.8	320702.2
795567.8	1902484.4	562715.0	1339769.4	261378.2
618312.3	2090162.4	895145.0	1195017.4	408858.6
570823.8	2085872.8	890092.0	1195780.8	400555.9
400577.3	1628970.4	840678.0	788292.4	251991.4
1063546.5	2782264.7	290128.0	2492136.7	922961.6
344611.3	1435242.6	872022.0	563220.6	125961.0
162379.6	365051.3	136688.0	228363.3	16690.3
341655.8	1011037.6	377534.0	633503.6	323156.1
1012702.9	2658815.9	1190298.0	1468517.9	294535.0
355680.1	1539463.4	892542.0	646921.4	163721.0
407461.5	2027570.8	1023662.0	1003908.8	321025.1
78518.5	240640.4	146328.0	94312.4	4763.7
259501.5	1375911.9	621553.0	754358.9	279300.6
63967.2	1307247.0	981111.0	326136.0	238544.0
99275.8	423117.2	279325.0	143792.2	48461.0
31841.3	325683.3	209075.0	116608.3	78234.1
138155.0	1111006.6	877759.0	233247.6	43706.3

C-1-13续表1

地　区	市级	县级及以下	彩票公益金	中央安排	全省安排
全　国	**4054522.0**	**15823230.7**	**2164692.7**	**194603.7**	**1970089.0**
中央级			2077.7	2077.7	
北　京		957971.9	54744.0	1709.0	53035.0
天　津		434168.4	41364.0	1866.0	39498.0
河　北	117075.2	671008.0	78200.2	4974.0	73226.2
山　西	125168.1	173825.4	28972.7	5342.0	23630.7
内蒙古	145707.2	308950.1	54579.3	4490.0	50089.3
辽　宁	275249.0	320118.9	77701.6	7522.0	70179.6
吉　林	66152.6	250862.9	29923.1	5319.0	24604.1
黑龙江	56411.5	198173.2	27938.3	6033.0	21905.3
上　海		1454156.3	71437.7	3380.0	68057.7
江　苏	267164.0	1663575.3	133027.0	7054.0	125973.0
浙　江	108886.9	1122346.9	180506.4	5281.0	175225.4
安　徽	168113.7	968512.7	69270.5	5255.0	64015.5
福　建	139173.1	411012.0	67959.4	2628.0	65331.4
江　西	83942.1	349983.5	41115.9	7362.0	33753.9
山　东	303892.7	774498.5	114093.6	8117.0	105976.6
河　南	171760.7	614398.1	92567.3	8640.0	83927.3
湖　北	236923.6	558301.3	99434.3	9934.0	89500.3
湖　南	139120.8	397180.2	75538.0	9943.0	65595.0
广　东	547061.6	1022113.5	173963.7	7110.0	166853.7
广　西	106871.4	330388.2	64378.9	6827.0	57551.9
海　南	54404.1	157268.9	9896.4	339.0	9557.4
重　庆		310347.5	50149.1	7295.0	42854.1
四　川	183907.8	990075.1	96388.1	15935.0	80453.1
贵　州	128484.2	354716.2	38269.0	6514.0	31755.0
云　南	280912.1	401971.6	69480.9	4619.0	64861.9
西　藏	12851.5	76697.2	18547.4	4609.0	13938.4
陕　西	226405.4	248652.9	126564.4	7310.0	119254.4
甘　肃	37088.9	50503.1	45928.5	7565.0	38363.5
青　海	7877.0	87454.2	37251.9	2960.0	34291.9
宁　夏	8045.2	30329.0	21798.0	2835.0	18963.0
新　疆	55871.6	133669.7	71625.4	13759.0	57866.4

单位：万元

省级	市级	县级及以下	预算内投资资金	中央安排
889908.6	**589099.6**	**491080.8**	**582481.6**	**430792.0**
53000.0		35.0		
14507.3		24990.7		
25528.9	21973.7	25723.6	32377.0	15577.0
7256.6	13476.5	2897.6	13751.0	10721.0
39902.0	3087.7	7099.6	18242.0	16042.0
29203.5	34770.1	6206.0	25175.3	11263.0
8048.0	5857.9	10698.2	10498.0	10118.0
8471.0	5911.1	7523.2	25832.8	18131.0
9751.0		58306.7	6072.0	
7041.2	58230.1	60701.7	8173.2	3502.0
67000.0	49934.4	58291.0	13901.6	4347.0
20124.6	31991.2	11899.7	16929.0	14702.0
25471.0	12761.7	27098.7	41916.9	11016.0
13715.0	13113.5	6925.4	29964.8	20342.0
43320.0	49705.3	12951.3	17079.0	8961.0
71652.2	8360.9	3914.2	19541.3	16606.0
50235.5	27072.3	12192.5	20550.0	20220.0
64496.9	452.9	645.2	26621.9	22782.0
19632.8	105813.7	41407.2	225.8	200.0
40985.7	2743.1	13823.1	31324.4	20114.0
3203.0	1278.7	5075.7	3419.0	3384.0
12734.5		30119.6	16318.7	15130.0
31158.5	27840.2	21454.4	45081.4	43190.0
29441.0	1350.1	963.9	24453.0	24453.0
39352.2	20681.2	4828.5	39832.4	39171.0
585.0	11532.1	1821.3	4200.0	4200.0
60020.0	48385.8	10848.6	19340.0	14090.0
17070.0	8939.3	12354.2	21558.9	20449.0
20231.4	5546.5	8514.0	20559.6	17072.0
14749.8	2700.9	1512.3	1660.0	1660.0
42020.0	15588.7	257.7	27882.6	23349.0

C-1-13续表2

地　区	全省安排	省级	市级	县级及以下
全　国	**151689.6**	**38822.0**	**9452.3**	**103415.3**
中央级				
北　京				
天　津				
河　北	16800.0			16800.0
山　西	3030.0			3030.0
内蒙古	2200.0			2200.0
辽　宁	13912.3	12814.0		1098.3
吉　林	380.0			380.0
黑龙江	7701.8			7701.8
上　海	6072.0			6072.0
江　苏	4671.2			4671.2
浙　江	9554.6		3890.6	5664.0
安　徽	2227.0	2227.0		
福　建	30900.9	8055.0		22845.9
江　西	9622.8			9622.8
山　东	8118.0			8118.0
河　南	2935.3		2935.3	
湖　北	330.0			330.0
湖　南	3839.9		1088.0	2751.9
广　东	25.8			25.8
广　西	11210.4	10172.0	638.4	400.0
海　南	35.0			35.0
重　庆	1188.7			1188.7
四　川	1891.4	718.0		1173.4
贵　州				
云　南	661.4			661.4
西　藏				
陕　西	5250.0	4350.0	900.0	
甘　肃	1109.9			1109.9
青　海	3487.6	180.0		3307.6
宁　夏				
新　疆	4533.6	306.0		4227.6

单位：万元

其他民政事业费支出	中央安排	全省安排	省级	市级
1609324.9	**39672.7**	**1569652.2**	**452297.6**	**279652.7**
39672.7	39672.7			
336321.0		336321.0	51946.8	
95081.1		95081.1	35583.0	
22718.2		22718.2		2284.7
21964.8		21964.8	10187.8	4623.7
3135.6		3135.6		789.5
5466.0		5466.0		4449.1
5230.4		5230.4		85.0
2141.5		2141.5		251.7
24025.4		24025.4	19331.4	
31096.2		31096.2		22355.9
165707.1		165707.1	29106.7	63971.1
11804.4		11804.4		7971.9
6028.6		6028.6		4118.2
6262.2		6262.2		315.0
32110.9		32110.9		30951.0
92367.3		92367.3	83045.3	6887.4
31423.0		31423.0	84.0	17632.2
24207.1		24207.1	11622.4	9165.8
58765.1		58765.1		44431.2
220676.9		220676.9	150000.0	9561.3
424.3		424.3		
37914.9		37914.9	33723.2	
25701.7		25701.7		709.5
212819.8		212819.8	12353.0	298.0
21355.7		21355.7		509.6
1476.1		1476.1		
54208.8		54208.8	15314.0	30275.7
4004.4		4004.4		2879.0
37.9		37.9		37.9
15175.8		15175.8		15098.3

C-1-14 民政事业费

地 区	民政事业费实际支出	社会福利	儿童福利	集中养育孤儿生活补助	社会散居孤儿生活补助	事实无人抚养儿童基本生活保障支出
全 国	**48082138.5**	**13272614.2**	**681696.0**	**135760.4**	**198519.6**	**217733.7**
中央级	115741.3					
北 京	1712782.0	644251.5	8731.2	2856.1	695.8	1478.2
天 津	658421.3	163561.3	7193.2		534.4	1563.2
河 北	1832081.1	479744.1	20761.3	4963.9	5926.0	8299.8
山 西	1146730.5	213282.3	15031.1	4419.1	4185.5	4467.8
内蒙古	1329014.9	317497.1	17726.1	2264.9	6224.5	7585.6
辽 宁	1200285.6	204723.6	10930.2	2974.1	4491.2	2486.3
吉 林	866067.3	180932.7	7393.7	2769.0	3172.8	982.4
黑龙江	996573.0	197918.7	8644.5	2673.2	3502.8	1297.7
上 海	1729957.3	1051022.1	9376.8	3966.6	194.9	1108.9
江 苏	2692853.3	1291476.9	39542.5	7173.1	9507.6	11516.8
浙 江	1914409.0	715586.2	43328.7	4261.7	2450.1	9549.1
安 徽	2151662.1	459355.1	35634.5	4006.7	6309.1	23680.1
福 建	1035956.8	374661.3	10864.9	2473.3	2270.1	4920.7
江 西	1474742.5	318366.3	15274.8	2548.1	4356.3	7213.9
山 东	2147801.8	709543.2	42468.0	4117.6	10973.4	15069.7
河 南	2324396.7	727717.6	42259.3	6850.7	16413.0	13737.8
湖 北	2270361.0	532819.9	24521.1	5869.0	8159.9	7449.5
湖 南	1803685.7	436256.8	41010.6	5800.4	16033.9	15183.0
广 东	3112302.8	1177413.2	67834.0	19385.9	13962.0	29956.0
广 西	2056114.3	373351.1	24944.9	3787.7	10753.0	7428.5
海 南	256183.2	77279.1	4745.4	900.2	1053.4	690.0
重 庆	1166173.6	226603.6	8747.5	1580.2	4062.0	1880.0
四 川	2927582.6	760482.6	40517.7	5226.6	21870.4	4705.4
贵 州	1767795.9	273422.7	33068.9	3699.0	12137.3	11611.5
云 南	2150926.9	326012.7	26448.9	4920.1	11833.7	6591.3
西 藏	235165.5	48810.9	7069.0	5953.7	164.8	367.5
陕 西	1530428.6	395502.9	14440.4	3152.0	4292.6	4577.4
甘 肃	1357819.5	177735.4	20242.4	3171.3	7772.4	7810.4
青 海	491604.4	111021.5	10443.3	2763.7	2577.1	1010.3
宁 夏	390738.4	72705.1	6625.6	541.5	1977.6	2877.8
新 疆	1235779.6	233556.7	15875.5	10691.0	662.0	637.1

支出情况

单位：万元

其他儿童福利	老年福利	高龄补贴	护理补贴	养老服务补贴	综合补贴	其他老年福利支出
129682.3	**3856993.5**	**2420129.2**	**181048.1**	**320829.0**	**113541.8**	**821445.4**
3701.1	237257.5	97770.7	96255.3	15746.8	1531.0	25953.7
5095.6	38526.6	6736.6			9866.8	21923.2
1571.6	112001.2	62435.9	5541.8	14080.5	1157.6	28785.4
1958.7	36612.9	11060.8	2815.8	787.4	1916.3	20032.6
1651.1	98669.4	74384.6	2.9	376.0	2266.1	21639.8
978.6	46678.7	29039.0	1352.9	4874.4	1226.6	10185.8
469.5	27739.7	12455.3	765.1	5185.9	228.0	9105.4
1170.8	38901.2	23726.4	3361.3	245.1	166.2	11402.2
4106.4	772478.7	604400.7	1604.6	41588.4		124885.0
11345.0	307754.4	184123.1	18016.7	54386.4	2753.3	48474.9
27067.8	148649.8	44421.8	1157.8	38682.9	228.6	64158.7
1638.6	132758.9	71364.5	3666.2	39051.0	1692.9	16984.3
1200.8	83666.7	29897.7	1023.0	8394.2	779.0	43572.8
1156.5	105052.0	73481.5	11002.4	6509.2	512.2	13546.7
12307.3	135585.4	12967.4	311.7	318.5	80989.1	40998.7
5257.8	244025.9	149142.4	4092.3	2855.0	2008.5	85927.7
3042.7	118242.4	95056.0	3105.3	5764.3	654.1	13662.7
3993.3	93147.7	50211.3		8803.1	1502.9	32630.4
4530.1	270481.1	207679.5	8953.8	20792.4	573.0	32482.4
2975.7	95905.1	74501.0	355.7	310.9	45.1	20692.4
2101.8	34091.7	25653.9	531.5	367.8		7538.5
1225.3	52557.2	20977.0	6567.7	12135.3	548.7	12328.5
8715.3	175696.0	132052.4	906.1	18132.0	386.1	24219.4
5621.1	77294.2	58108.9	1954.6	430.1	56.7	16743.9
3103.8	86275.3	65492.0	448.9	1221.2	346.7	18766.5
583.0	4442.0	431.6	350.2			3660.2
2418.4	128700.5	120063.3	1045.8	1058.9	261.9	6270.6
1488.3	23039.3	406.7	1642.2	8075.6	1763.6	11151.2
4092.2	62135.8	32420.5	3232.2	10513.1	52.4	15917.6
1228.7	22013.2	13841.6	934.6	116.0	28.4	7092.6
3885.4	46613.0	35825.1	49.7	26.6		10711.6

C-1-14续表1

地 区	养老服务	养老机构建设补助资金	养老机构运营补助资金	其他养老服务支出	残疾人福利	困难残疾人生活补贴
全 国	**1312747.8**	**603920.3**	**368851.4**	**339976.1**	**3192969.5**	**1546493.4**
中央级						
北 京	57144.5	8733.1	36318.9	12092.5	103979.3	74369.4
天 津	14887.2	4353.1	6531.3	4002.8	46403.5	14100.8
河 北	39279.5	15279.1	17975.2	6025.2	105755.0	49850.4
山 西	28501.6	15201.6	7982.5	5317.5	35708.2	14095.6
内蒙古	19410.0	12662.4	4518.1	2229.5	74236.7	38502.9
辽 宁	26662.4	12738.0	7496.1	6428.3	58172.6	24490.0
吉 林	13399.5	4933.5	5964.4	2501.6	57615.2	27707.6
黑龙江	13814.6	3083.7	6665.5	4065.4	70939.6	30550.5
上 海	90542.7	44719.0	29541.1	16282.6	5110.1	
江 苏	91423.0	44219.5	21223.4	25980.1	492505.5	406264.2
浙 江	150213.7	63854.5	48826.0	37533.2	6269.4	1095.8
安 徽	49040.4	17343.2	18413.7	13283.5	126785.6	65410.3
福 建	46824.4	20959.2	10774.1	15091.1	97606.4	45823.0
江 西	23504.6	14137.0	5667.4	3700.2	72485.5	37725.9
山 东	97967.5	38517.7	33297.2	26152.6	254103.9	91409.9
河 南	107901.5	56084.2	11100.4	40716.9	169072.1	71631.9
湖 北	56910.9	25555.6	18425.8	12929.5	147149.8	40965.0
湖 南	41176.1	21341.5	9167.4	10667.2	125040.3	56211.7
广 东	44006.9	14690.8	13599.8	15716.3	384237.4	91497.3
广 西	19598.6	10789.9	3930.7	4878.0	113429.4	50056.8
海 南	1016.2	350.8	299.5	365.9	26234.5	9934.5
重 庆	24079.9	14322.9	5293.3	4463.7	50565.2	17491.3
四 川	97263.8	45021.1	11660.1	40582.6	185779.2	97875.7
贵 州	12792.9	9064.9	2189.6	1538.4	35021.7	9643.5
云 南	25699.3	20563.4	3379.8	1756.1	74462.8	36752.9
西 藏	5097.3	1914.0	1983.1	1200.2	24348.7	12748.2
陕 西	48184.0	25346.2	14515.1	8322.7	91385.6	52958.5
甘 肃	20613.8	11571.1	5763.3	3279.4	63736.9	30139.3
青 海	10743.6	6473.6	296.0	3974.0	19622.2	10462.7
宁 夏	10137.0	6985.8	1944.5	1206.7	22054.3	12090.7
新 疆	24910.4	13109.9	4108.1	7692.4	53152.9	24637.1

单位：万元

重度残疾人护理补贴	康复辅具	其他残疾人福利	殡葬	殡仪馆（火葬场）经费	其他殡葬类单位经费
1546663.1	**15765.4**	**84047.6**	**1550363.3**	**1075259.7**	**475103.6**
18365.7		11244.2	32865.3	18954.2	13911.1
30396.0	1479.2	427.5	31283.3	28127.6	3155.7
53814.2	486.9	1603.5	123152.0	115852.9	7299.1
21292.6		320.0	32064.5	22770.6	9293.9
35720.8		13.0	37187.0	31789.9	5397.1
28195.2	79.3	5408.1	24061.4	19842.4	4219.0
29805.2	80.0	22.4	21607.2	19463.1	2144.1
40228.5	25.0	135.6	25720.9	14451.1	11269.8
	44.0	5066.1	33069.4	32000.0	1069.4
83518.9	11.2	2711.2	115204.4	96522.0	18682.4
446.4		4727.2	152958.4	95269.3	57689.1
59496.6	635.0	1243.7	57767.1	41300.9	16466.2
50113.9	841.4	828.1	60757.0	35142.8	25614.2
33988.9	106.0	664.7	55033.3	15864.0	39169.3
159027.5	3.3	3663.2	87358.2	51311.5	36046.7
90650.4	2304.8	4485.0	48809.6	34445.2	14364.4
98891.3		7293.5	68391.5	40766.6	27624.9
63351.6	2175.0	3302.0	56894.9	30301.5	26593.4
285144.0		7596.1	152355.6	98594.7	53760.9
59245.9	1150.0	2976.7	38475.4	32740.1	5735.3
15016.4	36.9	1246.7	1620.6		1620.6
25289.0	982.9	6802.0	27089.5	20538.3	6551.2
83659.8	1733.7	2510.0	92935.9	80980.1	11955.8
25130.3	50.0	197.9	48039.0	17433.9	30605.1
36433.3	399.9	876.7	38369.3	24629.3	13740.0
8663.0	614.7	2322.8	920.0	320.0	600.0
36235.8	1397.0	794.3	30760.4	26956.3	3804.1
32723.3	261.1	613.2	22587.1	21207.0	1380.1
7957.4	452.1	750.0	2635.1	1409.1	1226.0
9790.4		173.2	733.1	69.3	663.8
24070.8	416.0	4029.0	29656.9	6206.0	23450.9

C-1-14续表2

地 区	社会福利事业单位	社会福利院经费	儿童福利院经费	社会福利医院经费
全 国	**2028848.7**	**751486.5**	**246974.2**	**393379.1**
中央级				
北 京	92954.6	44501.4	22862.4	9424.5
天 津	22909.3	2135.4	5532.4	10128.6
河 北	66492.5	13178.6	778.4	2225.4
山 西	60870.6	26832.9	4191.2	11430.4
内蒙古	46631.9	15638.3	4680.5	11882.3
辽 宁	29716.8	14824.9	3511.7	
吉 林	48833.5	22887.9	1975.5	15436.4
黑龙江	33005.9	9911.6	4957.1	5214.0
上 海	126654.3	55376.9	12204.6	28354.0
江 苏	185775.8	96600.7	17866.8	34453.9
浙 江	175727.7	71333.0	15812.7	31189.2
安 徽	39216.7	12534.0	8904.8	87.7
福 建	59136.9	23794.5	3378.7	22788.1
江 西	32438.3	15966.9	1805.6	4480.7
山 东	43063.9	13732.7	8435.3	
河 南	83733.0	18902.0	6671.6	29209.0
湖 北	95435.6	47047.3	10011.9	1514.6
湖 南	66020.0	20821.5	8313.3	19438.4
广 东	207658.2	64934.2	29790.9	24735.4
广 西	69886.1	18210.9	9422.7	26661.8
海 南	6415.6	2612.8	313.6	
重 庆	56601.0	18777.5	7946.2	19007.0
四 川	139845.7	49913.4	11186.3	40734.7
贵 州	49217.8	9019.8	5884.4	19422.2
云 南	48917.6	9946.9	7660.4	4614.3
西 藏	4698.7	511.8	3361.9	
陕 西	58045.6	26038.2	15540.9	1355.7
甘 肃	21174.4	7484.8	4948.9	2762.9
青 海	5329.4	1228.9	350.8	171.0
宁 夏	10122.5	7124.6	2840.4	
新 疆	42318.8	9662.2	5832.3	16656.9

单位：万元

补贴安置农场经费	流浪乞讨人员救助管理机构经费	未成年人救助保护机构经费	其他社会福利单位	其他社会福利支出
11633.3	**192792.5**	**19148.7**	**413434.4**	**648995.4**
	4230.6	35.8	11899.9	111319.1
	1376.8		3736.1	2358.2
	8947.0	199.9	41163.2	12302.6
	10431.4	653.7	7331.0	4493.4
	3807.6	361.2	10262.0	23636.0
	2561.6	425.6	8393.0	8501.5
	3799.2	55.4	4679.1	4343.9
4329.0	1281.4	430.6	6882.2	6892.0
	16778.5	28.0	13912.3	13790.1
	11557.8	240.7	25055.9	59271.3
5.8	16916.2	733.9	39736.9	38438.5
186.9	5045.1	935.5	11522.7	18151.9
	3261.5	41.6	5872.5	15805.0
	3792.5	261.4	6131.2	14577.8
	5323.4	5.8	15566.7	48996.3
57.6	10706.9	369.6	17816.3	31916.2
	9511.7	1090.0	26260.1	22168.6
270.0	7988.2	3132.6	6056.0	12967.2
	26747.3	2989.6	58460.8	50840.0
10.0	6258.8	395.4	8926.5	11111.6
	10.1	7.8	3471.3	3155.1
	3869.6	660.6	6340.1	6963.3
2.0	11256.3	810.2	25942.8	28444.3
3958.0	3391.1	116.4	7425.9	17988.2
2553.2	5762.0	717.1	17663.7	25839.5
	25.0		800.0	2235.2
1.2	4931.6	1482.4	8695.6	23986.4
259.6	1412.1	1331.8	2974.3	6341.5
	4.0		3574.7	112.1
	156.6		0.9	1019.4
	1650.6	1636.1	6880.7	21029.2

C-1-14续表3

地区	社会救助	最低生活保障	城市最低生活保障	城市最低生活保障金	城市最低生活保障对象价格临时补贴
全国	**27118845.6**	**19635876.8**	**5373125.0**	**4752035.3**	**554573.5**
中央级					
北京	243696.7	153559.7	101434.9	96027.7	4922.2
天津	225792.1	165267.2	100711.4	79662.0	9227.3
河北	1087235.1	780298.7	122940.6	98648.3	23382.9
山西	795886.0	600249.0	156450.8	142194.9	14143.4
内蒙古	867317.0	711132.3	215492.7	203095.9	12309.1
辽宁	695907.3	529487.1	270874.5	237657.9	31423.6
吉林	560358.2	454376.6	270555.3	254652.6	15902.7
黑龙江	695705.0	558526.5	333745.8	300662.7	33083.1
上海	515911.5	238825.7	212173.8	198711.1	13462.7
江苏	890160.4	523416.9	95712.3	84589.7	9543.5
浙江	739950.0	584703.3	70753.5	58228.6	11790.2
安徽	1536107.0	1175803.6	232200.2	215064.5	16473.7
福建	437718.9	274944.6	42484.2	37131.6	5240.0
江西	1020539.4	852109.2	226159.6	211848.1	14311.5
山东	1081147.4	701722.0	93355.0	78649.0	13739.1
河南	1342998.6	935686.0	179892.1	162088.6	17803.5
湖北	1432146.0	970082.7	249012.4	172303.2	76415.6
湖南	1106978.0	693777.9	237857.4	218842.4	19002.0
广东	1243402.5	827366.9	151952.0	133024.7	16346.5
广西	1440126.9	1134823.1	200529.3	166327.3	20691.0
海南	125040.8	83651.6	24963.3	24457.9	505.4
重庆	794172.7	513460.9	193972.5	171317.8	22654.7
四川	1890630.2	1397819.2	313476.9	275393.4	37399.3
贵州	1346245.6	1099157.1	342411.0	264215.2	50555.5
云南	1440438.1	1160049.5	274837.0	251870.7	22324.0
西藏	124708.3	72865.0	21758.9	20944.4	572.4
陕西	894194.2	666801.0	149232.9	131748.0	16502.3
甘肃	1056833.1	655527.9	221083.7	207758.7	13325.0
青海	313486.5	230718.7	63264.5	58259.7	4343.5
宁夏	254216.0	216918.4	55694.8	52309.0	3385.8
新疆	919796.1	672748.5	148141.7	144349.7	3792.0

单位：万元

农村最低生活保障	农村最低生活保障金	农村最低生活保障对象价格临时补贴	临时救助合计	临时救助	流浪乞讨人员救助
14262751.8	**12479756.9**	**1570574.5**	**1952759.2**	**1657120.8**	**295638.4**
52124.8	46862.6	3279.3	23932.8	10524.7	13408.1
64555.8	50408.7	5333.8	27381.0	25029.5	2351.5
657358.1	542058.6	113122.2	47563.1	38778.6	8784.5
443798.2	410003.6	33680.4	51723.9	45428.2	6295.7
495639.6	467880.2	26186.5	33645.3	30558.2	3087.1
258612.6	229534.0	24812.3	24408.8	19312.7	5096.1
183821.3	166139.2	17682.1	26515.3	23828.4	2686.9
224780.7	198493.6	26287.1	24366.2	21844.6	2521.6
26651.9	23937.7	2714.2	14449.5	7970.0	6479.5
427704.6	381683.1	44043.3	60946.8	38059.0	22887.8
513949.8	420501.6	86791.4	38039.7	27115.2	10924.5
943603.4	875780.2	65940.4	34607.3	23029.5	11577.8
232460.4	208648.6	20909.0	45581.9	35740.9	9841.0
625949.6	585862.1	39697.5	41330.6	31813.6	9517.0
608367.0	523409.2	76158.1	41606.3	30826.1	10780.2
755793.9	690250.2	65543.7	42830.2	29292.3	13537.9
721070.3	506844.6	213982.7	71884.6	54338.1	17546.5
455920.5	413882.0	42038.5	112927.7	92610.9	20316.8
675414.9	585494.0	85946.2	84194.4	34115.1	50079.3
934293.8	760424.0	96520.4	34077.4	21223.0	12854.4
58688.3	56170.7	2517.6	11402.6	7522.6	3880.0
319488.4	283031.2	36453.8	67114.7	59500.6	7614.1
1084342.3	944371.8	134698.0	67691.7	53488.8	14202.9
756746.1	579929.3	105307.6	111665.3	106089.1	5576.2
885212.5	802550.2	76381.9	109038.0	102635.8	6402.2
51106.1	47686.5	2973.7	30429.1	29971.7	457.4
517568.1	456876.3	58420.7	91299.4	83756.5	7542.9
434444.2	404714.3	29606.7	285072.9	280310.0	4762.9
167454.2	150048.5	13995.3	48717.1	47799.9	917.2
161223.6	149556.4	11667.2	25498.6	24572.0	926.6
524606.8	516723.9	7882.9	222817.0	220035.2	2781.8

C−1−14续表4

地　区	特困人员救助供养	城市特困人员救助供养	城市特困人员救助供养金	城市特困人员价格临时补贴	农村特困人员救助供养
全　国	**4686251.2**	**446289.2**	**415048.0**	**31241.2**	**4239962.0**
中央级					
北　京	22885.3	4602.5	4331.5	271.0	18282.8
天　津	25535.8	4431.8	3895.6	536.2	21104.0
河　北	240551.1	6354.0	5204.7	1149.3	234197.1
山　西	131524.5	2444.6	2341.8	102.8	129079.9
内蒙古	106331.3	24344.6	23509.0	835.6	81986.7
辽　宁	130232.9	16748.6	15743.1	1005.5	113484.3
吉　林	74266.1	11049.3	10628.9	420.4	63216.8
黑龙江	98544.5	21899.5	19894.8	2004.7	76645.0
上　海	9960.5	5337.5	4272.9	1064.6	4623.0
江　苏	233173.4	10105.4	9703.5	401.9	223068.0
浙　江	55015.9	4507.2	4285.1	222.1	50508.7
安　徽	306922.7	13381.9	13066.0	315.9	293540.8
福　建	101292.7	10210.0	9847.8	362.2	91082.7
江　西	118320.8	10899.7	10429.2	470.5	107421.1
山　东	325614.4	6441.9	5965.0	476.9	319172.5
河　南	348724.9	8437.9	8055.4	382.5	340287.0
湖　北	349593.1	24508.7	19430.8	5077.9	325084.4
湖　南	289439.4	17418.5	16215.7	1202.8	272020.9
广　东	314392.6	30587.1	28495.2	2091.9	283805.5
广　西	227890.8	16917.8	16209.3	708.5	210973.0
海　南	25160.7	4111.4	4103.4	8.0	21049.3
重　庆	195901.2	91274.3	85331.3	5943.0	104626.9
四　川	384875.4	45688.2	42886.8	2801.4	339187.2
贵　州	129820.4	11472.0	10415.5	1056.5	118348.4
云　南	141137.1	14707.6	13865.1	842.5	126429.5
西　藏	20515.2	801.9	601.4	200.5	19713.3
陕　西	129058.3	6865.0	6337.5	527.5	122193.3
甘　肃	85275.5	5465.6	5160.5	305.1	79809.9
青　海	33747.9	7700.0	7503.7	196.3	26047.9
宁　夏	9954.9	1331.4	1139.0	192.4	8623.5
新　疆	20591.9	6243.3	6178.5	64.8	14348.6

单位：万元

农村特困人员救助供养金	农村特困人员价格临时补贴	其他社会救助	其他城市生活救助（含传统救济）	其他农村生活救助（含传统救济）
3946606.6	**293355.4**	**843958.4**	**443913.0**	**400045.4**
17747.0	535.8	43318.9	40824.5	2494.4
20067.3	1036.7	7608.1	3142.7	4465.4
213714.9	20482.2	18822.2	4480.9	14341.3
121275.9	7804.0	12388.6	1179.2	11209.4
80214.1	1772.6	16208.1	5592.9	10615.2
105675.4	7808.9	11778.5	7743.0	4035.5
60748.0	2468.8	5200.2	3934.6	1265.6
72307.0	4338.0	14267.8	13128.8	1139.0
4479.2	143.8	252675.8	237228.7	15447.1
209157.6	13910.4	72623.3	23390.6	49232.7
47801.5	2707.2	62191.1	11411.5	50779.6
283121.2	10419.6	18773.4	8416.1	10357.3
87673.5	3409.2	15899.7	2344.1	13555.6
101529.3	5891.8	8778.8	3738.6	5040.2
289470.9	29701.6	12204.7	4845.8	7358.9
328810.4	11476.6	15757.5	2601.2	13156.3
261159.4	63925.0	40585.6	18580.5	22005.1
259058.8	12962.1	10833.0	2606.0	8227.0
269799.0	14006.5	17448.6	8364.9	9083.7
199136.7	11836.3	43335.6	2959.5	40376.1
18212.8	2836.5	4825.9	3172.9	1653.0
97638.5	6988.4	17695.9	5939.7	11756.2
314942.1	24245.1	40243.9	4457.8	35786.1
109161.1	9187.3	5602.8	944.4	4658.4
119225.3	7204.2	30213.5	2800.9	27412.6
18190.0	1523.3	899.0	399.1	499.9
111622.5	10570.8	7035.5	2303.5	4732.0
77171.9	2638.0	30956.8	12550.7	18406.1
24921.2	1126.7	302.8	295.8	7.0
8336.1	287.4	1844.1	1314.6	529.5
14238.0	110.6	3638.7	3219.5	419.2

C-1-14续表5

地区	民政管理事务	行政运行	一般行政管理事务	机关服务	社会组织管理
全国	**5011839.6**	**1364559.7**	**321235.4**	**40456.4**	**104950.2**
中央级	58898.3	7979.4	21025.3	2661.4	7473.2
北京	333379.0	63853.2	41734.0	4700.1	3568.9
天津	220170.1	21618.5	1002.8	182.1	1004.4
河北	195941.4	86908.5	20102.6	1593.2	2061.3
山西	93763.3	22779.4	7322.7	398.8	275.3
内蒙古	92211.5	28015.8	5834.3	1729.0	920.1
辽宁	245670.1	26140.9	5896.9	1603.3	134.0
吉林	89230.8	21014.5	5450.2	1107.1	759.8
黑龙江	72040.1	20574.4	5047.0	268.0	112.5
上海	124511.4	24238.4	1162.7		8405.9
江苏	302005.4	82987.2	19521.9	1429.0	11446.9
浙江	359040.2	88584.7	9664.2	2415.6	18415.1
安徽	117803.4	35515.9	10840.2	1532.8	2309.0
福建	107270.3	35624.0	2623.9	322.1	1071.2
江西	117042.8	44477.8	5491.8	366.1	785.5
山东	265270.6	77950.7	16609.9	574.5	4800.4
河南	148690.5	58062.2	16117.4	5176.8	1424.6
湖北	268146.1	58915.3	17840.0	1802.7	5349.4
湖南	181540.0	64668.8	19940.8	676.6	3885.2
广东	420136.6	109068.7	27943.5	2473.5	20965.4
广西	91740.7	35317.6	5643.2	851.7	848.1
海南	34010.5	6996.2	2033.3	265.7	447.6
重庆	120907.2	27843.0	2653.5	841.4	1285.7
四川	189769.4	69841.9	11845.4	2579.9	3197.0
贵州	117845.8	52894.1	5030.4		292.8
云南	244288.2	64124.2	9759.7	1202.8	1473.3
西藏	31829.6	18990.3	2386.9		400.1
陕西	178749.0	34744.7	6392.7	789.2	1285.1
甘肃	54545.7	26890.0	1477.8	1141.6	104.7
青海	34141.7	7895.3	2057.0	33.7	91.8
宁夏	35783.5	12182.3	2908.6	160.6	317.6
新疆	65466.4	27861.8	7874.8	1577.1	38.3

单位：万元

行政区划和地名管理	基层政权建设和社区治理	其他民政管理事务	行政事业单位养老支出	其他
97141.6	**1595681.2**	**1487815.1**	**476081.6**	**2202757.5**
1148.5	649.1	17961.4	5570.7	51272.3
306.8	108027.9	111188.1	198566.4	292888.4
51.9	172723.8	23586.6	5253.9	43643.9
5105.1	20654.4	59516.3	12011.3	57149.2
3046.5	34103.2	25837.4	4958.9	38840.0
2013.6	7256.1	46442.6	7394.6	44594.7
1598.6	150159.7	60136.7	8653.9	45330.7
1014.9	35841.3	24043.0	5699.1	29846.5
750.1	20209.9	25078.2	8042.5	22866.7
161.7	11610.0	78932.7	5221.7	33290.6
2899.4	115453.3	68267.7	19023.7	190186.9
6316.2	133751.0	99893.4	14988.4	84844.2
2168.8	27135.4	38301.3	7917.0	30479.6
3013.5	27771.8	36843.8	14527.6	101778.7
2822.6	33561.5	29537.5	3156.3	15637.7
5822.6	123878.8	35633.7	11310.1	80530.5
3847.0	18227.7	45834.8	14943.5	90046.5
7594.8	126214.4	50429.5	7274.3	29974.7
3332.1	56804.3	32232.2	5055.8	73855.1
7262.1	115273.3	137150.1	46224.0	225126.5
2458.4	12671.9	33949.8	8950.1	141945.5
1794.4	4551.6	17921.7	1589.8	18263.0
2673.6	57631.8	27978.2	8914.3	15575.8
15222.8	28746.8	58335.6	19220.5	67479.9
2696.1	26048.3	30884.1	2961.0	27320.8
2457.6	24795.1	140475.5	11529.9	128658.0
755.1	688.0	8609.2	684.5	29132.2
3845.5	80899.1	50792.7	3860.6	58121.9
2343.1	1469.5	21119.0	4240.8	64464.5
437.0	7513.0	16113.9	1552.1	31402.6
1426.8	2658.4	16129.2	1902.7	26131.1
754.4	8700.8	18659.2	4881.6	12078.8

C-1-15 民政事业费

地区	集中养育孤儿支出水平	社会散居孤儿支出水平	困难残疾人生活补贴支出水平	重度残疾人护理补贴支出水平
全国	**23479.0**	**14782.7**	**1273.9**	**1048.5**
北京	21769.1	21541.8	6289.9	1866.3
天津		31069.8	2981.4	2269.8
河北	31597.1	14815.0	891.2	750.9
山西	17776.0	13195.2	563.9	593.0
内蒙古	30078.4	44877.4	1240.3	1251.2
辽宁	13206.5	19578.0	866.4	706.8
吉林	18901.0	14648.2	945.5	925.6
黑龙江	30239.8	15574.9	999.3	1141.9
上海	33082.6	21655.6		
江苏	31337.3	21647.5	6179.0	1448.2
浙江	28756.4	20066.3	33.7	7.8
安徽	21954.5	14410.9	716.4	708.3
福建	22525.5	11611.8	1365.3	1295.7
江西	18451.1	12117.7	756.2	771.0
山东	21094.3	17730.5	1551.4	1376.9
河南	17674.7	11747.1	731.8	761.2
湖北	44294.3	19409.9	799.6	1385.9
湖南	27347.5	12609.2	855.1	766.4
广东	29962.8	17411.2	2166.9	2781.2
广西	22941.9	12465.8	1007.2	970.9
海南	39831.9	18946.0	1907.1	1356.6
重庆	22769.5	15357.3	817.7	868.7
四川	20906.4	11917.2	1207.0	786.4
贵州	24875.6	14175.8	269.0	681.5
云南	32778.8	15440.6	585.9	653.2
西藏	14471.8	2188.6	1633.4	2984.6
陕西	15943.4	13793.7	755.2	991.2
甘肃	20071.5	13891.7	1088.0	908.1
青海	30337.0	19915.8	1131.8	986.2
宁夏	17812.5	46422.5	1129.1	963.5
新疆	22621.7	31079.8	1337.3	1158.8

注：表中支出水平是按照民政事业费支出项目与民政对象、民政机构简单算术平均计算。

支出水平

单位：元/人·年、元/个·年

康复辅具机构（站）补助水平	补贴火化人员水平	殡葬类单位补助水平	社会福利院补助水平	儿童福利院补助水平
2533428.6	**1934.6**	**777060.6**	**3888104.3**	**3974458.7**
	1768.7	2624735.9	49341888.9	19759600.0
6260000.0	3584.9	1051900.0	10517000.0	18441333.3
	4941.1	399052.0	4137038.5	570000.0
	7511.1	847500.0	7488250.0	1383416.7
	3864.7	286368.4	2089860.0	4963750.0
	588.8	91995.1	2686977.3	3021500.0
	1530.7	60487.6	2663383.3	1565500.0
	688.2	646074.1	2184681.8	3395428.6
90000.0	2396.5	148527.8	25826684.2	35540333.3
112000.0	1766.1	459965.7	16547785.7	12470642.9
	2925.4	1756973.6	5261446.0	4019538.5
40000.0	1325.3	880121.4	1683298.3	3081857.1
	1677.4	589656.0	3177784.6	2774000.0
	653.4	1213333.3	1112539.3	1209714.3
33000.0	740.5	1167937.2	4329666.7	5295857.1
2688000.0	1911.9	240921.8	1739456.8	3013647.1
	1560.6	1547141.9	2719524.6	4004958.3
4907000.0	2536.5	1578965.0	1977816.1	1038760.0
	2026.2	1952081.0	4940798.1	7581861.1
1098000.0	3189.0	555319.6	1713727.3	3295227.3
		239888.9	5611500.0	1161000.0
	2705.4	432820.8	5206724.1	14496600.0
	3457.1	387218.1	3192048.4	1457649.1
500000.0	1447.5	977658.1	1191904.8	2445772.7
3999000.0	1476.8	380913.8	1745111.1	2153692.3
	3528.1		2559000.0	4114000.0
3970000.0	3834.0	207553.7	5068468.8	8776500.0
2100000.0	9234.9	165161.8	936534.9	2088642.9
2523000.0	1916.4	285714.3	586500.0	190555.6
	190.8	36363.6	17472250.0	4734000.0
	1994.3	3465716.4	1341775.0	603071.4

C-1-15续表

地　区	社会福利医院补助水平	城市最低生活保障支出水平	农村最低生活保障支出水平	城市特困人员供养支出水平
全　国	**22778780.1**	**6674.2**	**3939.1**	**14319.3**
北　京	94245000.0	14530.8	13068.8	34735.9
天　津	101286000.0	13769.9	9457.6	27629.7
河　北	2951000.0	6748.0	4076.4	14739.0
山　西	15406500.0	5986.2	4449.3	13566.0
内蒙古	17632400.0	6852.6	3715.4	21075.8
辽　宁		7768.0	3715.1	17519.5
吉　林	18514250.0	6804.9	3382.5	13832.4
黑龙江	8358666.7	6130.3	2776.5	18988.6
上　海	93963333.3	14830.8	9027.8	27655.4
江　苏	26884000.0	8702.4	6425.5	12420.6
浙　江	72035000.0	11474.2	9312.7	20440.8
安　徽	292333.3	6743.8	5137.1	11922.6
福　建	15688000.0	6810.7	5138.8	17399.5
江　西	3155000.0	6728.9	4260.3	12491.1
山　东		7591.2	4497.9	14680.7
河　南	92070666.7	4562.7	2584.3	10047.5
湖　北	6997500.0	8114.0	4985.1	23718.9
湖　南	15549454.6	5331.2	3049.3	11131.5
广　东	135811000.0	9992.0	5286.4	20542.0
广　西	51162000.0	5738.9	3486.9	14285.1
海　南		6907.0	3836.8	31748.3
重　庆	34769000.0	7329.3	5131.8	10721.5
四　川	19795777.8	4627.1	2904.9	11704.1
贵　州	9794400.0	5314.6	3588.9	16511.2
云　南	7399666.7	6696.8	3614.5	15663.1
西　藏		8833.2	3875.8	17025.5
陕　西	13557000.0	7427.5	4486.2	16118.8
甘　肃	20162000.0	6221.1	3060.4	13468.7
青　海	855000.0	10104.2	5547.4	46808.5
宁　夏		6622.8	4074.9	12716.3
新　疆	12978750.0	5506.8	3601.3	12179.7

单位：元/人·年、元/个·年

农村特困人员供养支出水平	流浪乞讨人员救助单位补助水平	救助流浪乞讨人员每次支出水平	临时救助支出水平
9501.3	**1636073.1**	**3516.1**	**1200.3**
33857.0	6384809.5	4494.2	10732.9
19950.8	2351500.0	5078.8	3506.0
8905.7	2142561.0	2849.5	1441.3
9709.6	1124232.1	1271.1	1580.9
9667.6	686022.2	1673.1	1529.3
8891.3	943722.2	1458.0	1117.1
8209.8	559770.8	1462.2	963.6
8269.1	442386.0	2210.2	1097.8
23091.9	3599722.2	7949.3	2966.4
10983.7	2434872.3	8585.1	1006.5
15497.7	1437434.2	3077.3	2476.9
8491.9	1996172.4	3295.1	2071.4
14680.3	2288604.7	6839.7	1213.8
8601.0	1464153.9	2705.9	1670.7
9834.6	1684406.3	5057.6	2003.1
6893.7	1219630.6	4214.1	1080.2
13558.3	1624675.9	6661.3	1449.6
7506.6	1651772.4	2108.3	1179.4
13556.8	5058515.2	9602.2	2292.0
8715.5	1460727.3	3006.5	1222.7
9539.3	6466666.7	19370.9	1613.8
10570.7	2057864.9	4873.3	3432.3
7924.4	743607.3	2022.2	1166.3
13262.1	1186425.5	2104.8	1539.3
10877.6	865162.2	2523.3	933.4
14132.4	914800.0	2809.6	18241.0
9789.5	931222.2	2121.8	1034.0
8796.3	1287270.3	2964.6	1486.3
16722.0	1834400.0	815.9	1581.4
9506.7	712769.2	1197.8	1671.5
8059.2	869312.5	5800.3	594.4

C-1-16 民政事业费

地 区	收入合计	上年结余	本年收入合计	本年实际支出
全 国	**50843564.4**	**3116773.6**	**47726790.8**	**48082138.5**
中央级	173713.9	72029.8	101684.1	115741.3
北 京	1762913.9	107706.1	1655207.8	1712782.0
天 津	749069.9	65507.4	683562.5	658421.3
河 北	1955747.0	145324.3	1810422.7	1832081.1
山 西	1340652.4	240608.6	1100043.8	1146730.5
内蒙古	1403579.0	82829.2	1320749.8	1329014.9
辽 宁	1252478.0	62999.0	1189479.0	1200285.6
吉 林	866067.3		866067.3	866067.3
黑龙江	1036107.0	35456.1	1000650.9	996573.0
上 海	1846404.7	110628.5	1735776.2	1729957.3
江 苏	2792461.7	76736.3	2715725.4	2692853.3
浙 江	2011901.8	93229.8	1918672.0	1914409.0
安 徽	2174498.2	20842.9	2153655.3	2151662.1
福 建	1148127.4	107620.1	1040507.3	1035956.8
江 西	1493904.8	15700.1	1478204.7	1474742.5
山 东	2208822.5	115117.8	2093704.7	2147801.8
河 南	2407945.8	112825.1	2295120.7	2324396.7
湖 北	2480292.6	224997.5	2255295.1	2270361.0
湖 南	1823211.6	41503.4	1781708.2	1803685.7
广 东	3209201.9	110394.9	3098807.0	3112302.8
广 西	2203195.9	197508.7	2005687.2	2056114.3
海 南	330249.7	69168.0	261081.7	256183.2
重 庆	1236236.8	104273.7	1131963.1	1166173.6
四 川	3076523.6	178224.1	2898299.5	2927582.6
贵 州	1981116.0	207106.1	1774009.9	1767795.9
云 南	2279840.3	139960.7	2139879.6	2150926.9
西 藏	318489.1	73017.3	245471.8	235165.5
陕 西	1555421.9	27373.5	1528048.4	1530428.6
甘 肃	1408547.3	56114.7	1352432.6	1357819.5
青 海	540179.0	54229.5	485949.5	491604.4
宁 夏	508459.6	138414.4	370045.2	390738.4
新 疆	1268203.8	29326.0	1238877.8	1235779.6

收支简表

单位：万元

收支结余	用事业基金弥补收支差额	结余分配	年末净结余
2761425.9	**14720.2**	**38424.3**	**2737721.8**
57972.6	1583.3	2115.0	57440.9
50131.9	1379.1	1573.1	49937.9
90648.6		1696.1	88952.5
123665.9	-260.3		123405.6
193921.9	218.8	-172.9	194313.6
74564.1	20.0	0.3	74583.8
52192.4			52192.4
39534.0			39534.0
116447.4	364.8	2596.0	114216.2
99608.4		1905.1	97703.3
97492.8	-223.7	5549.7	91719.4
22836.1			22836.1
112170.6	224.1	1394.7	111000.0
19162.3			19162.3
61020.7	5283.6	116.3	66188.0
83549.1			83549.1
209931.6	237.8	1862.8	208306.6
19525.9			19525.9
96899.1	4345.3	5789.0	95455.4
147081.6		5200.2	141881.4
74066.5			74066.5
70063.2	1074.6	4155.2	66982.6
148941.0	21.3	4575.6	144386.7
213320.1	460.5	3.9	213776.7
128913.4	-9.0	-9.0	128913.4
83323.6			83323.6
24993.3		73.2	24920.1
50727.8			50727.8
48574.6			48574.6
117721.2			117721.2
32424.2			32424.2

C-1-17 民政事业费

地 区	上年结余合计	社会福利	社会救助	民政管理事务	行政事业单位养老支出	其他款项用于民政支出
全 国	**3116773.6**	**1059322.4**	**1288819.8**	**347118.7**	**27706.3**	**393806.4**
中央级	72029.8			40294.3	2227.7	29507.8
北 京	107706.1	51906.1	7400.1	16156.2	215.5	32028.2
天 津	65507.4	21890.0	10012.8	22108.1	384.8	11111.7
河 北	145324.3	49595.5	75041.2	5662.4	173.7	14851.5
山 西	240608.6	35703.0	193623.3	2356.1	18.1	8908.1
内蒙古	82829.2	41188.5	17178.9	11698.4	197.1	12566.3
辽 宁	62999.0	15017.6	35008.5	10077.6	62.3	2833.0
吉 林						
黑龙江	35456.1	11260.2	14117.0	9199.9		879.0
上 海	110628.5	70289.8	17117.3	18522.4	177.7	4521.3
江 苏	76736.3	42659.3	4152.6	4135.8	19643.5	6145.1
浙 江	93229.8	54766.6	11689.4	15499.9	36.1	11237.8
安 徽	20842.9	13484.3	3803.3	1299.7	0.2	2255.4
福 建	107620.1	51780.0	27473.7	13230.3	1262.3	13873.8
江 西	15700.1	7497.8	1477.9	6027.6	4.3	692.5
山 东	115117.8	43645.0	57208.3	10511.6	43.0	3709.9
河 南	112825.1	57169.7	37891.8	7447.4	214.0	10102.2
湖 北	224997.5	11725.2	206434.5	3932.3		2905.5
湖 南	41503.4	21232.2	11474.5	3508.9		5287.8
广 东	110394.9	27741.3	49430.4	15945.7	329.5	16948.0
广 西	197508.7	56779.5	96224.3	16367.2	317.9	27819.8
海 南	69168.0	15173.2	29347.4	9564.1	178.9	14904.4
重 庆	104273.7	30870.6	61811.2	10902.5	200.9	488.5
四 川	178224.1	93719.7	52349.0	10013.2	592.9	21549.3
贵 州	207106.1	99386.5	76119.7	22064.5	41.4	9494.0
云 南	139960.7	38454.1	45071.2	24193.5	809.3	31432.6
西 藏	73017.3	14064.5	14306.7	11094.6	0.3	33551.2
陕 西	27373.5	9360.2	13237.5	4096.6	69.5	609.7
甘 肃	56114.7	20525.8	14428.5	2003.3	51.3	19105.8
青 海	54229.5	11780.2	40351.5	359.0	1.6	1737.2
宁 夏	138414.4	26720.9	51800.2	18206.8	452.5	41234.0
新 疆	29326.0	13935.1	13237.1	638.8		1515.0

收支明细表

单位：万元

本年收入合计	社会福利	社会救助	民政管理事务	行政事业单位养老支出	其他款项用于民政支出
47726790.8	**13208322.7**	**26814308.9**	**5005306.8**	**481312.4**	**2217540.0**
101684.1			46273.9	8458.9	46951.3
1655207.8	597733.4	242201.7	334996.3	198951.3	281325.1
683562.5	172807.7	225672.4	228780.9	5463.4	50838.1
1810422.7	493181.2	1049267.8	198324.7	11918.8	57730.2
1100043.8	208191.0	749026.8	95732.6	4998.1	42095.3
1320749.8	311362.3	864189.5	92154.5	7330.8	45712.7
1189479.0	204575.5	674324.4	245108.7	8811.9	56658.5
866067.3	178227.7	560360.2	89230.8	5699.1	32549.5
1000650.9	196302.9	706284.2	67331.7	8048.5	22683.6
1735776.2	1060815.4	515183.6	121445.9	5307.0	33024.3
2715725.4	1299257.1	889643.8	315434.7	19005.1	192384.7
1918672.0	717865.3	743206.0	353951.8	15004.1	88644.8
2153655.3	459736.9	1535233.3	116705.6	7917.0	34062.5
1040507.3	377195.9	436560.9	110625.7	14696.5	101428.3
1478204.7	321248.7	1021808.9	116873.2	3156.3	15117.6
2093704.7	700321.7	1044731.8	265827.1	11417.3	71406.8
2295120.7	704871.7	1336656.3	147628.5	15037.1	90927.1
2255295.1	532715.9	1418757.4	267469.1	7278.6	29074.1
1781708.2	422884.0	1102289.8	180103.6	5842.2	70588.6
3098807.0	1172883.2	1232072.2	410432.6	46381.5	237037.5
2005687.2	359796.2	1396987.9	89040.1	9075.9	150787.1
261081.7	75411.5	127502.4	33569.3	1589.6	23008.9
1131963.1	224111.4	762657.7	120477.6	9027.5	15688.9
2898299.5	769697.6	1860967.0	195824.0	19115.0	52695.9
1774009.9	278855.4	1344736.6	115798.3	3026.8	31592.8
2139879.6	332166.3	1417684.8	252774.9	11610.3	125643.3
245471.8	56879.7	131714.5	28163.3	723.7	27990.6
1528048.4	395997.4	888473.7	180927.8	3860.6	58788.9
1352432.6	171460.0	1067438.3	55717.6	4217.8	53598.9
485949.5	120619.1	295594.2	34498.1	1550.5	33687.6
370045.2	69242.7	248437.9	27463.7	1909.6	22991.3
1238877.8	221907.9	924642.9	66620.2	4881.6	20825.2

C-1-17续表

地　区	本年支出合计	社会福利	社会救助	民政管理事务	行政事业单位养老支出	其他款项用于民政支出
全　国	**48082138.5**	**13272614.2**	**27118845.6**	**5011839.6**	**476081.6**	**2202757.5**
中央级	115741.3			58898.3	5570.7	51272.3
北　京	1712782.0	644251.5	243696.7	333379.0	198566.4	292888.4
天　津	658421.3	163561.3	225792.1	220170.1	5253.9	43643.9
河　北	1832081.1	479744.1	1087235.1	195941.4	12011.3	57149.2
山　西	1146730.5	213282.3	795886.0	93763.3	4958.9	38840.0
内蒙古	1329014.9	317497.1	867317.0	92211.5	7394.6	44594.7
辽　宁	1200285.6	204723.6	695907.3	245670.1	8653.9	45330.7
吉　林	866067.3	180932.7	560358.2	89230.8	5699.1	29846.5
黑龙江	996573.0	197918.7	695705.0	72040.1	8042.5	22866.7
上　海	1729957.3	1051022.1	515911.5	124511.4	5221.7	33290.6
江　苏	2692853.3	1291476.9	890160.4	302005.4	19023.7	190186.9
浙　江	1914409.0	715586.2	739950.0	359040.2	14988.4	84844.2
安　徽	2151662.1	459355.1	1536107.0	117803.4	7917.0	30479.6
福　建	1035956.8	374661.3	437718.9	107270.3	14527.6	101778.7
江　西	1474742.5	318366.3	1020539.4	117042.8	3156.3	15637.7
山　东	2147801.8	709543.2	1081147.4	265270.6	11310.1	80530.5
河　南	2324396.7	727717.6	1342998.6	148690.5	14943.5	90046.5
湖　北	2270361.0	532819.9	1432146.0	268146.1	7274.3	29974.7
湖　南	1803685.7	436256.8	1106978.0	181540.0	5055.8	73855.1
广　东	3112302.8	1177413.2	1243402.5	420136.6	46224.0	225126.5
广　西	2056114.3	373351.1	1440126.9	91740.7	8950.1	141945.5
海　南	256183.2	77279.1	125040.8	34010.5	1589.8	18263.0
重　庆	1166173.6	226603.6	794172.7	120907.2	8914.3	15575.8
四　川	2927582.6	760482.6	1890630.2	189769.4	19220.5	67479.9
贵　州	1767795.9	273422.7	1346245.6	117845.8	2961.0	27320.8
云　南	2150926.9	326012.7	1440438.1	244288.2	11529.9	128658.0
西　藏	235165.5	48810.9	124708.3	31829.6	684.5	29132.2
陕　西	1530428.6	395502.9	894194.2	178749.0	3860.6	58121.9
甘　肃	1357819.5	177735.4	1056833.1	54545.7	4240.8	64464.5
青　海	491604.4	111021.5	313486.5	34141.7	1552.1	31402.6
宁　夏	390738.4	72705.1	254216.0	35783.5	1902.7	26131.1
新　疆	1235779.6	233556.7	919796.1	65466.4	4881.6	12078.8

单位：万元

年末结余合计	社会福利	社会救助	民政管理事务	行政事业单位养老支出	其他款项用于民政支出
2737721.8	**1011431.6**	**997187.2**	**346901.2**	**12632.5**	**369569.3**
57440.9			27191.5	5115.9	25133.5
49937.9	6383.6	5905.1	17760.8	600.4	19288.0
88952.5	30972.6	14059.2	30651.1	594.3	12675.3
123405.6	67558.2	37555.1	8035.6	81.2	10175.5
194313.6	33092.4	146764.1	4327.7	57.3	10072.1
74583.8	35574.2	13951.4	11680.1	133.3	13244.8
52192.4	14869.5	16660.6	10466.2	220.3	9975.8
39534.0	9644.6	24696.2	4491.5	6.0	695.7
114216.2	78085.3	16389.5	15501.6	263.0	3976.8
97703.3	54219.2	3636.0	17535.3	7.4	22305.4
91719.4	59632.7	14945.4	10512.7	59.8	6568.8
22836.1	13686.2	3145.5	461.9	0.2	5542.3
111000.0	53920.9	26328.1	15776.0	1431.5	13543.5
19162.3	10162.5	2452.4	6543.1	4.3	
66188.0	32898.2	20792.7	11186.1	150.2	1160.8
83549.1	35820.9	31549.5	6385.4	307.6	9485.7
208306.6	9998.1	193043.9	3255.3	4.3	2005.0
19525.9	7508.4	6704.3	2201.2	7.2	3104.8
95455.4	28670.3	38022.6	12532.6	487.0	15742.9
141881.4	54059.7	51409.3	12443.4	400.0	23569.0
74066.5	13305.6	31809.0	9116.8	178.7	19656.4
66982.6	25239.8	30296.2	10486.8	334.8	625.0
144386.7	80549.6	27402.1	16610.7	564.3	19260.0
213776.7	105934.2	76852.5	20017.5	107.2	10865.3
128913.4	44995.3	22387.7	32422.1	919.6	28188.7
83323.6	22133.3	21312.9	7428.3	39.5	32409.6
24920.1	9777.0	7517.0	6283.3	69.5	1273.3
50727.8	15984.4	25033.7	3175.2	28.3	6506.2
48574.6	21377.8	22459.2	715.4		4022.2
117721.2	23238.5	46022.1	9907.0	459.4	38094.2
32424.2	12138.6	18083.9	1799.0		402.7

C-1-18 民政事业基本

地 区	在建项目规模	使用彩票公益金项目规模	在建项目总投资	开工累计完成投资	本年计划投资	本年实际完成投资
全 国	**25190699**	**6295160**	**7352544.7**	**3959577.7**	**1573507.1**	**1909289.0**
中央级	207511		226160.0	197733.8	10256.0	30499.9
北 京	339953	7647	175959.9	100310.1	9549.8	6881.5
天 津	173430	135210	139988.1	106418.1	24207.4	22729.4
河 北	885176	146005	279574.9	155541.8	103838.5	112073.0
山 西	1198716	130440	284295.4	165267.0	63476.9	66443.3
内蒙古	498451	99462	227323.6	146820.1	60512.6	59555.0
辽 宁	407504	351096	37930.1	24036.7	7295.3	17663.7
吉 林	27824	112	16140.8	13074.8	1126.0	13074.8
黑龙江	49826	8500	16509.0	11629.5	2124.0	8413.5
上 海	143723		155984.3	74964.8	5866.0	12750.6
江 苏	523936	79995	286088.7	146363.0	64303.7	74007.8
浙 江	696306	237581	359926.0	222138.3	66757.3	63836.5
安 徽	549592	31457	148922.2	70127.5	37829.1	49261.1
福 建	586927	82899	194176.6	106606.5	60990.2	65954.4
江 西	3588386	822768	453194.7	208406.3	128638.3	170153.2
山 东	2017265	738587	354453.8	202643.1	87820.3	99173.5
河 南	411234	103270	100558.5	61983.9	15424.8	22621.5
湖 北	1249618	192318	362576.0	228103.5	62409.3	114720.2
湖 南	1610659	375020	393196.9	241479.9	128780.0	153247.7
广 东	1724221	903202	1057409.9	439046.4	141310.9	142472.0
广 西	1185880	285041	260050.3	138381.6	57694.8	56562.3
海 南	178398	400	13945.8	5538.6	3211.6	3231.1
重 庆	994423	373354	248067.6	167153.5	86846.6	95230.3
四 川	900623	3822	608886.7	191320.0	98323.3	103499.1
贵 州	1098291	223578	212495.5	112398.1	60956.7	63865.3
云 南	1612628	710199	162077.9	120260.3	43784.5	77812.9
西 藏	69703	32515	38777.2	22312.7	21327.1	22121.3
陕 西	1057353	77985	273082.1	110564.4	37281.9	44374.6
甘 肃	164201	24029	62160.7	25976.3	13125.1	19918.1
青 海	196694	25029	46786.6	13877.2	4383.1	13708.4
宁 夏	124655	43322	57900.6	37049.8	9431.0	24275.4
新 疆	717592	50317	97944.3	92050.1	54625.0	79157.6

建设投资情况总表

单位：平方米、万元、张

国家预算内投资	国内贷款	利用外资	福利彩票公益金	其他	本年完工项目规模	未投入使用项目建设床位数
750270.3	**28163.4**	**3557.0**	**292939.2**	**834359.1**	**10513283**	**206362**
30499.9						
2084.1			31.9	4765.5	47102	2554
			6962.9	15766.5	153660	
46595.6			6076.9	59400.5	347706	9963
32735.6	1500.0		13455.3	18752.4	738296	6808
15450.4			14774.3	29330.3	211926	8130
5928.0			8620.7	3115.0	79876	6014
10137.7			2097.1	840.0	19430	615
3305.0			1644.0	3464.5	23638	916
7769.6			4981.0		22068	3945
30569.9			10856.6	32581.3	227471	5091
11075.6			25789.7	26971.2	280339	6963
18746.6	3078.6	3039.7	675.3	23720.9	308220	5890
43655.4			6703.7	15595.3	209300	4125
27517.0	4000.0		22600.1	116036.1	1832254	18895
20782.0			4607.7	73783.8	1360703	15430
12950.7	550.0		2408.9	6711.9	22155	4548
60913.3	131.8	500.0	9238.5	43936.6	502945	8813
70033.3			9808.2	73406.2	668662	9748
100720.6	4168.0		12726.2	24857.2	144449	30870
22982.4		17.3	24741.5	8821.1	294608	12167
421.3			170.0	2639.8	15419	555
39029.6	9535.0		18226.7	28439.0	743047	6503
24389.4	700.0		1598.1	76811.6	233404	11123
6508.4			6670.1	50686.8	631591	5945
29092.1	500.0		17271.4	30949.4	503519	5972
5035.0			17086.3		18760	636
23362.8			6588.9	14422.9	130086	4022
9965.5			4510.6	5442.0	62157	2096
3236.3			10012.1	460.0	84099	1119
6476.8			15647.6	2151.0	66693	2090
28300.4	4000.0		6356.9	40500.3	529700	4816

C-1-19 提供住宿的民政服务

地 区	在建项目规模	使用彩票公益金项目规模	在建项目总投资	开工累计完成投资	本年计划投资	本年实际完成投资
全 国	**11204524**	**3342621**	**4534985.4**	**2268974.8**	**888139.5**	**1078110.6**
北 京	112753	7647	68001.4	14775.1	6549.8	3847.5
天 津	21368	21368	13787.0	13426.1	3244.5	3244.5
河 北	405800	59575	145065.3	59679.5	35049.8	30694.9
山 西	336283	117220	152418.7	102029.4	44417.5	38340.4
内蒙古	336647	80362	104641.1	79553.6	31565.0	28727.4
辽 宁	237064	200856	33331.5	21369.4	3428.0	14996.4
吉 林	11472	112	14469.0	11403.0	1026.0	11403.0
黑龙江	26510	5500	10002.0	7165.0	625.0	4725.0
上 海	143723		155984.3	74964.8	5866.0	12750.6
江 苏	336787	65503	211931.4	94799.7	36826.3	45344.5
浙 江	455573	173402	240468.7	151610.1	41366.9	36576.3
安 徽	343930	27300	99777.5	44482.3	26038.3	36046.6
福 建	210937	18909	93888.6	43200.8	14598.9	12774.4
江 西	1216341	195073	323222.3	125760.1	79205.0	98075.8
山 东	789203	189142	305337.8	173751.7	76207.8	86765.5
河 南	245163	55354	67384.0	49782.5	8736.0	13298.2
湖 北	563842	148958	192656.2	129814.1	32033.7	71495.1
湖 南	559814	139664	214253.9	139169.7	69478.9	84538.0
广 东	1541587	901554	840521.4	337272.7	117921.3	119658.5
广 西	617093	236484	167048.5	91894.2	36345.1	37849.0
海 南	24660	400	8563.7	3571.3	1535.8	1733.8
重 庆	522083	297607	111496.5	74035.4	42405.9	41542.2
四 川	757584	3822	491170.6	159042.6	69591.9	74737.7
贵 州	406021	192330	110591.2	51976.8	17194.6	20166.9
云 南	246474	49725	80846.4	53286.7	25199.2	45046.3
西 藏	15709	9640	9721.8	4427.2	6486.0	4427.2
陕 西	207366	32042	128962.7	52685.2	18357.2	17802.8
甘 肃	75639	17815	31307.1	18557.5	7076.2	13742.5
青 海	115199	22429	21888.3	9856.6	1800.3	9855.8
宁 夏	102608	31759	38995.0	26949.1	3075.0	14991.7
新 疆	219291	41069	47251.5	48682.6	24887.6	42912.1

机构基本建设投资情况

单位：平方米、万元、张

国家预算内投资	国内贷款	利用外资	福利彩票公益金	其他	本年完工项目规模	未投入使用项目建设床位数
453200.4	**7438.6**	**582.0**	**194772.2**	**422117.4**	**4386634**	**203399**
2084.1			31.9	1731.5	14268	2554
				3244.5	21368	
14173.0			2683.5	13838.4	142635	9963
16652.7			10890.5	10797.2	130792	6808
9628.8			11725.5	7373.1	165954	8130
5928.0			6068.4	3000.0	51636	5962
8465.9			2097.1	840.0	3713	615
1555.0			1644.0	1526.0	13508	916
7769.6			4981.0		22068	3945
13572.8			10432.4	21339.3	130328	5091
4986.2			19885.2	11704.9	193371	6963
14861.3	2888.6	64.7	361.9	17870.1	173338	5510
6712.1			1608.2	4454.1	70209	3985
22709.6			14761.5	60604.7	587499	18778
19297.0			3354.9	64113.6	355835	15430
5624.2	550.0		1789.6	5334.4	17305	4248
46488.3		500.0	5562.9	18943.9	248779	8813
42934.2			7037.9	34565.9	300700	9748
90954.9			12459.1	16244.5	91552	30870
14409.6		17.3	16820.9	6601.2	155736	11851
421.3			170.0	1142.5	13694	545
21692.7			11459.9	8389.6	419437	5289
18965.4			1498.1	54274.2	196201	10990
4981.7			4429.8	10755.4	227756	5873
15985.9			8395.6	20664.8	171183	5822
			4427.2		3285	636
10947.2			3152.7	3702.9	79284	4012
4826.7			3500.6	5415.2	53437	2096
1246.7			8609.1		67799	1070
4153.8			9086.9	1751.0	60494	2070
21171.7	4000.0		5845.9	11894.5	203470	4816

C-1-20 不提供住宿的民政服务

地区	在建项目规模	使用彩票公益金项目规模	在建项目总投资	开工累计完成投资	本年计划投资	本年实际完成投资
全国	**481744**	**147590**	**77684.5**	**60198.1**	**51780.5**	**59359.8**
北京						
天津						
河北	6454	5654	388.7	897.0	140.4	897.0
山西						
内蒙古						
辽宁	8240	8240	868.6	624.3	624.3	624.3
吉林	15717		1571.8	1571.8		1571.8
黑龙江						
上海						
江苏	5851		1504.0	1304.0	1304.0	1304.0
浙江						
安徽	56783	3690	10600.0	3275.0	3175.0	3275.0
福建	42579	16587	3958.7	3721.7	1601.7	3559.7
江西	24196	13611	2691.0	2933.0	2513.0	2933.0
山东	200		80.0	80.0	80.0	80.0
河南	9320	6120	1785.8	1621.8	1321.8	1621.8
湖北	62663	14880	8181.2	8061.2	7038.2	8061.2
湖南	650	650	105.0	105.0		105.0
广东	80	80	40.0	38.5	38.5	38.5
广西	11839	4030	3273.2	1564.1	1266.3	1564.1
海南	2230		829.1	383.3	411.8	383.3
重庆	198911	55717	30903.9	28387.9	28430.9	28387.9
四川	3805		1198.0	190.0	140.0	190.0
贵州	6690	3200	420.0	420.0	420.0	331.1
云南	4931	4931	817.0	632.0	462.3	156.0
西藏						
陕西	11906	9200	2565.6	2171.6	2214.2	2060.2
甘肃						
青海	6950	800	4505.3	1615.9	598.1	1615.9
宁夏	1749	200	1397.6	600.0		600.0
新疆						

机构基本建设投资情况

单位：平方米、万元、张

国家预算内投资	利用外资	福利彩票公益金	其他	本年完工项目规模	未投入使用项目建设床位数
15829.9	**2975.0**	**12816.3**	**27738.6**	**433154**	**2963**
18.0		835.4	43.6	7254	
		509.3	115.0	8240	52
1571.8				15717	
395.0			909.0	8856	
	2975.0	300.0		42405	380
1242.0		1423.0	894.7	43959	140
80.0		783.1	2069.9	23466	117
80.0				200	
		580.3	1041.5	4000	300
320.0		138.0	7603.2	62663	
		105.0		650	
		19.0	19.5	80	
519.3		993.5	51.3	3368	316
			383.3	1725	10
10617.5		4750.8	13019.6	177056	1214
			190.0	860	133
		230.1	101.0	6690	72
48.0		108.0		7210	150
142.4		1480.8	437.0	10806	10
795.9		360.0	460.0	6200	49
		200.0	400.0	1749	20

C-1-21 其他社会服务机构

地　区	在建项目规模	使用彩票公益金项目规模	在建项目总投资	开工累计完成投资	本年计划投资	本年实际完成投资
全　国	**12280787**	**2555824**	**2212116.1**	**1201179.5**	**554325.6**	**653256.2**
北　京	11200		18971.5	15121.2		
天　津	152062	113842	126201.1	92992.0	20962.9	19484.9
河　北	428496	57400	124220.6	85489.7	66107.3	75180.1
山　西	826598	3220	128540.6	59901.5	19059.4	25387.7
内蒙古	117140	2100	101758.0	47228.5	22373.6	23451.2
辽　宁	162200	142000	3730.0	2043.0	3243.0	2043.0
吉　林	635		100.0	100.0	100.0	100.0
黑龙江	21316	3000	6407.0	4364.5	1399.0	3588.5
上　海						
江　苏	155600	12862	65103.3	45125.3	21923.4	22225.3
浙　江	186135	9581	95822.3	52631.9	20952.9	20770.8
安　徽	108279	427	24436.7	18382.2	4796.8	6120.5
福　建	262678	550	79918.3	43723.0	29518.6	33975.9
江　西	2317979	599524	122618.3	76002.7	44691.5	65433.9
山　东	1217311	549445	48236.0	28011.4	11132.5	11928.0
河　南	152201	41796	30632.6	10404.6	5231.0	7526.5
湖　北	525580	28480	129038.6	63676.2	23337.4	30674.9
湖　南	910829	233636	163896.7	93287.9	55443.1	66723.4
广　东	179877	822	216217.3	101552.2	23194.3	22592.0
广　西	482979	5481	62350.3	23432.4	13810.1	10453.9
海　南	151508		4553.0	1584.0	1264.0	1114.0
重　庆	217171	5060	92100.2	55432.8	8022.4	17496.8
四　川	139234		116518.1	32087.4	28591.4	28571.4
贵　州	683772	27040	101115.6	59655.4	42973.4	43021.4
云　南	1359237	655373	79672.0	65894.2	17761.0	32163.2
西　藏	34894	9675	20663.0	13108.4	9841.1	12917.0
陕　西	810707	33933	134969.8	51034.4	15883.5	19838.4
甘　肃	85362	6214	29920.6	6485.8	5608.9	5719.6
青　海	73745	1000	20352.0	2363.7	1943.7	2195.7
宁　夏	18772	11363	16858.0	8850.7	6356.0	8033.7
新　疆	487290	2000	47194.6	41212.5	28803.4	34524.5

基本建设投资情况

单位：平方米、万元

国家预算内投资	国内贷款	福利彩票公益金	其他	本年完工项目规模
221501.4	**20534.8**	**60396.4**	**350823.6**	**5311613**
		6962.9	12522.0	132292
31708.5		538.0	42933.6	168456
15482.9	1500.0	1228.8	7176.0	571669
1634.6		859.4	20957.2	7792
		2043.0		20000
100.0				
1650.0			1938.5	8130
15468.1		181.2	6576.0	64236
5226.8		2321.2	13222.8	67157
3715.3		6.4	2398.8	73877
31521.4		13.0	2441.5	34399
4727.4	4000.0	4869.0	51837.5	1206028
1405.0		1252.8	9270.2	994117
7326.5			200.0	
14105.0	131.8	2537.6	13900.5	181503
26799.1		2470.0	37454.3	366212
9765.7	4168.0	91.3	8567.0	52071
4240.4		4229.5	1984.0	111164
			1114.0	
1961.2	9535.0	348.9	5651.7	103096
5424.0	700.0	100.0	22347.4	36343
1204.0		1987.0	39830.4	396345
12740.3	500.0	8638.3	10284.6	325126
2900.0		10017.0		8375
7727.0		1828.4	10283.0	39496
4682.8		1010.0	26.8	7220
1193.7		1002.0		9300
2323.0		5710.7		4450
6468.7		150.0	27905.8	322759

C-1-22 其他基本

地 区	在建项目规模	使用彩票公益金项目规模	在建项目总投资	开工累计完成投资	本年计划投资
全 国	**1223644**	**249125**	**527758.7**	**429225.3**	**79261.5**
中央级	207511		226160.0	197733.8	10256.0
北 京	216000		88987.0	70413.8	3000.0
天 津					
河 北	44426	23376	9900.3	9475.6	2541.0
山 西	35835	10000	3336.1	3336.1	
内蒙古	44664	17000	20924.5	20038.0	6574.0
辽 宁					
吉 林					
黑龙江	2000		100.0	100.0	100.0
上 海					
江 苏	25698	1630	7550.0	5134.0	4250.0
浙 江	54598	54598	23635.0	17896.3	4437.5
安 徽	40600	40	14108.0	3988.0	3819.0
福 建	70733	46853	16411.0	15961.0	15271.0
江 西	29870	14560	4663.1	3710.5	2228.8
山 东	10551		800.0	800.0	400.0
河 南	4550		756.1	175.0	136.0
湖 北	97533		32700.0	26552.0	
湖 南	139366	1070	14941.3	8917.3	3858.0
广 东	2677	746	631.2	183.0	156.8
广 西	73969	39046	27378.3	21490.9	6273.3
海 南					
重 庆	56258	14970	13567.0	9297.4	7987.4
四 川					
贵 州	1808	1008	368.7	345.9	368.7
云 南	1986	170	742.5	447.4	362.0
西 藏	19100	13200	8392.4	4777.1	5000.0
陕 西	27374	2810	6584.0	4673.2	827.0
甘 肃	3200		933.0	933.0	440.0
青 海	800	800	41.0	41.0	41.0
宁 夏	1526		650.0	650.0	
新 疆	11011	7248	3498.2	2155.0	934.0

建设投资情况

单位：平方米、万元

本年实际完成投资	国家预算内投资	国内贷款	福利彩票公益金	其他	本年完工项目规模
118562.4	**59738.6**	**190.0**	**24954.3**	**33679.5**	**381882**
30499.9	30499.9				
3034.0				3034.0	32834
5301.0	696.1		2020.0	2584.9	29361
2715.2	600.0		1336.0	779.2	35835
7376.4	4187.0		2189.4	1000.0	38180
100.0	100.0				2000
5134.0	1134.0		243.0	3757.0	24051
6489.4	862.6		3583.3	2043.5	19811
3819.0	170.0	190.0	7.0	3452.0	18600
15644.4	4179.9		3659.5	7805.0	60733
3710.5			2186.5	1524.0	15261
400.0				400.0	10551
175.0			39.0	136.0	850
4489.0			1000.0	3489.0	10000
1881.3	300.0		195.3	1386.0	1100
183.0			156.8	26.2	746
6695.3	3813.1		2697.6	184.6	24340
7803.4	4758.2		1667.1	1378.1	43458
345.9	322.7		23.2		800
447.4	317.9		129.5		
4777.1	2135.0		2642.1		7100
4673.2	4546.2		127.0		500
456.0	456.0				1500
41.0			41.0		800
650.0			650.0		
1721.0	660.0		361.0	700.0	3471

C-2-1 社会

地　区	机构和设施数	市场监管部门登记	编制部门登记	民政部门登记	设施及多牌子机构
全　国	**844240**	**4426**	**20382**	**67204**	**752228**
中央级	4		4		
北　京	13645	83	411	1410	11741
天　津	6268	48	39	440	5741
河　北	45054	284	336	1624	42810
山　西	27160	31	307	576	26246
内蒙古	5907	13	376	499	5019
辽　宁	26937	59	131	2125	24622
吉　林	18140	362	681	720	16377
黑龙江	7470	219	277	2076	4898
上　海	15259	25	171	4683	10380
江　苏	54442	357	1122	26229	26734
浙　江	40924	207	672	9197	30848
安　徽	24102	257	286	2347	21212
福　建	35530	80	405	1281	33764
江　西	45434	78	1577	319	43460
山　东	90309	401	591	3326	85991
河　南	61013	636	2018	1371	56988
湖　北	46126	128	1416	740	43842
湖　南	64261	171	2143	750	61197
广　东	55439	219	1615	1377	52228
广　西	15963	80	376	421	15086
海　南	3567	6	44	228	3289
重　庆	18003	286	472	951	16294
四　川	30255	279	1958	2000	26018
贵　州	30570	23	906	294	29347
云　南	12779	54	881	162	11682
西　藏	152		37	9	106
陕　西	13862	18	506	767	12571
甘　肃	14591	9	210	463	13909
青　海	1995		40	291	1664
宁　夏	2984	1	69	138	2776
新　疆	16095	12	305	390	15388

工作总表

单位：个、人

年末职工人数	#女性	按登记类型分			
		市场监管部门登记	编制部门登记	民政部门登记	设施及多牌子机构
3559007	**1391763**	**83130**	**231164**	**526784**	**2717929**
448	263		448		
78006	42164	4024	8016	18119	47847
32406	17754	830	1377	6780	23419
133840	53129	3261	8459	23313	98807
81978	27518	318	4317	7409	69934
33185	17195	462	5557	5844	21322
119876	64748	663	2167	18377	98669
59428	24962	3439	7510	10823	37656
49993	23596	1512	5959	15300	27222
104647	44454	1610	6996	60482	35559
277860	97086	9070	16998	135552	116240
145970	61796	4070	9178	40327	92395
118726	48407	3972	3826	21037	89891
147867	45857	1177	3447	9790	133453
168933	48453	1017	10303	6910	150703
371807	135961	6479	8850	35203	321275
304439	93962	6457	17952	16620	263410
164179	69602	3941	16312	8909	135017
217007	83045	3862	16615	8246	188284
227060	93875	9490	18459	18487	180624
55672	26363	1994	8405	6939	38334
18522	5314	301	739	1818	15664
92635	42807	5048	4840	8637	74110
113864	48564	4902	16147	16147	76668
132511	36389	835	5914	3455	122307
60042	20327	1854	5548	2278	50362
1239	551	116	501	93	529
58188	25692	729	6887	9365	41207
37623	14156	695	2768	2621	31539
7436	2976	80	670	2285	4401
13264	6435	277	1423	1105	10459
130356	68362	645	4576	4513	120622

C-2-1续表1

地　区	受教育程度		职业资格水平	
	大学专科人数	大学本科及以上人数	助理社会工作师人数	社会工作师人数
全　国	**676744**	**365743**	**74169**	**48092**
中央级	56	392		4
北　京	17555	17592	4216	1953
天　津	6039	9862	3049	1045
河　北	11634	6131	1215	1171
山　西	11802	5650	1325	799
内蒙古	8774	6133	643	608
辽　宁	31126	20163	5449	4100
吉　林	6333	3536	791	862
黑龙江	9825	5689	1412	1130
上　海	15755	11386	1201	1014
江　苏	46582	24984	5962	2984
浙　江	27111	17256	5044	2651
安　徽	26734	9496	1598	988
福　建	24079	11001	2982	2369
江　西	12897	10180	1033	674
山　东	82111	40149	9785	7270
河　南	42211	17864	2908	2152
湖　北	30855	10367	2491	1097
湖　南	49560	18531	2441	1526
广　东	44914	32233	8537	4474
广　西	8314	7264	683	666
海　南	1897	932	114	50
重　庆	26335	12456	3860	2013
四　川	27935	10642	2591	1924
贵　州	23334	8788	431	338
云　南	9894	4690	440	283
西　藏	283	145	9	28
陕　西	12222	6999	1400	1215
甘　肃	7844	5136	638	1254
青　海	2205	939	466	154
宁　夏	2743	1116	151	104
新　疆	47785	28041	1304	1192

单位：人

年龄结构			
35岁及以下人数	36岁至45岁人数	46岁至55岁人数	56岁及以上人数
876146	**1269319**	**1021496**	**392046**
202	161	56	29
20241	23397	24922	9446
10610	10739	8330	2727
28506	45794	42271	17269
14915	29494	27202	10367
9382	11938	9147	2718
27742	45482	33436	13216
9967	25628	21213	2620
11689	19051	13236	6017
25258	33343	31498	14548
73491	101897	77562	24910
33732	54770	41077	16391
25872	47061	35821	9972
29884	49176	46378	22429
34899	76473	43257	14304
85710	133573	109462	43062
48688	89899	103028	62824
36646	62199	47736	17598
49188	73037	69682	25100
68762	78202	57967	22129
17660	18842	14743	4427
4248	7080	5525	1669
25025	28037	28521	11052
29932	42704	29794	11434
42131	50564	31711	8105
16767	23516	15308	4451
639	457	79	64
14929	20398	17937	4924
12450	15421	7216	2536
2422	3369	1327	318
3487	5533	3339	905
61072	42084	22715	4485

C-2-1续表2

地区	企业会计制度财务指标			
	固定资产原价	营业收入	费用合计	营业利润
全　国	**2291016.5**	**319267.4**	**261006.1**	**-72134.4**
中央级				
北　京	45760.0	42761.4	26114.5	-17307.5
天　津	13791.7	5600.8	4369.1	-500.8
河　北	72404.3	9785.9	7224.8	-3890.6
山　西	6847.0	238.5	170.7	-100.6
内蒙古	2864.5	406.4	68.7	3.5
辽　宁	12339.7	195.8	21.0	-11.9
吉　林	17656.7	347.0	333.2	
黑龙江	11008.6	537.2	249.0	127.7
上　海	46159.5	8911.1	2757.3	-2515.4
江　苏	304958.1	20763.8	10071.5	-1636.4
浙　江	77493.7	21176.0	10154.5	-2751.1
安　徽	192149.2	6866.5	2429.8	8.8
福　建	15977.5	3730.3	2170.9	-1970.6
江　西	16928.1	1763.3	663.4	5.4
山　东	198955.6	11723.0	5647.5	-4120.7
河　南	148707.4	7919.8	3238.4	-525.9
湖　北	70699.1	11730.9	3007.9	-653.7
湖　南	113374.5	9847.8	105686.5	-1035.8
广　东	285347.9	65491.3	37816.2	-24103.8
广　西	90507.6	4277.0	1024.9	-221.6
海　南	23019.7	3506.0	510.1	-736.7
重　庆	164786.6	34917.3	14505.3	-4624.4
四　川	174488.5	40706.0	20270.9	-5085.8
贵　州	19579.5	1425.6	502.9	-99.2
云　南	113349.5	1060.1	799.0	111.5
西　藏	22009.5			
陕　西	16857.9	2832.6	1181.5	-498.8
甘　肃	6815.7	30.1	0.9	
青　海	4.0	10.0		
宁　夏	5981.0		3.0	
新　疆	193.9	705.9	12.7	

单位：万元

事业单位会计制度财务指标			民间非营利组织会计制度财务指标		
固定资产原价	本年收入合计	本年支出合计	固定资产原价	本年收入合计	本年费用合计
9383643.0	**5109353.6**	**4384193.2**	**5476036.1**	**3063679.1**	**2212543.7**
265909.3	152651.6	129204.5			
248825.4	203766.1	207477.8	191891.5	139896.0	136840.2
89183.7	51304.0	52428.4	37671.0	38616.3	28149.5
301371.1	187944.2	183679.4	306117.5	88123.3	94233.7
179366.2	95824.8	95522.4	144701.7	14830.2	25319.8
240627.4	102014.6	92514.2	86706.8	31134.0	20726.1
108368.5	33390.6	32615.6	192308.0	36492.2	30134.8
179544.7	126898.4	115742.3	24757.1	7139.4	8883.1
300180.2	82550.8	87687.0	245293.8	9623.5	15293.5
223998.3	233406.8	204274.9	260777.3	677926.2	827625.8
775746.5	310461.0	307571.2	726570.7	376517.9	222508.6
228315.5	207017.5	198088.2	192683.9	118011.6	93933.5
196636.5	63321.2	60870.7	775433.7	52896.4	139979.6
121382.5	86921.7	79517.9	50219.6	26943.9	21265.2
456666.7	66439.9	68542.7	234875.3	20983.4	24276.9
575453.5	223402.8	219625.6	681251.3	131260.1	160680.1
367173.3	404438.5	403762.5	238051.3	27979.2	32577.2
622077.2	723679.7	175618.1	87869.1	29539.5	26373.6
537090.7	235172.3	204615.0	96105.4	17508.1	14211.4
688695.3	391446.9	405736.1	88624.2	105563.5	106372.7
212548.9	215151.1	113100.4	123054.0	27713.1	25952.6
84239.0	20795.2	31051.6	61221.1	1342.2	1476.6
272453.0	131374.4	134966.5	92604.4	40569.7	39494.1
573785.7	273854.0	268452.4	155575.3	64032.7	44621.8
250070.4	90624.5	91079.5	52347.6	11193.8	13765.5
353821.3	79662.1	86440.4	33749.2	897651.4	4294.3
33370.8	20859.5	18634.3		1.0	
367636.1	115239.1	114659.7	173810.6	38378.9	31985.3
200727.7	44929.8	45966.5	37888.1	5200.5	2347.8
41935.1	12751.8	12504.9	7708.3	6327.4	1666.4
71404.8	30073.5	32473.7	27170.8	7761.8	2511.2
215037.7	91985.2	109768.8	48997.5	12521.9	15042.8

C-2-2 提供住宿的民政

地 区	单位数	按登记类型分			
		市场监管部门登记	编制部门登记	民政部门登记	一个机构多块牌子
全 国	**40852**	**4201**	**18082**	**17734**	**835**
中央级	1		1		
北 京	616	80	193	339	4
天 津	413	35	28	350	
河 北	1786	274	313	1181	18
山 西	748	30	225	486	7
内蒙古	743	13	295	414	21
辽 宁	2131	40	121	1755	215
吉 林	1566	362	572	632	
黑龙江	1787	210	202	1371	4
上 海	696	23	49	622	2
江 苏	2611	354	1020	1199	38
浙 江	1857	206	600	1015	36
安 徽	2545	255	226	2044	20
福 建	715	80	371	251	13
江 西	1883	77	1514	286	6
山 东	2269	320	518	1421	10
河 南	3382	590	1912	852	28
湖 北	1975	126	1293	499	57
湖 南	2555	169	2010	337	39
广 东	2039	215	1441	359	24
广 西	682	76	241	311	54
海 南	56	6	35	15	
重 庆	983	286	432	265	
四 川	2851	259	1873	546	173
贵 州	1091	23	810	228	30
云 南	990	54	810	125	1
西 藏	36		33		3
陕 西	834	17	426	374	17
甘 肃	337	9	150	170	8
青 海	83		34	48	1
宁 夏	135	1	63	66	5
新 疆	456	11	271	173	1

服务机构总表

单位：个

按床位数分						
0～49张	50～99张	100～199张	200～299张	300～399张	400～499张	500张以上
11183	**11853**	**10756**	**3513**	**1633**	**665**	**1249**
		1				
88	158	185	79	35	24	47
103	95	130	37	19	3	26
440	523	494	141	97	39	52
225	219	203	49	24	11	17
221	209	204	61	28	3	17
1040	527	339	112	55	26	32
721	440	256	64	36	16	33
861	449	259	100	50	21	47
26	177	240	104	64	39	46
411	565	802	420	200	88	125
367	447	473	262	133	62	113
298	673	992	372	112	42	56
350	100	118	54	42	17	34
699	659	378	67	34	16	30
324	667	738	255	121	43	121
920	1300	862	183	69	17	31
209	546	841	224	62	30	63
710	1160	478	81	49	21	56
774	497	399	164	78	44	83
186	156	182	70	37	17	34
13	8	17	7	6		5
265	330	258	74	21	9	26
660	895	874	239	93	32	58
384	371	239	61	18	6	12
346	277	252	63	30	5	17
5	2	10	4	5	3	7
224	165	259	75	73	11	27
141	86	63	23	12	5	7
30	26	16	5	1	1	4
28	30	44	13	9	4	7
114	96	150	50	20	10	16

C-2-2续表1

地区	年末职工人数	#女性	按登记类型分			
			市场监管部门登记	编制部门登记	民政部门登记	一个机构多块牌子
全　国	**574767**	**336750**	**70621**	**212032**	**282714**	**9400**
中央级	230	165		230		
北　京	21506	13989	3487	6120	11754	145
天　津	8047	4977	682	1354	6011	
河　北	30413	19679	3139	8055	19081	138
山　西	10428	5560	231	3601	6461	135
内蒙古	9815	5557	97	4231	5295	192
辽　宁	20258	13055	463	2006	15563	2226
吉　林	19443	6615	3037	6219	10187	
黑龙江	18783	8734	1035	5494	12243	11
上　海	30841	22933	1319	3522	25979	21
江　苏	49920	28358	8583	16244	24163	930
浙　江	28328	16758	3567	8989	15437	335
安　徽	25631	12852	3407	3257	18770	197
福　建	10543	6430	1077	3289	6049	128
江　西	17637	9417	756	10028	6719	134
山　东	39558	24533	5827	8036	25523	172
河　南	36758	19618	5548	17605	13133	472
湖　北	26943	15466	3512	15517	7380	534
湖　南	26029	14326	3582	15650	5985	812
广　东	36647	24891	8107	17561	10724	255
广　西	16030	11057	1120	7802	6208	900
海　南	1236	726	301	623	312	
重　庆	13315	8019	4768	4608	3939	
四　川	28969	15896	3978	16135	7743	1113
贵　州	8388	4513	591	4652	3039	106
云　南	8938	5205	1616	5300	2019	3
西　藏	587	329		558		29
陕　西	13780	7696	381	6020	7078	301
甘　肃	4335	2130	296	2621	1374	44
青　海	1127	389		628	478	21
宁　夏	2316	1566	8	1325	943	40
新　疆	7988	5311	106	4752	3124	6

单位：人

受教育程度		职业资格水平		人员性质	
大学专科人数	大学本科及以上人数	助理社会工作师人数	社会工作师人数	管理人员	专业技术技能人员
98477	**63540**	**10125**	**10190**	**157546**	**417221**
50	180		2	34	196
3261	2551	249	243	3730	17776
1136	1186	108	80	1756	6291
4325	2142	408	397	6273	24140
1962	1327	146	278	3389	7039
2078	1408	87	219	2857	6958
3023	1483	169	276	6758	13500
1201	986	93	118	6774	12669
2723	1592	316	290	4924	13859
3853	2705	275	274	7117	23724
9403	6607	1382	1029	10107	39813
3608	2576	498	512	7324	21004
3901	1925	480	435	9007	16624
1948	1460	199	257	2955	7588
2485	979	203	245	5969	11668
8635	5295	878	838	8178	31380
4691	2599	691	688	11353	25405
3979	1968	359	279	10364	16579
5781	3483	601	539	7211	18818
5877	5112	971	793	8832	27815
4303	3073	267	300	3578	12452
186	128	28	12	324	912
2176	1528	216	282	3788	9527
6733	4015	583	621	11063	17906
2229	1375	194	179	3764	4624
1794	1594	115	154	2336	6602
98	93	2	1	157	430
3213	1848	248	367	3814	9966
1097	649	87	123	1430	2905
269	181	78	34	348	779
524	448	56	77	538	1778
1935	1044	138	248	1494	6494

C-2-2续表2

地　区	年龄结构			
	35岁及以下人数	36岁至45岁人数	46岁至55岁人数	56岁及以上人数
全　国	**127460**	**169846**	**193706**	**83755**
中央级	137	63	22	8
北　京	4168	4448	9236	3654
天　津	1566	2704	2570	1207
河　北	6442	9160	10204	4607
山　西	2765	3225	3141	1297
内蒙古	2283	3032	3362	1138
辽　宁	3780	6123	7148	3207
吉　林	2090	4771	11301	1281
黑龙江	3908	6673	6149	2053
上　海	3484	6728	12679	7950
江　苏	12945	13596	15942	7437
浙　江	5481	8016	9546	5285
安　徽	5045	7745	8787	4054
福　建	2610	2820	3157	1956
江　西	2947	4266	6152	4272
山　东	10162	12359	11857	5180
河　南	7097	10474	12592	6595
湖　北	4629	10801	7938	3575
湖　南	6187	8663	8304	2875
广　东	7836	10579	13455	4777
广　西	4975	4934	4435	1686
海　南	383	350	425	78
重　庆	2585	3178	4957	2595
四　川	8737	8798	8032	3402
贵　州	2703	2788	2194	703
云　南	2777	3212	2403	546
西　藏	376	172	35	4
陕　西	4258	4384	3663	1475
甘　肃	1413	1683	1014	225
青　海	315	521	250	41
宁　夏	730	875	567	144
新　疆	2646	2705	2189	448

单位：人、张

年末床位数	按登记类型分			
	市场监管部门登记	编制部门登记	民政部门登记	一个机构多块牌子
5154385	**602001**	**2071715**	**2403854**	**76815**
150		150		
120114	15139	35187	69354	434
65417	11056	7093	47268	
236118	31523	61724	141152	1719
78359	2910	23317	51548	584
83131	897	33734	47349	1151
185733	5805	17650	130543	31735
146087	24716	51761	69610	
174930	10402	49796	114172	560
145409	7242	13838	123529	800
457971	63371	191746	198758	4096
343935	41502	116846	184453	1134
371542	50138	35167	284257	1980
92676	9730	32347	49511	1088
171791	6514	109254	55622	401
366038	53917	72766	237922	1433
320741	57789	154496	107149	1307
290013	29670	187129	69278	3936
241087	26475	158476	52460	3676
267529	51121	139958	75018	1432
100128	16763	27219	52092	4054
9705	1773	4736	3196	
110173	27119	50108	32946	
332761	34508	221485	66042	10726
95151	4724	63551	25140	1736
96192	11977	69294	14901	20
9696		9007		689
112236	2483	63276	45041	1436
34481	1638	18133	14531	179
9644		5399	4132	113
22080	120	10697	10937	326
63367	979	36375	25943	70

C-2-2续表3

地区	年末收养人数	#女性	按登记类型分		
			市场监管部门登记	编制部门登记	民政部门登记
全国	**2356008**	**725043**	**209271**	**1024515**	**1091207**
中央级	101	50		101	
北京	50501	26468	5081	15635	29530
天津	27085	11452	1768	3929	21388
河北	105474	33195	9252	27466	68156
山西	34274	5954	815	12774	20339
内蒙古	45149	12737	471	16224	28178
辽宁	96419	27595	1754	7909	71989
吉林	76878	29316	13731	26637	36510
黑龙江	87965	23235	4336	27026	56373
上海	89746	55992	2079	8690	78619
江苏	205386	58841	26398	90403	87186
浙江	127951	46331	12938	45333	69470
安徽	130339	29355	10216	11331	108275
福建	37064	14434	2896	13037	20781
江西	84173	23042	2872	56780	24435
山东	158182	52727	17226	32677	107770
河南	160718	38362	23005	87033	50231
湖北	125226	35381	8430	85668	29480
湖南	127625	34080	9509	93141	23036
广东	102212	48930	19506	50335	32065
广西	32401	12204	2771	9663	18675
海南	3754	1450	855	1923	976
重庆	58967	19626	14598	27234	17135
四川	185019	37323	12972	136879	31650
贵州	41240	9247	1695	29711	9098
云南	33847	7957	2025	25440	6382
西藏	6580	2288		6195	
陕西	60674	12643	916	38262	20830
甘肃	14839	3083	659	9442	4702
青海	4530	736		2399	2106
宁夏	8897	2330	24	5040	3756
新疆	32792	8679	473	20198	12086

单位：人、人天

一个机构多块牌子	按年龄分：老年人	青壮年	少年儿童	年在院（站）人天数
31015	**2143135**	**120624**	**72821**	**627827613**
	9	64	28	54900
255	44374	2235	1477	18624031
	24790	1228	767	5972460
600	99796	3489	1622	29188706
346	29462	2020	2219	7681384
276	39387	3872	1765	10529942
14767	90320	4409	1467	21265708
	72377	2863	1602	32439662
230	80283	5991	1452	19222600
358	84839	3169	1033	24691219
1399	194562	6306	3227	52734598
210	122001	3097	2178	31552603
517	123083	2784	3186	37622661
350	31606	4114	1256	9392394
86	77762	4719	1416	20920181
509	151965	3399	2052	42979372
449	146778	7802	4751	37810197
1648	115291	5883	2219	36311963
1939	115026	7648	3489	33151337
306	88464	4499	7402	29972013
1292	25723	3342	2767	7997222
	3307	118	256	521324
	54566	3304	908	16741719
3518	164932	14431	4411	52675858
736	34131	4229	2709	10808975
	28391	3497	1870	8271419
385	2083	116	4380	984821
666	53288	4628	2261	14768364
36	11481	1418	1801	3029892
25	3029	319	1181	806901
77	7151	1261	457	2067286
35	22878	4370	5212	7035901

C-2-2续表4

地区	企业会计制度财务指标			
	固定资产原价	营业收入	费用合计	营业利润
全国	**2256915.3**	**301756.6**	**257489.7**	**-72362.6**
中央级				
北京	45756.4	42215.2	25963.5	-17311.0
天津	13613.7	5575.8	4369.1	-484.8
河北	72210.2	9785.9	7217.7	-3887.7
山西	6847.0	238.5	170.7	-100.6
内蒙古	2357.5	406.4	68.7	3.5
辽宁	12280.4	194.3	17.3	-8.2
吉林	17656.7	347.0	333.2	
黑龙江	11002.6	537.2	249.0	127.7
上海	43509.2	7073.8	2757.3	-2694.6
江苏	304469.5	20719.2	10017.3	-1582.6
浙江	73614.2	17762.7	8967.6	-2410.9
安徽	191215.2	6202.4	2429.8	8.8
福建	15957.5	3722.6	2170.9	-1970.6
江西	16895.7	1754.3	652.5	11.3
山东	191363.0	10770.0	5445.2	-4105.4
河南	148244.1	7819.8	3170.8	-525.9
湖北	69821.1	6731.9	3007.9	-1203.7
湖南	111423.5	7420.8	104511.8	-1035.8
广东	281263.6	65482.3	37816.2	-24103.8
广西	88837.6	4257.0	1014.9	-221.6
海南	23019.7	3506.0	510.1	-736.7
重庆	164634.1	34825.6	14413.6	-4624.4
四川	170090.4	38795.3	19719.9	-5019.1
贵州	19579.5	1425.6	502.9	-99.2
云南	113284.6	1054.5	796.8	111.5
西藏	22009.5			
陕西	13082.1	2396.5	1178.4	-498.8
甘肃	6815.7	30.1	0.9	
青海				
宁夏	5981.0		3.0	
新疆	80.0	705.9	12.7	

单位：万元

事业单位会计制度财务指标			民间非营利组织会计制度财务指标		
固定资产原价	本年收入合计	本年支出合计	固定资产原价	本年收入合计	本年费用合计
7597570.7	**3706479.8**	**3055180.5**	**4930738.2**	**2141817.6**	**1482829.6**
11020.8	10344.8	9481.3			
182491.9	109594.3	109776.0	185072.6	116524.6	118581.5
69176.7	40683.3	41295.7	36633.1	34675.8	27156.8
254129.1	127541.8	127037.7	298375.8	86442.7	90256.6
133731.0	66546.0	67292.6	141076.6	9131.5	19548.6
182924.0	65252.6	64799.8	85639.2	28682.3	20250.9
45057.3	16188.9	16289.0	186388.6	35770.7	27569.9
159952.2	56395.0	55718.1	24621.6	7115.4	8806.5
241491.6	65859.1	71392.2	242994.1	9142.4	14900.1
197986.1	116803.5	111883.9	195577.7	242389.4	393983.2
652983.3	233418.4	233199.8	523591.4	85103.3	75519.6
191328.2	169926.0	165953.6	163336.1	87948.5	72882.9
133439.9	34987.1	34353.9	769415.5	49563.6	137065.2
108520.2	72337.5	67264.1	47687.3	25939.6	20307.3
416529.1	44441.1	46075.6	234730.6	20879.4	24194.0
361551.1	163360.0	152778.1	631848.3	113318.0	139643.8
279215.0	372620.6	371264.8	170333.7	24909.8	31402.1
538090.6	654720.9	118655.4	86325.1	28623.0	25598.6
470993.6	187785.7	155234.0	92847.8	15699.9	12652.5
611109.1	303485.7	317144.5	63425.6	69058.1	73005.5
173902.2	173104.2	66831.7	122158.6	24852.8	25058.6
80907.0	5331.6	16923.9	60243.1	692.2	826.6
250900.1	104742.9	104044.8	87300.5	27670.5	26789.4
541983.0	214560.0	208644.3	124906.2	39399.8	35548.4
219535.1	45423.8	47377.2	50062.6	10433.0	12873.0
299854.6	49686.0	41601.0	33671.7	897633.5	4263.0
31345.3	9582.1	10092.3			
309027.9	67777.5	71033.9	162205.5	33754.1	28216.0
182164.3	30237.6	33667.3	33286.1	1490.5	1590.7
32121.4	9054.6	8189.5	6100.9	808.9	236.6
56113.0	21586.0	24576.2	26948.0	4837.9	2509.2
177996.0	63101.2	85308.3	43934.3	9326.4	11592.5

C-2-3 养老

地　区	单位数	按登记类型分			
		市场监管部门登记	编制部门登记	民政部门登记	一个机构多块牌子
全　国	**38158**	**4201**	**16059**	**17526**	**372**
北　京	584	80	162	338	4
天　津	399	35	15	349	
河　北	1726	274	260	1176	16
山　西	665	30	165	470	
内蒙古	677	13	243	408	13
辽　宁	2035	40	110	1724	161
吉　林	1498	362	505	631	
黑龙江	1709	210	125	1370	4
上　海	669	23	23	621	2
江　苏	2470	354	929	1180	7
浙　江	1752	206	533	1013	
安　徽	2452	255	153	2042	2
福　建	640	80	307	247	6
江　西	1808	77	1444	286	1
山　东	2190	320	446	1421	3
河　南	3244	590	1798	848	8
湖　北	1841	126	1205	499	11
湖　南	2381	169	1871	324	17
广　东	1891	215	1329	345	2
广　西	567	76	168	308	15
海　南	48	6	29	13	
重　庆	927	286	378	263	
四　川	2541	259	1694	520	68
贵　州	988	23	737	212	16
云　南	880	54	705	121	
西　藏	23		20		3
陕　西	735	17	339	371	8
甘　肃	268	9	107	150	2
青　海	64		22	41	1
宁　夏	112	1	47	63	1
新　疆	374	11	190	172	1

机构总表

单位：个

按床位数分						
0～49张	50～99张	100～199张	200～299张	300～399张	400～499张	500张以上
9789	**11314**	**10384**	**3356**	**1557**	**616**	**1142**
80	150	179	75	33	23	44
96	95	126	37	19	2	24
405	509	490	136	97	38	51
178	205	191	43	23	9	16
185	196	196	57	26	3	14
997	500	324	106	54	24	30
682	431	248	62	34	16	25
814	439	252	96	47	19	42
16	169	239	102	64	38	41
345	533	782	411	195	83	121
311	420	463	254	131	62	111
264	653	969	364	108	40	54
312	87	112	47	34	16	32
648	651	369	65	33	13	29
283	649	730	249	118	41	120
842	1267	847	180	65	13	30
129	522	820	220	61	29	60
627	1113	450	77	45	20	49
706	471	369	154	70	42	79
125	124	170	66	35	15	32
9	8	14	6	6		5
246	308	251	71	21	9	21
480	849	840	214	87	28	43
333	356	222	52	15	4	6
282	257	235	57	29	5	15
4	1	9	4	5		
163	147	248	73	70	10	24
101	73	56	20	7	5	6
19	23	15	3	1	1	2
15	27	40	12	9	2	7
92	81	128	43	15	6	9

C-2-3续表1

地　区	年末职工人数	#女性	按登记类型分			
			市场监管部门登记	编制部门登记	民政部门登记	一个机构多块牌子
全　国	**518185**	**305809**	**70621**	**162764**	**279843**	**4957**
北　京	20283	13249	3487	4933	11718	145
天　津	7401	4646	682	742	5977	
河　北	29535	19258	3139	7238	19037	121
山　西	8807	4710	231	2247	6329	
内蒙古	8185	4756	97	2733	5278	77
辽　宁	19241	12689	463	1787	15222	1769
吉　林	17686	5787	3037	4469	10180	
黑龙江	16584	7911	1035	3299	12239	11
上　海	29193	21827	1319	1894	25959	21
江　苏	46882	26616	8583	13418	24120	761
浙　江	26607	15720	3567	7610	15430	
安　徽	24169	12073	3407	2005	18748	9
福　建	8759	5382	1077	1617	5977	88
江　西	16476	8848	756	8997	6719	4
山　东	38359	23919	5827	6910	25523	99
河　南	34404	18440	5548	15666	13079	111
湖　北	25095	14522	3512	14055	7380	148
湖　南	22584	12462	3582	12533	5892	577
广　东	32041	22451	8107	13668	10234	32
广　西	12883	9022	1120	5306	6168	289
海　南	1136	691	301	538	297	
重　庆	12083	7348	4768	3412	3903	
四　川	21202	11148	3978	9889	6900	435
贵　州	6731	3568	591	3243	2868	29
云　南	7667	4534	1616	4063	1988	
西　藏	433	245		404		29
陕　西	12276	7040	381	4718	7032	145
甘　肃	3301	1587	296	1800	1190	15
青　海	702	311		280	401	21
宁　夏	1792	1213	8	833	936	15
新　疆	5688	3836	106	2457	3119	6

单位：人

受教育程度		职业资格水平		人员性质	
大学专科人数	大学本科及以上人数	助理社会工作师人数	社会工作师人数	管理人员	专业技术技能人员
80071	**42742**	**8379**	**7643**	**139288**	**378897**
3017	1825	203	209	3156	17127
960	824	90	56	1506	5895
4076	1828	401	372	6041	23494
1456	653	126	206	3014	5793
1453	740	72	138	2311	5874
2667	1230	156	251	6288	12953
795	496	85	91	6142	11544
2040	976	285	222	4154	12430
3396	2006	204	170	6643	22550
8513	5060	1241	838	9464	37418
3231	1795	397	395	6711	19896
3470	1441	425	354	8444	15725
1330	835	143	156	2455	6304
2030	708	178	221	5489	10987
8184	4744	798	522	7723	30636
4061	1993	626	546	10445	23959
3343	1374	298	208	9659	15436
4307	2337	490	429	6220	16364
4618	3386	720	590	7135	24906
3280	1832	162	199	2703	10180
159	94	25	8	286	850
1847	806	153	156	3278	8805
3879	1517	431	430	9197	12005
1552	745	147	131	3139	3592
1427	954	72	74	1776	5891
39	31			84	349
2709	1329	183	316	3097	9179
783	359	71	88	1046	2255
95	71	50	29	228	474
338	292	32	37	448	1344
1016	461	115	201	1006	4682

C-2-3续表2

地　区	年龄结构			
	35岁及以下人数	36岁至45岁人数	46岁至55岁人数	56岁及以上人数
全　国	**106097**	**151816**	**180426**	**79846**
北　京	3814	4022	8860	3587
天　津	1344	2446	2448	1163
河　北	6177	8849	9978	4531
山　西	2238	2768	2645	1156
内蒙古	1542	2663	2959	1021
辽　宁	3534	5748	6854	3105
吉　林	1573	4175	10809	1129
黑龙江	3414	5980	5418	1772
上　海	2824	6129	12402	7838
江　苏	11756	12697	15204	7225
浙　江	4888	7466	9146	5107
安　徽	4467	7347	8410	3945
福　建	1828	2293	2829	1809
江　西	2498	3943	5845	4190
山　东	9668	11989	11627	5075
河　南	6253	9611	12058	6482
湖　北	4128	10127	7411	3429
湖　南	4832	7483	7563	2706
广　东	6504	8894	12153	4490
广　西	3754	3941	3661	1527
海　南	356	315	397	68
重　庆	2142	2748	4667	2526
四　川	4838	6892	6609	2863
贵　州	2031	2317	1827	556
云　南	2352	2688	2142	485
西　藏	295	122	14	2
陕　西	3779	3771	3345	1381
甘　肃	1013	1358	763	167
青　海	163	331	197	11
宁　夏	475	711	483	123
新　疆	1617	1992	1702	377

单位：人、张

年末床位数	按机构登记类型分			
	市场监管部门登记	编制部门登记	民政部门登记	一个机构多个牌子
4882366	**602001**	**1838326**	**2389448**	**52591**
112848	15139	28121	69154	434
63235	11056	5056	47123	
231981	31523	58053	140718	1687
72262	2910	19075	50277	
77560	897	28705	47055	903
178035	5805	15868	129122	27240
136103	24716	41877	69510	
165563	10402	40433	114168	560
139355	7242	7834	123479	800
442975	63371	178727	198722	2155
335694	41502	109741	184451	
360892	50138	26332	284222	200
84312	9730	24590	49157	835
166742	6514	104576	55622	30
358829	53917	66287	237922	703
310535	57789	145056	107047	643
280387	29670	179413	69278	2026
225080	26475	144498	51297	2810
251597	51121	127273	73088	115
91148	16763	20890	51791	1704
9002	1773	4258	2971	
102560	27119	42645	32796	
297638	34508	193556	63004	6570
84344	4724	54098	24570	952
89142	11977	62365	14800	
4160		3471		689
105009	2483	56284	44971	1271
29049	1638	14187	13203	21
6734		3511	3110	113
20033	120	8956	10897	60
49562	979	22590	25923	70

C-2-3续表3

地区	年在院总人天数	年末收养人数	#女性
全国	**587426511**	**2223641**	**683351**
北京	17887753	46817	24990
天津	5502367	25515	10939
河北	28781281	103826	32649
山西	6938593	30997	4916
内蒙古	9726943	42398	12111
辽宁	20858525	94661	27203
吉林	30143996	72427	28557
黑龙江	17779492	82901	21846
上海	23155197	85543	54741
江苏	50343268	197916	56752
浙江	30645273	124962	45209
安徽	36509770	126136	27940
福建	7939884	32693	13150
江西	20364266	82514	22463
山东	42268070	155892	51864
河南	36390345	156055	36929
湖北	34983657	121184	34359
湖南	30657517	119563	31434
广东	27353328	95576	46448
广西	6566224	27663	10360
海南	487017	3672	1445
重庆	15558214	55529	18418
四川	45759620	163382	29851
贵州	9516957	36382	7644
云南	7097273	30296	7099
西藏	554676	2404	597
陕西	13881428	57925	11793
甘肃	2475129	12736	2515
青海	553577	3157	596
宁夏	1786309	7978	2046
新疆	4960562	24941	6487

单位：人天、人

按登记类型分			
市场监管部门登记	编制部门登记	民政部门登记	一个机构多块牌子
209271	**905704**	**1082857**	**25809**
5081	12042	29439	255
1768	2502	21245	
9252	26084	67890	600
815	10494	19688	
471	13595	28061	271
1754	7575	71324	14008
13731	22237	36459	
4336	21966	56369	230
2079	4537	78569	358
26398	83343	87151	1024
12938	42556	69468	
10216	7602	108249	69
2896	8967	20506	324
2872	55194	24435	13
17226	30526	107770	370
23005	82779	49891	380
8430	82168	29480	1106
9509	85715	22614	1725
19506	44675	31307	88
2771	5946	18485	461
855	1850	967	
14598	23892	17039	
12972	118684	28950	2776
1695	25270	8832	585
2025	21975	6296	
	2019		385
916	35578	20774	657
659	7903	4157	17
	1485	1647	25
24	4178	3729	47
473	12367	12066	35

C-2-3续表4

地　区	按在院人员性质分			按年龄分		
	自费人员	特困人员	其他	老年人	青壮年	少年儿童
全　国	**1242464**	**883121**	**98056**	**2118374**	**79452**	**25815**
北　京	38864	3144	4809	44374	2235	208
天　津	24379	1031	105	24553	875	87
河　北	74524	27122	2180	99438	3130	1258
山　西	16825	12542	1630	28395	1239	1363
内蒙古	27554	13577	1267	39112	2560	726
辽　宁	73662	18951	2048	89619	4340	702
吉　林	51334	18698	2395	71643	721	63
黑龙江	62203	18813	1885	78869	3803	229
上　海	62644	1873	21026	84064	1323	156
江　苏	119907	73060	4949	192185	4179	1552
浙　江	94721	24591	5650	121535	2974	453
安　徽	50536	72391	3209	122905	2597	634
福　建	23047	7375	2271	30667	1304	722
江　西	34691	44706	3117	77380	4214	920
山　东	103107	51559	1226	151824	3389	679
河　南	62586	84069	9400	146283	7227	2545
湖　北	48992	67459	4733	115194	5286	704
湖　南	42403	70612	6548	112697	4923	1943
广　东	68941	22552	4083	87926	3238	4412
广　西	20795	5845	1023	25063	1448	1152
海　南	2172	1330	170	3307	118	247
重　庆	36188	18557	784	53336	2000	193
四　川	47444	112618	3320	157410	4921	1051
贵　州	8203	26542	1637	33603	1399	1380
云　南	6509	20265	3522	28031	1895	370
西　藏	14	2192	198	2083	116	205
陕　西	20988	35415	1522	53197	4278	450
甘　肃	3019	9093	624	11188	1041	507
青　海	847	2139	171	2915	223	19
宁　夏	3697	4199	82	6971	1003	4
新　疆	11668	10801	2472	22607	1453	881

单位：人、人次、平方米

按自理能力分			康复和医疗门诊人次数	机构建筑面积
能力完好	部分失能	完全失能		
1125624	**607011**	**491006**	**6158662**	**131994753**
11529	18066	17222	711847	3405892
8149	6682	10684	80463	2453430
36953	32786	34087	52629	6972992
19383	6297	5317	48582	2634767
24087	9791	8520	82748	2138744
49532	27347	17782	104692	3145598
36646	16704	19077	27560	3251738
62259	11583	9059	47290	3486585
19913	30979	34651	245460	4050931
98114	54535	45267	602197	11068470
68628	34143	22191	480648	7494590
72777	34784	18575	79693	7349652
12430	9816	10447	102901	2632600
35114	30066	17334	55823	7453416
63787	44645	47460	515948	12543951
92489	40751	22815	269911	7951039
67603	31677	21904	386304	6623516
59608	36794	23161	283865	6389174
30136	28380	37060	875785	7443336
6990	8430	12243	119509	2711173
1584	731	1357	8951	303723
34499	10655	10375	249354	2847128
114817	31432	17133	324025	6417326
26095	6888	3399	61652	2086672
16567	8799	4930	88546	2358663
1331	829	244	1160	128088
30143	16833	10949	156623	3012924
7025	4152	1559	51193	1141080
1548	1357	252	492	276276
3786	2918	1274	17945	840520
12102	8161	4678	24866	1380760

C-2-3续表5

地　区	企业会计制度财务指标			
	固定资产原价	营业收入	费用合计	营业利润
全　国	**2256915.3**	**301756.6**	**257489.7**	**-72362.6**
北　京	45756.4	42215.2	25963.5	-17311.0
天　津	13613.7	5575.8	4369.1	-484.8
河　北	72210.2	9785.9	7217.7	-3887.7
山　西	6847.0	238.5	170.7	-100.6
内蒙古	2357.5	406.4	68.7	3.5
辽　宁	12280.4	194.3	17.3	-8.2
吉　林	17656.7	347.0	333.2	
黑龙江	11002.6	537.2	249.0	127.7
上　海	43509.2	7073.8	2757.3	-2694.6
江　苏	304469.5	20719.2	10017.3	-1582.6
浙　江	73614.2	17762.7	8967.6	-2410.9
安　徽	191215.2	6202.4	2429.8	8.8
福　建	15957.5	3722.6	2170.9	-1970.6
江　西	16895.7	1754.3	652.5	11.3
山　东	191363.0	10770.0	5445.2	-4105.4
河　南	148244.1	7819.8	3170.8	-525.9
湖　北	69821.1	6731.9	3007.9	-1203.7
湖　南	111423.5	7420.8	104511.8	-1035.8
广　东	281263.6	65482.3	37816.2	-24103.8
广　西	88837.6	4257.0	1014.9	-221.6
海　南	23019.7	3506.0	510.1	-736.7
重　庆	164634.1	34825.6	14413.6	-4624.4
四　川	170090.4	38795.3	19719.9	-5019.1
贵　州	19579.5	1425.6	502.9	-99.2
云　南	113284.6	1054.5	796.8	111.5
西　藏	22009.5			
陕　西	13082.1	2396.5	1178.4	-498.8
甘　肃	6815.7	30.1	0.9	
青　海				
宁　夏	5981.0		3.0	
新　疆	80.0	705.9	12.7	

单位：万元

事业单位会计制度财务指标			民间非营利组织会计制度财务指标		
固定资产原价	本年收入合计	本年支出合计	固定资产原价	本年收入合计	本年费用合计
5738986.2	**2655136.1**	**2009705.3**	**4840575.3**	**2129030.2**	**1469549.9**
128821.3	72355.5	71752.5	184972.6	116524.6	118581.5
53857.2	22479.9	23080.4	36583.1	34675.8	27156.8
216392.5	112816.5	113933.5	297822.6	86442.7	90142.5
88451.9	37645.1	37725.0	138648.6	9107.7	19510.2
116979.8	33303.7	35116.4	85554.2	28669.3	20231.9
36795.5	12246.1	12521.9	184488.2	34605.6	26634.7
109321.6	26657.4	25235.7	24571.6	7115.4	8806.5
156607.5	35854.1	36444.3	242991.1	9142.4	14900.1
123517.0	53572.2	52439.9	195532.7	242389.4	393983.2
407991.4	139797.6	135633.3	523346.4	85103.3	75459.6
158276.6	107340.4	102502.8	163286.1	87948.5	72882.9
88744.3	19221.1	19510.6	769250.5	49558.1	136839.7
65174.6	27399.8	25497.3	46863.4	25400.7	20035.5
394812.0	35177.8	39295.0	234730.6	20879.4	24194.0
319611.8	145246.9	134275.2	631848.3	113318.0	139643.8
233916.0	356767.8	356067.5	169167.4	24123.6	30602.4
488433.8	634265.2	97420.1	86325.1	28623.0	25598.6
382761.8	137596.4	105133.6	91987.8	15415.7	12459.5
457860.8	237907.8	239009.7	61056.5	66567.1	70323.4
120928.9	128449.8	27989.8	121721.1	24852.8	25058.6
78642.2	5331.6	16923.9	740.1	692.2	786.6
183756.0	68563.6	67362.2	87219.0	27403.5	26560.9
345889.7	59578.9	68299.0	114023.1	33226.3	29179.2
182008.9	20054.9	19262.4	48086.5	9704.0	11883.6
226865.1	24271.7	18161.8	33310.7	897631.3	4261.9
14018.2	513.3	857.2			
251195.9	44776.4	46951.3	162085.5	33754.1	28216.0
138117.3	21702.6	24616.7	28511.3	1199.5	1281.3
20611.3	2091.0	1932.9	5000.9	806.9	236.5
42452.0	13428.2	17084.1	26926.0	4822.9	2506.0
106173.3	18722.8	37669.3	43924.3	9326.4	11592.5

C-2-4 社会

地 区	单位数	按床位数量分						
		0～49张	50～99张	100～199张	200～299张	300～399张	400～499张	500张以上
全 国	**1524**	**179**	**260**	**404**	**229**	**153**	**96**	**203**
北 京	9			1	1	1	4	2
天 津	2			1	1			
河 北	26	4	4	10	4	1	2	1
山 西	24	7	5	5	2	3		2
内蒙古	50	8	14	13	7	3	1	4
辽 宁	44	4	7	9	10	4	5	5
吉 林	60		11	15	8	11	5	10
黑龙江	44	2	3	8	13	9		9
上 海	19			6	5	3	1	4
江 苏	56	5	4	10	8	5	7	17
浙 江	74	7	7	11	9	12	8	20
安 徽	57	5	15	19	8	2		8
福 建	65	11	10	20	8	6	3	7
江 西	89	13	14	28	12	11	6	5
山 东	27		2	6	3	5	4	7
河 南	81	21	20	20	13	4	1	2
湖 北	122	4	11	30	25	11	13	28
湖 南	87	7	23	23	10	8	6	10
广 东	104	14	13	35	9	8	7	18
广 西	88	18	16	23	11	8	5	7
海 南	4	1	1	1				1
重 庆	29		2	4	7	1	4	11
四 川	124	10	18	37	26	15	5	13
贵 州	63	5	22	25	7	3		1
云 南	45	13	8	12	4	5	1	2
西 藏	2			1	1			
陕 西	32	7	5	4	4	6	3	3
甘 肃	43	5	17	11	7		1	2
青 海	10	2	2	3	1	1		1
宁 夏	4	1	1				1	1
新 疆	40	5	5	13	5	7	3	2

福利院

单位：个、人

年末职工人数	#女性	受教育程度		职业资格水平		按人员性质分	
		大学专科人数	大学本科及以上人数	助理社会工作师人数	社会工作师人数	管理人员	专业技术技能人员
46018	**29150**	**9851**	**10289**	**1597**	**1755**	**12238**	**33780**
989	700	270	486	26	23	209	780
88	46	30	46	7	3	15	73
868	527	251	270	33	78	203	665
563	318	126	158	6	15	194	369
988	531	268	281	15	45	260	728
821	466	140	177	8	4	301	520
2013	694	173	210	9	13	835	1178
1428	767	287	384	10	40	321	1107
1717	1272	251	368	59	56	329	1388
3170	2037	681	989	238	212	476	2694
3015	2164	386	486	88	109	570	2445
1355	927	284	263	63	63	359	996
1363	870	244	294	63	102	365	998
1972	1237	346	168	39	46	591	1381
1174	773	282	474	58	111	341	833
1713	947	332	310	55	69	548	1165
3986	2490	912	522	88	69	1367	2619
3555	2376	1027	1014	148	122	588	2967
4538	3315	869	1035	236	160	1096	3442
2174	1625	572	445	75	108	546	1628
184	129	43	31	6	2	28	156
1170	709	237	281	59	60	334	836
2614	1620	670	474	86	100	1006	1608
781	455	241	222	20	16	309	472
644	389	142	221	12	33	155	489
19	11	4	6			10	9
894	436	252	263	30	40	259	635
836	482	173	141	24	30	253	583
149	68	16	18	4	4	43	106
353	220	130	129	13	10	75	278
884	549	212	123	19	12	252	632

C-2-4续表1

地区	年龄结构				年末床位数
	35岁及以下人数	36岁至45岁人数	46岁至55岁人数	56岁及以上人数	
全国	**11542**	**15917**	**14559**	**4000**	**376955**
北京	330	276	317	66	3977
天津	26	38	20	4	390
河北	231	340	227	70	4438
山西	110	215	206	32	3858
内蒙古	268	319	320	81	8277
辽宁	148	276	298	99	11368
吉林	333	960	563	157	17780
黑龙江	299	489	512	128	13778
上海	334	526	550	307	6813
江苏	999	926	933	312	22553
浙江	499	844	1285	387	27384
安徽	317	447	484	107	11513
福建	320	378	436	229	14403
江西	329	546	697	400	17528
山东	323	383	347	121	10468
河南	599	594	404	116	10885
湖北	848	1767	1140	231	41195
湖南	1227	1047	1128	153	21797
广东	1004	1543	1713	278	28769
广西	540	851	671	112	16987
海南	47	71	58	8	689
重庆	205	385	406	174	13364
四川	832	918	691	173	27600
贵州	237	298	209	37	7771
云南	212	293	125	14	7493
西藏	9	7	3		392
陕西	287	335	191	81	7023
甘肃	231	357	198	50	6272
青海	29	63	54	3	2092
宁夏	140	109	79	25	1187
新疆	229	316	294	45	8911

单位：人、张、人天

年在院总人天数	年末在院人数	#女性	按人员性质分		
			自费人员	特困人员	其他
54817634	**185749**	**70409**	**85016**	**84362**	**16371**
772135	2279	1186	1531	683	65
122783	329	80	50	261	18
837843	2326	589	33	1957	336
852690	2369	748	650	1249	470
1106817	4119	1072	938	3023	158
2004532	6482	2180	2825	3110	547
3075850	8585	3274	4294	2761	1530
2567651	8953	2879	4296	4354	303
1214214	3834	2582	3484	215	135
3540991	11188	4229	5902	4567	719
3724009	13082	6085	10377	2302	403
1627849	4911	1864	2581	2064	266
1546886	5015	2235	2623	2123	269
1622278	8428	2709	3814	3761	853
1792201	5898	2043	2054	3633	211
1745936	5377	1375	192	4290	895
4606516	17706	6640	9172	7207	1327
3871244	12779	5205	6457	4725	1597
5087947	15039	7743	7536	5144	2359
1547507	5399	2269	2467	2396	536
112415	389	164		358	31
1764369	6020	2986	4231	1679	110
4174721	14649	4702	6574	7602	473
1086442	3665	1101	468	2569	628
914410	3509	1150	887	2517	105
34675	240	91		149	91
1267888	4083	889	412	2811	860
655759	3526	852	341	2957	228
141560	641	148	113	484	44
206320	649	254	265	373	11
1191196	4280	1085	449	3038	793

C-2-4续表2

地　区	按年龄分			按护理类型分			康复和医疗门诊人次数
	老年人	青壮年	少年儿童	能力完好	部分失能	完全失能	
全　国	**136652**	**28525**	**20572**	**70543**	**53870**	**61336**	**1761781**
北　京	1573	545	161	704	836	739	36418
天　津	87	242		79	185	65	799
河　北	909	418	999	491	752	1083	7523
山　西	883	252	1234	565	719	1085	1610
内蒙古	2963	867	289	1524	1221	1374	15889
辽　宁	4248	1858	376	2523	1690	2269	69033
吉　林	7852	670	63	4689	1988	1908	2081
黑龙江	7331	1525	97	5962	1495	1496	31092
上　海	3667	167		610	888	2336	22114
江　苏	7753	2202	1233	3272	2654	5262	148488
浙　江	11694	1068	320	6394	3039	3649	301230
安　徽	3657	702	552	1750	1700	1461	11943
福　建	3577	753	685	1612	1652	1751	26581
江　西	7095	516	817	2293	2575	3560	29866
山　东	4195	1049	654	1931	2417	1550	111665
河　南	1939	1391	2047	1456	1857	2064	23848
湖　北	15509	1831	366	8084	4898	4724	67280
湖　南	9025	2194	1560	4156	4149	4474	83822
广　东	8727	1923	4389	2942	4506	7591	422567
广　西	3353	929	1117	877	1846	2676	72294
海　南	57	85	247	115	73	201	7314
重　庆	4994	849	177	2079	1668	2273	76760
四　川	12360	1936	353	7246	4304	3099	118166
贵　州	2142	545	978	2405	701	559	37883
云　南	2857	440	212	1341	1277	891	1027
西　藏	149		91	226	8	6	
陕　西	1735	1917	431	938	1586	1559	11822
甘　肃	2288	773	465	1309	1406	811	8916
青　海	513	115	13	195	385	61	120
宁　夏	384	265		203	204	242	9056
新　疆	3136	498	646	2572	1191	517	4574

单位：人、人次、平方米、万元

家庭寄养儿童数量	机构建筑面积	事业单位会计制度财务指标			民间非营利组织会计制度财务指标		
		固定资产原价	本年收入合计	本年支出合计	固定资产原价	本年收入合计	本年费用合计
5272	**12684207**	**2171085.1**	**893800.4**	**895346.6**	**11015.9**	**5829.1**	**5584.0**
4	177518	71935.3	44668.0	44430.9			
	11220	4019.8	2829.2	2804.0			
195	229039	33984.4	16915.8	17987.4			
741	196961	53802.0	30400.0	29993.6			
1	324498	61231.9	20276.8	22695.8			
4	70399	4556.3	4597.2	4557.7			
1	622993	69504.4	16942.5	15793.8	2880.6	66.0	28.0
1	463971	88489.8	26137.6	25988.2			
	232758	91617.8	46816.9	46173.9	159.6	814.7	914.6
95	889841	119881.6	75494.7	75420.5	460.0	462.9	586.7
32	833788	107081.4	63709.2	60255.2	1.3	195.1	585.7
5	432137	68311.2	18316.6	18734.0			
111	534969	43570.3	25010.8	23271.4	2378.4	2272.9	1826.6
253	850741	100239.9	8364.5	12843.4	420.0	150.0	150.0
7	454524	86656.2	25505.1	25060.5	640.9	753.4	424.9
141	413551	51480.0	22547.5	24625.2			
90	1154904	252854.0	64303.9	52856.2	2651.0	20.0	2.0
294	814445	149621.9	74254.4	63749.7			
232	970459	197113.7	128877.2	129248.9	140.0	512.1	626.3
303	491246	51197.7	28005.3	27544.4			
7	21435	5466.4	2977.0	3012.2			
6	436061	84023.0	31960.5	30893.8	1024.0	523.0	335.0
110	731318	121959.8	35532.6	43941.4			
35	211856	39489.6	13546.8	13401.2			
31	242965	47513.0	13786.2	10887.7	142.0	2.0	15.4
	9211	175.7					
49	270767	48818.5	22521.8	24558.8	62.1	54.6	26.8
86	230100	43824.0	8840.0	10661.0	52.0	1.4	61.0
	57236	9718.3	972.3	800.3	3.0		
	46122	15801.4	10733.2	8806.8			
2438	257174	47145.8	8956.8	24348.7	1.0	1.0	1.0

C-2-5 特困人员

地区	单位数	按床位数量分						
		0～49张	50～99张	100～199张	200～299张	300～399张	400～499张	500张以上
全国	**17153**	**4367**	**5872**	**5021**	**1235**	**413**	**120**	**125**
北京								
天津	17	2	7	3	3	1	1	
河北	303	39	74	89	43	27	14	17
山西	288	61	115	90	13	6	1	2
内蒙古	209	57	73	56	19	3		1
辽宁	248	50	72	80	31	11	2	2
吉林	451	237	151	55	7		1	
黑龙江	138	24	29	37	19	10	5	14
上海								
江苏	1025	79	200	402	199	94	31	20
浙江	503	49	163	190	60	23	8	10
安徽	1580	91	376	747	268	64	20	14
福建	298	261	19	15	2	1		
江西	1358	586	521	225	24	2		
山东	749	58	271	296	79	26	6	13
河南	1742	518	774	400	43	6		1
湖北	1088	56	310	561	125	24	7	5
湖南	1784	506	932	321	19	4	2	
广东	1194	614	355	154	41	19	8	3
广西	112	61	24	20	6			1
海南	25	7	6	9	1	2		
重庆	362	108	123	117	12	1		1
四川	1617	233	632	595	117	25	7	8
贵州	696	266	268	140	18	4		
云南	641	224	205	171	28	9	2	2
西藏	21	4	1	8	3	5		
陕西	346	40	73	150	32	40	4	7
甘肃	136	70	38	22	3	1	1	1
青海	28	6	15	6	1			
宁夏	61	9	15	25	6	4		2
新疆	133	51	30	37	13	1		1

救助供养机构

单位：个、人

年末职工人数	#女性	受教育程度		职业资格水平		按人员性质分	
		大学专科人数	大学本科及以上人数	助理社会工作师人数	社会工作师人数	管理人员	专业技术技能人员
123028	**60784**	**13943**	**4723**	**2083**	**1684**	**46980**	**76048**
321	123	2	4	4	2	82	239
5528	3261	767	225	34	27	1234	4294
2790	1438	419	169	25	39	1255	1535
1756	732	310	107	8	11	552	1204
2681	1632	280	93	2	8	965	1716
2728	1253	257	140	24	55	1544	1184
2158	1174	291	86	45	28	663	1495
11213	6003	1798	389	548	217	2584	8629
3945	2236	286	98	60	48	1278	2667
11828	4755	1083	337	166	141	4932	6896
982	409	80	35	11	5	471	511
6988	3279	711	151	82	90	3114	3874
7863	4312	1185	426	203	99	2002	5861
13150	5945	871	385	167	117	4688	8462
9897	4839	917	126	118	3	4949	4948
8592	3751	962	266	157	189	3258	5334
7284	4352	541	372	179	160	2756	4528
454	252	55	26	2	5	248	206
234	100	14	5			87	147
1818	833	132	46	5	18	802	1016
7540	3182	1029	317	76	97	4741	2799
2658	1068	496	240	10	81	1678	980
2951	1570	304	174	25	21	911	2040
414	234	35	25			74	340
4453	2379	651	270	44	43	1281	3172
718	328	171	73	37	28	346	372
137	63	39	8	21		65	72
659	418	89	78	17	24	197	462
1288	863	168	52	13	128	223	1065

C-2-5续表1

地　区	年龄结构			
	35岁及以下人数	36岁至45岁人数	46岁至55岁人数	56岁及以上人数
全　国	**21261**	**40190**	**42818**	**18759**
北　京				
天　津	22	239	33	27
河　北	1354	1905	1599	670
山　西	663	785	853	489
内蒙古	300	578	632	246
辽　宁	416	896	1150	219
吉　林	787	1080	769	92
黑龙江	407	809	723	219
上　海				
江　苏	2093	2823	4438	1859
浙　江	419	1169	1533	824
安　徽	1608	3689	4266	2265
福　建	96	334	360	192
江　西	701	1608	2812	1867
山　东	1406	2462	2602	1393
河　南	2182	3388	4808	2772
湖　北	1132	4810	2846	1109
湖　南	1144	3081	3163	1204
广　东	836	2034	3109	1305
广　西	68	147	156	83
海　南	62	96	65	11
重　庆	200	464	876	278
四　川	1189	2912	2579	860
贵　州	776	1088	638	156
云　南	749	1126	903	173
西　藏	286	115	11	2
陕　西	1373	1522	1227	331
甘　肃	176	280	227	35
青　海	29	71	35	2
宁　夏	138	297	179	45
新　疆	649	382	226	31

单位：人、张、人天

年末床位数	年在院总人天数	年末在院人数	#女性
1748485	**234107848**	**834132**	**132415**
2367	334262	971	32
54758	7999528	23752	2365
26701	3023934	12891	1048
20330	2684770	9921	498
29179	3300606	14034	1722
26863	3061380	14578	2379
29653	3715991	14251	2397
179704	22826588	80388	16601
70933	7193177	25887	6955
231266	24381809	80706	11617
14448	1430775	6023	1184
87534	12022245	47053	9756
97124	13825781	46358	7886
133641	18980463	77071	7138
141499	20827041	65574	14206
120731	19315478	71662	12842
83843	7966316	24553	8325
7757	473278	1961	429
2971	96642	1123	208
29818	4894440	17493	1386
171131	32153596	105611	9837
48904	6103539	23518	3087
50757	4199336	17218	3178
3768	520001	2164	506
52360	8925273	33182	3250
8774	975825	4994	683
2056	233306	1047	175
8202	869941	3657	616
11413	1772527	6491	2109

C−2−5续表2

地 区	按人员性质分			按年龄分		
	自费人员	特困人员	其他	老年人	青壮年	少年儿童
全 国	**103356**	**708884**	**21892**	**802200**	**29189**	**2743**
北 京						
天 津	874	97		968	3	
河 北	3585	19580	587	22308	1359	85
山 西	3604	8955	332	12081	702	108
内蒙古	1035	8749	137	8901	864	156
辽 宁	1662	12013	359	13006	999	29
吉 林	2425	11969	184	14566	12	
黑龙江	3925	9954	372	13029	1197	25
上 海						
江 苏	17872	60067	2449	79267	854	267
浙 江	10959	14041	887	25605	200	82
安 徽	13929	65607	1170	79289	1375	42
福 建	1624	3592	807	5892	130	1
江 西	6478	39270	1305	43896	3095	62
山 东	5110	40933	315	45006	1340	12
河 南	833	73279	2959	72896	3946	229
湖 北	4492	58570	2512	62230	3030	314
湖 南	5646	63079	2937	69433	1938	291
广 东	8340	15594	619	23856	683	14
广 西	536	1345	80	1940	18	3
海 南	145	961	17	1121	2	
重 庆	1083	16148	262	16820	673	
四 川	4397	99216	1998	102651	2648	312
贵 州	1477	21605	436	22744	476	298
云 南	431	16482	305	15919	1212	87
西 藏	14	2043	107	1934	116	114
陕 西	2139	30846	197	31898	1273	11
甘 肃	123	4706	165	4761	197	36
青 海		1047		1016	29	2
宁 夏	401	3185	71	3357	296	4
新 疆	217	5951	323	5810	522	159

单位：人、人次、平方米

按护理类型分			康复和医疗门诊人次数	机构建筑面积
能力完好	部分失能	完全失能		
536767	**202169**	**95196**	**1064320**	**41602915**
842	24	105	150	63880
11559	7260	4933	6583	1609735
8455	2509	1927	89	793886
5756	2517	1648	1356	568851
8099	3743	2192	4607	395398
7592	4321	2665	25282	796184
9458	3037	1756	8196	545927
51422	21077	7889	146482	3598941
17547	5893	2447	52365	1317852
53888	19183	7635	21599	3962832
3528	1848	647	117	295791
23971	17571	5511	5543	3761809
21986	14686	9686	49483	3138580
55271	15026	6774	76259	3481392
44026	14526	7022	184639	3246617
42392	20323	8947	34067	3123075
11738	6965	5850	216609	2196630
1112	505	344	613	124393
698	192	233		81464
14098	2041	1354	22423	752562
83673	15174	6764	102255	2821247
19398	3269	851	10195	1127014
10209	4878	2131	26752	1235065
1105	821	238	1160	118877
20494	9131	3557	19580	1250884
3252	1451	291	35987	434323
410	543	94	292	92053
1796	1386	475	2677	341623
2992	2269	1230	8960	326030

C−2−5续表3

地 区	企业会计制度财务指标			
	固定资产原价	营业收入	费用合计	营业利润
全 国	**130578.6**	**5451.9**	**1695.5**	**24.0**
北 京				
天 津				
河 北	1095.0	120.0	10.0	
山 西	248.9	35.6		
内蒙古	60.0	50.0	1.4	3.0
辽 宁	25.4			
吉 林				
黑龙江	3175.7			
上 海				
江 苏	6917.5	116.5	62.7	
浙 江	2804.2	324.0	26.3	
安 徽	25201.9	735.2	449.0	118.2
福 建	6604.6	65.8	1.0	
江 西	2314.1	400.8	253.7	-69.5
山 东	5929.1	2498.2	59.1	-32.2
河 南	20677.1	751.0	750.0	
湖 北	5552.5			
湖 南	510.3			
广 东				
广 西	1728.0		0.9	1.5
海 南	350.0			
重 庆	11146.0	317.0	50.1	3.0
四 川	7108.8			
贵 州	960.0	3.0	15.6	
云 南				
西 藏	22009.5			
陕 西				
甘 肃	300.0			
青 海				
宁 夏	5800.0		3.0	
新 疆	60.0	34.8	12.7	

单位：万元

事业单位会计制度财务指标			民间非营利组织会计制度财务指标		
固定资产原价	本年收入合计	本年支出合计	固定资产原价	本年收入合计	本年费用合计
2569784.8	**1364636.8**	**730179.4**	**1006260.8**	**90240.9**	**86305.7**
5.0		15.0	255.0	424.5	594.8
119541.4	31987.3	31851.4	24439.9	3911.2	2342.3
21612.4	4132.0	4555.5	29665.8	2883.2	6019.6
48269.0	9386.5	9094.9	1765.1	343.1	195.9
23842.3	5699.2	6042.4	9309.5	1333.7	609.3
39817.2	9714.9	9441.9	380.0	90.0	90.0
52264.2	7536.9	8197.3	27713.2	411.5	1194.6
177065.1	45975.2	42464.6	68602.8	8364.7	7097.3
24560.0	19446.0	18245.6	16204.7	6853.4	5535.4
18791.5	595.5	512.6	611302.4	25507.7	30368.7
13789.9	1815.7	1691.1	4038.8	165.9	294.6
292462.1	26753.3	26394.6	470.0	40.9	40.9
78086.2	17911.2	17043.4	79075.1	20641.1	19619.4
154599.9	322102.7	321425.9	1729.9	8.0	302.8
210169.8	561998.0	36445.6	1466.0	508.8	57.8
212525.8	49383.1	30329.2	760.0	58.0	28.0
146487.6	51454.3	55017.4	1480.4	1578.4	1078.9
2550.0	100186.1	191.3	81188.2	214.8	215.6
70259.0		11700.0	30.0		8.0
68940.9	25102.4	25005.0	8143.0	834.8	824.8
195166.5	22483.5	22514.4	6402.6	4430.8	512.5
134919.2	5916.7	5482.8	9322.5	1606.1	1535.2
161265.1	8130.4	5424.3	3174.0	210.9	273.8
13842.5	513.3	857.2			
199912.4	21469.7	21643.1	6105.0	8455.9	6671.0
18158.2	11722.1	11657.2	7650.5	65.3	250.4
6274.7	172.0	213.5	1639.4	791.9	234.3
22919.6	1622.9	1624.6	3947.0	506.3	309.8
41687.3	1425.9	5097.6			

C-2-6 其他各类

地区	单位数	按床位数量分						
		0～49张	50～99张	100～199张	200～299张	300～399张	400～499张	500张以上
全　国	**19481**	**5243**	**5182**	**4959**	**1892**	**991**	**400**	**814**
北　京	575	80	150	178	74	32	19	42
天　津	380	94	88	122	33	18	1	24
河　北	1397	362	431	391	89	69	22	33
山　西	353	110	85	96	28	14	8	12
内蒙古	418	120	109	127	31	20	2	9
辽　宁	1743	943	421	235	65	39	17	23
吉　林	987	445	269	178	47	23	10	15
黑龙江	1527	788	407	207	64	28	14	19
上　海	650	16	169	233	97	61	37	37
江　苏	1389	261	329	370	204	96	45	84
浙　江	1175	255	250	262	185	96	46	81
安　徽	815	168	262	203	88	42	20	32
福　建	277	40	58	77	37	27	13	25
江　西	361	49	116	116	29	20	7	24
山　东	1414	225	376	428	167	87	31	100
河　南	1421	303	473	427	124	55	12	27
湖　北	631	69	201	229	70	26	9	27
湖　南	510	114	158	106	48	33	12	39
广　东	593	78	103	180	104	43	27	58
广　西	367	46	84	127	49	27	10	24
海　南	19	1	1	4	5	4		4
重　庆	536	138	183	130	52	19	5	9
四　川	800	237	199	208	71	47	16	22
贵　州	229	62	66	57	27	8	4	5
云　南	194	45	44	52	25	15	2	11
西　藏								
陕　西	357	116	69	94	37	24	3	14
甘　肃	89	26	18	23	10	6	3	3
青　海	26	11	6	6	1		1	1
宁　夏	47	5	11	15	6	5	1	4
新　疆	201	36	46	78	25	7	3	6

养老机构

单位：个、人

年末职工人数	#女性	受教育程度		职业资格水平		按人员性质分	
		大学专科人数	大学本科及以上人数	助理社会工作师人数	社会工作师人数	管理人员	专业技术技能人员
349139	**215875**	**56277**	**27730**	**4699**	**4204**	**80070**	**269069**
19294	12549	2747	1339	177	186	2947	16347
6992	4477	928	774	79	51	1409	5583
23139	15470	3058	1333	334	267	4604	18535
5454	2954	911	326	95	152	1565	3889
5441	3493	875	352	49	82	1499	3942
15739	10591	2247	960	146	239	5022	10717
12945	3840	365	146	52	23	3763	9182
12998	5970	1462	506	230	154	3170	9828
27476	20555	3145	1638	145	114	6314	21162
32499	18576	6034	3682	455	409	6404	26095
19647	11320	2559	1211	249	238	4863	14784
10986	6391	2103	841	196	150	3153	7833
6414	4103	1006	506	69	49	1619	4795
7516	4332	973	389	57	85	1784	5732
29322	18834	6717	3844	537	312	5380	23942
19541	11548	2858	1298	404	360	5209	14332
11212	7193	1514	726	92	136	3343	7869
10437	6335	2318	1057	185	118	2374	8063
20219	14784	3208	1979	305	270	3283	16936
10255	7145	2653	1361	85	86	1909	8346
718	462	102	58	19	6	171	547
9095	5806	1478	479	89	78	2142	6953
11048	6346	2180	726	269	233	3450	7598
3292	2045	815	283	117	34	1152	2140
4072	2575	981	559	35	20	710	3362
6929	4225	1806	796	109	233	1557	5372
1747	777	439	145	10	30	447	1300
416	180	40	45	25	25	120	296
780	575	119	85	2	3	176	604
3516	2424	636	286	83	61	531	2985

C-2-6续表1

地区	年龄结构			
	35岁及以下人数	36岁至45岁人数	46岁至55岁人数	56岁及以上人数
全国	**73294**	**95709**	**123049**	**57087**
北京	3484	3746	8543	3521
天津	1296	2169	2395	1132
河北	4592	6604	8152	3791
山西	1465	1768	1586	635
内蒙古	974	1766	2007	694
辽宁	2970	4576	5406	2787
吉林	453	2135	9477	880
黑龙江	2708	4682	4183	1425
上海	2490	5603	11852	7531
江苏	8664	8948	9833	5054
浙江	3970	5453	6328	3896
安徽	2542	3211	3660	1573
福建	1412	1581	2033	1388
江西	1468	1789	2336	1923
山东	7939	9144	8678	3561
河南	3472	5629	6846	3594
湖北	2148	3550	3425	2089
湖南	2461	3355	3272	1349
广东	4664	5317	7331	2907
广西	3146	2943	2834	1332
海南	247	148	274	49
重庆	1737	1899	3385	2074
四川	2817	3062	3339	1830
贵州	1018	931	980	363
云南	1391	1269	1114	298
西藏				
陕西	2119	1914	1927	969
甘肃	606	721	338	82
青海	105	197	108	6
宁夏	197	305	225	53
新疆	739	1294	1182	301

单位：人、张、人天

年末床位数	护理型床位	年在院总人天数	年末在院人数	#女性
2756926	**854564**	**298501029**	**1203760**	**480527**
108871	54259	17115618	44538	23804
60478	6299	5045322	24215	10827
172785	29925	19943910	77748	29695
41703	9683	3061969	15737	3120
48953	5460	5935356	28358	10541
137488	3831	15553387	74145	23301
91460	2078	24006766	49264	22904
122132	1015	11495850	59697	16570
132542	11894	21940983	81709	52159
240718	114028	23975689	106340	35922
237377	115069	19728087	85993	32169
118113	49759	10500112	40519	14459
55461	21347	4962223	21655	9731
61680	34341	6719743	27033	9998
251237	120560	26650088	103636	41935
166009	38122	15663946	73607	28416
97693	38375	9550100	37904	13513
82552	43629	7470795	35122	13387
138985	69446	14299065	55984	30380
66404	31180	4545439	20303	7662
5342	1519	277960	2160	1073
59378	13098	8899405	32016	14046
98907	13203	9431303	43122	15312
27669	4161	2326976	9199	3456
30892	2025	1983527	9569	2771
45626	5954	3688267	20660	7654
14003	2668	843545	4216	980
2586	162	178711	1469	273
10644	2230	710048	3672	1176
29238	9244	1996839	14170	3293

C-2-6续表2

地 区	按人员性质分			按年龄分		
	自费人员	特困人员	其他	老年人	青壮年	少年儿童
全 国	**1054092**	**89875**	**59793**	**1179522**	**21738**	**2500**
北 京	37333	2461	4744	42801	1690	47
天 津	23455	673	87	23498	630	87
河 北	70906	5585	1257	76221	1353	174
山 西	12571	2338	828	15431	285	21
内蒙古	25581	1805	972	27248	829	281
辽 宁	69175	3828	1142	72365	1483	297
吉 林	44615	3968	681	49225	39	
黑龙江	53982	4505	1210	58509	1081	107
上 海	59160	1658	20891	80397	1156	156
江 苏	96133	8426	1781	105165	1123	52
浙 江	73385	8248	4360	84236	1706	51
安 徽	34026	4720	1773	39959	520	40
福 建	18800	1660	1195	21198	421	36
江 西	24399	1675	959	26389	603	41
山 东	95943	6993	700	102623	1000	13
河 南	61561	6500	5546	71448	1890	269
湖 北	35328	1682	894	37455	425	24
湖 南	30300	2808	2014	34239	791	92
广 东	53065	1814	1105	55343	632	9
广 西	17792	2104	407	19770	501	32
海 南	2027	11	122	2129	31	
重 庆	30874	730	412	31522	478	16
四 川	36473	5800	849	42399	337	386
贵 州	6258	2368	573	8717	378	104
云 南	5191	1266	3112	9255	243	71
西 藏						
陕 西	18437	1758	465	19564	1088	8
甘 肃	2555	1430	231	4139	71	6
青 海	734	608	127	1386	79	4
宁 夏	3031	641		3230	442	
新 疆	11002	1812	1356	13661	433	76

单位：人、人次、平方米

按护理类型分			康复和医疗门诊人次数	机构建筑面积
能力完好	部分失能	完全失能		
518314	**350972**	**334474**	**3332561**	**77707631**
10825	17230	16483	675429	3228374
7228	6473	10514	79514	2378330
24903	24774	28071	38523	5134218
10363	3069	2305	46883	1643920
16807	6053	5498	65503	1245395
38910	21914	13321	31052	2679801
24365	10395	14504	197	1832561
46839	7051	5807	8002	2476687
19303	30091	32315	223346	3818173
43420	30804	32116	307227	6579688
44687	25211	16095	127053	5342950
17139	13901	9479	46151	2954683
7290	6316	8049	76203	1801840
8850	9920	8263	20414	2840866
39870	27542	36224	354800	8950847
35762	23868	13977	169804	4056096
15493	12253	10158	134385	2221995
13060	12322	9740	165976	2451654
15456	16909	23619	236609	4276247
5001	6079	9223	46602	2095534
771	466	923	1637	200824
18322	6946	6748	150171	1658505
23898	11954	7270	103604	2864761
4292	2918	1989	13574	747802
5017	2644	1908	60767	880633
8711	6116	5833	125221	1491273
2464	1295	457	6290	476657
943	429	97	80	126987
1787	1328	557	6212	452775
6538	4701	2931	11332	797556

C-2-6续表3

地区	企业会计制度财务指标			
	固定资产原价	营业收入	费用合计	营业利润
全国	**2126336.7**	**296304.7**	**255794.2**	**-72386.6**
北京	45756.4	42215.2	25963.5	-17311.0
天津	13613.7	5575.8	4369.1	-484.8
河北	71115.2	9665.9	7207.7	-3887.7
山西	6598.1	202.9	170.7	-100.6
内蒙古	2297.5	356.4	67.3	0.5
辽宁	12255.0	194.3	17.3	-8.2
吉林	17656.7	347.0	333.2	
黑龙江	7826.9	537.2	249.0	127.7
上海	43509.2	7073.8	2757.3	-2694.6
江苏	297552.0	20602.7	9954.6	-1582.6
浙江	70810.0	17438.7	8941.3	-2410.9
安徽	166013.3	5467.2	1980.8	-109.4
福建	9352.9	3656.8	2169.9	-1970.6
江西	14581.6	1353.5	398.8	80.8
山东	185433.9	8271.8	5386.1	-4073.2
河南	127567.0	7068.8	2420.8	-525.9
湖北	64268.6	6731.9	3007.9	-1203.7
湖南	110913.2	7420.8	104511.8	-1035.8
广东	281263.6	65482.3	37816.2	-24103.8
广西	87109.6	4257.0	1014.0	-223.1
海南	22669.7	3506.0	510.1	-736.7
重庆	153488.1	34508.6	14363.5	-4627.4
四川	162981.6	38795.3	19719.9	-5019.1
贵州	18619.5	1422.6	487.3	-99.2
云南	113284.6	1054.5	796.8	111.5
西藏				
陕西	13082.1	2396.5	1178.4	-498.8
甘肃	6515.7	30.1	0.9	
青海				
宁夏	181.0			
新疆	20.0	671.1		

单位：万元

事业单位会计制度财务指标			民间非营利组织会计制度财务指标		
固定资产原价	本年收入合计	本年支出合计	固定资产原价	本年收入合计	本年费用合计
998116.3	**396698.9**	**384179.3**	**3823298.6**	**2032960.2**	**1377660.2**
56886.0	27687.5	27321.6	184972.6	116524.6	118581.5
49832.4	19650.7	20261.4	36328.1	34251.3	26562.0
62866.7	63913.4	64094.7	273382.7	82531.5	87800.2
13037.5	3113.1	3175.9	108982.8	6224.5	13490.6
7478.9	3640.4	3325.7	83789.1	28326.2	20036.0
8396.9	1949.7	1921.8	175178.7	33271.9	26025.4
			21311.0	6959.4	8688.5
15853.5	2179.6	2258.8	215277.9	8730.9	13705.5
31899.2	6755.3	6266.0	195373.1	241574.7	393068.6
111044.7	18327.7	17748.2	454283.6	76275.7	67775.6
26635.2	24185.2	24002.0	147080.1	80900.0	66761.8
1641.6	309.0	264.0	157948.1	24050.4	106471.0
7814.4	573.3	534.8	40446.2	22961.9	17914.3
2110.0	60.0	57.0	233840.6	20688.5	24003.1
154869.4	101830.6	92171.3	552132.3	91923.5	119599.5
27836.1	12117.6	10016.4	167437.5	24115.6	30299.6
25410.0	7963.3	8118.3	82208.1	28094.2	25538.8
20614.1	13958.9	11054.7	91227.8	15357.7	12431.5
114259.5	57576.3	54743.4	59436.1	64476.6	68618.2
67181.2	258.4	254.1	40532.9	24638.0	24843.0
2916.8	2354.6	2211.7	710.1	692.2	778.6
30792.1	11500.7	11463.4	78052.0	26045.7	25401.1
28763.4	1562.8	1843.2	107620.5	28795.5	28666.7
7600.1	591.4	378.4	38764.0	8097.9	10348.4
18087.0	2355.1	1849.8	29994.7	897418.4	3972.7
2465.0	784.9	749.4	155918.4	25243.6	21518.2
76135.1	1140.5	2298.5	20808.8	1132.8	969.9
4618.3	946.7	919.1	3358.5	15.0	2.2
3731.0	1072.1	6652.7	22979.0	4316.6	2196.2
17340.2	8340.1	8223.0	43923.3	9325.4	11591.5

C-2-7 社会福

地区	单位数	按床位数量分						
		0～49张	50～99张	100～199张	200～299张	300～399张	400～499张	500张以上
全　国	**141**	**8**	**3**	**18**	**25**	**16**	**14**	**57**
北　京	1		1					
天　津	1							1
河　北	1							1
山　西	4			1			2	1
内蒙古	5			1	2			2
辽　宁								
吉　林	8					1		7
黑龙江	6					1	1	4
上　海	3						1	2
江　苏	11			2	1	2	3	3
浙　江	2			1	1			
安　徽	3	1	1		1			
福　建	14	1		2	3	6	1	1
江　西	3			1		1	1	
山　东								
河　南	3	1				1	1	
湖　北	2			1				1
湖　南	11	1	1		1	2		6
广　东	1							1
广　西	5			2		1		2
海　南								
重　庆	5			2				3
四　川	18				5		2	11
贵　州	15	3		3	4		1	4
云　南	6			1	4			1
西　藏								
陕　西	1							1
甘　肃	1					1		
青　海	2	1			1			
宁　夏	1						1	
新　疆	8			1	2			5

利医院

单位：个、人

年末职工人数	#女性	受教育程度		职业资格水平		按人员性质分	
		大学专科人数	大学本科及以上人数	助理社会工作师人数	社会工作师人数	管理人员	专业技术技能人员
20103	**12619**	**7496**	**8222**	**199**	**245**	**2270**	**17833**
54	43	5	49	1		3	51
257	144	72	140	5	1	28	229
167	90	40	98	1	7	2	165
821	528	281	418	3	4	67	754
736	407	346	267	4	8	138	598
693	392	173	237	3	4	142	551
1008	369	304	375	4	24	214	794
560	383	162	227	15	17	92	468
1560	941	503	833	9	29	99	1461
283	190	105	164	1	1	23	260
197	146	112	52		1	28	169
1212	800	482	350	20	27	149	1063
290	205	137	51		1	35	255
147	86	80	21	1	2	17	130
278	154	89	115		2	37	241
1836	1244	800	733	36	17	182	1654
699	438	190	428		2	27	672
1328	970	464	558	7	11	105	1223
426	237	104	244	27	30	58	368
4285	2832	1717	1766	26	19	386	3899
818	500	387	342	9	4	146	672
427	279	126	225	2	7	68	359
135	59	24	89	5	8	24	111
63	33	24	31	1	1	13	50
225	4	135	81			27	198
142	93	71	15	10	9	8	134
1456	1052	563	313	9	9	152	1304

C-2-7续表1

地区	年龄结构				年末床位数
	35岁及以下人数	36岁至45岁人数	46岁至55岁人数	56岁及以上人数	
全国	**9900**	**5161**	**3939**	**1103**	**67458**
北京	3	30	20	1	52
天津	82	105	49	21	620
河北	81	46	27	13	570
山西	307	179	274	61	1530
内蒙古	452	111	135	38	1730
辽宁					
吉林	216	206	210	61	5003
黑龙江	218	328	323	139	3783
上海	259	137	106	58	1780
江苏	639	443	393	85	5570
浙江	189	59	28	7	384
安徽	121	31	23	22	315
福建	614	341	181	76	3883
江西	156	46	85	3	941
山东					
河南	56	44	42	5	888
湖北	49	89	106	34	930
湖南	899	523	335	79	5871
广东	189	318	177	15	1700
广西	735	338	203	52	2756
海南					
重庆	126	164	104	32	2654
四川	2844	774	521	146	14833
贵州	343	225	180	70	3852
云南	193	145	72	17	1900
西藏					
陕西	58	39	25	13	750
甘肃	13	23	21	6	300
青海	125	67	16	17	310
宁夏	119	18	5		450
新疆	814	332	278	32	4103

单位：人、张、人天

年在院总人天数	年末在院人数				
		#女性	按人员性质分		
			自费人员	特困人员	其他
18792415	**56973**	**17281**	**20663**	**18365**	**17945**
3620	11	4	11		
199420	590	209	396	194	
86157	365	108	23	139	203
178516	1367	543	680	254	433
360026	1447	404	453	588	406
1420580	2888	646	1082	1253	553
1125867	3502	905	940	2200	362
577468	1576	273	835	132	609
1341423	4371	1040	991	1439	1941
134891	373	100	203	133	37
44988	145	36	32	38	75
1195673	3390	904	1564	1171	655
285746	893	333	95	369	429
283408	767	271	385	382	
288080	700	84	1	98	601
1747795	4724	1710	2098	1466	1160
529882	1497	527	116	411	970
649756	2585	1001	1128	763	694
790120	2370	819	1135	685	550
4858482	13876	4555	5720	3259	4897
795607	3252	929	1110	870	1272
552975	1658	465	333	457	868
149650	410	157	80	285	45
91980	261	71	13	196	52
1812	194	79	12	14	168
147960	411	154	131	269	11
950533	3350	954	1096	1300	954

C-2-7续表2

地区	按年龄分			按护理类型分		
	老年人	青壮年	少年儿童	自理（完全自理）	介助（半自理）	介护（不能自理）
全国	**17544**	**38700**	**729**	**27101**	**19025**	**10847**
北京			11			11
天津	237	353			472	118
河北	109	255	1	197	160	8
山西	606	735	26	1088	246	33
内蒙古	164	1280	3	509	665	273
辽宁						
吉林	734	2142	12	1410	1085	393
黑龙江	1314	2188		721	1157	1624
上海	550	963	63	619	957	
江苏	2201	2127	43	1859	1056	1456
浙江	265	108		108	213	52
安徽	88	45	12	55	28	62
福建	626	2760	4	2486	743	161
江西	382	505	6	473	191	229
山东						
河南	178	555	34	692	6	69
湖北	97	597	6	179	55	466
湖南	2098	2555	71	2168	1467	1089
广东	518	979		401	763	333
广西	660	1894	31	1204	922	459
海南						
重庆	984	1303	83	996	1021	353
四川	4305	9464	107	6187	5009	2680
贵州	482	2747	23	2151	1044	57
云南	329	1320	9	321	896	441
西藏						
陕西	66	337	7	342	48	20
甘肃	43	218		152	78	31
青海	84	95	15	120	63	11
宁夏	153	258		60	156	195
新疆	271	2917	162	2603	524	223

单位：人、人次、平方米、万元

康复和医疗门诊人次数	机构建筑面积	事业单位会计制度财务指标		
		固定资产原价	本年收入合计	本年支出合计
2164130	**2899053**	**808554.6**	**670401.4**	**656497.7**
9548	7993	7359.7	8859.3	9470.5
52683	13239	4058.3	11268.8	11081.7
39902	27318	14280.6	10160.1	8637.4
243032	102207	31385.8	26538.5	27037.9
64482	86637	31734.6	20638.8	18140.3
86893	155601	22860.2	18544.8	19823.5
38901	146064	38745.3	17621.8	23257.6
10463	83534	23710.2	30180.6	28863.8
187856	220577	181091.5	71285.7	75738.4
53609	29591	2895.5	37592.0	38339.5
34925	19700	1126.9	3046.9	3128.2
192911	170403	30756.3	37792.6	34759.8
9955	63397	6908.1	4838.2	4256.7
51927	37800	7503.2	5920.1	5738.3
44541	34035	8783.6	6824.3	7589.5
253222	180480	51889.5	44577.7	44546.5
7384	42602	19739.0	31467.0	32040.0
109191	107885	30843.9	34784.0	28901.1
71988	120737	41952.4	24905.6	25194.4
475621	423677	132598.6	135156.4	120284.3
44679	132066	18594.7	20689.3	22571.0
24723	110048	37888.8	15870.1	13706.9
1718	56971	4282.7	3559.4	2695.3
66	31143	13458.4	2822.0	3014.8
118	20072	6614.6	6665.7	5950.8
9000	6564		3171.5	3017.3
44792	468712	37492.2	35620.2	38712.2

C-2-8 儿童福利和救助

地区	单位数	按登记类型分		
		编制部门登记	民政部门登记	一个机构多块牌子
全 国	**760**	**395**	**42**	**323**
北 京	12	11	1	
天 津	3	2	1	
河 北	9	7	2	
山 西	17	6	5	6
内蒙古	14	8		6
辽 宁	12	2	2	8
吉 林	12	11	1	
黑龙江	15	14	1	
上 海	4	3	1	
江 苏	39	11		28
浙 江	52	16	2	34
安 徽	33	20		13
福 建	11	6	2	3
江 西	12	7		5
山 东	17	12		5
河 南	31	18	1	12
湖 北	51	12		39
湖 南	45	21	3	21
广 东	55	33	3	19
广 西	48	8	3	37
海 南	1		1	
重 庆	5	5		
四 川	100	32	1	67
贵 州	29	17	1	11
云 南	29	28	1	
西 藏	10	10		
陕 西	18	13	1	4
甘 肃	16	10	4	2
青 海	9	5	4	
宁 夏	9	6		3
新 疆	42	41	1	

保护机构总表

单位：个

按床位数分						
0～49张	50～99张	100～199张	200～299张	300～399张	400～499张	500张以上
293	**132**	**166**	**70**	**33**	**29**	**37**
1	2	4	2	1		2
		2			1	
3	3	1	2			
7	5	2	3			
4	2	3	2	2		1
4	4	2			1	1
4	1	4	1	1		1
1	3	5	4		1	1
	3					1
17	8	7	4	1	1	1
33	4	7	5	2		1
4	7	12	6	2	1	1
3	2	3	1	1		1
5	1	3	1		2	
2	1	4	4	3	2	1
15	6	5	1		3	1
29	8	9	2	1	1	1
19	12	10	1	1	1	1
25	8	11	5	3	1	2
21	14	6	4	1	2	
1						
		3				2
64	6	14	7	5	2	2
9	4	8	4	2	1	1
7	7	13	1			1
					3	7
5	2	5	2	1	1	2
2	6	2	3	2		1
3	3	1				2
2	3	2	1		1	
3	7	18	4	4	4	2

C-2-8续表1

地 区	年末职工人数	#女性	按登记类型分		
			编制部门登记	民政部门登记	一个机构多块牌子
全 国	**15033**	**9730**	**11510**	**442**	**3081**
北 京	605	451	569	36	
天 津	155	103	121	34	
河 北	89	49	61	28	
山 西	252	136	88	32	132
内蒙古	466	273	365		101
辽 宁	194	125	99	23	72
吉 林	409	198	402	7	
黑龙江	470	274	466	4	
上 海	340	271	320	20	
江 苏	633	436	468		165
浙 江	835	597	501	7	327
安 徽	696	419	523		173
福 建	135	94	100	16	19
江 西	389	219	259		130
山 东	350	213	306		44
河 南	955	685	757	5	193
湖 北	690	453	398		292
湖 南	558	282	287	36	235
广 东	1707	1138	1498	29	180
广 西	1097	776	600	40	457
海 南	5	4		5	
重 庆	280	216	280		
四 川	1165	714	790	4	371
贵 州	334	212	254	3	77
云 南	300	187	279	21	
西 藏	128	81	128		
陕 西	385	238	309	8	68
甘 肃	436	286	399	17	20
青 海	142	65	80	62	
宁 夏	299	231	274		25
新 疆	534	304	529	5	

单位：人

受教育程度		职业资格水平		按人员性质分	
大学专科人数	大学本科及以上人数	助理社会工作师人数	社会工作师人数	管理人员	专业技术技能人员
4026	**5378**	**711**	**1054**	**4733**	**10300**
145	293	16	21	141	464
57	78	4	16	42	113
29	7			37	52
46	91	7	17	68	184
136	215	8	54	176	290
63	88	7	8	77	117
45	76	4	17	108	301
159	117	10	24	164	306
100	193	23	47	49	291
160	317	71	74	127	506
113	352	72	76	278	557
158	210	23	50	249	447
39	56	11	21	57	78
143	96	13	3	145	244
73	224	11	59	166	184
192	268	37	55	255	700
213	269	27	32	243	447
200	150	23	32	232	326
364	480	85	78	419	1288
330	394	62	47	317	780
1	1			1	4
60	212	12	74	106	174
380	315	59	89	456	709
103	141	14	25	162	172
77	135	11	33	148	152
53	58	2	1	65	63
105	173	39	22	125	260
102	112	7	17	104	332
34	23	28		58	84
98	94	13	27	29	270
248	140	12	35	129	405

C-2-8续表2

地区	年龄结构			
	35岁及以下人数	36岁至45岁人数	46岁至55岁人数	56岁及以上人数
全国	**5078**	**5438**	**3673**	**844**
北京	177	197	207	24
天津	59	58	34	4
河北	24	26	34	5
山西	58	93	79	22
内蒙古	185	144	108	29
辽宁	32	56	71	35
吉林	144	124	90	51
黑龙江	158	159	120	33
上海	150	130	42	18
江苏	270	189	139	35
浙江	200	260	246	129
安徽	249	205	210	32
福建	40	59	30	6
江西	152	111	107	19
山东	121	125	90	14
河南	371	380	163	41
湖北	235	255	158	42
湖南	181	198	148	31
广东	494	675	474	64
广西	304	429	322	42
海南		2	2	1
重庆	141	91	43	5
四川	395	437	285	48
贵州	146	107	64	17
云南	108	148	34	10
西藏	77	35	14	2
陕西	120	157	85	23
甘肃	194	133	92	17
青海	16	105	17	4
宁夏	121	109	55	14
新疆	156	241	110	27

单位：人、张

年末床位数	按登记类型分		
	编制部门登记	民政部门登记	一个机构多块牌子
100922	**79686**	**3588**	**17648**
3168	2968	200	
753	608	145	
797	447	350	
1411	616	215	580
2174	1951		223
1518	621	62	835
3105	3005	100	
3274	3270	4	
1210	1160	50	
4094	2159		1935
4074	2987	2	1085
5684	4014		1670
2075	1825	129	121
1531	1160		371
4349	3707		642
3468	3188	7	273
4198	2637		1561
4104	2953	285	866
5891	4624	140	1127
3901	1325	301	2275
40		40	
2529	2529		
8451	5560	20	2871
3704	2771	150	783
2886	2785	101	
5386	5386		
3068	2924	50	94
2681	2333	278	70
2259	1320	939	
1032	766		266
8107	8087	20	

C-2-8续表3

地区	年末在院人数	#女性	按登记类型分		
			编制部门登记	民政部门登记	一个机构多块牌子
全国	**45529**	**15427**	**39099**	**2088**	**4342**
北京	1258	387	1167	91	
天津	680	241	537	143	
河北	363	42	125	238	
山西	829	350	340	143	346
内蒙古	1036	180	1031		5
辽宁	743	265	316	24	403
吉林	1527	98	1476	51	
黑龙江	1223	426	1219	4	
上海	794	266	744	50	
江苏	1632	639	1257		375
浙江	1725	735	1513	2	210
安徽	2540	946	2106		434
福建	527	200	425	77	25
江西	490	145	417		73
山东	1373	526	1245		128
河南	2104	737	2097	7	
湖北	1509	624	1094		415
湖南	1438	508	1171	53	214
广东	2627	1044	2326	93	208
广西	1584	675	622	190	772
海南	9			9	
重庆	566	211	566		
四川	3123	1275	2562	7	554
贵州	1297	629	997	150	150
云南	1491	294	1405	86	
西藏	4175	1691	4175		
陕西	1803	626	1763	40	
甘肃	1294	336	1112	182	
青海	1147	61	719	428	
宁夏	453	109	423		30
新疆	4169	1161	4149	20	

单位：人、万元

事业单位会计制度财务指标			民间非营利组织会计制度财务指标		
固定资产原价	本年收入合计	本年支出合计	固定资产原价	本年收入合计	本年费用合计
579247.0	**337050.2**	**349729.3**	**5742.4**	**2375.7**	**2718.9**
30430.3	28379.5	28553.0	100.0	175.5	212.5
9071.5	6934.6	7133.6	50.0	84.0	220.5
1795.7	776.8	664.4	291.3		167.0
2714.5	2362.4	2529.7	948.7	222.8	292.9
23130.7	10983.7	11223.2			
7398.9	3942.8	3767.1	138.0	87.0	114.6
16624.1	11192.8	10658.9	50.0	5.0	5.0
32884.5	12383.2	11690.3	3.0		
19463.1	17338.5	18314.4	45.0	176.0	190.0
38086.9	22032.1	21534.1			
17867.2	24748.6	24866.3	50.0	30.0	20.0
22707.9	11975.0	10963.0			
4324.4	4546.9	4387.7	576.2	149.0	164.3
3953.4	4425.1	2523.9			
22419.2	13375.1	14234.9			
18255.4	9802.6	9328.9	5.0	1.6	1.6
23734.8	13631.4	13645.8			
15172.5	5521.0	5503.9	306.0	399.5	337.0
67785.0	34110.9	46094.8	551.2	341.2	358.6
11430.0	9870.4	9940.8	437.5	493.7	472.9
			500.0	49.0	61.8
12072.0	10313.3	10592.8			
39046.0	18788.4	19069.0	0.5		11.0
11931.9	4588.6	5452.8	112.0	67.0	
20601.7	6971.3	7164.3	350.0	16.3	15.0
17321.8	9068.8	9235.1			
29350.1	19441.7	21105.7	120.0	42.5	40.0
18974.6	5502.3	5843.5	28.0	2.0	28.2
3673.3	297.9	305.8	1070.0	33.6	5.0
11717.6	4986.3	4474.8			
25308.0	8758.2	8926.8	10.0		1.0

C-2-9 儿童

地 区	单位数	按床位数量分						
		0～49张	50～99张	100～199张	200～299张	300～399张	400～499张	500张以上
全 国	**508**	**111**	**85**	**153**	**64**	**31**	**29**	**35**
北 京	10	1	2	3	2			2
天 津	3			2			1	
河 北	9	3	3	1	2			
山 西	12	4	4	1	3			
内蒙古	8			3	2	2		1
辽 宁	10	3	3	2			1	1
吉 林	12	4	1	4	1	1		1
黑龙江	14	1	2	5	4		1	1
上 海	3		2					1
江 苏	14	2		7	2	1	1	1
浙 江	26	10	2	6	5	2		1
安 徽	28	2	6	11	5	2	1	1
福 建	10	2	2	3	1	1		1
江 西	7	2		3			2	
山 东	14		1	3	4	3	2	1
河 南	17	4	3	5	1		3	1
湖 北	24	9	4	6	2	1	1	1
湖 南	25	5	7	9	1	1	1	1
广 东	36	11	5	10	4	3	1	2
广 西	22	2	8	5	4	1	2	
海 南	1	1						
重 庆	5			3				2
四 川	57	25	5	13	6	4	2	2
贵 州	22	6		8	4	2	1	1
云 南	26	4	7	13	1			1
西 藏	8						3	5
陕 西	14	2	1	5	2	1	1	2
甘 肃	14	1	5	2	3	2		1
青 海	9	3	3	1				2
宁 夏	6	1	2	1	1		1	
新 疆	42	3	7	18	4	4	4	2

福利机构

单位：个、人

年末职工人数	#女性	受教育程度		职业资格水平		按人员性质分	
		大学专科人数	大学本科及以上人数	助理社会工作师人数	社会工作师人数	管理人员	专业技术技能人员
12556	**8641**	**3254**	**4436**	**540**	**894**	**3392**	**9164**
563	436	141	259	14	16	99	464
155	103	57	78	4	16	42	113
89	49	29	7			37	52
204	122	35	77	7	15	58	146
365	250	109	153	7	47	84	281
178	122	56	82	7	8	64	114
409	198	45	76	4	17	108	301
463	269	159	110	10	24	162	301
273	210	64	166	19	42	40	233
517	390	109	288	62	67	71	446
570	428	79	268	42	58	202	368
664	409	141	201	23	49	237	427
133	93	38	55	11	19	55	78
290	194	98	61	8	1	88	202
329	203	72	217	10	56	158	171
732	588	129	187	27	40	161	571
475	373	133	215	22	22	120	355
364	216	110	80	11	22	117	247
1403	1011	283	329	49	43	247	1156
776	619	221	256	45	28	111	665
5	4	1	1			1	4
280	216	60	212	12	74	106	174
988	652	317	262	54	79	348	640
268	182	80	116	13	21	106	162
259	177	73	130	9	30	109	150
116	72	47	52	2	1	56	60
317	186	96	142	9	22	110	207
416	281	95	107	6	17	91	325
142	65	34	23	28		58	84
279	219	95	86	13	25	17	262
534	304	248	140	12	35	129	405

C-2-9续表1

地　区	年龄结构			
	35岁及以下人数	36岁至45岁人数	46岁至55岁人数	56岁及以上人数
全　国	**4380**	**4568**	**3021**	**587**
北　京	165	183	193	22
天　津	59	58	34	4
河　北	24	26	34	5
山　西	45	73	72	14
内蒙古	162	122	64	17
辽　宁	31	53	64	30
吉　林	144	124	90	51
黑龙江	157	154	119	33
上　海	114	106	36	17
江　苏	224	141	123	29
浙　江	146	198	175	51
安　徽	238	197	199	30
福　建	39	58	30	6
江　西	125	71	79	15
山　东	115	117	83	14
河　南	303	300	117	12
湖　北	175	180	100	20
湖　南	125	124	97	18
广　东	389	576	394	44
广　西	226	325	209	16
海　南		2	2	1
重　庆	141	91	43	5
四　川	358	348	246	36
贵　州	114	101	43	10
云　南	103	113	33	10
西　藏	72	31	12	1
陕　西	112	120	68	17
甘　肃	187	128	87	14
青　海	16	105	17	4
宁　夏	115	102	48	14
新　疆	156	241	110	27

单位：人、张、人天、平方米

年末床位数	年在院总人天数	年末在院人数	#女性	家庭寄养儿童数量	机构建筑面积
90998	**13744634**	**44058**	**14661**	**5655**	**2958008**
2718	410346	1237	380	92	151832
753	252864	680	241	126	25376
797	88280	363	42	157	15121
1179	303815	828	350	551	21624
1951	347100	1031	177		55680
1438	246467	743	265	80	12391
3105	865084	1527	98	2	246948
3209	289619	1223	426	93	131557
1130	286934	786	264	519	35036
3009	552779	1582	609	201	98879
3621	545767	1723	735	88	89477
5234	804546	2534	943	17	172592
2073	200482	527	200	326	37988
1260	180759	490	145	14	51497
4207	473057	1340	523	187	149332
3115	744546	2083	730	281	137434
3333	472964	1462	619	189	97333
3421	325622	1361	498	790	85014
5082	1007938	2569	1019	93	165360
3154	526809	1552	661	194	70469
40	3285	9		1	2002
2529	196344	566	211		124900
7173	994897	3091	1275	281	209891
3423	374785	1289	628	95	73849
2811	414412	1491	294	333	113893
4416	429074	3205	1035	351	66316
2974	621985	1803	626	247	108865
2611	352076	1294	336	19	91458
2259	245248	1147	61		54631
866	124028	353	109	253	24391
8107	1062722	4169	1161	75	236872

C-2-9续表2

地　区	事业单位会计制度财务指标		
	固定资产原价	本年收入合计	本年支出合计
全　国	**566456.3**	**326747.4**	**339496.9**
北　京	30006.8	26772.9	27003.7
天　津	9071.5	6934.6	7133.6
河　北	1795.7	776.8	664.4
山　西	2710.2	2345.4	2517.3
内蒙古	23130.7	10983.7	11223.2
辽　宁	7398.9	3942.8	3767.1
吉　林	16624.1	11192.8	10658.9
黑龙江	31652.6	12193.9	11500.8
上　海	18906.9	14884.5	15798.6
江　苏	38086.9	22032.1	21534.1
浙　江	17867.2	24748.6	24866.3
安　徽	22707.9	11975.0	10963.0
福　建	4324.4	4546.9	4387.7
江　西	3933.4	4405.1	2503.9
山　东	22419.2	13375.1	14234.9
河　南	18141.7	9537.5	9015.3
湖　北	23705.8	13631.4	13645.8
湖　南	15048.8	5275.9	5258.8
广　东	57736.2	30453.2	42501.9
广　西	11418.0	9870.4	9940.8
海　南			
重　庆	12072.0	10313.3	10592.8
四　川	39026.0	18657.3	18955.6
贵　州	11866.9	4574.6	5439.8
云　南	20462.1	6836.5	7065.0
西　藏	17321.8	7500.7	7667.0
陕　西	29350.1	19441.7	21105.7
甘　肃	18974.6	5502.3	5843.5
青　海	3673.3	297.9	305.8
宁　夏	11714.6	4986.3	4474.8
新　疆	25308.0	8758.2	8926.8

单位：万元

民间非营利组织会计制度财务指标		
固定资产原价	本年收入合计	本年费用合计
5742.4	**2375.7**	**2718.9**
100.0	175.5	212.5
50.0	84.0	220.5
291.3		167.0
948.7	222.8	292.9
138.0	87.0	114.6
50.0	5.0	5.0
3.0		
45.0	176.0	190.0
50.0	30.0	20.0
576.2	149.0	164.3
5.0	1.6	1.6
306.0	399.5	337.0
551.2	341.2	358.6
437.5	493.7	472.9
500.0	49.0	61.8
0.5		11.0
112.0	67.0	
350.0	16.3	15.0
120.0	42.5	40.0
28.0	2.0	28.2
1070.0	33.6	5.0
10.0		1.0

C-2-10 未成年人

地区	单位数	按床位数量分						
		0～49张	50～99张	100～199张	200～299张	300～399张	400～499张	500张以上
全 国	**252**	**182**	**47**	**13**	**6**	**2**		**2**
北 京	2			1		1		
天 津								
河 北								
山 西	5	3	1	1				
内蒙古	6	4	2					
辽 宁	2	1	1					
吉 林								
黑龙江	1		1					
上 海	1		1					
江 苏	25	15	8		2			
浙 江	26	23	2	1				
安 徽	5	2	1	1	1			
福 建	1	1						
江 西	5	3	1		1			
山 东	3	2		1				
河 南	14	11	3					
湖 北	27	20	4	3				
湖 南	20	14	5	1				
广 东	19	14	3	1	1			
广 西	26	19	6	1				
海 南								
重 庆								
四 川	43	39	1	1	1	1		
贵 州	7	3	4					
云 南	3	3						
西 藏	2							2
陕 西	4	3	1					
甘 肃	2	1	1					
青 海								
宁 夏	3	1	1	1				
新 疆								

救助保护机构

单位：个、人

年末职工人数	#女性	受教育程度		职业资格水平		按人员性质分	
		大学专科人数	大学本科及以上人数	助理社会工作师人数	社会工作师人数	管理人员	专业技术技能人员
2477	**1089**	**772**	**942**	**171**	**160**	**1341**	**1136**
42	15	4	34	2	5	42	
48	14	11	14		2	10	38
101	23	27	62	1	7	92	9
16	3	7	6			13	3
7	5		7			2	5
67	61	36	27	4	5	9	58
116	46	51	29	9	7	56	60
265	169	34	84	30	18	76	189
32	10	17	9		1	12	20
2	1	1	1		2	2	
99	25	45	35	5	2	57	42
21	10	1	7	1	3	8	13
223	97	63	81	10	15	94	129
215	80	80	54	5	10	123	92
194	66	90	70	12	10	115	79
304	127	81	151	36	35	172	132
321	157	109	138	17	19	206	115
177	62	63	53	5	10	108	69
66	30	23	25	1	4	56	10
41	10	4	5	2	3	39	2
12	9	6	6			9	3
68	52	9	31	30		15	53
20	5	7	5	1		13	7
20	12	3	8		2	12	8

C-2-10续表1

地　区	年龄结构			
	35岁及以下人数	36岁至45岁人数	46岁至55岁人数	56岁及以上人数
全　国	**698**	**870**	**652**	**257**
北　京	12	14	14	2
天　津				
河　北				
山　西	13	20	7	8
内蒙古	23	22	44	12
辽　宁	1	3	7	5
吉　林				
黑龙江	1	5	1	
上　海	36	24	6	1
江　苏	46	48	16	6
浙　江	54	62	71	78
安　徽	11	8	11	2
福　建	1	1		
江　西	27	40	28	4
山　东	6	8	7	
河　南	68	80	46	29
湖　北	60	75	58	22
湖　南	56	74	51	13
广　东	105	99	80	20
广　西	78	104	113	26
海　南				
重　庆				
四　川	37	89	39	12
贵　州	32	6	21	7
云　南	5	35	1	
西　藏	5	4	2	1
陕　西	8	37	17	6
甘　肃	7	5	5	3
青　海				
宁　夏	6	7	7	
新　疆				

单位：人、人次、张

救助人次数	有身份信息的救助人次数	#女性	#家暴庇护救助	无身份信息的救助人次数	床位数
9308	**4495**	**1896**	**8**	**4813**	**9924**
947	947	316			450
273	117	57		156	232
12	12	5	1		223
51	51	10			80
1				1	65
5	5	3			80
172	160	54	5	12	1085
1	1	1	1		453
108	106	59		2	450
					2
99	99	20			271
37	37	8			142
4	4	4			353
59	45	23		14	865
422	346	126		76	683
350	276	93		74	809
132	128	27		4	747
2	2	2			
2397	2056	1043		341	1278
50	50	29			281
3832	21	8	1	3811	75
4	4	2			970
339	23	6		316	94
					70
11	5			6	166

C−2−10续表2

地　区	年末在站人数	#女性	本年在站人天数	在站滞留三个月以上人数	残疾人
全　国	**1471**	**766**	**202045**	**294**	**198**
北　京	21	7	10268	30	1
天　津					
河　北					
山　西	1		90	1	
内蒙古	5	3	1801	2	
辽　宁			20		
吉　林					
黑龙江					
上　海	8	2	11166		
江　苏	50	30	28190		
浙　江	2		1991	18	15
安　徽	6	3	2232	5	5
福　建					
江　西			4500	50	50
山　东	33	3	2182	2	2
河　南	21	7	7595	21	20
湖　北	47	5	11665	9	5
湖　南	77	10	19046	46	35
广　东	58	25	63833	53	32
广　西	32	14	20982	34	30
海　南					
重　庆					
四　川	32		14239	22	3
贵　州	8	1	525	1	
云　南			3		
西　藏	970	656	970		
陕　西			16		
甘　肃			20		
青　海					
宁　夏	100		711		
新　疆					

单位：人、人天、平方米、万元

机构建筑面积	事业单位会计制度财务指标		
	固定资产原价	本年收入合计	本年支出合计
266406	**12790.7**	**10302.8**	**10232.4**
6154	423.5	1606.6	1549.3
2730	4.3	17.0	12.4
7503			
	1231.9	189.3	189.5
4081	556.2	2454.0	2515.8
21300			
24060			
4881			
300			
6	20.0	20.0	20.0
6133			
27781	113.7	265.1	313.6
5888	29.0		
18324	123.7	245.1	245.1
60916	10048.8	3657.7	3592.9
38739	12.0		
11738	20.0	131.1	113.4
6214	65.0	14.0	13.0
3850	139.6	134.8	99.3
6000		1568.1	1568.1
2480			
4180			
3148	3.0		

C-2-11 其他提供

地　区	单位数	按登记类型分		
		编制部门登记	民政部门登记	一个机构多块牌子
全　国	**1793**	**1493**	**166**	**134**
中央级	1	1		
北　京	19	19		
天　津	10	10		
河　北	50	45	3	2
山　西	62	50	11	1
内蒙古	47	39	6	2
辽　宁	84	9	29	46
吉　林	48	48		
黑龙江	57	57		
上　海	20	20		
江　苏	91	70	19	2
浙　江	51	49		2
安　徽	57	50	2	5
福　建	50	44	2	4
江　西	60	60		
山　东	62	60		2
河　南	104	93	3	8
湖　北	81	74		7
湖　南	118	108	10	
广　东	92	78	11	3
广　西	62	60		2
海　南	7	6	1	
重　庆	46	44	2	
四　川	192	130	25	37
贵　州	59	43	15	1
云　南	75	71	3	1
西　藏	3	3		
陕　西	80	73	2	5
甘　肃	52	32	16	4
青　海	8	5	3	
宁　夏	13	10	3	
新　疆	32	32		

住宿机构总表

单位：个

按床位数分						
0～49张	50～99张	100～199张	200～299张	300～399张	400～499张	500张以上
1093	**404**	**188**	**62**	**27**	**6**	**13**
		1				
7	5	2	2	1	1	1
7		2				1
32	11	3	3		1	
40	9	9	3	1		
32	11	4				
39	23	13	6	1	1	1
35	8	4	1			
46	7	2		2		
10	5	1	2			2
49	24	11	4	2	1	
23	23	2	2			1
29	12	11	1	2	1	1
34	11	1	3	1		
46	7	5	1			1
39	17	4	2			
62	27	10	2	3		
51	16	11	2			1
63	34	18	2	1		
43	18	19	5	5	1	1
40	18	4				
3		3	1			
19	22	2	3			
116	40	20	13	1		2
39	11	6	1	1		1
57	13	3	1	1		
1	1	1				
56	16	6		2		
38	7	5		2		
7			1			
11		2				
19	8	3	1	1		

C-2-11续表1

地　区	年末职工人数	#女性	按登记类型分		
			编制部门登记	民政部门登记	一个机构多块牌子
全　国	**21446**	**8592**	**17655**	**2429**	**1362**
中央级	230	165	230		
北　京	564	246	564		
天　津	234	84	234		
河　北	622	282	589	16	17
山　西	548	186	445	100	3
内蒙古	428	121	397	17	14
辽　宁	823	241	120	318	385
吉　林	655	238	655		
黑龙江	721	180	721		
上　海	748	452	748		
江　苏	845	365	798	43	4
浙　江	603	251	595		8
安　徽	569	214	532	22	15
福　建	437	154	360	56	21
江　西	482	145	482		
山　东	849	401	820		29
河　南	1252	407	1035	49	168
湖　北	880	337	786		94
湖　南	1051	338	994	57	
广　东	2200	864	1696	461	43
广　西	722	289	568		154
海　南	95	31	85	10	
重　庆	526	218	490	36	
四　川	2317	1202	1171	839	307
贵　州	505	233	337	168	
云　南	544	205	531	10	3
西　藏	26	3	26		
陕　西	984	359	858	38	88
甘　肃	535	224	359	167	9
青　海	58	9	43	15	
宁　夏	83	29	76	7	
新　疆	310	119	310		

单位：人

受教育程度		职业资格水平		按人员性质分	
大学专科人数	大学本科及以上人数	助理社会工作师人数	社会工作师人数	管理人员	专业技术技能人员
6884	**7198**	**836**	**1248**	**11255**	**10191**
50	180		2	34	196
94	384	29	13	430	134
47	144	9	7	180	54
180	209	6	18	193	429
179	165	10	51	240	308
143	186	3	19	232	196
293	165	6	17	393	430
188	177	1	6	382	273
220	124	17	20	392	329
195	279	33	40	333	415
227	397	61	88	417	428
159	265	28	40	312	291
161	222	32	30	286	283
97	219	25	53	294	143
175	124	12	20	300	182
378	327	69	257	289	560
358	317	27	85	636	616
334	210	34	37	425	455
474	263	52	61	577	474
705	818	166	123	1251	949
229	289	36	43	453	269
26	33	3	4	37	58
165	266	24	22	346	180
757	417	67	83	1024	1293
187	147	24	19	317	188
164	280	30	40	344	200
6	4			8	18
375	257	21	21	568	416
188	147	8	17	267	268
5	6		5	35	23
17	47	1	4	53	30
108	130	2	3	207	103

C−2−11续表2

地区	年龄结构				年末床位数
	35岁及以下人数	36岁至45岁人数	46岁至55岁人数	56岁及以上人数	
全国	**6385**	**7431**	**5668**	**1962**	**103639**
中央级	137	63	22	8	150
北京	174	199	149	42	4046
天津	81	95	39	19	809
河北	160	239	165	58	2770
山西	162	185	143	58	3156
内蒙古	104	114	160	50	1667
辽宁	214	319	223	67	6180
吉林	157	266	192	40	1876
黑龙江	118	206	288	109	2310
上海	251	332	129	36	3064
江苏	280	267	206	92	5332
浙江	204	231	126	42	3783
安徽	208	162	144	55	4651
福建	128	127	117	65	2406
江西	141	166	115	60	2577
山东	373	245	140	91	2860
河南	417	439	329	67	5850
湖北	217	330	263	70	4498
湖南	275	459	258	59	6032
广东	649	692	651	208	8341
广西	182	226	249	65	2323
海南	27	33	26	9	663
重庆	176	175	143	32	2430
四川	660	695	617	345	11839
贵州	183	139	123	60	3251
云南	124	231	155	34	2264
西藏	4	15	7		150
陕西	301	417	208	58	3409
甘肃	193	169	138	35	2451
青海	11	18	20	9	341
宁夏	15	37	24	7	565
新疆	59	140	99	12	1595

单位：人、张、人天

按机构登记类型分			年在院（站）总人天数	年末在院（站）人数	#女性
编制部门登记	民政部门登记	一个机构多块牌子			
86245	**10818**	**6576**	**7662008**	**29865**	**8984**
150			54900	101	50
4046			312044	2415	1087
809			17809	300	63
2654	84	32	232988	920	396
2096	1056	4	260370	1081	145
1348	294	25	94072	268	42
1161	1359	3660	160696	1015	127
1876			10002	36	15
2310			27622	339	58
3064			660454	1833	712
5290	36	6	468938	1467	410
3734		49	224681	891	287
4506	35	110	261125	1518	433
2049	225	132	56355	454	180
2577			84910	276	101
2772		88	236063	917	337
5364	95	391	384303	1792	425
4149		349	555597	1833	314
5154	878		401357	1900	428
6361	1790	190	1017032	2512	911
2248		75	233451	569	168
478	185		31022	73	5
2280	150		197041	502	178
7536	3018	1285	1048620	4638	1642
2830	420	1	121101	309	45
2244		20	206756	402	99
150			101	1	
3318	20	71	115285	536	67
1313	1050	88	110687	548	161
258	83		6264	32	
525	40		8278	55	21
1595			62084	332	77

C-2-11续表3

地　区	事业单位会计制度财务指标		
	固定资产原价	本年收入合计	本年支出合计
全　国	**470782.9**	**516269.0**	**512856.5**
中央级	11020.8	10344.8	9481.3
北　京	15880.6	32028.2	31212.6
天　津	2189.7	6883.1	6969.0
河　北	21660.3	17740.2	17135.6
山　西	11178.8	9006.7	9312.4
内蒙古	11078.9	8330.3	8235.0
辽　宁	862.9	1432.8	1238.7
吉　林	11146.3	10682.5	9068.0
黑龙江	13254.3	7447.3	7736.7
上　海	31295.8	37801.2	34468.4
江　苏	25813.5	31626.8	29580.7
浙　江	12288.9	26256.7	25998.7
安　徽	20860.8	13465.0	13237.2
福　建	8264.9	13925.2	14165.7
江　西	10855.6	8036.6	8810.6
山　东	19520.1	18898.5	19845.1
河　南	19540.4	18614.2	19130.3
湖　北	17138.4	21083.9	21995.0
湖　南	21169.8	22292.6	23289.2
广　东	65724.3	100817.5	100998.0
广　西	10699.4	14067.5	14666.9
海　南	2264.8	4005.0	3587.5
重　庆	13119.7	12533.5	12368.3
四　川	24448.7	21431.4	22098.1
贵　州	6999.6	7409.4	7399.0
云　南	14499.0	12288.1	12550.4
西　藏	5.3	15.0	249.6
陕　西	24199.2	13960.5	14115.0
甘　肃	11614.0	5641.4	5878.0
青　海	1222.2	774.9	774.9
宁　夏	1943.4	1275.8	1357.1
新　疆	9022.5	6152.4	5903.5

单位：万元

民间非营利组织会计制度财务指标		
固定资产原价	本年收入合计	本年费用合计
84420.5	**12787.4**	**13279.7**
261.9		114.1
1479.3	23.8	38.4
85.0	13.0	19.0
1762.4	1165.1	935.2
245.0		60.0
165.0	5.5	225.5
247.7	538.9	271.8
1161.3	786.2	799.7
554.0	284.2	193.0
1817.9	2491.0	2682.1
59003.0		40.0
81.5	267.0	228.5
10882.6	6173.5	6369.2
1864.1	729.0	989.4
11.0	2.2	1.1
4746.8	291.0	309.4
30.0	2.0	0.1
22.0	15.0	3.2

C-2-12 流浪乞讨人员

地 区	单位数	按床位数量分						
		0～49张	50～99张	100～199张	200～299张	300～399张	400～499张	500张以上
全 国	**1555**	**960**	**357**	**164**	**45**	**17**	**4**	**8**
北 京	19	7	5	2	2	1	1	1
天 津	10	7		2				1
河 北	41	27	9	3	2			
山 西	51	37	5	7	1	1		
内蒙古	39	27	8	4				
辽 宁	52	16	21	9	5	1		
吉 林	48	35	8	4	1			
黑龙江	56	46	7	2		1		
上 海	17	9	5	1	1			1
江 苏	69	30	23	10	4	1	1	
浙 江	50	23	23	2	2			
安 徽	53	26	12	11	1	1	1	1
福 建	42	31	7	1	2	1		
江 西	60	46	7	5	1			1
山 东	61	39	17	4	1			
河 南	97	59	24	10	2	2		
湖 北	81	51	16	11	2			1
湖 南	103	57	29	15	1	1		
广 东	80	40	16	15	4	4	1	
广 西	62	40	18	4				
海 南	6	3		2	1			
重 庆	37	17	17	1	2			
四 川	148	97	29	15	6			1
贵 州	40	22	10	6	1			1
云 南	71	54	13	3	1			
西 藏	3	1	1	1				
陕 西	77	54	15	6		2		
甘 肃	35	28	4	3				
青 海	5	4			1			
宁 夏	10	8		2				
新 疆	32	19	8	3	1	1		

救助管理机构

单位：个、人

年末职工人数	#女性	受教育程度		职业资格水平		按人员性质分	
		大学专科人数	大学本科及以上人数	助理社会工作师人数	社会工作师人数	管理人员	专业技术技能人员
16723	**5831**	**5636**	**6339**	**705**	**923**	**10016**	**6707**
564	246	94	384	29	13	430	134
234	84	47	144	9	7	180	54
401	133	120	133	6	18	177	224
448	168	159	153	10	30	218	230
394	96	141	174	3	19	219	175
487	136	184	137	6	8	315	172
655	238	188	177	1	6	382	273
538	170	215	123	17	18	323	215
327	121	110	192	25	28	282	45
755	304	204	384	56	83	390	365
526	193	159	265	28	40	296	230
509	186	158	205	30	26	264	245
313	98	74	177	23	47	229	84
482	145	175	124	12	20	300	182
553	184	175	281	28	75	280	273
1162	360	343	313	25	85	611	551
880	337	334	210	34	37	425	455
944	293	460	255	46	55	532	412
1738	556	588	755	152	103	1051	687
722	289	229	289	36	43	453	269
85	27	22	27	3	4	33	52
350	125	108	213	22	22	307	43
1168	461	471	335	53	72	719	449
319	131	120	132	19	7	254	65
453	160	146	226	13	17	315	138
26	3	6	4			8	18
920	311	364	232	10	20	546	374
341	124	115	112	6	12	188	153
43	8	3	6		1	30	13
76	25	16	47	1	4	52	24
310	119	108	130	2	3	207	103

C-2-12续表1

地 区	年龄结构				总救助人次数	在站救助人次数
	35岁及以下人数	36岁至45岁人数	46岁至55岁人数	56岁及以上人数		
全 国	**4808**	**6070**	**4544**	**1301**	**831508**	**580193**
北 京	174	199	149	42	28887	25758
天 津	81	95	39	19	4630	1258
河 北	110	152	95	44	30828	23585
山 西	144	149	104	51	49255	34785
内蒙古	97	105	147	45	18439	14872
辽 宁	120	187	147	33	34902	25846
吉 林	157	266	192	40	18376	16178
黑龙江	116	193	176	53	11408	6712
上 海	122	106	64	35	8146	7927
江 苏	262	241	188	64	26488	22850
浙 江	161	202	121	42	35499	31088
安 徽	187	153	121	48	35029	12645
福 建	111	101	76	25	14388	10805
江 西	141	166	115	60	35073	32193
山 东	181	199	117	56	21278	14470
河 南	384	408	313	57	32121	20759
湖 北	217	330	263	70	26282	20818
湖 南	249	416	225	54	95943	79553
广 东	441	573	568	156	51804	25885
广 西	182	226	249	65	42623	13949
海 南	22	31	24	8	2003	1733
重 庆	102	102	120	26	15622	12825
四 川	375	461	277	55	67839	43809
贵 州	100	106	87	26	26443	10661
云 南	95	196	135	27	21540	17858
西 藏	4	15	7		1624	1030
陕 西	295	381	192	52	35210	29837
甘 肃	100	123	95	23	16066	9328
青 海	6	14	17	6	11241	1329
宁 夏	13	34	22	7	7725	7495
新 疆	59	140	99	12	4796	2352

单位：人、人次

有身份信息的救助人次数	#女性	#未成年人	#老年人	#家暴庇护救助	无身份信息的救助人次数
522690	**72088**	**21960**	**68024**	**1757**	**57503**
25565	2345	130	1117	3	193
1171	133	31	100	3	87
18845	3121	1865	3034	13	4740
33555	1446	195	4006	4	1230
14438	4275	460	2137	559	434
24088	3915	678	6424	7	1758
16143	4340	502	4102	1	35
6293	1227	288	1502	39	419
7251	1223	223	698	4	676
20490	3168	1668	2080	14	2360
22884	4195	727	2302	13	8204
10827	1996	480	1743	10	1818
10275	819	317	770		530
29813	1609	461	1514	17	2380
10475	1980	334	1393	14	3995
13293	2696	600	1795	52	7466
16098	2647	522	2109	9	4720
77307	6263	1882	9526	196	2246
23478	2752	960	1691	5	2407
9633	2052	668	1105	24	4316
1663	253	91	326	4	70
12157	1476	622	1400	10	668
42066	9557	5242	7939	31	1743
10126	1930	824	1184	203	535
15861	1852	813	1844	9	1997
1030	360	28	39		
29051	2336	604	3597	254	786
8826	1231	415	1347	17	502
1288	288	146	184		41
7370	383	130	791	194	125
1330	220	54	225	48	1022

C−2−12续表2

地　区	本年不在站救助人次数	床位数	成年人床位数	未成年人床位数
全　国	**251315**	**84178**	**67352**	**16826**
北　京	3129	4046	3859	187
天　津	3372	809	677	132
河　北	7243	1906	1335	571
山　西	14470	2100	1410	690
内蒙古	3567	1339	1064	275
辽　宁	9056	4177	3222	955
吉　林	2198	1876	1311	565
黑龙江	4696	2010	1595	415
上　海	219	2044	1824	220
江　苏	3638	4796	3975	821
浙　江	4411	2645	2147	498
安　徽	22384	4293	3543	750
福　建	3583	1930	1328	602
江　西	2880	2577	2029	548
山　东	6808	2600	2083	517
河　南	11362	5265	3827	1438
湖　北	5464	4498	3513	985
湖　南	16390	5011	4146	865
广　东	25919	6551	5611	940
广　西	28674	2323	1840	483
海　南	270	478	344	134
重　庆	2797	1742	1188	554
四　川	24030	7276	6000	1276
贵　州	15782	2760	2091	669
云　南	3682	1964	1771	193
西　藏	594	150	150	
陕　西	5373	3333	2629	704
甘　肃	6738	1301	1015	286
青　海	9912	258	236	22
宁　夏	230	525	413	112
新　疆	2444	1595	1176	419

单位：人次、张、人、人天

年末在站人数			本年在站人天数
	#女性	#未成年人	
19428	**5359**	**930**	**5525783**
2415	1087	7	312044
300	63		17809
567	237	47	194373
573	134	35	217450
125	27	10	61587
223	1	30	58581
36	15	1	10002
239	8	1	26622
705	259	25	260518
1291	337	77	391256
675	201	50	224266
1286	292	108	192851
88	23	18	56020
276	101	13	84910
766	311	12	202023
1387	402	78	358163
1833	314	43	555597
1462	276	62	342372
1847	653	101	842728
569	168	41	233451
73	5	1	31022
189	70	5	81381
1245	134	95	345196
171	34	12	72423
89	11	5	91781
1			101
497	61	10	114865
139	52	13	75722
1		1	337
28	6	2	8248
332	77	27	62084

C-2-12续表3

地　区	在站滞留三个月以上人数	#残疾人	#未成年人	机构建筑面积
全　国	**14176**	**7098**	**406**	**2450095**
北　京	950	500	20	164256
天　津	17	4		7498
河　北	513	325	15	54432
山　西	554	408	24	61685
内蒙古	347	47	4	42972
辽　宁	96	48		50596
吉　林	21	16		80541
黑龙江	26	10	2	42498
上　海	684	600	22	29370
江　苏	1053	448	16	149158
浙　江	522	185	9	68577
安　徽	567	339	38	113164
福　建	246	203	3	53370
江　西	327	151	7	55929
山　东	572	327	36	132013
河　南	1161	453	49	249430
湖　北	1050	493	27	83338
湖　南	1150	777	25	70784
广　东	1774	515	39	375178
广　西	777	464	11	55533
海　南				2201
重　庆	398	158	4	86623
四　川	496	286	40	98343
贵　州	374	30	7	58060
云　南	122	94	4	55834
西　藏				300
陕　西	276	170	2	123020
甘　肃	16	10	1	28148
青　海				7464
宁　夏	30	21		9940
新　疆	57	16	1	39840

单位：人、平方米、万元

事业单位会计制度财务指标		
固定资产原价	本年收入合计	本年支出合计
410297.6	**472376.9**	**473608.3**
15880.6	32028.2	31212.6
2189.7	6883.1	6969.0
10888.0	13951.8	13333.2
11178.8	9006.7	9312.4
10984.3	8003.9	7915.1
862.9	1432.8	1238.7
11146.3	10682.5	9068.0
8611.4	7447.3	7736.7
24024.5	22089.0	22202.6
24003.5	31323.8	29286.7
12132.9	26011.7	25753.7
16636.0	12720.9	12485.1
6560.5	11327.0	11546.4
10855.6	8036.6	8810.6
16644.1	14160.5	15577.1
14360.4	18484.1	19000.2
17138.4	21083.9	21995.0
21029.8	22202.0	23239.2
65674.3	100817.5	100998.0
10699.4	14067.5	14666.9
2264.8	4005.0	3587.5
11067.8	11573.1	11472.9
21262.5	20395.1	21106.1
5931.6	7318.4	7308.0
12196.3	9715.2	9982.4
5.3	15.0	249.6
23187.5	13960.5	13833.4
10692.3	5430.7	5685.7
1222.2	774.9	774.9
1943.4	1275.8	1357.1
9022.5	6152.4	5903.5

C-2-13 其他提供

地 区	单位数	按床位数量分						
		0～49张	50～99张	100～199张	200～299张	300～399张	400～499张	500张以上
全 国	**238**	**133**	**47**	**24**	**17**	**10**	**2**	**5**
中央级	1			1				
北 京								
天 津								
河 北	9	5	2		1		1	
山 西	11	3	4	2	2			
内蒙古	8	5	3					
辽 宁	32	23	2	4	1		1	1
吉 林								
黑龙江	1					1		
上 海	3	1			1			1
江 苏	22	19	1	1		1		
浙 江	1							1
安 徽	4	3				1		
福 建	8	3	4		1			
江 西								
山 东	1				1			
河 南	7	3	3			1		
湖 北								
湖 南	15	6	5	3	1			
广 东	12	3	2	4	1	1		1
广 西								
海 南	1			1				
重 庆	9	2	5	1	1			
四 川	44	19	11	5	7	1		1
贵 州	19	17	1			1		
云 南	4	3				1		
西 藏								
陕 西	3	2	1					
甘 肃	17	10	3	2		2		
青 海	3	3						
宁 夏	3	3						
新 疆								

住宿机构

单位：个、人

年末职工人数	#女性	受教育程度		职业资格水平		按人员性质分	
		大学专科人数	大学本科及以上人数	助理社会工作师人数	社会工作师人数	管理人员	专业技术技能人员
4723	**2761**	**1248**	**859**	**131**	**325**	**1239**	**3484**
230	165	50	180		2	34	196
221	149	60	76			16	205
100	18	20	12		21	22	78
34	25	2	12			13	21
336	105	109	28		9	78	258
183	10	5	1		2	69	114
421	331	85	87	8	12	51	370
90	61	23	13	5	5	27	63
77	58					16	61
60	28	3	17	2	4	22	38
124	56	23	42	2	6	65	59
296	217	203	46	41	182	9	287
90	47	15	4	2		25	65
107	45	14	8	6	6	45	62
462	308	117	63	14	20	200	262
10	4	4	6			4	6
176	93	57	53	2		39	137
1149	741	286	82	14	11	305	844
186	102	67	15	5	12	63	123
91	45	18	54	17	23	29	62
64	48	11	25	11	1	22	42
194	100	73	35	2	5	79	115
15	1	2			4	5	10
7	4	1				1	6

C-2-13续表1

地 区	年龄结构				年末床位数
	35岁及以下人数	36岁至45岁人数	46岁至55岁人数	56岁及以上人数	
全 国	**1577**	**1361**	**1124**	**661**	**19461**
中央级	137	63	22	8	150
北 京					
天 津					
河 北	50	87	70	14	864
山 西	18	36	39	7	1056
内蒙古	7	9	13	5	328
辽 宁	94	132	76	34	2003
吉 林					
黑龙江	2	13	112	56	300
上 海	129	226	65	1	1020
江 苏	18	26	18	28	536
浙 江	43	29	5		1138
安 徽	21	9	23	7	358
福 建	17	26	41	40	476
江 西					
山 东	192	46	23	35	260
河 南	33	31	16	10	585
湖 北					
湖 南	26	43	33	5	1021
广 东	208	119	83	52	1790
广 西					
海 南	5	2	2	1	185
重 庆	74	73	23	6	688
四 川	285	234	340	290	4563
贵 州	83	33	36	34	491
云 南	29	35	20	7	300
西 藏					
陕 西	6	36	16	6	76
甘 肃	93	46	43	12	1150
青 海	5	4	3	3	83
宁 夏	2	3	2		40
新 疆					

单位：人、张、人天

年在院总人天数	年末在院人数		按人员性质分		
		#女性	自费人员	特困人员	其他
2136225	**10437**	**3625**	**5875**	**3702**	**860**
54900	101	50	18		83
38615	353	159	88	117	148
42920	508	11	462	34	12
32485	143	15	121	22	
102115	792	126	386	379	27
1000	100	50	20	80	
399936	1128	453	341	787	
77682	176	73	96	80	
415	216	86	210		6
68274	232	141	26	206	
335	366	157	187	81	98
34040	151	26	4	124	23
26140	405	23	173	167	65
58985	438	152	179	225	34
174304	665	258	225	416	24
115660	313	108	202	111	
703424	3393	1508	2653	598	142
48678	138	11	112	13	13
114975	313	88		156	157
420	39	6	16	18	5
34965	409	109	321	68	20
5927	31		8	20	3
30	27	15	27		

C-2-13续表2

地 区	按年龄分			按护理类型分			康复和医疗门诊人次数
	老年人	青壮年	少年儿童	自理(完全自理)	介助(半自理)	介护(不能自理)	
全 国	**7217**	**2472**	**748**	**4260**	**3430**	**2747**	**335830**
中央级	9	64	28	8	57	36	51862
北 京							
天 津							
河 北	249	104		38	266	49	240
山 西	461	46	1	377	108	23	102
内蒙古	111	32		57	64	22	166
辽 宁	701	69	22	487	201	104	
吉 林							
黑龙江	100			20	50	30	11474
上 海	225	883	20	48	277	803	908
江 苏	176			146	30		805
浙 江	201	15		208	3	5	451
安 徽	90	142		43	143	46	
福 建	313	50	3	182	59	125	12
江 西							
山 东	141	10		151			37741
河 南	317	20	68	365	39	1	27277
湖 北							
湖 南	231	170	37	167	229	42	95
广 东	20	282	363	255	282	128	200717
广 西							
海 南							
重 庆	246	1	66	192	54	67	1755
四 川	3217	46	130	1229	1159	1005	2220
贵 州	46	83	9	49	51	38	5
云 南	31	282		41	91	181	
西 藏							
陕 西	25	13	1	5	18	16	
甘 肃	250	159		172	212	25	
青 海	30	1		5	25	1	
宁 夏	27			15	12		
新 疆							

单位：人、人次、平方米、万元

机构建筑面积	事业单位会计制度财务指标			民间非营利组织会计制度财务指标		
	固定资产原价	本年收入合计	本年支出合计	固定资产原价	本年收入合计	本年费用合计
796064	**60485.3**	**43892.1**	**39248.2**	**84420.5**	**12787.4**	**13279.7**
16366	11020.8	10344.8	9481.3			
41073	10772.3	3788.4	3802.4	261.9		114.1
37646				1479.3	23.8	38.4
11243	94.6	326.4	319.9	85.0	13.0	19.0
23860				1762.4	1165.1	935.2
8000	4642.9					
75543	7271.3	15712.2	12265.8			
26749	1810.0	303.0	294.0	245.0		60.0
520	156.0	245.0	245.0			
24245	4224.8	744.1	752.1	165.0	5.5	225.5
26231	1704.4	2598.2	2619.3	247.7	538.9	271.8
7900	2876.0	4738.0	4268.0			
17810	5180.0	130.1	130.1	1161.3	786.2	799.7
19010	140.0	90.6	50.0	554.0	284.2	193.0
41033	50.0			1817.9	2491.0	2682.1
100000				59003.0		40.0
22968	2051.9	960.4	895.4	81.5	267.0	228.5
145937	3186.2	1036.3	992.0	10882.6	6173.5	6369.2
41665	1068.0	91.0	91.0	1864.1	729.0	989.4
31448	2302.7	2572.9	2568.0	11.0	2.2	1.1
6905	1011.7		281.6			
64862	921.7	210.7	192.3	4746.8	291.0	309.4
3000				30.0	2.0	0.1
2050				22.0	15.0	3.2

C-2-14 不提供住宿的民政

地 区	机构和设施数	市场监管部门登记	编制部门登记	民政部门登记	设施
全 国	**803388**	**225**	**2300**	**49470**	**751393**
中央级	3		3		
北 京	13029	3	218	1071	11737
天 津	5855	13	11	90	5741
河 北	43268	10	23	443	42792
山 西	26412	1	82	90	26239
内蒙古	5164		81	85	4998
辽 宁	24806	19	10	370	24407
吉 林	16574		109	88	16377
黑龙江	5683	9	75	705	4894
上 海	14563	2	122	4061	10378
江 苏	51831	3	102	25030	26696
浙 江	39067	1	72	8182	30812
安 徽	21557	2	60	303	21192
福 建	34815		34	1030	33751
江 西	43551	1	63	33	43454
山 东	88040	81	73	1905	85981
河 南	57631	46	106	519	56960
湖 北	44151	2	123	241	43785
湖 南	61706	2	133	413	61158
广 东	53400	4	174	1018	52204
广 西	15281	4	135	110	15032
海 南	3511		9	213	3289
重 庆	17020		40	686	16294
四 川	27404	20	85	1454	25845
贵 州	29479		96	66	29317
云 南	11789		71	37	11681
西 藏	116		4	9	103
陕 西	13028	1	80	393	12554
甘 肃	14254		60	293	13901
青 海	1912		6	243	1663
宁 夏	2849		6	72	2771
新 疆	15639	1	34	217	15387

服务机构和设施总表

单位：个、人

年末职工人数	#女性	按登记类型分			
		市场监管部门登记	编制部门登记	民政部门登记	设施
2984240	**1055013**	**1400**	**30241**	**244070**	**2708529**
218	98		218		
56500	28175	10	2423	6365	47702
24359	12777	27	144	769	23419
103427	33450	61	465	4232	98669
71550	21958	2	801	948	69799
23370	11638		1691	549	21130
99618	51693	101	260	2814	96443
39985	18347		1693	636	37656
31210	14862	18	924	3057	27211
73806	21521	38	3727	34503	35538
227940	68728	19	1222	111389	115310
117642	45038	2	690	24890	92060
93095	35555	42	1092	2267	89694
137324	39427		258	3741	133325
151296	39036	8	528	191	150569
332249	111428	346	1120	9680	321103
267681	74344	182	1074	3487	262938
137236	54136	43	1181	1529	134483
190978	68719	10	1235	2261	187472
190413	68984	17	2264	7763	180369
39642	15306	284	1193	731	37434
17286	4588		116	1506	15664
79320	34788		512	4698	74110
84895	32668	141	795	8404	75555
124123	31876		1506	416	122201
51104	15122		486	259	50359
652	222		59	93	500
44408	17996	39	1176	2287	40906
33288	12026		546	1247	31495
6309	2587		122	1807	4380
10948	4869		367	162	10419
122368	63051	10	353	1389	120616

C-2-14续表1

地区	受教育程度		职业资格水平	
	大学专科人数	大学本科及以上人数	助理社会工作师人数	社会工作师人数
全国	**601609**	**302203**	**64044**	**37902**
中央级	6	212		2
北京	14294	15041	3967	1710
天津	4901	8676	2941	965
河北	8104	3989	807	774
山西	9837	4323	1179	521
内蒙古	6842	4725	556	389
辽宁	28716	18680	5280	3824
吉林	5176	2550	698	744
黑龙江	7120	4097	1096	840
上海	11902	8681	926	740
江苏	37883	18377	4580	1955
浙江	23541	14680	4546	2139
安徽	22942	7571	1118	553
福建	22481	9541	2783	2112
江西	10945	9201	830	429
山东	76403	34854	8907	6432
河南	37867	15265	2217	1464
湖北	30074	8399	2132	818
湖南	50145	15048	1840	987
广东	40735	27121	7566	3681
广西	4012	4191	416	366
海南	1679	804	86	38
重庆	24850	10928	3644	1731
四川	21624	6627	2008	1303
贵州	22285	7413	237	159
云南	8100	3096	325	129
西藏	174	52	7	27
陕西	10718	5151	1152	848
甘肃	7963	4487	551	1131
青海	2232	758	388	120
宁夏	2317	668	95	27
新疆	45741	26997	1166	944

单位：人

年龄结构			
35岁及以下人数	36岁至45岁人数	46岁至55岁人数	56岁及以上人数
748686	**1099473**	**827790**	**308291**
65	98	34	21
16073	18949	15686	5792
9044	8035	5760	1520
22064	36634	32067	12662
12150	26269	24061	9070
7099	8906	5785	1580
23962	39359	26288	10009
7877	20857	9912	1339
7781	12378	7087	3964
21774	26615	18819	6598
60546	88301	61620	17473
28251	46754	31531	11106
20827	39316	27034	5918
27274	46356	43221	20473
31952	72207	37105	10032
75548	121214	97605	37882
41591	79425	90436	56229
32017	51398	39798	14023
43001	64374	61378	22225
60926	67623	44512	17352
12685	13908	10308	2741
3865	6730	5100	1591
22440	24859	23564	8457
21195	33906	21762	8032
39428	47776	29517	7402
13990	20304	12905	3905
263	285	44	60
10671	16014	14274	3449
11037	13738	6202	2311
2107	2848	1077	277
2757	4658	2772	761
58426	39379	20526	4037

C-2-14续表2

地　区	企业会计制度财务指标			
	固定资产原价	营业收入	费用合计	营业利润
全　国	**34101.2**	**17510.8**	**3516.4**	**228.2**
中央级				
北　京	3.6	546.2	151.0	3.5
天　津	178.0	25.0		-16.0
河　北	194.1		7.1	-2.9
山　西				
内蒙古	507.0			
辽　宁	59.3	1.5	3.7	-3.7
吉　林				
黑龙江	6.0			
上　海	2650.3	1837.3		179.2
江　苏	488.6	44.6	54.2	-53.8
浙　江	3879.5	3413.3	1186.9	-340.2
安　徽	934.0	664.1		
福　建	20.0	7.7		
江　西	32.4	9.0	10.9	-5.9
山　东	7592.6	953.0	202.3	-15.3
河　南	463.3	100.0	67.6	
湖　北	878.0	4999.0		550.0
湖　南	1951.0	2427.0	1174.7	
广　东	4084.3	9.0		
广　西	1670.0	20.0	10.0	
海　南				
重　庆	152.5	91.7	91.7	
四　川	4398.1	1910.7	551.0	-66.7
贵　州				
云　南	64.9	5.6	2.2	
西　藏				
陕　西	3775.8	436.1	3.1	
甘　肃				
青　海	4.0	10.0		
宁　夏				
新　疆	113.9			

单位：万元

事业单位会计制度财务指标			民间非营利组织会计制度财务指标		
固定资产原价	本年收入合计	本年支出合计	固定资产原价	本年收入合计	本年费用合计
1786072.3	**1402873.8**	**1329012.7**	**545297.9**	**921861.5**	**729714.1**
254888.5	142306.8	119723.2			
66333.5	94171.8	97701.8	6818.9	23371.4	18258.7
20007.0	10620.7	11132.7	1037.9	3940.5	992.7
47242.0	60402.4	56641.7	7741.7	1680.6	3977.1
45635.2	29278.8	28229.8	3625.1	5698.7	5771.2
57703.4	36762.0	27714.4	1067.6	2451.7	475.2
63311.2	17201.7	16326.6	5919.4	721.5	2564.9
19592.5	70503.4	60024.2	135.5	24.0	76.6
58688.6	16691.7	16294.8	2299.7	481.1	393.4
26012.2	116603.3	92391.0	65199.6	435536.8	433642.6
122763.2	77042.6	74371.4	202979.3	291414.6	146989.0
36987.3	37091.5	32134.6	29347.8	30063.1	21050.6
63196.6	28334.1	26516.8	6018.2	3332.8	2914.4
12862.3	14584.2	12253.8	2532.3	1004.3	957.9
40137.6	21998.8	22467.1	144.7	104.0	82.9
213902.4	60042.8	66847.5	49403.0	17942.1	21036.3
87958.3	31817.9	32497.7	67717.6	3069.4	1175.1
83986.6	68958.8	56962.7	1544.0	916.5	775.0
66097.1	47386.6	49381.0	3257.6	1808.2	1558.9
77586.2	87961.2	88591.6	25198.6	36505.4	33367.2
38646.7	42046.9	46268.7	895.4	2860.3	894.0
3332.0	15463.6	14127.7	978.0	650.0	650.0
21552.9	26631.5	30921.7	5303.9	12899.2	12704.7
31802.7	59294.0	59808.1	30669.1	24632.9	9073.4
30535.3	45200.7	43702.3	2285.0	760.8	892.5
53966.7	29976.1	44839.4	77.5	17.9	31.3
2025.5	11277.4	8542.0		1.0	
58608.2	47461.6	43625.8	11605.1	4624.8	3769.3
18563.4	14692.2	12299.2	4602.0	3710.0	757.1
9813.7	3697.2	4315.4	1607.4	5518.5	1429.8
15291.8	8487.5	7897.5	222.8	2923.9	2.0
37041.7	28884.0	24460.5	5063.2	3195.5	3450.3

C-2-15 社区综合服务

地 区	机构和设施数	#农村	年末职工人数	#女性	受教育程度	
					大学专科人数	大学本科及以上人数
全 国	**510510**	**349133**	**2256253**	**780118**	**472222**	**242233**
北 京	11804	5108	51539	25503	13365	14451
天 津	4807	2881	21200	11190	4192	7668
河 北	14308	11193	49570	14549	4418	2945
山 西	20092	16993	55718	18016	8559	3837
内蒙古	2585	586	17087	9242	5550	3932
辽 宁	16879	10851	77974	39071	23190	15533
吉 林	12348	9943	34013	15335	4081	1654
黑龙江	4036	812	20480	9631	5840	2976
上 海	8123	1275	67241	17921	11571	8169
江 苏	32598	12552	140740	39965	24410	12472
浙 江	23219	12072	67386	25173	15108	11192
安 徽	17889	12045	80040	30671	19499	6168
福 建	19113	14787	111012	30351	19984	8670
江 西	22659	17503	111046	26342	8338	2991
山 东	74423	63982	295487	95482	66186	31000
河 南	48794	39177	245141	64620	34137	13489
湖 北	24195	17777	90147	35239	19552	6006
湖 南	31809	24578	137060	47478	33047	9964
广 东	30978	21181	132034	50516	30092	21686
广 西	2979	1032	14194	5287	2175	1430
海 南	3212	2385	16037	4284	1379	592
重 庆	12233	7749	66993	28821	21659	9652
四 川	15507	6548	53196	19508	14734	4627
贵 州	19779	14456	87799	22402	16107	4858
云 南	9328	6719	46676	13816	7646	2653
西 藏	27	4	116	32	15	19
陕 西	4025	1264	20806	9657	5871	3404
甘 肃	5467	3702	17452	5818	4163	2739
青 海	593	69	3224	1236	1129	511
宁 夏	2134	1561	8579	3545	1592	415
新 疆	14567	8348	116266	59417	44633	26530

机构和设施

单位：个、人

职业资格水平		年龄结构			
助理社会工作师人数	社会工作师人数	35岁及以下人数	36岁至45岁人数	46岁至55岁人数	56岁及以上人数
51653	**29831**	**585152**	**827085**	**617364**	**226652**
3870	1628	14538	17446	14378	5177
2603	816	7870	6965	4957	1408
411	653	11720	15633	16174	6043
1054	458	10513	22123	18090	4992
493	304	5556	6529	3776	1226
4343	3224	19626	30757	19814	7777
564	578	6524	17632	8588	1269
723	579	5725	8235	4491	2029
898	722	20652	24553	17004	5032
2732	1143	41188	52701	36437	10414
3524	1586	18841	27707	15456	5382
973	451	17566	33907	23724	4843
2573	1736	23760	37828	34203	15221
570	176	20860	60022	25064	5100
8113	6029	68226	107849	86121	33291
1804	1046	38264	71816	82496	52565
1646	535	22964	32558	25539	9086
1360	612	33005	43398	44300	16357
5758	2371	42728	47030	32133	10143
209	257	5171	4920	3328	775
60	31	3606	6118	4774	1539
3195	1547	20045	20638	19359	6951
1377	924	13977	22136	12862	4221
91	52	27012	34309	21032	5446
297	86	13179	18161	11711	3625
1	15	77	25	13	1
893	658	6445	7186	5659	1516
206	1008	6205	7133	3508	606
373	79	1346	1150	598	130
83	7	1983	3605	2309	682
856	520	55980	37015	19466	3805

C-2-15续表

地　区	机构建筑面积	#农村	企业会计制度财务指标			
			固定资产原价	营业收入	费用合计	营业利润
全　国	**161722356**	**102307556**	**478.2**	**625.9**	**229.2**	**-50.3**
北　京	1792200	663481	3.6	546.2	151.0	3.5
天　津	1932074	784678	92.0			
河　北	2431889	1350272				
山　西	6346862	4840961				
内蒙古	1358067	165551				
辽　宁	5886031	3251869				
吉　林	2472140	1988600				
黑龙江	1272392	183782				
上　海	2961887	871046				
江　苏	8030448	3408654	28.6	2.6	54.2	-53.8
浙　江	6106089	3531914				
安　徽	5559163	3651164	126.0	35.1		
福　建	8148417	5373853				
江　西	8093044	6143833				
山　东	27173885	21145634	205.0	42.0	24.0	
河　南	15586047	11327165				
湖　北	7779645	5367149				
湖　南	10356450	7531073				
广　东	6779240	3870408	3.0			
广　西	738294	248597				
海　南	644307	442449				
重　庆	7450044	3882447				
四　川	4019768	1516129				
贵　州	5093205	3572265				
云　南	2434400	1480067	20.0			
西　藏	4904	370				
陕　西	1425811	462221				
甘　肃	1187618	704730				
青　海	208307	14250				
宁　夏	593909	376312				
新　疆	7855819	4156632				

单位：平方米、万元

事业单位会计制度财务指标			民间非营利组织会计制度财务指标		
固定资产原价	本年收入合计	本年支出合计	固定资产原价	本年收入合计	本年费用合计
96132.3	**193008.0**	**190924.9**	**323396.1**	**789115.4**	**627184.7**
46243.8	46286.2	51891.4	6624.2	22858.5	17782.2
89.3	201.1	199.0	984.9	3892.9	935.7
282.9	770.9	773.3	1975.2	674.2	1931.2
8154.5	511.6	739.3	1936.8	439.1	496.5
675.5	434.3	434.3	959.1	2276.7	415.6
1.0	54.0	54.0	5394.9	407.4	2100.2
	15.3	15.3	135.5	24.0	76.6
1987.8	293.5	333.5	334.0	191.0	49.2
14568.0	95635.5	88658.6	60461.6	415429.6	415566.4
1092.0	1805.3	1757.6	121623.1	222835.0	107572.1
441.6	11246.9	10008.6	22877.5	25235.6	16731.9
622.8	729.6	676.2	3327.3	1241.5	1002.0
10.6	149.3	147.9	2527.3	988.3	941.9
			70.0	30.3	17.0
5888.3	2055.7	3424.2	26831.9	7962.3	8437.1
140.8	304.5	304.5	11883.5	2563.9	456.6
4198.2	1434.0	1478.5	747.0	758.4	568.9
196.1	248.1	216.0	1859.1	1157.3	1121.2
6884.2	16420.4	17655.2	23299.6	31979.2	28819.1
22.6	54.1	52.1	259.3	2852.6	785.9
			703.0	650.0	650.0
1322.3	1805.5	1485.2	3572.6	11616.1	11527.1
215.5	177.4	190.3	17418.2	20397.5	3302.6
1512.4	8570.3	6863.3	175.1	284.7	281.4
			75.9	12.1	26.2
				0.4	
1460.0	3691.2	3467.3	375.1	662.5	600.5
62.0	1.0	1.0	1238.0	3400.0	716.7
			1536.4	5483.5	1415.6
			2.8	2.0	2.0
60.1	112.3	98.3	4187.2	2808.8	2855.3

C-2-16 社区服务

地 区	机构和设施数	#农村	年末职工人数	#女性	受教育程度	
					大学专科人数	大学本科及以上人数
全 国	**503**	**7**	**4937**	**2613**	**1504**	**1939**
北 京	17		382	219	65	180
天 津	9		59	31	12	32
河 北	17		307	146	68	121
山 西	13		53	30	6	20
内蒙古	4		42	7	26	14
辽 宁	17		198	150	92	74
吉 林	4		20	10	6	3
黑龙江	18	1	175	99	95	61
上 海	6		112	82	13	98
江 苏	49		441	231	124	108
浙 江	20	2	130	105	42	71
安 徽	37		259	122	48	46
福 建	7		51	30	11	38
江 西	7		24	11	2	5
山 东	86		1313	693	491	622
河 南	7		62	26	23	13
湖 北	20	2	133	86	45	32
湖 南	28	1	168	68	53	36
广 东	18		173	88	46	101
广 西	4		14	8	8	2
海 南						
重 庆	7		155	104	32	111
四 川	42		196	69	61	49
贵 州	9	1	51	12	23	10
云 南	4		6		2	
西 藏						
陕 西	35		210	94	88	60
甘 肃	8		22	6	6	4
青 海						
宁 夏	2		41	7		6
新 疆	8		140	79	16	22

指导中心

单位：个、人

职业资格水平		年龄结构			
助理社会工作师人数	社会工作师人数	35岁及以下人数	36岁至45岁人数	46岁至55岁人数	56岁及以上人数
282	**159**	**1994**	**1862**	**905**	**176**
73	18	109	147	114	12
1	1	17	16	22	4
6		133	108	54	12
2	3	21	22	10	
	2	11	19	12	
44	1	62	67	54	15
		6	8	6	
1	1	55	73	32	15
5	11	53	46	13	
34	12	169	183	65	24
12	5	89	32	6	3
5	6	95	107	55	2
1	8	19	24	7	1
		2	17	5	
27	51	624	477	164	48
3	1	22	33	6	1
18	3	43	45	41	4
11	4	62	72	30	4
9	18	70	70	28	5
	1	1	10	3	
2		87	39	27	2
10	4	44	64	74	14
4		17	19	12	3
		4	2		
3	7	69	89	47	5
1		12	5	5	
8		16	19	6	
2	2	82	49	7	2

C-2-16续表

地　区	机构建筑面积		事业单位会计制度财务指标	
		#农村	固定资产原价	本年收入合计
全　国	**548753**	**3080**	**64130.2**	**40886.3**
北　京	63665		31860.0	20653.0
天　津	7012		89.3	201.1
河　北	15200		74.1	16.0
山　西	2770		7100.0	215.3
内蒙古	5921		47.5	29.3
辽　宁	5816		1.0	54.0
吉　林	1454			15.3
黑龙江	6014	200	63.0	142.5
上　海	5955		4771.3	4389.1
江　苏	89606		633.1	1638.0
浙　江	5940	480	121.3	1537.8
安　徽	16051		552.8	549.0
福　建	4860			10.0
江　西	3000			
山　东	132332		5804.3	1687.3
河　南	2300		2.0	160.5
湖　北	31908	200	4128.2	1346.7
湖　南	26381	1200	196.1	248.1
广　东	13520		6233.6	3676.1
广　西	3608		22.6	54.1
海　南				
重　庆	30897		1322.3	1799.8
四　川	13112		92.7	125.1
贵　州	3500	1000		
云　南	1800			
西　藏				
陕　西	34308		1015.0	2337.2
甘　肃	9480			1.0
青　海				
宁　夏	512			
新　疆	11831			

单位：平方米、万元

本年支出合计	民间非营利组织会计制度财务指标		
	固定资产原价	本年收入合计	本年费用合计
43562.9	**5742.7**	**3980.5**	**2072.3**
22398.8			
199.0	59.3	21.5	65.7
25.1	388.6	142.1	327.7
226.9			
29.3			
54.0	24.0	3.2	0.5
15.3			
182.5	222.0	14.0	18.0
4399.2	5.7	67.7	75.0
1597.1	348.3	491.8	514.5
1321.0	67.2	2434.2	75.5
495.6	12.0	5.0	5.0
8.6			
3055.8	3395.3	790.6	790.7
160.5			
1393.9			
216.0			
3785.0			
52.1			
1479.4			
139.3	194.4	8.4	193.2
	12.9		1.0
2327.5	3.0		3.5
1.0	8.0		
	2.0	2.0	2.0
	1000.0		

C－2－17 社区服

地 区	机构和设施数	#农村	按服务功能分		
			#为居民提供便民办事服务	#为居民提供活动场所服务	#为居民提供便民信息服务
全 国	**27835**	**11944**	**24161**	**3461**	**3843**
北 京	202	19	159	52	69
天 津	162	58	148	5	7
河 北	501	165	420	84	17
山 西	622	328	422	119	69
内蒙古	852	155	730	219	153
辽 宁	774	251	647	46	86
吉 林	915	600	915		
黑龙江	852	169	747	161	90
上 海	378	86	361	7	10
江 苏	2835	1175	1836	307	232
浙 江	1588	975	1550	27	9
安 徽	736	305	608	141	76
福 建	638	347	566	52	33
江 西	1123	556	912	19	191
山 东	1674	878	1545	629	805
河 南	1946	953	1879	90	160
湖 北	1167	642	1083	97	81
湖 南	1808	814	1687	335	726
广 东	1863	461	1561	162	149
广 西	244	35	152	32	61
海 南	20		20		
重 庆	296	76	261	25	27
四 川	1543	173	1414	159	246
贵 州	1491	844	1374	333	268
云 南	509	201	504	33	34
西 藏	10	4	5	5	
陕 西	607	327	427	181	18
甘 肃	556	308	437	45	49
青 海	17	11	5	8	3
宁 夏	43	11	43	2	8
新 疆	1863	1017	1743	86	166

务中心

单位：个、人

年末职工人数	#女性	受教育程度		职业资格水平	
		大学专科人数	大学本科及以上人数	助理社会工作师人数	社会工作师人数
195999	**82237**	**61823**	**41755**	**6113**	**3416**
2059	1206	482	870	33	26
1872	1159	439	991	384	143
2708	1499	521	582	33	125
3358	1146	465	326	137	89
5251	3164	1924	1219	186	55
7392	2794	1625	1827	223	148
1827	915				
6082	2772	2254	995	231	161
12550	4499	2919	2470	448	422
20534	4640	6560	1239	592	241
6948	3480	1808	1807	411	331
5403	2324	1551	917	128	61
4280	1458	1273	1107	83	66
7691	3126	1709	1205	106	33
9879	4319	4230	2679	302	157
14674	6283	5704	3530	75	76
7088	3073	2107	1069	293	83
11214	4828	3727	2652	158	88
11078	6202	3864	3616	1809	778
1063	479	241	165	8	3
139	34	24	25		
3060	1790	1330	1252	86	40
6729	2265	1889	892	163	114
9077	3045	2281	1126	2	3
3431	1483	1040	712	6	7
33	17	9	17		
3169	959	615	328	23	9
3511	1328	848	898	19	41
90	56	42	7	1	7
515	355	19	17	1	2
23294	11539	10323	7215	172	107

C−2−17续表

地区	年龄结构				机构建筑面积	#农村
	35岁及以下人数	36岁至45岁人数	46岁至55岁人数	56岁及以上人数		
全国	**75861**	**69159**	**41519**	**9460**	**11635847**	**3969470**
北京	492	776	662	129	139743	1840
天津	788	703	339	42	102051	17803
河北	956	983	661	108	117972	17648
山西	906	1447	861	144	180564	81554
内蒙古	1899	2292	931	129	607915	52726
辽宁	1970	2796	2052	574	491872	171080
吉林		915	912		183000	120000
黑龙江	1873	2260	1783	166	335994	51615
上海	5768	3939	2313	530	587680	186586
江苏	9593	4852	4159	1930	910115	343451
浙江	1885	2451	2242	370	512186	268747
安徽	1800	2216	1203	184	260689	94372
福建	1646	1527	932	175	347426	128093
江西	2383	3226	1713	369	434304	178082
山东	3596	3811	1892	580	1040765	480828
河南	4601	6182	3347	544	839025	246082
湖北	2190	2580	1780	538	351311	148422
湖南	4024	3986	2599	605	554769	236319
广东	5684	3567	1587	240	775964	111297
广西	267	470	286	40	63082	8850
海南	56	55	27	1	3000	
重庆	1315	984	637	124	144443	35029
四川	2144	2949	1049	587	378168	65919
贵州	3199	3710	1887	281	505252	287863
云南	1464	1174	707	86	164021	61441
西藏	24	9			1520	370
陕西	1036	1003	787	343	229080	90442
甘肃	1487	1244	645	135	178582	61619
青海	26	41	22	1	4335	3850
宁夏	107	164	237	7	29408	10480
新疆	12682	6847	3267	498	1161611	407062

单位：人、平方米、万元

事业单位会计制度财务指标			民间非营利组织会计制度财务指标		
固定资产原价	本年收入合计	本年支出合计	固定资产原价	本年收入合计	本年费用合计
30929.6	**150485.8**	**145990.6**	**27160.4**	**9033.4**	**6075.0**
14383.8	25633.2	29492.6			
			370.0	137.2	186.3
208.8	754.9	748.2	50.0	45.0	30.0
1000.0	143.0	358.7	8.0	15.0	1.2
628.0	405.0	405.0	1.0	8.9	8.9
			1.0	2.0	2.0
1744.8	16.0	16.0	2.0		2.0
9276.6	90319.2	83534.4	546.4	1941.0	1436.5
458.9	57.3	50.5	9476.5	5136.5	2588.4
77.0	9521.6	8562.8	1141.4	514.2	378.5
70.0	180.6	180.6	214.5	87.1	
5.0	96.3	96.3			
84.0	368.4	368.4	13996.0	429.1	446.2
138.8	144.0	144.0	6.0		
70.0	87.3	84.6	308.0	416.0	418.0
			32.0	60.0	59.0
650.6	12744.3	13870.2	824.4	114.0	454.8
	5.7	5.8	9.0	9.7	9.7
122.8	52.3	51.0	95.2	85.7	52.5
1482.4	8522.7	6815.7			
			25.0	2.0	1.0
445.0	1354.0	1139.8			
62.0					
21.1	80.0	66.0	54.0	30.0	

C-2-18 社区

地区	机构和设施数	#农村	按服务功能分		
			#为居民提供便民办事服务	#为居民提供活动场所服务	#为居民提供便民信息服务
全国	**420552**	**318058**	**354920**	**86729**	**83043**
北京	7104	3890	5760	2760	2126
天津	4173	2587	3534	582	52
河北	13459	11013	10471	2110	1156
山西	19075	16483	15878	2938	2149
内蒙古	1524	428	1175	339	214
辽宁	15175	10150	11432	2413	1315
吉林	11321	9343	11321		
黑龙江	2369	585	1674	316	360
上海	3786	1157	2578	889	320
江苏	13353	7409	7583	1361	1805
浙江	12210	8521	10396	1361	121
安徽	14819	11123	12286	2310	1891
福建	16035	12471	13500	2230	657
江西	21228	16941	20463	609	245
山东	68471	60495	61663	35819	39032
河南	46084	38108	42316	4325	3668
湖北	21095	16214	15469	3430	2647
湖南	28668	23399	24594	6165	12473
广东	26605	19827	21053	4691	1513
广西	2331	968	1437	396	553
海南	2960	2370	2918	146	45
重庆	10408	7257	9349	1894	647
四川	9815	4461	7753	1871	3212
贵州	18064	13490	15572	4442	4098
云南	8538	6411	7473	812	278
西藏	12		3	7	
陕西	2905	817	2121	766	345
甘肃	4572	3352	3696	304	695
青海	326	32	239	37	53
宁夏	1943	1499	1517	142	252
新疆	12124	7257	9696	1264	1121

服务站

单位：个、人

年末职工人数	#女性	受教育程度		职业资格水平	
		大学专科人数	大学本科及以上人数	助理社会工作师人数	社会工作师人数
1812659	**613574**	**356967**	**164549**	**37256**	**22174**
35229	17759	9666	8607	2935	1370
16626	8568	3142	5584	1916	547
43295	12045	3279	1899	262	447
50769	16056	7644	3284	821	299
10256	5163	3012	2362	291	231
66033	34415	20212	13098	3793	2791
31490	14035	4022	1602	551	577
9365	5007	2721	1392	313	195
21911	5130	1437	940	346	183
60220	19422	9393	4909	1375	452
36128	13804	8122	5252	1397	789
66795	25342	15189	4734	596	261
97490	27238	17690	7158	2397	1368
102231	22552	6514	1745	462	133
269362	85448	55777	26614	7615	5745
226265	56672	27560	9434	1545	903
77589	28976	15527	4154	1180	410
122277	41176	28706	7012	1111	483
106992	37538	22768	15185	2865	1148
12064	4422	1728	1103	181	227
14337	3923	1046	413	44	13
56651	24316	18469	6685	2610	1175
32301	12179	10067	2387	788	395
77789	18939	13621	3625	59	41
42745	12191	6567	1911	290	78
14					
14860	7406	4789	2617	743	575
12702	4081	2961	1624	106	938
1366	695	626	227	11	3
7625	2977	1514	369	74	5
89882	46099	33198	18623	579	392

C-2-18续表

地　区	年龄结构			
	35岁及以下人数	36岁至45岁人数	46岁至55岁人数	56岁及以上人数
全　国	**437995**	**660203**	**517554**	**196907**
北　京	9035	12698	10111	3385
天　津	6206	5212	4073	1135
河　北	9640	13091	14905	5659
山　西	9179	20067	16790	4733
内蒙古	3152	3649	2528	927
辽　宁	16535	25940	16767	6791
吉　林	6397	16582	7423	1088
黑龙江	2990	3985	2003	387
上　海	6455	8185	5335	1936
江　苏	16352	21289	18236	4343
浙　江	11123	13961	8028	3016
安　徽	12968	28461	21137	4229
福　建	20364	33023	30751	13352
江　西	17676	56524	23305	4726
山　东	60556	98289	79209	31308
河　南	32521	63751	78368	51625
湖　北	18771	27483	22967	8368
湖　南	28061	37976	40651	15589
广　东	29898	39681	28181	9232
广　西	4560	4122	2723	659
海　南	2985	5606	4236	1510
重　庆	16621	16913	16980	6137
四　川	7826	13112	8280	3083
贵　州	23568	30117	18987	5117
云　南	11600	16740	10922	3483
西　藏	7	5	2	
陕　西	4657	5317	4080	806
甘　肃	4229	5334	2746	393
青　海	625	592	147	2
宁　夏	1747	3244	1962	672
新　疆	41691	29254	15721	3216

单位：人、平方米、万元

机构建筑面积	#农村	事业单位会计制度财务指标			民间非营利组织会计制度财务指标		
		固定资产原价	本年收入合计	本年支出合计	固定资产原价	本年收入合计	本年费用合计
135252228	**93375991**	**462.3**	**354.8**	**292.1**	**54167.3**	**44579.5**	**40472.0**
1085990	499868						
1611759	670984						
2095734	1324380				50.0		7.5
6035875	4723035						
605773	108816						
5135761	2991386				2.0		
2264200	1868600						
642507	121387	180.0	135.0	135.0	3.0	2.0	3.5
1626568	678630				12046.0	12404.7	10325.9
3986041	2167719				34721.2	27897.7	25622.8
4048026	2829653	243.3	187.5	124.8	3826.1	660.5	713.9
4650347	3339201				5.0	1.5	
7170525	4794274				4.0	4.0	3.0
7592448	5961579						
24147909	19351930				672.0	582.3	591.3
14480694	11035500				30.0	2.2	2.2
6984217	4959173				101.0		16.0
9450594	7247634				15.0	25.0	15.0
5431127	3567641				289.0	10.0	95.0
579278	233814						
553262	438138						
6882593	3748903						
2597164	1100763				287.3	159.6	256.8
4431528	3175021				11.0	38.0	38.0
2206263	1400190						
2420							
1031026	311799						
917845	636738				78.7	30.0	19.1
90840	5360						
532169	356080						
6381745	3727795	39.0	32.3	32.3	2026.0	2762.0	2762.0

C-2-19　社区专项服务

地　区	单位数	#农村	年末职工人数	#女性	受教育程度	
					大学专科人数	大学本科及以上人数
全　国	**61620**	**19124**	**242658**	**81694**	**51928**	**33990**
北　京	4481	1199	13869	6319	3152	4794
天　津	463	236	2643	1432	599	1061
河　北	331	15	3260	859	550	343
山　西	382	182	1538	784	444	207
内蒙古	205	3	1538	908	588	337
辽　宁	913	450	4351	1712	1261	534
吉　林	108		676	375	53	49
黑龙江	797	57	4858	1753	770	528
上　海	3953	32	32668	8210	7202	4661
江　苏	16361	3968	59545	15672	8333	6216
浙　江	9401	2574	24180	7784	5136	4062
安　徽	2297	617	7583	2883	2711	471
福　建	2433	1969	9191	1625	1010	367
江　西	301	6	1100	653	113	36
山　东	4192	2609	14933	5022	5688	1085
河　南	757	116	4140	1639	850	512
湖　北	1913	919	5337	3104	1873	751
湖　南	1305	364	3401	1406	561	264
广　东	2492	893	13791	6688	3414	2784
广　西	400	29	1053	378	198	160
海　南	232	15	1561	327	309	154
重　庆	1522	416	7127	2611	1828	1604
四　川	4107	1914	13970	4995	2717	1299
贵　州	215	121	882	406	182	97
云　南	277	107	494	142	37	30
西　藏	5		69	15	6	2
陕　西	478	120	2567	1198	379	399
甘　肃	331	42	1217	403	348	213
青　海	250	26	1768	485	461	277
宁　夏	146	51	398	206	59	23
新　疆	572	74	2950	1700	1096	670

机构和设施

单位：个、人

职业资格水平		年龄结构			
助理社会工作师人数	社会工作师人数	35岁及以下人数	36岁至45岁人数	46岁至55岁人数	56岁及以上人数
8002	**4082**	**69302**	**95861**	**57386**	**20109**
829	214	4902	3825	3491	1651
302	125	859	1034	523	227
110	81	991	1451	554	264
94	67	407	587	429	115
16	16	494	569	305	170
283	284	1059	1954	941	397
13	1	121	127	247	181
178	222	807	1917	673	1461
99	106	8376	12383	9343	2566
731	438	15074	26377	13977	4117
1704	461	5744	11263	5180	1993
244	123	2703	3123	1329	428
92	294	1731	3254	2513	1693
2	10	799	255	41	5
169	76	3450	5272	4856	1355
181	66	1120	1850	775	395
155	39	1960	2450	751	176
80	37	858	1364	1020	159
1075	427	7076	3712	2337	666
20	26	343	318	316	76
16	18	565	457	511	28
497	332	2022	2702	1715	688
416	411	3963	6011	3459	537
26	8	228	463	146	45
1	1	111	245	82	56
1	15	46	11	11	1
124	67	683	777	745	362
80	29	477	550	112	78
361	69	695	517	429	127
		113	178	104	3
103	19	1525	865	471	89

C-2-19续表

地区	机构建筑面积		事业单位会计制度财务指标	
		#农村	固定资产原价	本年收入合计
全国	**14285528**	**4959015**	**610.2**	**1281.1**
北京	502802	161773		
天津	211252	95891		
河北	202983	8244		
山西	127653	36372	54.5	153.3
内蒙古	138458	4009		
辽宁	252582	89403		
吉林	23486			
黑龙江	287877	10580		
上海	741684	5830	520.1	927.2
江苏	3044686	897484		110.0
浙江	1539937	433034		
安徽	632076	217591		
福建	625606	451486	5.6	43.0
江西	63292	4172		
山东	1852879	1312876		
河南	264028	45583		
湖北	412209	259354		
湖南	324706	45920		
广东	558629	191470		
广西	92326	5933		
海南	88045	4311		
重庆	392111	98515		
四川	1031324	349447		
贵州	152925	108381	30.0	47.6
云南	62316	18436		
西藏	964			
陕西	131397	59980		
甘肃	81711	6373		
青海	113132	5040		
宁夏	31820	9752		
新疆	300632	21775		

单位：平方米、万元

	民间非营利组织会计制度财务指标		
本年支出合计	固定资产原价	本年收入合计	本年费用合计
1079.3	**236325.7**	**731522.0**	**578565.4**
	6624.2	22858.5	17782.2
	555.6	3734.2	683.7
	1486.6	487.1	1566.0
153.7	1928.8	424.1	495.3
	958.1	2267.8	406.7
	5367.9	402.2	2097.7
	135.5	24.0	76.6
	107.0	175.0	25.7
725.0	47863.5	401016.2	403729.0
110.0	77077.1	189309.0	78846.4
	17842.8	21626.7	15564.0
	3095.8	1147.9	997.0
43.0	2523.3	984.3	938.9
	70.0	30.3	17.0
	8768.6	6160.3	6608.9
	11847.5	2561.7	454.4
	338.0	342.4	134.9
	1812.1	1072.3	1047.2
	22186.2	31855.2	28269.3
	259.3	2852.6	785.9
	703.0	650.0	650.0
	3563.6	11606.4	11517.4
	16841.3	20143.8	2800.1
47.6	164.1	246.7	243.4
	38.0	10.1	24.2
		0.4	
	372.1	662.5	597.0
	1151.3	3370.0	697.6
	1536.4	5483.5	1415.6
	0.8		
	1107.2	16.8	93.3

C-2-20 社区养老

地 区	机构和设施数	#农村	年末职工人数	#女性
全 国	**291279**	**207610**	**708750**	**266425**
北 京	1197	417	4636	2530
天 津	1039	728	3032	1533
河 北	28935	26953	53449	18724
山 西	6256	5573	15126	3616
内蒙古	2538	1736	5607	2056
辽 宁	7919	4559	21401	12528
吉 林	4118	1986	4285	2441
黑龙江	1606	500	10254	5024
上 海	6416	1467	6256	3425
江 苏	19147	10362	86147	28297
浙 江	15796	10497	49754	19609
安 徽	3599	2144	12177	4442
福 建	15676	11948	26079	8977
江 西	20829	15907	39722	12466
山 东	13575	10317	35971	15584
河 南	8745	4879	21577	9322
湖 北	19844	15209	45978	18435
湖 南	29771	23002	52744	20828
广 东	22364	14734	57508	18083
广 西	12169	11267	24265	9416
海 南	290	176	1133	264
重 庆	4751	2587	11849	5749
四 川	11832	6101	31040	12886
贵 州	9638	7060	35472	9070
云 南	2391	1578	3962	1093
西 藏	86	36	487	171
陕 西	8938	7676	22655	7914
甘 肃	8757	6125	15399	6000
青 海	1308	1030	2917	1271
宁 夏	697	447	2002	1131
新 疆	1052	609	5866	3540

服务机构和设施

单位：个、人

受教育程度		职业资格水平	
大学专科人数	大学本科及以上人数	助理社会工作师人数	社会工作师人数
100000	**51382**	**11962**	**7531**
850	392	88	72
685	937	337	146
2767	909	394	116
997	140	122	56
965	445	45	51
4868	3008	935	594
722	309	100	154
1121	903	362	255
256	371	13	11
12394	5493	1800	768
8262	3285	1004	533
3045	1080	131	83
2090	731	205	367
1865	6032	252	236
7025	3422	777	346
3060	1386	398	383
6847	2056	458	253
10298	4701	458	338
8692	5018	1751	1277
1490	2145	191	87
275	170	24	1
2417	899	415	174
6235	1671	623	358
4732	2083	137	79
314	195	11	14
145	26	6	12
2803	1312	253	176
2427	1584	340	115
771	179	14	36
461	125	9	16
1121	375	309	424

C-2-20续表1

地　区	年龄结构			
	35岁及以下人数	36岁至45岁人数	46岁至55岁人数	56岁及以上人数
全　国	**156196**	**264745**	**206865**	**80944**
北　京	1410	1403	1231	592
天　津	1143	1019	769	101
河　北	10160	20837	15846	6606
山　西	1358	3890	5820	4058
内蒙古	1265	2126	1878	338
辽　宁	4250	8505	6424	2222
吉　林	737	2436	1071	41
黑龙江	1922	3915	2494	1923
上　海	1043	1952	1743	1518
江　苏	18909	35201	25010	7027
浙　江	9211	18855	15982	5706
安　徽	2834	5099	3190	1054
福　建	3447	8440	8956	5236
江　西	10910	11953	11948	4911
山　东	7092	13051	11277	4551
河　南	2978	7241	7732	3626
湖　北	8713	18370	14003	4892
湖　南	9537	20516	16862	5829
广　东	17898	20242	12203	7165
广　西	7069	8497	6771	1928
海　南	207	580	297	49
重　庆	2180	4042	4131	1496
四　川	6976	11463	8803	3798
贵　州	12082	13100	8346	1944
云　南	595	1973	1125	269
西　藏	163	241	25	58
陕　西	3782	8514	8454	1905
甘　肃	4631	6456	2628	1684
青　海	711	1652	428	126
宁　夏	597	925	415	65
新　疆	2386	2251	1003	226

单位：人、张

床位数合计	#农村	社区日间照料床位数	#农村	社区全托服务床位数	#农村
3327530	**2206333**	**2220533**	**1476727**	**1106997**	**729606**
17339	7713	10497	4650	6842	3063
10143	7518	8721	6627	1422	891
216853	193001	165422	147406	51431	45595
89976	78206	66079	58565	23897	19641
132819	120632	22607	11478	110212	109154
66317	37282	34574	19149	31743	18133
30288	10695	24819	9998	5469	697
47427	14019	14436	4042	32991	9977
31542	4502	12508	2503	19034	1999
311775	141707	261467	123799	50308	17908
306258	174404	187345	126371	118913	48033
67136	36511	20982	10883	46154	25628
160502	120101	106261	80317	54241	39784
96619	63993	75449	50437	21170	13556
245462	199134	231085	186531	14377	12603
89171	45985	62321	28825	26850	17160
192208	128772	171772	120329	20436	8443
178298	124108	132355	96182	45943	27926
218622	144396	197341	137896	21281	6500
177712	147205	38597	27865	139115	119340
5573	3953	861	348	4712	3605
75935	47196	26241	6857	49694	40339
182291	101113	82912	38189	99379	62924
79091	54590	42594	26977	36497	27613
32467	18478	27723	16119	4744	2359
1866	737	468	113	1398	624
94397	77409	68790	56947	25607	20462
120142	75476	102535	66144	17607	9332
12238	6614	7925	4919	4313	1695
7160	3289	4963	1945	2197	1344
29903	17594	10883	4316	19020	13278

C-2-20续表2

地　区	年末全托照料服务人数	#农村	社区养老服务人次数	#农村	机构建筑面积	#农村
全　国	**466574**	**322775**	**63473514**	**39715600**	**92769874**	**57963687**
北　京	2799	1137	1454432	717716	384062	197222
天　津	562	551	142079	2256	504059	308383
河　北	19362	17394	3791617	3403111	4731701	3975595
山　西	10905	6064	1339989	1090676	2166210	1816619
内蒙古	62578	61907	1656087	1493707	3211338	2761533
辽　宁	9047	3805	1511597	431468	2799153	1254512
吉　林	4082	304	108039	7313	1066601	569714
黑龙江	14876	4914	344363	68597	1117461	248404
上　海	2053	149	858134	446438	1702668	300059
江　苏	20026	4010	3144157	1349860	5542097	2362081
浙　江	38744	12429	10150807	6392671	7910322	3794570
安　徽	9186	6380	554913	292977	1731527	809881
福　建	9995	6928	2226530	1482485	5752921	4231555
江　西	12408	8339	912287	646487	5017225	3602335
山　东	30769	30265	5497890	4614326	9177477	6697472
河　南	9399	7275	2118448	850200	2996749	1344670
湖　北	12371	8833	3943553	2202552	4238988	2824106
湖　南	28847	19241	3528754	2363579	5684418	4011806
广　东	8287	1712	8765477	4053680	5040500	2701105
广　西	23220	21106	1246281	1097892	4264338	3048416
海　南	1317	1194	5104	12	124511	95803
重　庆	29517	23799	1543390	934335	2164649	1198731
四　川	45512	30143	4461884	2832008	5008156	2692992
贵　州	16056	12769	511483	291396	3338334	2323986
云　南	5490	583	404252	207288	939290	598626
西　藏	237	201	22	14	167613	64538
陕　西	20313	18080	2444665	1976379	2458523	2061149
甘　肃	7326	5096	588690	352789	1482470	940865
青　海	2085	798	24047	19029	315607	163223
宁　夏	860	697	91020	90983	270009	108602
新　疆	8345	6672	103523	3376	1460897	855134

单位：人、人次、平方米、万元

企业会计制度财务指标				民间非营利组织会计制度财务指标		
固定资产原价	营业收入	费用合计	营业利润	固定资产原价	本年收入合计	本年费用合计
15500.4	**9893.6**	**3287.2**	**-434.7**	**215247.3**	**122980.3**	**97653.5**
				194.7	512.9	476.5
				53.0	47.6	57.0
194.1		7.1	-2.9	5694.3	1002.7	1777.9
				1688.3	5259.6	5274.7
18.0				108.5	175.0	59.6
59.3	1.5	3.7	-3.7	524.5	314.1	464.7
6.0				1965.7	290.1	344.2
10.0				4108.0	17172.1	15971.4
460.0	42.0			81342.4	68293.4	39416.9
3879.5	3413.3	1186.9	-340.2	4831.5	3349.2	2965.5
				1403.1	262.7	766.7
20.0	7.7			5.0	16.0	16.0
32.4	9.0	10.9	-5.9	74.7	73.7	65.9
1969.6	911.0	178.3	-15.3	22571.1	9979.8	12599.2
463.3	100.0	67.6		55834.1	505.5	718.5
3.0	499.0			797.0	158.1	206.1
1951.0	2427.0	1174.7		1398.5	650.9	437.7
42.0	9.0			1899.0	4526.2	4548.1
1670.0	20.0	10.0		636.1	7.7	108.1
				275.0		
152.5	91.7	91.7		1731.3	1283.1	1177.6
4398.1	1910.7	551.0	-66.7	13250.9	4235.4	5770.8
				2109.9	476.1	611.1
44.9	5.6	2.2		1.6	5.8	5.1
					0.6	
8.8	436.1	3.1		11230.0	3962.3	3168.8
				593.0	10.0	40.4
4.0	10.0			30.0	15.0	10.0
				20.1	8.0	
113.9				876.0	386.7	595.0

C-2-21 未登记的特困

地区	单位数	#农村	年末职工人数	#女性
全国	**3660**	**3168**	**20294**	**9269**
北京				
天津	2	2	8	2
河北	149	117	1497	841
山西	101	74	553	208
内蒙古	22	21	108	43
辽宁	229	143	1728	770
吉林				
黑龙江	10	3	43	20
上海				
江苏	8	6	46	23
浙江	25	8	337	70
安徽	52	34	346	101
福建	462	397	1635	552
江西				
山东	97	96	1247	502
河南	90	73	459	189
湖北	38	32	170	93
湖南				
广东	16	5	206	114
广西	621	577	2210	597
海南	115	87	347	170
重庆	446	438	1664	823
四川	300	257	1983	1093
贵州	380	368	1307	409
云南	25	13	140	70
西藏	8	5	79	51
陕西	122	109	896	431
甘肃	88	61	394	131
青海	5		11	5
宁夏				
新疆	249	242	2880	1961

人员救助供养机构

单位：个、人

受教育程度		职业资格水平	
大学专科人数	大学本科及以上人数	助理社会工作师人数	社会工作师人数
2325	**1315**	**356**	**586**
2	1		
260	78	39	17
62	21	63	19
8	6		2
157	245	29	57
3	1		
18	3	3	
6		3	
32	31	6	
77	129	10	15
248	144	16	
38	6	9	7
3	10	2	
27	16	4	14
149	75	26	44
32	22		
129	45	9	4
339	81	23	55
238	173	62	17
20	11		
11	13	4	
154	40	11	6
49	35	13	10
3	4	1	1
260	125	23	318

C–2–21续表

地区	年龄结构			
	35岁及以下人数	36岁至45岁人数	46岁至55岁人数	56岁及以上人数
全　国	**4363**	**6919**	**6259**	**2753**
北　京				
天　津	2	6		
河　北	294	522	464	217
山　西	109	151	201	92
内蒙古	9	31	29	39
辽　宁	149	675	546	358
吉　林				
黑龙江	6	26	10	1
上　海				
江　苏	12	18	12	4
浙　江	2	20	60	255
安　徽	51	125	124	46
福　建	125	632	578	300
江　西				
山　东	174	485	390	198
河　南	63	135	147	114
湖　北	9	74	56	31
湖　南				
广　东	22	70	93	21
广　西	842	593	566	209
海　南	51	164	102	30
重　庆	177	426	768	293
四　川	261	625	884	213
贵　州	308	515	358	126
云　南	44	53	39	4
西　藏	30	25	14	10
陕　西	211	306	301	78
甘　肃	108	191	75	20
青　海	2	5		4
宁　夏				
新　疆	1302	1046	442	90

单位：张、人、平方米

全托服务床位数	#农村	年末全托照料服务人数	#农村	机构建筑面积	#农村
218511	**189808**	**81299**	**71398**	**6316178**	**5443149**
100	100	42	42	3400	3400
13801	11876	4966	3895	380910	334382
4951	4036	1343	1164	238368	200758
1183	1131	516	515	32698	31898
12133	9139	3423	2017	437314	289719
494	266	69		11276	7046
283	107	124	71	8014	5514
2727	1006	161	117	55470	21277
6708	4858	1637	1154	322424	288837
18815	16564	5769	4807	502874	421927
12057	12023	3303	3303	386503	385303
4465	3737	1314	1004	151930	129173
1541	1079	550	308	58170	50482
1469	431	295	67	82800	16477
32492	28015	5902	5184	601988	474979
4153	3551	1261	1148	81493	73297
25866	25420	13008	12841	560578	541930
30567	25479	14037	11362	734338	622743
18034	17583	8460	8316	637889	632442
2263	1177	713	412	11250	6150
489	448	189	176	43542	39620
12099	11040	7974	7553	246412	224459
1179	689	169	62	60877	42718
16				2000	
10626	10053	6074	5880	663660	598618

C-2-22 全托服务社区

地 区	机构和设施数	#农村	年末职工人数	#女性
全 国	**20368**	**9859**	**99002**	**40463**
北 京	877	308	3599	1841
天 津	56	24	252	92
河 北	195	23	1291	754
山 西	745	639	1980	397
内蒙古	60	12	328	139
辽 宁	821	197	3486	2026
吉 林	161		557	397
黑龙江	760	128	5776	2487
上 海	286	10	1735	788
江 苏	2129	1273	13497	4105
浙 江	1473	614	7060	3547
安 徽	758	356	3721	1464
福 建	689	272	2119	715
江 西	801	21	2515	978
山 东	102		585	394
河 南	766	427	2795	1044
湖 北	896	360	2966	907
湖 南	2044	881	5528	2732
广 东	1442	995	8795	2367
广 西	655	467	10138	6009
海 南	20	9	92	32
重 庆	426	281	2158	1033
四 川	1822	970	7568	2876
贵 州	1256	959	5702	1546
云 南	152	89	453	96
西 藏	39	30	241	98
陕 西	238	111	1408	580
甘 肃	414	278	1063	291
青 海	100	43	579	262
宁 夏	80	60	300	118
新 疆	105	22	715	348

养老服务机构和设施

单位：个、人

受教育程度		职业资格水平	
大学专科人数	大学本科及以上人数	助理社会工作师人数	社会工作师人数
15067	**8113**	**2225**	**1593**
575	256	75	56
94	28	9	7
241	130	22	25
200	43	31	14
74	53	20	15
686	439	179	142
125	59		
397	398	221	133
124	108		4
2214	730	411	145
1224	787	273	251
677	529	58	49
424	69	20	18
189	82	105	85
130	54	26	1
366	208	66	117
560	142	15	7
1719	427	152	76
908	548	84	209
550	1579	99	11
28	7	5	1
310	119	46	31
1278	473	110	60
912	428	47	15
23	78		
32	7	1	12
455	99	55	23
225	107	33	20
118	36	5	19
43	20		12
166	70	57	35

C-2-22续表1

地区	年龄结构			
	35岁及以下人数	36岁至45岁人数	46岁至55岁人数	56岁及以上人数
全　国	**31405**	**33689**	**23149**	**10759**
北　京	1122	1099	931	447
天　津	57	94	53	48
河　北	361	525	298	107
山　西	382	722	606	270
内蒙古	94	136	81	17
辽　宁	753	1136	1109	488
吉　林	154	177	226	
黑龙江	830	1904	1294	1748
上　海	866	252	376	241
江　苏	5463	4142	2886	1006
浙　江	1761	1875	1972	1452
安　徽	923	1179	1178	441
福　建	324	631	618	546
江　西	528	935	852	200
山　东	149	225	186	25
河　南	373	1429	751	242
湖　北	556	1512	769	129
湖　南	1977	2135	1181	235
广　东	5157	2090	1189	359
广　西	4565	3491	1739	343
海　南	25	50	16	1
重　庆	353	890	713	202
四　川	1552	2643	1858	1515
贵　州	1646	2368	1341	347
云　南	103	225	110	15
西　藏	63	171	6	1
陕　西	407	608	288	105
甘　肃	289	502	201	71
青　海	242	183	73	81
宁　夏	108	127	54	11
新　疆	222	233	194	66

单位：人、张

床位数合计	社区日间照料床位数	#农村	社区全托服务床位数	#农村
684883	**142434**	**57710**	**542449**	**228766**
15772	8930	3969	6842	3063
2121	799	760	1322	791
8546	2440	202	6106	2315
25183	6694	6027	18489	15513
2066	827	163	1239	403
22765	7262	2744	15503	6793
1047	570		477	
38203	9273	2185	28930	6520
19239	205	50	19034	1999
63299	17099	8889	46200	16559
124287	8775	4411	115512	47022
39533	1522	174	38011	19529
24953	3437	1130	21516	9804
9197	5093	532	4104	409
3466	1726		1740	
18782	5394	1891	13388	7591
21112	5535	1247	15577	4669
29640	6925	2737	22715	7215
28313	10711	5326	17602	4525
28894	1707	877	27187	13220
601	87	54	514	54
18523	1891	126	16632	10490
84297	18040	7499	66257	35849
18865	5524	2823	13341	5444
2931	573	110	2358	1059
1159	250	98	909	176
7015	2332	740	4683	2234
10589	4870	2396	5719	2942
4517	409	46	4108	1506
1842	770	102	1072	283
8126	2764	402	5362	789

C-2-22续表2

地 区	年末全托照料服务人数	#农村	社区养老服务人次数	#农村	机构建筑面积	#农村
全 国	**185829**	**77214**	**13342123**	**87676**	**15537737**	**5643738**
北 京	2799	1137	1342014	958	293696	158731
天 津	520	509	33307	60	27971	10148
河 北	1420	581	225792	620	284619	86438
山 西	5586	4588	323295	678	565134	474636
内蒙古	795	257	4392	213	52118	11700
辽 宁	4959	1260	461771	1712	749026	230551
吉 林	25	0	1484	37	40285	0
黑龙江	13208	3315	259110	659	770088	132648
上 海	2053	149	4265	291	480453	53692
江 苏	18899	3698	930977	7452	1356658	354014
浙 江	38433	12312	1665666	39282	2568450	747637
安 徽	6510	4304	338501	947	678169	164855
福 建	2556	481	201602	8609	879135	449208
江 西	1494	108	57841	2334	332315	45614
山 东	504	0	13064	652	115376	0
河 南	4997	3607	167045	2299	377155	150453
湖 北	4315	2313	212808	1940	470030	232432
湖 南	13395	5678	840487	6971	766484	344316
广 东	6908	890	1686440	1907	597303	136619
广 西	3598	2281	314499	4297	973660	388873
海 南	56	46	0	0	11506	2975
重 庆	9333	6597	460485	2048	424031	214360
四 川	30263	17849	3137290	1282	1333025	675403
贵 州	4846	1918	56732	184	535763	289473
云 南	272	64	8906	8	68062	38453
西 藏	48	25	22	9	92052	18230
陕 西	2274	1345	579224	41	156416	70955
甘 肃	2357	1183	7023	299	126630	73303
青 海	1880	621	724	107	120682	38386
宁 夏	163	60	2	157	67327	16785
新 疆	1363	38	7355	1623	224118	32850

单位：人、人次、平方米、万元

企业会计制度财务指标				民间非营利组织会计制度财务指标		
固定资产原价	营业收入	费用合计	营业利润	固定资产原价	本年收入合计	本年费用合计
12875.0	**8541.8**	**3040.7**	**-413.8**	**55925.9**	**35390.4**	**37829.9**
				194.7	512.9	476.5
				53.0	47.6	57.0
132.0		4.0		2725.2	414.3	663.4
				1514.6	5169.7	5183.6
18.0				75.5	120.0	4.6
2.0	1.4			412.4	119.2	380.3
6.0				1964.7	290.1	344.0
				3721.0	11336.3	10851.6
460.0	40.0			10871.1	7407.2	6790.6
3876.5	3413.3	1186.9	-340.2	4105.9	921.0	1079.4
				1329.7	213.7	678.4
20.0	7.7			4.0	16.0	16.0
32.4	9.0	10.9	-5.9	64.7	67.5	60.9
				262.8	67.7	119.1
139.0	100.0	10.0		1221.2	261.6	267.4
	499.0			791.0	153.0	202.0
1935.0	2427.0	1174.7		693.5	276.9	204.3
42.0	9.0			1483.2	3135.6	3130.5
1670.0	20.0	10.0		32.5	1.0	4.8
152.5	91.7	91.7		1563.3	1008.9	907.1
4226.8	1908.1	550.3	-67.7	11051.5	2648.3	3953.7
				1891.3	252.6	273.4
44.9	5.6	2.2				
					0.6	
				8392.8	540.1	1544.4
				581.0	3.0	32.0
4.0	10.0			30.0	11.0	10.0
				20.1	8.0	
113.9				875.2	386.6	594.9

C-2-23 日间照料社区养老

地 区	机构和设施数	#农村	年末职工人数	#女性	受教育程度	
					大学专科人数	大学本科及以上人数
全 国	**109306**	**58448**	**325977**	**121782**	**53551**	**29791**
北 京	320	109	1037	689	275	136
天 津	981	702	2772	1439	589	908
河 北	1655	74	5779	2951	1211	495
山 西	4538	4076	10891	2100	676	61
内蒙古	914	167	3399	1577	729	342
辽 宁	2214	235	9735	6525	3255	1934
吉 林	1668	394	3100	1623	553	249
黑龙江	613	208	3488	2131	678	401
上 海	694	149	3080	2094	119	255
江 苏	16100	8682	64803	20954	9393	4097
浙 江	13348	9433	39657	14546	6090	2085
安 徽	2630	1683	7449	2501	2195	465
福 建	4830	2302	12344	5053	1024	368
江 西	2388	116	12306	3342	1122	5881
山 东	2882	216	11599	6202	3442	1837
河 南	2948	366	10164	4787	2243	1159
湖 北	8408	5363	21549	8333	3055	1017
湖 南	7474	3891	13102	4857	1879	685
广 东	14917	10079	30537	10160	4225	3044
广 西	907	416	4328	1236	621	375
海 南	129	74	688	62	215	141
重 庆	1384	395	3724	2184	1158	457
四 川	7111	3017	16824	7369	3857	911
贵 州	4467	2874	19658	4280	2161	1301
云 南	1648	1042	2971	820	251	103
西 藏	12	1	137	15	102	6
陕 西	585	209	1873	723	331	213
甘 肃	2686	1962	5526	1074	887	536
青 海	169	33	773	566	351	89
宁 夏	363	147	1178	768	320	84
新 疆	323	33	1506	821	544	156

服务机构和设施

单位：个、人

职业资格水平		年龄结构			
助理社会工作师人数	社会工作师人数	35岁及以下人数	36岁至45岁人数	46岁至55岁人数	56岁及以上人数
6778	**3616**	**77043**	**128703**	**91800**	**28431**
13	16	288	304	300	145
328	139	1084	919	716	53
120	67	2086	2315	1073	305
25	22	776	2476	4347	3292
25	34	940	1434	938	87
558	281	2604	4450	2221	460
100	154	527	1705	830	38
119	59	908	1632	791	157
12	7	146	1441	673	820
1081	617	13053	26225	20397	5128
725	214	6271	16065	13473	3848
51	25	1671	3559	1698	521
117	109	2152	4197	3592	2403
117	76	5694	4693	1554	365
543	269	2998	4581	2999	1021
317	254	1884	3816	3413	1051
316	122	4457	8548	6164	2380
180	142	2374	4447	5059	1222
1048	498	8071	13074	7517	1875
35	26	1082	1870	973	403
19		130	365	177	16
284	117	949	1340	1115	320
471	227	4201	6480	4722	1421
23	44	8354	6561	4263	480
11	14	395	1503	843	230
1		57	29	4	47
68	40	518	701	551	103
24	10	2320	2278	755	173
6	8	183	462	122	6
7	3	280	591	269	38
34	22	590	642	251	23

C-2-23续表

地区	日间照料床位数	#农村	社区养老服务人次数	#农村	机构建筑面积	#农村
全国	**1098968**	**545021**	**26603179**	**13216798**	**33207900**	**14458635**
北京	1567	681	112418	38647	90366	38491
天津	7922	5867	108772	565	472688	294835
河北	15041	2535	292363	1740	520332	46385
山西	46105	40410	935953	790370	1079513	902653
内蒙古	11553	1141	263995	125628	337698	54501
辽宁	10740	2442	627091	255	792516	127637
吉林	14858	2143	95303	31	376649	109053
黑龙江	4328	1108	59768	7962	270278	59814
上海	12303	2453	705253	446438	256912	66134
江苏	233286	112326	2180418	901709	3967092	1872754
浙江	176194	120074	8484402	5813126	5060370	2927965
安徽	18016	10398	62898	20387	675083	330584
福建	37630	18870	752179	303442	1552501	741665
江西	14409	300	192625	4683	701468	28939
山东	46024	3348	892581	106410	2489480	206058
河南	28776	3864	961176	43089	1278146	132789
湖北	78833	40840	2024973	542670	1906918	939946
湖南	39543	16494	726053	390972	1442500	635815
广东	132158	85088	4371816	2622317	3047415	1809592
广西	10620	3530	60364	20725	493789	193027
海南	483	250	5104	12	30092	18931
重庆	11673	1274	195384	106896	528504	119577
四川	50999	20649	1076208	393483	2400168	974381
贵州	18402	9429	184024	85562	1443116	879115
云南	23054	12669	337139	176363	709842	434389
西藏	218	15	0	0	25859	6688
陕西	6928	1757	356525	49236	261099	122647
甘肃	36989	22271	441652	221887	472062	272801
青海	2708	622	5046	733	72373	16825
宁夏	2498	600	35	0	139712	39471
新疆	5110	1573	91661	1460	313359	55173

单位：张、人次、平方米、万元

企业会计制度财务指标				民间非营利组织会计制度财务指标		
固定资产原价	营业收入	费用合计	营业利润	固定资产原价	本年收入合计	本年费用合计
2625.4	**1351.8**	**246.5**	**-20.9**	**159321.4**	**87589.9**	**59823.6**
62.1		3.1	-2.9	2969.1	588.4	1114.5
				173.7	89.9	91.1
				33.0	55.0	55.0
57.3	0.1	3.7	-3.7	112.1	194.9	84.4
				1.0		0.2
10.0				387.0	5835.8	5119.8
	2.0			70471.3	60886.2	32626.3
3.0				725.6	2428.2	1886.1
				73.4	49.0	88.3
				1.0		
				10.0	6.2	5.0
1969.6	911.0	178.3	-15.3	22308.3	9912.1	12480.1
324.3		57.6		54612.9	243.9	451.1
3.0				6.0	5.1	4.1
16.0				705.0	374.0	233.4
				415.8	1390.6	1417.6
				603.6	6.7	103.3
				275.0		
				168.0	274.2	270.5
171.3	2.6	0.7	1.0	2199.4	1587.1	1817.1
				218.6	223.5	337.7
				1.6	5.8	5.1
8.8	436.1	3.1		2837.2	3422.2	1624.4
				12.0	7.0	8.4
					4.0	
				0.8	0.1	0.1

C-2-24 互助型社区

地区	单位数	#农村	年末职工人数	#女性	受教育程度	
					大学专科人数	大学本科及以上人数
全国	**147485**	**132618**	**247061**	**90019**	**25667**	**10561**
北京						
天津						
河北	26936	26739	44882	14178	1055	206
山西	872	784	1702	911	59	15
内蒙古	1542	1536	1772	297	154	44
辽宁	4655	3984	6452	3207	770	390
吉林	2289	1592	628	421	44	1
黑龙江	216	161	921	380	21	99
上海						
江苏	870	386	7663	3077	722	606
浙江	214	179	768	252	44	23
安徽	157	71	637	352	141	55
福建	9626	8908	9843	2588	427	165
江西	17589	15770	24821	8080	533	55
山东	9780	9773	22185	8368	3175	1371
河南	4751	3893	7911	3228	385	13
湖北	10367	9454	20926	8945	3201	822
湖南	19277	17424	31579	12699	6366	3488
广东	3931	2951	8973	3552	1725	484
广西	9969	9807	7500	1516	150	97
海南	26	6	6			
重庆	2495	1473	4303	1709	820	278
四川	2599	1857	4665	1548	761	206
贵州	3534	2859	8799	2829	1418	179
云南	566	434	398	107	20	3
西藏						
陕西	7993	7247	18478	6180	1863	960
甘肃	5568	3824	8406	4502	1265	906
青海	1034	954	1554	438	299	50
宁夏	254	240	524	245	98	21
新疆	375	312	765	410	151	24

养老服务设施

单位：个、人

职业资格水平		年龄结构			
助理社会工作师人数	社会工作师人数	35岁及以下人数	36岁至45岁人数	46岁至55岁人数	56岁及以上人数
2115	**1271**	**39550**	**91432**	**82194**	**33885**
213	7	7419	17475	14011	5977
3	1	91	541	666	404
		222	525	830	195
169	114	744	2244	2548	916
		56	554	15	3
	63	173	338	399	11
276	6	381	4764	1667	851
	1	112	235	284	137
14	9	185	231	185	36
58	225	777	2980	4099	1987
17	72	4663	6293	9520	4345
183	75	3727	7581	7601	3276
6	5	637	1786	3314	2174
104	124	3601	8186	6957	2182
117	108	4914	13170	9548	3947
238	180	2487	3147	2333	1006
29	2	550	2514	3473	963
		1	1	2	2
76	22	701	1386	1535	681
19	16	962	1715	1339	649
5	3	1772	3654	2384	989
		53	192	133	20
119	107	2646	6899	7314	1619
270	73	1911	3482	1596	1417
2	8	284	1002	233	35
2	1	209	207	92	16
195	49	272	330	116	47

C-2-24续表

地区	床位数合计	社区日间照料床位数	#农村	社区全托服务床位数	#农村
全国	**1325168**	**979131**	**873996**	**346037**	**311032**
北京					
天津					
河北	179465	147941	144669	31524	31404
山西	13737	13280	12128	457	92
内蒙古	118017	10227	10174	107790	107620
辽宁	20679	16572	13963	4107	2201
吉林	14383	9391	7855	4992	697
黑龙江	4402	835	749	3567	3191
上海					
江苏	14907	11082	2584	3825	1242
浙江	3050	2376	1886	674	5
安徽	2879	1444	311	1435	1241
福建	79104	65194	60317	13910	13416
江西	73013	55947	49605	17066	13147
山东	183915	183335	183183	580	580
河南	37148	28151	23070	8997	5832
湖北	90722	87404	78242	3318	2695
湖南	109115	85887	76951	23228	20711
广东	56682	54472	47482	2210	1544
广西	105706	26270	23458	79436	78105
海南	336	291	44	45	
重庆	19873	12677	5457	7196	4429
四川	16428	13873	10041	2555	1596
贵州	23790	18668	14725	5122	4586
云南	4219	4096	3340	123	123
西藏					
陕西	68355	59530	54450	8825	7188
甘肃	71385	60676	41477	10709	5701
青海	4997	4808	4251	189	189
宁夏	2820	1695	1243	1125	1061
新疆	6041	3009	2341	3032	2436

单位：张、人、人次、平方米

年末全托照料服务人数	#农村	社区养老服务人次数	#农村	机构建筑面积	#农村
199446	**174163**	**21792789**	**20169165**	**35780379**	**31880742**
12976	12918	3273462	3264329	3545840	3508390
3976	312	80741	69325	283195	238572
61267	61135	1387700	1367703	2788824	2663434
665	528	422735	359727	820297	606605
4057	304	11252	7282	649667	460661
1599	1599	25485	23665	63986	48896
1003	241	32762	6342	205040	127446
150		739		89359	59480
1039	922	153514	140695	54851	25605
1670	1640	1271180	1149712	2796791	2597135
10914	8231	659290	641170	3969293	3527782
26962	26962	4226485	4226485	6055432	6051102
3088	2664	894914	775912	1140666	910474
7506	6212	1705772	1637443	1770142	1601246
15452	13563	1960212	1736632	3354445	2951183
1084	755	1587915	1135894	876075	600693
13720	13641	871101	867083	2191214	1991537
				1420	600
7176	4361	887521	601270	651536	322864
1212	932	248386	213793	540625	420465
2750	2535	270727	202225	720966	522956
4505	107	58207	30925	150136	119634
10065	9182	1508916	1472287	1794596	1643088
4800	3851	140006	128497	822701	552043
205	177	18277	17893	120552	108012
697	637	90983	90983	62970	52346
908	754	4507	1893	259760	168493

C-2-25 其他社区

地区	单位数	#农村	#老年餐桌	年末职工人数	#女性
全国	**10460**	**3517**	**2619**	**16416**	**4892**
北京					
天津					
河北					
山西					
内蒙古					
辽宁					
吉林					
黑龙江	7			26	6
上海	5436	1308	1010	1441	543
江苏	40	15		138	138
浙江	736	263	541	1932	1194
安徽	2			24	24
福建	69	69	2	138	69
江西	51		51	80	66
山东	714	232	542	355	118
河南	190	120	12	248	74
湖北	135		88	367	157
湖南	976	806	186	2535	540
广东	2058	704	185	8997	1890
广西	17		2	89	58
海南					
重庆					
四川					
贵州	1			6	6
云南					
西藏	27			30	7
陕西					
甘肃	1			10	2
青海					
宁夏					
新疆					

养老服务设施

单位：个、人

受教育程度		职业资格水平	
大学专科人数	大学本科及以上人数	助理社会工作师人数	社会工作师人数
3390	**1602**	**488**	**465**
22	4	22	
13	8	1	
47	57	29	
898	390	3	67
		2	
138			
21	14	13	3
30	16	9	1
28			
28	65	21	
334	101	9	12
1807	926	377	376
20	19	2	4
3	2		
1			2

C-2-25续表

地区	年龄结构			
	35岁及以下人数	36岁至45岁人数	46岁至55岁人数	56岁及以上人数
全国	**3835**	**4002**	**3463**	**5116**
北京				
天津				
河北				
山西				
内蒙古				
辽宁				
吉林				
黑龙江	5	15		6
上海	31	259	694	457
江苏		52	48	38
浙江	1065	660	193	14
安徽	4	5	5	10
福建	69		69	
江西	25	32	22	1
山东	44	179	101	31
河南	21	75	107	45
湖北	90	50	57	170
湖南	272	764	1074	425
广东	2161	1861	1071	3904
广西	30	29	20	10
海南				
重庆				
四川				
贵州	2	2		2
云南				
西藏	13	16	1	
陕西				
甘肃	3	3	1	3
青海				
宁夏				
新疆				

单位：人、人次、平方米

养老服务人次数	#农村	#老年餐桌	机构建筑面积	#农村
1735423	**433408**	**1307033**	**1927680**	**537423**
			1833	
148616		148616	965303	180233
			5293	2353
			136673	38211
			1000	
1569	69	69	21620	21620
2531		2531	14149	
365760	281431	36999	130686	55009
95313	543	84260	48852	21781
			33728	
2002			120989	80492
1119306	151365	1034301	436907	137724
317		257	3687	
			600	
			6160	
9			200	

C-2-26 老年人福利

地 区	老年人福利		
	享受高龄补贴的老年人数	享受护理补贴的老年人数	享受养老服务补贴的老年人数
全 国	**31044452**	**813397**	**5350078**
北 京	590545	177728	43642
天 津	19441		
河 北	1212183	52092	165419
山 西	206820	35869	1736
内蒙古	591545	4	1726
辽 宁	184304	18627	40036
吉 林	66720	13448	32918
黑龙江	213374	37549	5339
上 海	3794557	5288	166757
江 苏	2458605	120590	2214299
浙 江	926888	28517	323396
安 徽	1724957	33797	625823
福 建	642157	14446	291542
江 西	934237	47447	74003
山 东	133341	1622	8215
河 南	2122535	27238	18466
湖 北	1351947	44088	67341
湖 南	601694		165673
广 东	2863742	22157	98014
广 西	1316126	131	4394
海 南	232955	4530	5097
重 庆	409829	69491	55262
四 川	2770171	2982	722714
贵 州	825479	7467	7187
云 南	1044129	7537	25917
西 藏	6134	4427	
陕 西	2955510	5723	7143
甘 肃	9523	20579	67738
青 海	325154	6755	108997
宁 夏	39630	2759	994
新 疆	470220	509	290

和残疾人福利

单位：人

	残疾人福利	
享受综合补贴的老年人数	困难残疾人生活补贴人数	重度残疾人护理补贴人数
1329475	**12139672**	**14751482**
	118237	98408
36302	47296	133914
	559348	716699
157	249951	359095
13728	310421	285494
	282670	398921
	293038	322006
	305718	352306
	82802	211088
	657491	576691
	325327	570481
	913062	840047
	335625	386762
	498884	440873
1270684	589199	1154962
	978874	1190854
	512333	713580
	657405	826626
	422250	1025247
	496970	610206
16	52092	110691
	213907	291128
	810899	1063877
822	358501	368767
	627302	557794
664	78045	29026
	701253	365586
7102	277022	360337
	92442	80685
	107082	101611
	184226	207720

C-2-27 民政部门直属

地 区	单位数	市场监管部门登记	编制部门登记	年末职工人数	受教育程度	
					大学专科人数	大学本科及以上人数
全 国	**21**	**4**	**17**	**1191**	**355**	**431**
中央级	1		1	87	2	85
北 京	1		1	86	25	31
天 津	1	1		5	5	
河 北						
山 西						
内蒙古	1		1	45	17	12
辽 宁						
吉 林						
黑龙江						
上 海	1	1		37	8	5
江 苏	1		1	145	80	15
浙 江						
安 徽	1	1		32	7	4
福 建						
江 西	1		1	26	17	9
山 东	1		1	63	20	19
河 南	1		1	75	24	40
湖 北	2	1	1	133	19	23
湖 南	1		1	91	19	45
广 东	1		1	44	10	25
广 西	1		1	34	7	14
海 南						
重 庆						
四 川						
贵 州	1		1	47	6	25
云 南	1		1	74	33	9
西 藏						
陕 西	1		1	87	25	32
甘 肃	1		1	46	26	20
青 海	1		1	11		11
宁 夏						
新 疆	1		1	23	5	7

康复辅具机构

单位：个、人

职业资格水平		年龄结构			
助理社会工作师人数	社会工作师人数	35岁及以下人数	36岁至45岁人数	46岁至55岁人数	56岁及以上人数
30	**38**	**363**	**316**	**368**	**144**
	2	26	42	10	9
	1	40	18	21	7
					5
2		16	13	10	6
			2	23	12
2	1	77	40	20	8
		15	6	7	4
	1	6	5	7	8
		2	16	35	10
5	11	24	19	26	6
	1	35	44	38	16
2	3	29	28	23	11
13	5	11	12	17	4
1	5	3	9	16	6
1	1	12	9	23	3
1	1	29	9	34	2
	1	9	23	45	10
3	5	20	9	6	11
		3	2	2	4
		6	10	5	2

C-2-27续表

地　区	企业会计制度财务指标			
	固定资产原价	营业收入	费用合计	营业利润
全　国	**18122.6**	**15848.8**	**7698.2**	**-2634.3**
中央级				
北　京				
天　津	86.0	25.0	28.0	-16.0
河　北				
山　西				
内蒙古	489.0	1441.0	790.0	
辽　宁				
吉　林				
黑龙江				
上　海	2640.3	1837.3	740.0	179.2
江　苏				
浙　江				
安　徽	808.0	629.0	116.0	
福　建				
江　西				
山　东	5418.0	1948.0	1320.0	-817.0
河　南				
湖　北	875.0	4500.0	745.0	550.0
湖　南				
广　东	4039.3	1717.5	2108.8	-950.2
广　西				
海　南				
重　庆				
四　川				
贵　州				
云　南				
西　藏				
陕　西	3767.0	3751.0	1850.4	-1580.3
甘　肃				
青　海				
宁　夏				
新　疆				

单位：万元

事业单位会计制度财务指标		
固定资产原价	本年收入合计	本年费用合计
90350.3	**36925.8**	**42152.9**
41198.4	12297.1	15041.4
4471.0		
6544.8	5273.4	5973.4
900.4	2977.4	2171.1
6220.6	3426.8	3258.8
4552.9	3567.9	3977.6
15249.3	2073.4	3044.6
4035.8	3002.0	3073.5
2188.3	2756.8	2615.4
1837.6	136.3	708.0
1088.4	313.8	313.8
244.8		530.1
1818.0	1100.9	1445.2

C-2-28 孤儿和家庭

地 区	孤儿			事实无人抚养儿童	儿童关爱保护	
		集中养育孤儿	社会散居孤儿		儿童督导员	儿童主任
全 国	**193281**	**58989**	**134292**	**253886**	**54896**	**667443**
北 京	1689	1366	323	971	354	7194
天 津	582	410	172	899	241	5122
河 北	5673	1673	4000	8076	3278	54668
山 西	5683	2511	3172	4873	1436	25274
内蒙古	2153	766	1387	2523	1542	14275
辽 宁	4578	2284	2294	2493	2324	17071
吉 林	3634	1468	2166	1579	1588	11484
黑龙江	3145	896	2249	1714	1912	12287
上 海	1289	1199	90	1012	331	7030
江 苏	6717	2325	4392	9062	1875	25726
浙 江	2714	1493	1221	6459	1687	25901
安 徽	6223	1845	4378	19704	1727	19386
福 建	3119	1164	1955	8446	2315	17869
江 西	5016	1421	3595	8444	2788	24276
山 东	8184	1995	6189	14736	2499	81322
河 南	18068	4096	13972	18121	3036	53974
湖 北	5536	1332	4204	6900	1510	28128
湖 南	14863	2147	12716	23490	2743	30402
广 东	14525	6506	8019	28865	1693	26559
广 西	10335	1709	8626	15368	1393	16808
海 南	782	226	556	963	460	3267
重 庆	3346	701	2645	3150	1412	11236
四 川	20861	2509	18352	11702	4210	42783
贵 州	10139	1577	8562	17365	2092	18320
云 南	9262	1598	7664	14670	1786	16220
西 藏	4867	4114	753	718	1079	8551
陕 西	5220	2108	3112	5748	1749	21431
甘 肃	7179	1584	5595	9571	2456	19035
青 海	2205	911	1294	763	1366	6215
宁 夏	735	309	426	5043	327	3129
新 疆	4959	4746	213	458	1687	12500

收养登记

单位：人、件

收养登记合计	中国公民收养登记					外国人收养登记	协议解除收养关系登记	
		香港居民	澳门居民	台湾居民	华侨			中国公民
11103	**11040**	**20**		**8**	**3**	**63**	**188**	**185**
27	21	1				6	2	2
11	9					2	1	1
403	401					2	3	3
141	138					3		
52	52						1	1
68	64					4	1	1
27	26					1		
53	53							
42	40					2	4	4
885	883					2	30	30
1151	1151				3		22	22
220	220						6	4
368	365	4		3		3	3	3
168	164					4	3	3
1067	1063					4	5	5
463	458	2		1		5	6	6
443	443			1			7	7
560	558			1		2	13	13
634	623	5		1		11	51	50
1659	1655	3				4	3	3
98	98	1						
106	106						3	3
715	715	4					9	9
153	153						5	5
859	859						2	2
19	19							
219	211			1		8	2	2
154	154							
89	89							
5	5							
244	244						6	6

C-2-29 被收养的

地 区	被收养人合计	#女性	#残疾儿童	#被外国人收养	儿童福利机构抚养的孤儿	社会散居孤儿
全 国	**11103**	**6561**	**151**	**63**	**1966**	**1513**
北 京	27	9	6	6	10	1
天 津	11	7	2	2	2	1
河 北	403	188	17	2	80	2
山 西	141	61	3	3	41	4
内蒙古	52	28	2		1	2
辽 宁	68	36	4	4	14	6
吉 林	27	14		1	18	
黑龙江	53	29			5	4
上 海	42	36	2	2	12	4
江 苏	885	562	2	2	291	36
浙 江	1151	777	2		297	27
安 徽	220	111	14		28	7
福 建	368	224	2	3	88	37
江 西	168	116	9	4	19	8
山 东	1067	544	9	4	66	116
河 南	463	252	15	5	64	7
湖 北	443	259	1		63	14
湖 南	560	300	7	2	128	8
广 东	634	450	17	11	201	12
广 西	1659	1190	9	4	267	163
海 南	98	70				25
重 庆	106	53	1		8	3
四 川	715	336	1		115	59
贵 州	153	93	2		8	25
云 南	859	522	12		4	843
西 藏	19	5			10	
陕 西	219	92	8	8	40	6
甘 肃	154	65	3		26	6
青 海	89	43				10
宁 夏	5	4			5	
新 疆	244	85	1		55	77

儿童情况

单位：人

继子女收养的未成年人	三代以内同辈旁系血亲的子女	儿童福利机构抚养的未成年人	非社会福利机构抚养的未成年人	生父母有特殊困难无力抚养的子女	生父母均不具备完全民事行为能力且具有严重危害可能的子女
150	**1432**	**3093**	**2035**	**874**	**40**
1	8	6	1		
	5	2		1	
1	99	88	120	13	
1	27	17	16	32	3
3	5	6	10	24	1
	14	18	12	1	3
	3	1	1	4	
2	28	10	1	3	
2	7	14	2	1	
	41	412	92	13	
1	44	686	91	5	
	88	46	31	19	1
3	44	70	122	4	
4	33	61	22	21	
74	82	118	595	16	
2	129	134	37	84	6
3	122	138	51	49	3
6	152	105	93	64	4
	88	295	27	11	
20	84	607	428	90	
	3	9	59	2	
5	34	16	2	37	1
3	116	134	62	220	6
	21	22	59	18	
	3		8	1	
1	2		2	4	
1	42	10	31	79	10
2	44	19	25	30	2
15	22	21	3	18	
	42	28	32	10	

C-2-30 社会救助

地 区	单位数	编制部门登记	民政部门登记	年末职工人数	#女性
全 国	**890**	**885**	**5**	**8078**	**3718**
中央级	1	1		14	6
北 京	10	10		100	61
天 津	1	1		8	5
河 北	2	2		9	2
山 西	52	52		444	204
内蒙古	25	24	1	313	172
辽 宁					
吉 林	66	66		1312	462
黑龙江	26	26		272	127
上 海	6	5	1	75	49
江 苏	11	11		56	28
浙 江	11	11		74	47
安 徽	23	23		121	54
福 建	16	16		63	34
江 西	50	50		330	165
山 东	24	22	2	149	76
河 南	51	51		438	195
湖 北	73	73		767	361
湖 南	51	51		497	177
广 东	2	2		32	19
广 西	116	116		720	383
海 南	3	3		56	22
重 庆	35	35		304	173
四 川	62	62		378	172
贵 州	50	50		554	269
云 南	55	55		236	124
西 藏	1	1		6	
陕 西	43	43		509	236
甘 肃	14	14		133	38
青 海	4	3	1	58	23
宁 夏	3	3		39	25
新 疆	3	3		11	9

服务机构

单位：个、人

受教育程度		职业资格水平		按职工编制类型分组		
大学专科人数	大学本科及以上人数	助理社会工作师人数	社会工作师人数	事业编制	聘用合同	其他
2513	**3887**	**229**	**298**	**7317**	**526**	**235**
	14			14		
18	75	9	5	100		
1	7	1	2	8		
1	5		1	9		
186	219	3	6	408	24	12
69	211	15	34	256	49	8
271	481	30	11	1293	3	16
91	127	9	2	244	27	1
4	59	11	7	58	17	
3	45	7	10	47	5	4
13	43	6	7	59	14	1
33	84	2	9	114	5	2
15	37	5	8	61		2
129	112	8	15	286	36	8
45	101	5	20	131	10	8
149	188	3	18	416	6	16
378	237	25	28	621	121	25
213	128	15	21	429	35	33
1	31	4	1	32		
207	420	7	9	677	28	15
36	20		2	23	33	
52	245	33	10	273	15	16
138	163	7	20	367	6	5
181	319	4	9	519	33	2
53	163	11	27	228	6	2
				5	1	
178	266	6	8	477	30	2
21	53		2	113	15	5
5	6		3	6	2	50
17	22	2	3	36	3	
5	6	1		7	2	2

C−2−30续表

地 区	年龄结构			
	35岁及以下人数	36岁至45岁人数	46岁至55岁人数	56岁及以上人数
全 国	**3143**	**3441**	**1339**	**155**
中央级	9	2		3
北 京	37	37	25	1
天 津	5	2	1	
河 北	2	6	1	
山 西	158	172	103	11
内蒙古	113	124	74	2
辽 宁				
吉 林	494	610	194	14
黑龙江	75	140	52	5
上 海	40	19	14	2
江 苏	25	27	4	
浙 江	25	33	13	3
安 徽	44	54	21	2
福 建	29	29	3	2
江 西	114	162	46	8
山 东	59	60	27	3
河 南	196	161	67	14
湖 北	237	338	172	20
湖 南	181	212	92	12
广 东	25	4	2	1
广 西	283	306	115	16
海 南	34	12	8	2
重 庆	145	109	46	4
四 川	142	182	51	3
贵 州	205	263	82	4
云 南	106	116	14	
西 藏		3	2	1
陕 西	262	184	58	5
甘 肃	83	36	13	1
青 海	3	7	33	15
宁 夏	7	27	4	1
新 疆	5	4	2	

单位：人、万元

事业单位会计制度财务指标		
固定资产原价	本年收入合计	本年支出合计
35065.9	**245468.4**	**232451.8**
196.5	711.5	1074.1
239.7	24521.5	24666.2
252.4	232.3	246.3
8.9	109.6	118.2
2679.3	14620.6	17385.9
489.4	4029.4	4205.4
1541.3	48474.3	37975.0
241.9	1471.7	1535.4
395.5	3108.0	3115.1
90.6	591.3	766.9
109.6	1605.6	1622.6
244.1	1247.2	1240.0
67.8	592.9	573.6
685.9	1269.4	1278.8
419.4	1575.9	1581.1
2553.5	2935.9	3187.4
11937.9	29391.6	16975.7
1271.0	10439.3	10987.9
934.9	1451.7	1583.0
3703.0	21640.9	26335.1
40.6	8769.8	7764.8
1094.2	6081.8	6058.7
507.6	29166.7	29811.1
1432.9	16118.0	16321.3
2023.5	5384.7	5419.2
4.6		
1214.5	8302.5	8749.5
185.2	215.0	390.0
473.0		88.0
24.3	316.8	303.0
2.9	1092.5	1092.5

C-2-31 城市居民

地 区	城市最低生活保障人数	按人员性质分类				
		#女性	#残疾人	重度残疾人	老年人	成年人
全 国	**8050587**	**3722299**	**1461563**	**690731**	**1481272**	**5293929**
北 京	69807	12975	15630	11910	16442	42088
天 津	73139	32798	15746	11344	9146	49426
河 北	182188	85248	32353	17297	31905	123578
山 西	261352	128108	42557	21473	36644	183309
内蒙古	314469	154514	65921	29501	67611	221482
辽 宁	348705	149680	90234	41372	50464	240313
吉 林	397588	189996	98811	55676	101998	267374
黑龙江	544418	245068	126193	33534	86983	396446
上 海	143063	57558	33413	29880	10619	105833
江 苏	109984	47698	23614	9540	29543	67811
浙 江	61663	24413	31952	18052	11625	44075
安 徽	344316	160328	77135	24194	109288	197526
福 建	62379	29041	18498	11225	14524	40670
江 西	336102	142688	65044	23697	43126	237683
山 东	122978	58230	39285	27913	21526	87078
河 南	394271	185971	68380	36923	109611	230349
湖 北	306893	144021	34591	4239	61318	212526
湖 南	446159	211641	47667	31887	64779	333958
广 东	152074	70723	39334	24755	25519	98949
广 西	349422	165132	56333	25651	55287	222075
海 南	36142	15814	6986	4639	2341	23973
重 庆	264654	117730	64550	41483	37007	175179
四 川	677479	303197	91866	40741	116075	473191
贵 州	644289	297618	80852	32137	130889	332632
云 南	410401	196962	63548	31245	103466	252684
西 藏	24633	10126	2022	37	6576	14335
陕 西	200919	101158	26718	1415	27135	140904
甘 肃	355375	164055	24340	8861	36698	241584
青 海	62612	34350	5512	2576	11010	39293
宁 夏	84096	37852	27688	9585	10275	59031
新 疆	269017	147606	44790	27949	41842	138574

最低生活保障

单位：人、户

按年龄分类					城市最低生活保障户数
在职人员	灵活就业	登记失业	无就业条件	未成年人	
89062	**1558907**	**687049**	**2958911**	**1275386**	**4888867**
1994	12379	19115	8600	11277	41855
1605	9905	19884	18032	14567	47731
1444	33250	20769	68115	26705	119832
9988	56318	21455	95548	41399	147251
229	139398	25886	55969	25376	199188
2841	34800	92457	110215	57928	234907
	3	5	267366	28216	289902
907	30960	35130	329449	60989	381907
5856	7057	30559	62361	26611	103331
777	6762	13243	47029	12630	71712
1499	5670	7391	29515	5963	47663
3408	42669	19825	131624	37502	231309
253	6082	2994	31341	7185	40921
4068	61284	18472	153859	55293	208794
804	5122	6819	74333	14374	77361
1477	72021	36499	120352	54311	269151
30344	109194	19102	53886	33049	197222
849	102213	46676	184220	47422	287551
2093	16867	5253	74736	27606	81666
522	198660	15277	7616	72060	154547
38	1749	628	21558	9828	18756
344	89061	27122	58652	52468	172451
4956	138801	65189	264245	88213	429112
3087	91512	19558	218475	180768	256005
678	126707	22770	102529	54251	260762
2682	2431	2069	7153	3722	13053
870	44557	18380	77097	32880	110639
3095	81805	54371	102313	77093	160151
150	3349	1427	34367	12309	33430
			59031	14790	50289
2204	28321	18724	89325	88601	150418

C-2-32　农村居民

地　区	农村最低生活保障人数	按人员性质分类		
		#女性	#残疾人	#重度残疾人
全　国	**36208023**	**16734326**	**6316294**	**3080950**
北　京	39885	6613	15530	11038
天　津	68258	28359	11520	6734
河　北	1612599	723222	303254	189361
山　西	997458	487283	184556	86345
内蒙古	1334022	710840	183560	91608
辽　宁	696119	324514	110721	46599
吉　林	543450	274490	121876	
黑龙江	809592	400985	129542	39013
上　海	29522	14582	16860	15526
江　苏	665639	270332	98815	50229
浙　江	551878	220735	213024	121929
安　徽	1836832	842354	360360	86844
福　建	452363	199437	91318	57191
江　西	1469247	614901	248272	99559
山　东	1352566	614889	538426	346018
河　南	2924552	1360054	673976	349149
湖　北	1446439	669846	252956	10300
湖　南	1495166	693543	243887	185730
广　东	1277643	578151	215312	132591
广　西	2679474	1249488	322871	150896
海　南	152961	69066	21771	16431
重　庆	622571	283462	120480	79734
四　川	3732812	1679563	502293	268877
贵　州	2108573	971470	261294	99492
云　南	2449052	1140867	458825	232864
西　藏	131860	56324	8130	684
陕　西	1153689	527416	229750	160050
甘　肃	1419584	570628	111599	45026
青　海	301860	152232	16066	8694
宁　夏	395650	187662	126200	27485
新　疆	1456707	811018	123250	64953

最低生活保障

单位：人、户

按人员年龄分类					农村最低生活保障户数
老年人	成年人			未成年人	
		有劳动条件	无劳动条件		
13407971	**16983317**	**8957376**	**8025536**	**5816735**	**19850113**
18594	17140	3324	13816	4151	24063
15952	39853	22675	17178	12453	35247
799762	644186	259609	384577	168651	1124453
571944	369053	150727	218326	56461	705456
893223	390414	203803	186611	50385	856578
335598	306139	91613	214526	54382	457625
294783	212397	48298	164099	36270	352400
471803	295867	142825	153042	41922	531955
8121	20797	6612	14185	604	26314
268514	314827	124577	190250	82298	375392
220635	274835	190583	84252	56408	380575
757057	865308	490816	374492	214467	1081537
122313	260327	124381	135946	69723	248073
439098	792024	301481	490543	238125	903776
644980	572282	376141	196141	135304	899960
1370308	1177888	502510	675378	376356	2062729
527715	751809	538082	213727	166915	812570
473635	792087	406181	385906	229444	802603
291606	701572	273873	427699	284465	513488
548686	1492965	752240	740725	637823	903050
27760	78752	48106	30646	46449	61410
118818	397384	131667	265717	106369	337023
1527145	1665107	1138535	526572	540560	2089249
608235	942929	728294	214635	557409	867572
785565	1253848	531819	722029	409639	1301785
27819	69172	47399	21368	34869	38209
396300	595507	255837	339670	161882	492846
342606	812200	573230	238970	264778	479273
47743	166314	133890	32424	87803	99817
166653	193242	31217	162025	35755	283797
285000	517092	327031	190061	654615	701288

C-2-33 城市特困

地区	城市特困人员救助供养	#女性	#残疾人	#老年人	#未成年人	按自理能力分		
						全自理	半护理	全护理
全国	**311670**	**56467**	**108368**	**212629**	**3752**	**189940**	**66359**	**55371**
北京	1325	331	884	857	5	293	464	568
天津	1604	466	569	950	58	539	368	697
河北	4311	861	1720	2762	37	2394	880	1037
山西	1802	290	1043	752	32	658	664	480
内蒙古	11551	1894	7818	5773	28	5738	3029	2784
辽宁	9560	2522	4249	5827	28	4485	2592	2483
吉林	7988	2203	4194	4398	26	3727	2636	1625
黑龙江	11533	3121	6024	5313	38	5094	4209	2230
上海	1930	230	124	1816	2	591	443	896
江苏	8136	2007	3212	5071	16	2790	2354	2992
浙江	2205	444	982	1748	1	920	475	810
安徽	11224	1777	1453	9331	44	6811	3316	1097
福建	5868	1377	2689	3141	49	2852	1509	1507
江西	8726	1922	1912	4727	194	5713	1484	1529
山东	4388	1143	2614	2272	25	1763	1508	1117
河南	8398	1557	2392	5974	142	5563	1714	1121
湖北	10333	2697	4317	5958	222	6332	1614	2387
湖南	15648	4100	6351	7868	99	9486	3386	2776
广东	14890	4333	8796	8331	52	6501	3477	4912
广西	11843	2476	4628	7690	134	8158	1555	2130
海南	1295	254	373	863	21	928	214	153
重庆	85132	5518	17331	71845	1436	71292	8279	5561
四川	39036	6228	10479	30269	234	21116	9934	7986
贵州	6948	1313	1865	4654	285	4853	1249	846
云南	9390	2490	5158	5758	148	4674	2842	1874
西藏	471	98	60	283	2	293	100	78
陕西	4259	1055	2397	1789	75	1565	1636	1058
甘肃	4058	1205	1703	2150	80	1601	1705	752
青海	1645	673	416	1049	39	646	687	312
宁夏	1047	231	800	475	1	398	417	232
新疆	5126	1651	1815	2935	199	2166	1619	1341

人员救助供养

单位：人

集中供养	全自理	半护理	全护理	分散供养	全自理	半护理	全护理
116131	**48855**	**33933**	**33343**	**195539**	**141085**	**32426**	**22028**
654	50	243	361	671	243	221	207
375	54	105	216	1229	485	263	481
1495	545	399	551	2816	1849	481	486
366	82	148	136	1436	576	516	344
3899	1017	1354	1528	7652	4721	1675	1256
2616	674	780	1162	6944	3811	1812	1321
2360	678	1005	677	5628	3049	1631	948
5697	1577	2606	1514	5836	3517	1603	716
351	91	150	110	1579	500	293	786
4372	561	1268	2543	3764	2229	1086	449
1444	441	367	636	761	479	108	174
4723	2294	1694	735	6501	4517	1622	362
2730	342	1094	1294	3138	2510	415	213
2937	1394	585	958	5789	4319	899	571
1911	462	804	645	2477	1301	704	472
1978	810	643	525	6420	4753	1071	596
5335	1828	1362	2145	4998	4504	252	242
5599	2070	1982	1547	10049	7416	1404	1229
4405	732	1022	2651	10485	5769	2455	2261
7006	4163	1111	1732	4837	3995	444	398
121	89	28	4	1174	839	186	149
17615	11157	4072	2386	67517	60135	4207	3175
23279	12009	6034	5236	15757	9107	3900	2750
3529	2242	745	542	3419	2611	504	304
3453	1239	1192	1022	5937	3435	1650	852
175	106	45	24	296	187	55	54
2387	455	1059	873	1872	1110	577	185
1248	329	577	342	2810	1272	1128	410
511	114	248	149	1134	532	439	163
505	122	235	148	542	276	182	84
3055	1128	976	951	2071	1038	643	390

C-2-34 农村特困

地 区	农村特困人员救助供养	#女性	#残疾人	#老年人	#未成年人	按自理能力分		
						全自理	半护理	全护理
全 国	**4462527**	**490834**	**967423**	**3658054**	**39357**	**3496821**	**638005**	**327701**
北 京	5400	354	3328	4636	1	1680	2303	1417
天 津	10578	1027	1848	9098	63	7356	2196	1026
河 北	262974	16041	46857	225991	1136	219963	26201	16810
山 西	132941	7171	36483	94616	902	98513	21957	12471
内蒙古	84806	4607	28876	64916	79	67882	9917	7007
辽 宁	127636	15689	22261	108521	467	97831	21789	8016
吉 林	77002	10276	18496	54511	251	59348	11269	6385
黑龙江	92689	16946	36640	61509	489	74855	12851	4983
上 海	2002	381	368	1673		888	864	250
江 苏	203090	16983	19987	193544	352	136317	44553	22220
浙 江	32591	1973	6713	31147	4	19073	6995	6523
安 徽	345670	44709	49564	308460	1512	272792	56599	16279
福 建	62044	5848	16895	45808	685	51804	6187	4053
江 西	124894	21641	13916	100571	1826	106722	11174	6998
山 东	324540	23009	105614	287413	362	258859	44405	21276
河 南	493621	48514	89134	423383	6299	394515	68777	30329
湖 北	239768	29863	61878	196591	589	209452	15932	14384
湖 南	362375	43617	72601	273919	2265	300481	38130	23764
广 东	209345	19077	30557	179502	628	170037	21314	17994
广 西	242067	24370	48090	186070	3986	222132	9057	10878
海 南	22066	2787	2717	18679	155	17502	3442	1122
重 庆	98978	7080	18523	82954	2033	85122	9124	4732
四 川	428030	45949	76669	365735	3880	304660	78646	44724
贵 州	89238	10654	19370	67038	2341	74682	10057	4499
云 南	116229	25049	59357	66490	4584	72810	29459	13960
西 藏	13949	7570	1495	9880	432	7315	4411	2223
陕 西	124821	10224	47643	97359	1366	88912	27378	8531
甘 肃	90731	15711	19568	67841	1403	54806	27083	8842
青 海	15577	5632	3408	11863	224	7579	6252	1746
宁 夏	9071	2201	4166	5872	22	4456	3699	916
新 疆	17804	5881	4401	12464	1021	8477	5984	3343

人员救助供养

单位：人

集中供养	全自理	半护理	全护理	分散供养	全自理	半护理	全护理
738530	**414463**	**200685**	**123382**	**3723997**	**3082358**	**437320**	**204319**
1694	65	843	786	3706	1615	1460	631
893	354	240	299	9685	7002	1956	727
29934	13213	9682	7039	233040	206750	16519	9771
15816	7922	4289	3605	117125	90591	17668	8866
11063	5292	3072	2699	73743	62590	6845	4308
19406	11213	5465	2728	108230	86618	16324	5288
11818	6165	3235	2418	65184	53183	8034	3967
14062	7053	4966	2043	78627	67802	7885	2940
699	222	378	99	1303	666	486	151
40548	22478	10276	7794	162542	113839	34277	14426
18006	7778	5068	5160	14585	11295	1927	1363
54162	36058	12653	5451	291508	236734	43946	10828
10047	2651	4228	3168	51997	49153	1959	885
37219	26444	6416	4359	87675	80278	4758	2639
58487	23436	22953	12098	266053	235423	21452	9178
82520	57954	15929	8637	411101	336561	52848	21692
44858	23115	10777	10966	194910	186337	5155	3418
58169	26652	19719	11798	304206	273829	18411	11966
14713	7842	3542	3329	194632	162195	17772	14665
10827	9261	586	980	231240	212871	8471	9898
1646	1181	360	105	20420	16321	3082	1017
11556	8108	2129	1319	87422	77014	6995	3413
83598	53857	18965	10776	344432	250803	59681	33948
18563	12993	3805	1765	70675	61689	6252	2734
14804	6291	5105	3408	101425	66519	24354	10552
7287	3819	2367	1101	6662	3496	2044	1122
38192	21337	12174	4681	86629	67575	15204	3850
8547	3832	3483	1232	82184	50974	23600	7610
2945	1029	1403	513	12632	6550	4849	1233
3146	772	2019	355	5925	3684	1680	561
13305	6076	4558	2671	4499	2401	1426	672

C-2-35 临时救助

地 区	临时救助	#未成年人	按属地分类	
			本地户籍	非本地户籍
全 国	**13805782**	**619550**	**13722098**	**83684**
北 京	9806	285	9783	23
天 津	71391	623	69806	1585
河 北	269059	3380	268914	145
山 西	287353	1575	286517	836
内蒙古	199814	1015	197777	2037
辽 宁	172883	1194	172415	468
吉 林	247297	10784	247076	221
黑龙江	198982	2673	198861	121
上 海	26868	2156	25220	1648
江 苏	378137	4571	377475	662
浙 江	109473	3782	108890	583
安 徽	111178	572	111048	130
福 建	294449	16293	293586	863
江 西	190426	6985	189785	641
山 东	153889	930	152899	990
河 南	271173	3213	270819	354
湖 北	374854	8829	365560	9294
湖 南	785220	19455	781674	3546
广 东	148845	5532	147642	1203
广 西	173572	8241	173392	180
海 南	46615	613	46587	28
重 庆	173354	1879	173119	235
四 川	458633	7190	457779	854
贵 州	689194	44463	683994	5200
云 南	1099564	15602	1080388	19176
西 藏	16431	111	16209	222
陕 西	810042	88329	808637	1405
甘 肃	1885975	89301	1870451	15524
青 海	302259	2042	302042	217
宁 夏	147002	1393	145807	1195
新 疆	3702044	266539	3687946	14098

和传统救济

单位：人次、人

按对象分类			传统救济
低保人员	特困人员	其他	
4608190	**516102**	**8681490**	**323057**
6922	224	2660	
51232	697	19462	
81417	19403	168239	11809
82569	23417	181367	6570
94957	8012	96845	9729
81470	9525	81888	6615
171409	16742	59146	
122337	12136	64509	45
15108	444	11316	3
72392	35715	270030	15212
46731	1603	61139	1691
25953	12728	72497	18588
152019	16732	125698	1480
65730	8940	115756	1012
39449	5695	108745	138
60093	16222	194858	15463
132288	16851	225715	3296
155420	37001	592799	37699
42740	10788	95317	709
74931	25238	73403	127198
13612	1478	31525	22
49272	24803	99279	11883
105835	26838	325960	17198
119308	4461	565425	8294
217270	6625	875669	23197
3550	5732	7149	428
193419	13262	603361	1069
482732	105872	1297371	3351
121590	4552	176117	245
39845	3496	103661	2
1686590	40870	1974584	111

C-2-36 福利彩票

地 区	单位数	编制部门登记	民政部门登记	年末职工人数	#女性	受教育程度	
						大学专科人数	大学本科及以上人数
全 国	**688**	**608**	**80**	**9968**	**4354**	**3177**	**4270**
中央级	1	1		117	51	4	113
北 京	17	17		139	55	36	92
天 津	7	7		114	49	20	64
河 北	23	15	8	399	175	123	130
山 西	12	12		262	122	98	127
内蒙古	15	15		318	154	95	125
辽 宁	8	8		243	94	45	139
吉 林	42	42		375	109	58	106
黑龙江	15	15		204	80	50	91
上 海	17	3	14	197	113	63	77
江 苏	74	72	2	852	386	292	352
浙 江	41	26	15	428	209	120	160
安 徽	45	22	23	725	379	249	235
福 建	10	10		170	65	42	103
江 西	12	12		172	54	63	57
山 东	17	17		579	263	200	312
河 南	40	40		450	182	150	162
湖 北	37	37		211	77	80	77
湖 南	74	74		586	198	202	210
广 东	55	55		795	356	242	361
广 西	16	16		429	213	132	182
海 南	6	6		60	18	21	22
重 庆	1	1		174	45	31	132
四 川	3	3		281	102	95	166
贵 州	11	11		251	118	79	128
云 南	14	14		156	56	54	76
西 藏	2	2		43	19	25	7
陕 西	21	21		351	164	132	137
甘 肃	15	13	2	258	152	110	91
青 海	6	2	4	99	56	31	51
宁 夏	15	3	12	328	168	149	106
新 疆	16	16		202	72	86	79

发行机构

单位：个、人

职业资格水平		年龄结构			
助理社会工作师人数	社会工作师人数	35岁及以下人数	36岁至45岁人数	46岁至55岁人数	56岁及以上人数
170	**204**	**3832**	**3886**	**1854**	**396**
		30	54	24	9
	4	48	45	31	15
	1	26	49	33	6
2	4	182	158	46	13
	1	121	84	48	9
1		149	114	47	8
2	6	86	97	50	10
4	1	122	179	59	15
2	4	59	88	50	7
4		39	89	35	34
39	33	347	332	149	24
12	13	174	159	80	15
12	10	368	250	92	15
	1	38	59	59	14
	1	62	65	40	5
12	37	169	238	145	27
7	6	129	188	115	18
3	1	68	88	46	9
5	13	249	220	101	16
40	27	264	335	157	39
8	8	159	176	78	16
2	4	18	20	21	1
1		70	70	28	6
1	1	100	125	46	10
4	18	117	95	34	5
5	1	81	45	21	9
		23	16	4	
	5	173	107	58	13
2	1	98	104	47	9
1	2	44	37	16	2
1	1	170	101	44	13
		49	99	50	4

C-2-36续表

地　区	事业单位会计制度财务指标		
	固定资产原价	本年收入合计	本年支出合计
全　国	**1564523.8**	**927471.6**	**863483.1**
中央级	213493.6	129298.2	103607.7
北　京	15379.0	23364.1	21144.2
天　津	19665.3	10187.3	10687.4
河　北	46950.2	59521.9	55750.2
山　西	34801.4	14146.6	10104.6
内蒙古	56538.5	32298.3	23074.7
辽　宁	63310.2	17147.7	16272.6
吉　林	18051.2	22013.8	22033.9
黑龙江	56458.9	14926.5	14425.9
上　海	11048.7	17859.8	617.3
江　苏	115035.8	69372.6	65873.5
浙　江	36436.1	24239.0	20503.4
安　徽	62329.7	26357.3	24600.6
福　建	12783.9	13842.0	11532.3
江　西	38551.3	17752.0	19017.2
山　东	207594.7	56411.2	61842.2
河　南	79043.4	25150.7	25747.0
湖　北	63297.6	34565.3	34530.9
湖　南	49380.7	34625.8	35132.5
广　东	69767.1	70089.1	69353.4
广　西	30885.3	17349.9	16808.0
海　南	3291.4	6693.8	6362.9
重　庆	19136.4	18744.2	23377.8
四　川	31079.6	29949.9	29806.7
贵　州	25401.7	17755.6	17902.3
云　南	50105.6	24455.1	38712.2
西　藏	2020.9	11277.4	8542.0
陕　西	55933.7	35467.9	31409.0
甘　肃	17227.8	14162.4	11594.4
青　海	9095.9	3697.2	3697.3
宁　夏	15267.5	8170.7	7594.5
新　疆	35160.7	26578.3	21824.5

单位：万元

民间非营利组织会计制度财务指标		
固定资产原价	本年收入合计	本年费用合计
6654.5	**9765.8**	**4875.9**
72.2	3.7	268.0
630.0	2935.1	2104.8
13.8	286.2	
1638.8	1478.3	1353.2
1287.8	1828.6	1145.7
2771.0	300.0	
41.0	20.0	4.2
199.9	2913.9	

C-2-37 慈善

地　区	慈善组织	#具有公开募捐资格的慈善组织	慈善信托	
			备案慈善信托数量	慈善信托合同规模
全　国	**9480**	**2101**	**482**	**246982**
中央级	189	80		
北　京	820	49	42	15687
天　津	127	24	27	1646
河　北	232	116		
山　西	142	33	1	100
内蒙古	107	12	2	150
辽　宁	72	41	3	161
吉　林	76	35	3	60
黑龙江	165	40	3	120
上　海	430	42	17	14029
江　苏	338	98	25	9589
浙　江	975	243	85	103877
安　徽	296	61		
福　建	718	90		
江　西	170	40	13	1529
山　东	480	169	10	3928
河　南	248	92		
湖　北	323	126	64	3106
湖　南	685	221		
广　东	1391	243	38	71155
广　西	163	26		
海　南	79	15		
重　庆	128	42	17	2582
四　川	317	53		
贵　州	85	24	7	765
云　南	92	3		
西　藏	6	2		
陕　西	411	40	36	5315
甘　肃	56	13	89	13183
青　海	17	1		
宁　夏	50	11		
新　疆	92	16		

和社工

单位：个、件、万元、万人

慈善捐赠			志愿服务
	社会捐赠接收站点	慈善超市	注册志愿者
14609	**9954**	**4655**	**19347.4**
1568	1382	186	443.6
603	596	7	203.9
37	35	2	1094.6
162	162		362.3
53	25	28	237.0
362	34	328	634.6
18	11	7	256.4
174	1	173	362.2
3844	3171	673	522.3
910	507	403	1629.5
970	697	273	951.8
219	141	78	1113.4
45	6	39	597.5
72	66	6	537.6
396	303	93	1582.2
607	123	484	1240.2
384	177	207	910.1
1232	348	884	293.5
1018	859	159	1271.1
152	68	84	958.6
			106.8
993	862	131	631.3
165	99	66	1402.5
79	75	4	525.7
14	14		483.6
			12.3
479	162	317	306.8
5	2	3	238.3
1		1	51.0
			113.4
47	28	19	273.1

C-3-1 成员组

地区	单位数	年末职工人数	#女性	受教育程度	
				大学专科人数	大学本科及以上人数
全国	**1509363**	**13307642**	**4748331**	**2395826**	**2058171**
中央级	2292	46872	19502	1830	39144
北京	20138	255379	147319	106106	114197
天津	11209	86129	38204	13726	23389
河北	87840	738812	257304	112983	82784
山西	42616	323123	102885	49709	26957
内蒙古	30378	226452	82599	51140	31737
辽宁	42252	313253	144507	71005	60721
吉林	24702	121656	36160	19587	5449
黑龙江	31937	156082	51640	17953	11421
上海	23177	295863	65468	100577	38205
江苏	119303	927092	234085	124565	117395
浙江	96257	762329	294326	149931	132759
安徽	52127	524474	172862	136584	105319
福建	51312	330545	114243	38424	31520
江西	48480	567194	153659	65640	59337
山东	126667	1280384	563564	265138	305814
河南	99330	738334	283153	150176	88418
湖北	59210	524269	175936	75172	64566
湖南	66394	631405	225972	99667	70203
广东	98168	1093362	482260	256740	265662
广西	45317	337094	147388	53089	34725
海南	11614	84606	31589	12076	7899
重庆	29296	277977	140847	73408	69576
四川	80714	712394	275421	106355	112245
贵州	31882	267151	84961	42425	33767
云南	37942	451568	113210	56354	42000
西藏	7419	45639	9245	2963	3769
陕西	50944	514702	135997	64776	38578
甘肃	40285	327486	55835	33780	15740
青海	10810	103862	26459	12579	7095
宁夏	8366	45814	14972	6910	3027
新疆	20985	196340	66759	24458	14753

织总表

单位：个、人

职业资格水平		年龄结构			
助理社会工作师人数	社会工作师人数	35岁及以下人数	36岁至45岁人数	46岁至55岁人数	56岁及以上人数
140915	**106242**	**4552138**	**4523885**	**2962434**	**1268962**
	7561	7257	14088	14075	11452
4237	2016	98867	48785	90306	17421
2208	750	24827	25914	28060	7328
3699	4538	297676	224798	149859	66410
2877	3002	106809	109669	69002	37632
1860	1160	77559	76609	51602	20614
13999	3026	112508	103919	68218	28608
2696	2008	31067	63760	18949	7877
1808	1100	41396	68101	36121	10464
2211	8524	85482	112632	68738	28979
12045	6334	326446	352704	180548	67394
16611	8524	253058	264854	173036	71381
5276	2761	180530	209134	104391	30419
2239	1892	109985	129283	67090	24187
3332	662	184856	214540	107160	60638
18586	22316	400016	388397	319986	171985
4838	5568	281503	251439	143272	62120
4424	1850	145583	168138	144494	66019
4342	2531	224875	210588	138982	56960
14888	6995	499873	313798	194415	85271
826	591	94277	112918	78285	51614
1823	278	26229	36125	16086	6166
4616	3691	114565	79661	59172	24579
4377	2911	253394	262278	118929	77793
2061	596	85157	99612	63028	19354
705	276	127898	148677	120337	54656
34	44	12651	17661	10965	4362
2114	2328	149776	154101	163827	46998
458	523	89790	125608	82363	29725
861	1214	32918	41197	19473	10274
176	135	14167	17212	11080	3355
688	537	61143	77685	50585	6927

C-3-1续表

地区	事业单位会计制度财务指标		
	固定资产原价	本年收入合计	本年支出合计
全国	**249797.3**	**228609.6**	**195950.6**
中央级			
北京			
天津			
河北			
山西	5556.8	3181.2	2678.0
内蒙古			
辽宁			
吉林			
黑龙江			
上海			
江苏	7238.5	8158.8	8222.2
浙江			
安徽			
福建			
江西	3467.3	4732.8	4735.5
山东			
河南			
湖北			
湖南			
广东	230158.4	206956.8	175149.9
广西			
海南	395.0	3965.0	3600.0
重庆			
四川			
贵州			
云南			
西藏	290.0	153.0	153.0
陕西			
甘肃			
青海			
宁夏			
新疆	2691.3	1462.0	1412.0

单位：万元

民间非营利组织会计制度财务指标		
固定资产原价	本年收入合计	本年费用合计
55913605.4	**65280152.6**	**59706272.5**
1580431.5	8722854.9	7332967.9
2077019.3	4500561.2	6082729.1
343610.5	417533.6	380872.6
2429824.2	2266983.2	1920875.5
1629064.9	3987221.0	382005.4
156204.0	109324.1	120450.5
1172195.9	878502.9	927729.9
27253.2	36224.5	39357.7
169974.3	58606.9	107940.6
3252582.8	6665865.4	5940905.7
2833506.9	5835253.1	4704879.3
3207510.1	3787642.4	3792952.5
2035574.5	895559.7	835752.1
379848.4	418702.4	414040.8
389274.5	282610.6	288550.5
4666314.7	467913.2	4497670.0
3990036.0	5261397.9	1559122.9
1041033.5	1399147.4	1180310.6
1078056.2	1066815.1	1472790.8
11758122.4	11414593.2	10689492.7
1034652.2	1108433.1	1108726.3
114846.2	41243.2	65789.3
2924685.3	2029094.1	1903884.3
3507469.7	2016608.9	2234160.2
544006.2	494132.3	449762.6
647629.4	400170.8	419135.1
7123.3	3778.9	4649.1
1331345.2	444305.2	560542.8
189819.9	93472.3	113209.0
76705.0	39954.0	34211.1
132224.9	73012.8	66063.3
1185660.3	62634.3	74742.3

C-3-2 社会组

地　区	单位数	#依法登记的社区社会组织	年末职工人数	#女性
全　国	**894162**	**53990**	**10618599**	**3926000**
中央级	2292		46872	19502
北　京	13016	831	218536	126913
天　津	6026	27	62543	27507
河　北	34625	162	545186	213656
山　西	17580	515	220366	76537
内蒙古	16751	666	169905	62832
辽　宁	26185	85	237473	110430
吉　林	13380	52	83720	22335
黑龙江	20246	29	99203	32142
上　海	17048	3049	265215	48298
江　苏	97930	17839	815093	199225
浙　江	71299	5169	657879	258479
安　徽	34130	1313	439925	146375
福　建	34200	775	259020	93299
江　西	27703	291	472440	130125
山　东	60247	1282	1028156	470540
河　南	47368	6638	517424	230235
湖　北	31730	771	406622	134424
湖　南	37118	1564	517471	190193
广　东	71845	8973	960898	438972
广　西	28921	361	251892	123594
海　南	8419	95	66545	26737
重　庆	18110	1632	218808	116633
四　川	45657	646	567278	233753
贵　州	14063	379	179319	62032
云　南	23294	11	375934	96102
西　藏	559	1	7459	2027
陕　西	31074	325	428239	112991
甘　肃	22820	349	256746	42212
青　海	6173	57	82672	21961
宁　夏	5583	52	32083	8953
新　疆	8770	51	127677	46986

织总表

单位：个、人

受教育程度		职业资格水平	
大学专科人数	大学本科及以上人数	助理社会工作师人数	社会工作师人数
2152321	**1943744**	**95198**	**81285**
1830	39144		7561
96808	105577	81	153
11256	19021	103	47
101136	78506	3171	3978
42966	24499	1416	1547
44829	28597	1549	922
59613	54451	11390	1653
18182	4364	2489	1898
15378	9779	1069	760
94745	33190	506	7807
112798	110199	6265	4251
136085	122480	12425	6294
123408	102056	3670	2005
33533	30051	1408	1255
57754	56988	2513	411
240471	294938	13221	16499
138084	84298	3192	4757
64653	60998	1970	1049
90639	67320	3736	2320
234480	254778	12494	5878
48765	32921	361	414
9946	7205	1816	262
57945	64250	1976	2668
96640	109604	2718	2450
37943	32695	1985	577
54354	41326	504	225
2306	3519	19	36
58321	35961	1566	1703
32965	15152	313	397
11648	6623	743	1121
5657	2662	57	114
17183	10592	472	273

C-3-2续表1

地区	年龄结构			
	35岁及以下人数	36岁至45岁人数	46岁至55岁人数	56岁及以上人数
全　国	**4018914**	**3485039**	**2117745**	**996901**
中央级	7257	14088	14075	11452
北　京	90890	37087	78101	12458
天　津	17028	18724	21966	4825
河　北	273929	160727	77732	32798
山　西	89117	72524	33880	24845
内蒙古	64941	55142	34682	15140
辽　宁	98036	75709	44082	19646
吉　林	29091	31426	16458	6745
黑龙江	30495	38872	22404	7432
上　海	78335	102648	60113	24119
江　苏	296985	310266	148578	59264
浙　江	230301	229158	137205	61215
安　徽	160928	175447	78150	25400
福　建	96190	98048	44815	19967
江　西	169787	170275	78966	53412
山　东	359010	297396	233028	138722
河　南	241279	167706	71994	36445
湖　北	120397	120898	109823	55504
湖　南	201818	163088	103568	48997
广　东	475371	270848	144789	69890
广　西	80220	83811	46761	41100
海　南	23309	28852	10238	4146
重　庆	98696	61015	40241	18856
四　川	223177	207595	73079	63427
贵　州	64514	65968	36889	11948
云　南	107607	116467	101202	50658
西　藏	3818	2124	1239	278
陕　西	135306	124289	131358	37286
甘　肃	74690	91012	65518	25526
青　海	28273	32315	13478	8606
宁　夏	10666	11786	7049	2582
新　疆	37453	49728	36284	4212

单位：人、个、起

建立党组织的社会组织	社会组织中中共党员人数	行政执法	行政处罚数	#并处没收违法经营额/违法所得	#并处罚款
113862	**1449089**	**6935**	**6707**	**23**	**29**
1138	26990	9	9	1	
1813	37346	308	253		
3494	14374				
9542	63036	226	226	1	10
5426	32886	225	221		
3372	21080	399	396		
4720	36787	109	109	2	2
595	8216	240	204		
1157	12124	26	19		1
4518	45804	22	22		
5412	95501	80	80		
6969	103439	106	100		
3946	63266	493	493		
2541	27254	38	36		
5551	59782	473	452		1
974	142686	943	923		
6056	70272	234	234		
5174	48902	279	275		
3771	51179	459	459	12	
3642	116876	488	484		1
1890	34823	222	218		
957	8180	5	4		
1869	32585	127	125		6
4757	88540	222	219	5	5
3258	30975	118	114		
2076	42677	207	207	2	
152	2868	23	21		1
3682	37233	601	551		
10646	60132	84	84		
1429	10365	11	11		
1492	7215	141	141		2
1843	15696	17	17		

C-3-2续表2

地区	行政处罚类型			取缔非法社会组织	#并处没收非法财产	当年新登记数	当年年检单位数
	警告	限期（责令）停止活动	撤销登记				
全国	**2078**	**287**	**4342**	**228**	**1**	**63021**	**424481**
中央级	7	1	1			4	2194
北京	169	57	27	55		479	10735
天津						621	2204
河北	40	1	185			5427	11549
山西	102	1	118	4		1211	10179
内蒙古	73	4	319	3		1386	4879
辽宁	54	3	52			2046	14037
吉林	3		201	36		1850	8565
黑龙江	17		2	7		1161	1904
上海			22			619	9776
江苏	15	4	61			4623	37351
浙江	9	5	86	6		4681	25734
安徽	196	45	252			2630	17904
福建	3	2	31	2		3215	18926
江西	96	15	341	21		2068	14006
山东	483	2	438	20	1	6418	37630
河南	91	1	142			4363	39462
湖北	4	15	256	4		1612	11003
湖南	163		296			2168	17926
广东	178	64	242	4		3971	53300
广西	48	3	167	4		2362	10517
海南	4			1		573	1461
重庆	75	11	39	2		1075	11197
四川	61	5	153	3		2667	11669
贵州	15	7	92	4		792	7995
云南	30	8	169			1219	8921
西藏	17	3	1	2		31	54
陕西	34	6	511	50		1676	13337
甘肃	50	3	31			1267	3910
青海	9		2			132	179
宁夏	24	19	98			129	4968
新疆	8	2	7			545	1009

单位：起、个、万元

民间非营利组织会计制度财务指标		
固定资产原价	本年收入合计	本年费用合计
47931362.2	**57910774.7**	**58391691.3**
1580431.5	8722854.9	7332967.9
2077019.3	4500561.2	6082729.1
318790.5	416087.7	376366.9
2315300.6	2242905.5	1912965.9
1230471.7	293577.4	347687.1
156199.0	109324.1	120450.5
1132992.5	861296.6	913932.5
27253.2	36224.5	39357.7
158852.2	55491.7	106594.6
2474428.6	5168099.8	5664819.4
2210810.9	5625316.1	4564496.8
3095367.6	3699914.6	3721901.6
1766168.6	832211.5	792050.0
377948.4	414485.9	411893.8
329262.8	260881.2	274841.1
4579110.4	438877.4	4480694.8
3957358.8	5260269.9	1556743.4
781362.5	1296140.0	1119962.0
1068073.3	1034451.9	1467746.1
8595016.7	10212763.5	10364980.4
1034445.7	1107128.6	1108171.6
114846.2	41243.2	65789.3
2281740.6	1718268.7	1646961.7
3369135.5	1972198.5	2213808.4
534355.7	489145.3	448865.3
563954.4	387136.7	405153.2
7123.3	3778.9	4649.1
1331040.2	443402.4	560525.0
189067.0	93472.3	112974.7
59659.3	38651.8	33285.4
115583.4	73012.8	66063.3
98191.8	61600.1	72262.7

C-3-3 社会

地 区	单位数	年末职工人数	#女性	受教育程度	
				大学专科人数	大学本科及以上人数
全 国	**374771**	**4223167**	**948107**	**592089**	**593077**
中央级	1979	41610	18233		35819
北 京	4572	41588	16924	14787	26279
天 津	2377	16201	5117	1702	6083
河 北	11476	200682	28345	19566	18421
山 西	7648	76646	17282	12857	7189
内蒙古	7864	88672	26182	22351	15134
辽 宁	6714	49263	14097	10187	11562
吉 林	5765	43539	8445	5176	1730
黑龙江	6900	46257	11604	6382	3489
上 海	4242	29689	8250	16102	1325
江 苏	37973	223417	43222	33532	28916
浙 江	25853	199553	34266	23670	29827
安 徽	15004	171135	29583	47928	46161
福 建	19066	112256	20585	13321	11917
江 西	12678	286008	52426	30929	24191
山 东	18473	492924	137399	71686	107257
河 南	12970	114171	26031	19196	11193
湖 北	12449	82692	19277	15579	13037
湖 南	16145	257433	75445	35272	27325
广 东	31966	246270	51522	39495	46808
广 西	13450	97202	22128	12939	16535
海 南	3326	23240	5661	1468	977
重 庆	8153	54184	13338	11548	12583
四 川	20952	269282	93665	29382	27948
贵 州	7203	85201	16914	16738	13088
云 南	13562	248638	38251	24293	13744
西 藏	491	7081	1866	2191	3391
陕 西	17300	250867	43247	19654	12932
甘 肃	15882	195780	21072	19469	9285
青 海	4290	63657	12077	5756	3974
宁 夏	3202	18788	3446	2755	822
新 疆	4846	89241	32207	6178	4135

团体

单位：个、人

职业资格水平		年龄结构			
助理社会工作师人数	社会工作师人数	35岁及以下人数	36岁至45岁人数	46岁至55岁人数	56岁及以上人数
26719	**26139**	**1041782**	**1453966**	**1119140**	**608279**
	7561	6241	12483	12483	10403
8	30	9345	25630	6490	123
52	12	1939	4042	9078	1142
393	345	89444	55672	39020	16546
689	714	17153	25890	15530	18073
320	157	26433	27612	22144	12483
861	498	13559	18690	10899	6115
947	349	14135	16005	10528	2871
388	133	9831	19170	12179	5077
176	1938	8527	9951	6884	4327
1871	1104	56263	88831	51265	27058
5824	1651	44977	61830	67956	24790
2074	906	49299	72710	36135	12991
234	505	32792	37956	27704	13804
1507	48	66314	115018	59983	44693
3078	3298	99669	146184	146603	100468
1012	1085	30202	42478	23011	18480
143	214	21141	28046	23187	10318
641	453	62468	84993	73359	36613
2283	1087	77677	73455	58499	36639
105	74	17231	31501	23175	25295
84	109	4328	12425	3912	2575
548	712	13095	18431	14254	8404
822	1009	82109	94875	40926	51372
1278	192	19863	35687	21469	8182
34	65	39936	76124	86974	45604
10	36	3642	2033	1161	245
431	761	41685	70610	109242	29330
165	198	43814	71446	56873	23647
485	709	18643	27074	11726	6214
23	61	4949	7677	4629	1533
233	125	15078	39437	31862	2864

C-3-3续表1

地区	社会组织负责人	#女性	按登记管理机关行政层级分		
			民政部登记	省级行政部门登记	地级行政部门登记
全国	**831357**	**141768**	**1979**	**31769**	**90033**
中央级	24680		1979		
北京	27017	13014		2150	
天津	7177	448		1008	
河北	22422	3055		1089	3133
山西	14675	2317		871	2381
内蒙古	17619	3848		960	2995
辽宁	17997	2406		675	3220
吉林	7773	816		992	1711
黑龙江	5838	1143		1154	2568
上海	19484	4330		1322	
江苏	63026	12081		1013	6541
浙江	55587	11038		1207	5187
安徽	26439	4374		993	4108
福建	30815	3696		1375	3734
江西	21349	3141		824	3328
山东	58950	12441		1029	6263
河南	25431	4919		1077	4531
湖北	37991	3589		976	3344
湖南	30430	4851		943	4541
广东	85347	14236		2068	11635
广西	30105	5220		983	3036
海南	8072	1031		1292	726
重庆	31388	5479		1069	
四川	47867	7805		1178	4755
贵州	18427	3512		821	1676
云南	27824	3325		908	2824
西藏	1082	263		285	125
陕西	30620	5929		1023	2793
甘肃	20426	1733		645	1875
青海	4181	124		559	543
宁夏	2459	89		722	813
新疆	8859	1515		558	1647

单位：人、个

县级行政部门登记	建立党组织的社会组织	社会组织职工中中共党员人数	当年新登记单位数	当年年检单位数
250990	**60614**	**747909**	**20265**	**167533**
	1021	23358	2	1897
2422	676	18538	135	3878
1369	1637	5830	165	1213
7254	4455	25855	1617	4945
4396	2735	15544	362	4382
3909	2110	13828	414	2243
2819	2276	15426	260	3216
3062	460	5803	607	3593
3178	447	5576	238	757
2920	878	7439	76	1507
30419	2098	38874	1546	13767
19459	3200	41579	1144	11962
9903	1952	30524	942	7524
13957	1825	17297	1038	10375
8526	2548	36324	929	4722
11181	505	87343	1476	11042
7362	2386	21041	1078	11180
8129	2258	18143	696	4389
10661	2309	31875	868	7401
18263	2394	57068	1589	22889
9431	1116	21782	743	4321
1308	98	3223	197	776
7084	1270	11737	543	4449
15019	2609	49160	986	4157
4706	1805	15397	330	3893
9830	1297	32892	500	3362
81	141	2794	25	49
13484	2341	23559	716	8157
13362	8861	49316	559	1860
3188	802	7459	90	134
1667	1094	4573	61	2925
2641	1010	8752	333	568

C-3-3续表2

地　区	行政执法	行政处罚数			行政处罚类型		
			#并处没收违法经营额/违法所得	#并处罚款	警告	限期（责令）停止活动	撤销登记
全　国	**3622**	**3464**	**17**	**5**	**1074**	**161**	**2229**
中央级	9	9	1		7	1	1
北　京	113	98			68	20	10
天　津							
河　北	147	147			29	1	117
山　西	142	138			63	1	74
内蒙古	273	271			51		220
辽　宁	89	89	2	2	47	2	40
吉　林	115	80					80
黑龙江	14	10		1	8		2
上　海	6	6					6
江　苏	33	33			7	4	22
浙　江	44	42			5	3	34
安　徽	292	292			118	26	148
福　建	32	30			1		29
江　西	215	207		1	24	5	178
山　东	381	368			179	1	188
河　南	147	147			56	1	90
湖　北	136	133			2	5	126
湖　南	238	238	12		84		154
广　东	296	292			105	56	131
广　西	132	128			30	2	96
海　南	2	1			1		
重　庆	76	74			36	10	28
四　川	147	144			32	1	111
贵　州	102	98			12	4	82
云　南	134	134	2		19	1	114
西　藏	22	20		1	16	3	1
陕　西	131	81			28		53
甘　肃	50	50			26	3	21
青　海	8	8			7		1
宁　夏	85	85			9	10	66
新　疆	11	11			4	1	6

单位：起、万元

取缔非法社会组织	#并处没收非法财产	民间非营利组织会计制度财务指标		
		固定资产原价	本年收入合计	本年费用合计
158		**6025118.7**	**10857798.3**	**9466659.6**
		1216765.3	3108295.9	2597853.8
15		140774.7	381353.2	440780.9
		29064.2	68150.1	63563.7
		44000.3	109727.7	78841.8
4		930912.7	46954.7	101320.6
2		20885.0	31692.9	35214.0
		45508.1	102246.0	103248.8
35		4980.9	12833.5	13454.3
4		14693.6	12845.5	25002.8
		545572.1	685534.3	261946.6
		234105.1	1683576.7	663837.4
2		331569.2	578666.9	531197.6
		147866.5	96220.2	98928.5
2		41629.8	117863.7	111291.7
8		66588.8	48672.2	60683.4
13		206860.1	225060.3	494545.3
		514876.2	275296.9	145857.2
3		80403.4	178469.8	118496.0
		80220.7	134295.8	139629.4
4		622302.9	2055188.7	2497791.9
4		49584.2	113149.0	115035.8
1		28099.7	6918.8	14339.6
2		68461.4	172787.6	150070.4
3		176750.0	330310.2	271239.5
4		71363.3	78246.7	65948.7
		50064.7	48194.7	59197.6
2		6601.5	3226.6	3618.5
50		140185.4	85823.1	114666.3
		69375.1	31924.0	43269.7
		13182.4	7124.8	10240.8
		11643.2	7977.6	11246.3
		20228.2	19170.2	24300.7

C-3-4 基金

地区	单位数	年末职工人数	#女性	受教育程度	
				大学专科人数	大学本科及以上人数
全国	**8432**	**39174**	**9207**	**4794**	**18824**
中央级	215	3114			3114
北京	796	5716	1585		4516
天津	105	403	208	78	275
河北	518	537	238	145	300
山西	132	257	42		
内蒙古	152	547	147	153	173
辽宁	104	596	180	124	436
吉林	119	595	119		
黑龙江	119	161	130		
上海	533	2704	670	15	1933
江苏	762	2365	294	288	397
浙江	827	2908	946	535	1247
安徽	178	1324	71	52	258
福建	423	1907	233	804	435
江西	86	1013	417	239	495
山东	242	536	120	186	245
河南	157	520	44	44	43
湖北	186	986	44	75	74
湖南	378	1682	144	169	219
广东	1294	4655	1768	1152	2875
广西	109	2136	415	95	525
海南	118	533	73	83	174
重庆	88	499	154	132	266
四川	188	587	287	108	309
贵州	67	157	50	2	72
云南	110	392	136	121	179
西藏	22	101	26	23	54
陕西	176	755	58	62	97
甘肃	83	442	131	32	29
青海	32	513	251		
宁夏	76	370	160	2	2
新疆	37	163	66	75	82

会

单位：个、人

职业资格水平		年龄结构			
助理社会工作师人数	社会工作师人数	35岁及以下人数	36岁至45岁人数	46岁至55岁人数	56岁及以上人数
668	**602**	**9370**	**11746**	**9979**	**8079**
		623	934	934	623
				2721	2995
3	9	90	118	108	87
3	3	146	170	135	86
161	96	51	68	52	86
5	1	211	184	72	80
1	1	105	118	145	228
		238	238	119	
		100	50	11	
	144	999	1031	354	320
18	19	545	813	670	337
47	101	1240	981	499	188
1	1	95	1022	137	70
2	125	562	761	413	171
72	1	462	297	194	60
4		126	187	162	61
1	2	283	179	41	17
2	1	61	801	95	29
14	7	415	504	438	325
105	43	1265	1572	1215	603
	1	177	365	469	1125
164	2	90	109	261	73
30	34	112	238	89	60
1		199	194	120	74
		64	66	21	6
15	4	117	105	79	91
		17	28	36	20
18	6	154	199	252	150
	1	191	143	27	81
		494	9	8	2
1		96	178	65	31
		42	84	37	

C-3-4续表1

地区	社会组织负责人数	#女性	建立党组织的社会组织	社会组织职工中中共党员人数	当年新登记单位数	当年年检单位数
全国	**19988**	**3892**	**1414**	**13277**	**921**	**3938**
中央级	766		87	3114	2	211
北京	5161	1557	239	1145	28	645
天津	300	96	105	181	6	100
河北	199	67	99	508	380	6
山西	109			68	13	110
内蒙古	231	36	103	355	12	14
辽宁	58	16	57	414	2	83
吉林	595	119			6	90
黑龙江	1	1	14	120	3	76
上海	1598	672	150	1101	29	
江苏	935	99	20	254	31	81
浙江	797	128	25	820	79	165
安徽	300	26	14	298	11	103
福建	610	146	154	638	42	170
江西	115	17	3	180	2	62
山东	246	48	5	167	33	35
河南	199	21	128	402	7	149
湖北	831	23	7	83	8	5
湖南	1085	65	67	478	32	255
广东	2945	401	10	1005	122	1060
广西	893	13	27	758	12	68
海南	318	50		80	10	84
重庆	301	52	7	121	6	79
四川	561	32		289	9	
贵州	153	9		17	4	58
云南	158	17	4	38	11	85
西藏	52	18	5	34		
陕西	213	87	16	140	12	94
甘肃	105	65	51	283	5	2
青海	35	11				
宁夏	76		16	97	4	48
新疆	42		1	89		

单位：人、个

基金会按性质分		按登记管理机关行政层级分			
具有公开募捐资格的基金会	不具有公开募捐资格的基金会	民政部登记	省级行政部门登记	地级行政部门登记	县级行政部门登记
2136	**6296**	**215**	**5813**	**1732**	**672**
80	135	215			
50	746		796		
19	86		105		
500	18		508	10	
29	103		132		
94	58		111	27	14
47	57		79	25	
27	92		119		
42	77		119		
56	477		529		4
221	541		440	193	129
226	601		458	154	215
28	150		99	78	1
33	390		220	95	108
23	63		60	26	
42	200		123	80	39
49	108		125	23	9
24	162		128	32	26
156	222		249	63	66
62	1232		475	797	22
26	83		81	15	13
24	94		118		
26	62		87		1
88	100		188		
29	38		67		
8	102		80	13	17
10	12		22		
29	147		94	80	2
6	77		67	10	6
18	14		29	3	
41	35		74	2	
23	14		31	6	

C-3-4续表2

地　区	行政执法	行政处罚数	警告	限期（责令）停止活动	撤销登记	取缔非法社会组织
全　国	**84**	**69**	**25**	**16**	**28**	**15**
中央级						
北　京	36	21	6	15		15
天　津						
河　北						
山　西						
内蒙古						
辽　宁						
吉　林						
黑龙江						
上　海						
江　苏	1	1	1			
浙　江						
安　徽	1	1			1	
福　建	2	2	1	1		
江　西						
山　东	1	1	1			
河　南						
湖　北						
湖　南	10	10	8		2	
广　东	3	3	1		2	
广　西						
海　南						
重　庆						
四　川	5	5	5			
贵　州						
云　南	4	4			4	
西　藏						
陕　西						
甘　肃	1	1	1			
青　海						
宁　夏	19	19			19	
新　疆	1	1	1			

单位：起、万元

民间非营利组织会计制度财务指标		
固定资产原价	本年收入合计	本年费用合计
597377.8	**8821445.0**	**7376306.0**
172461.8	5413048.6	4556546.5
13747.0	495612.5	352713.8
23445.9	17330.2	16993.1
855.2	31826.1	21524.4
1618.8	10657.8	12565.2
3903.1	2559.9	515.7
1835.2	55798.6	41122.4
357.0	357.0	357.0
300.0	100.0	200.0
83006.5	683111.5	657636.8
13525.9	77133.3	45473.8
5436.9	78839.8	15503.9
3231.3	4951.6	3160.6
1856.2	75140.9	31973.0
918.8	3442.5	475.6
1666.2	16945.1	11067.7
53.8	2489.3	686.9
1143.9	129129.7	9892.4
11243.1	118644.9	213294.4
31432.0	1114141.9	884612.0
1223.4	36937.2	35139.9
17207.0	4000.0	1200.0
1807.7	117156.5	87100.3
7620.0	136369.1	232807.3
3.4	103171.3	103622.4
2333.9	26282.2	20329.0
0.5	22.3	474.9
175860.0	18436.3	1468.6
511.2	27.0	340.1
869.5	9587.4	7.0
17793.6	38097.5	17411.3
109.0	97.0	90.0

C-3-5 民办非

地区	单位数	年末职工人数	#女性	受教育程度	
				大学专科人数	大学本科及以上人数
全国	**510959**	**6356258**	**2968686**	**1555438**	**1331843**
中央级	98	2148	1269	1830	211
北京	7648	171232	108404	82021	74782
天津	3544	45939	22182	9476	12663
河北	22631	343967	185073	81425	59785
山西	9800	143463	59213	30109	17310
内蒙古	8735	80686	36503	22325	13290
辽宁	19367	187614	96153	49302	42453
吉林	7496	39586	13771	13006	2634
黑龙江	13227	52785	20408	8996	6290
上海	12273	232822	39378	78628	29932
江苏	59195	589311	155709	78978	80886
浙江	44619	455418	223267	111880	91406
安徽	18948	267466	116721	75428	55637
福建	14711	144857	72481	19408	17699
江西	14939	185419	77282	26586	32302
山东	41532	534696	333021	168599	187436
河南	34241	402733	204160	118844	73062
湖北	19095	322944	115103	48999	47887
湖南	20595	258356	114604	55198	39776
广东	38585	709973	385682	193833	205095
广西	15362	152554	101051	35731	15861
海南	4975	42772	21003	8395	6054
重庆	9869	164125	103141	46265	51401
四川	24517	297409	139801	67150	81347
贵州	6793	93961	45068	21203	19535
云南	9622	126904	57715	29940	27403
西藏	46	277	135	92	74
陕西	13598	176617	69686	38605	22932
甘肃	6855	60524	21009	13464	5838
青海	1851	18502	9633	5892	2649
宁夏	2305	12925	5347	2900	1838
新疆	3887	38273	14713	10930	6375

企业单位

单位：个、人

职业资格水平		年龄结构			
助理社会工作师人数	社会工作师人数	35岁及以下人数	36岁至45岁人数	46岁至55岁人数	56岁及以上人数
67811	**54544**	**2967762**	**2019327**	**988626**	**380543**
		393	671	658	426
73	123	81545	11457	68890	9340
48	26	14999	14564	12780	3596
2775	3630	184339	104885	38577	16166
566	737	71913	46566	18298	6686
1224	764	38297	27346	12466	2577
10528	1154	84372	56901	33038	13303
1542	1549	14718	15183	5811	3874
681	627	20564	19652	10214	2355
330	5725	68809	91666	52875	19472
4376	3128	240177	220622	96643	31869
6554	4542	184084	166347	68750	36237
1595	1098	111534	101715	41878	12339
1172	625	62836	59331	16698	5992
934	362	103011	54960	18789	8659
10139	13201	259215	151025	86263	38193
2179	3670	210794	125049	48942	17948
1825	834	99195	92051	86541	45157
3081	1860	138935	77591	29771	12059
10106	4748	396429	195821	85075	32648
256	339	62812	51945	23117	14680
1568	151	18891	16318	6065	1498
1398	1922	85489	42346	25898	10392
1895	1441	140869	112526	32033	11981
707	385	44587	30215	15399	3760
455	156	67554	40238	14149	4963
9		159	63	42	13
1117	936	93467	53480	21864	7806
148	198	30685	19423	8618	1798
258	412	9136	5232	1744	2390
33	53	5621	3931	2355	1018
239	148	22333	10207	4385	1348

C-3-5续表1

地　区	社会组织负责人	#女性	建立党组织的社会组织	社会组织职工中中共党员人数	当年新登记单位数	当年年检单位数
全　国	**825296**	**308428**	**51834**	**687903**	**41835**	**253010**
中央级	87	54	30	518		86
北　京	29764	15122	898	17663	316	6212
天　津	4517	1746	1752	8363	450	891
河　北	37703	13954	4988	36673	3430	6598
山　西	13031	3950	2691	17274	836	5687
内蒙古	18929	6750	1159	6897	960	2622
辽　宁	28384	12808	2387	20947	1784	10738
吉　林	9930	3939	135	2413	1237	4882
黑龙江	14711	4636	696	6428	920	1071
上　海	41038	16234	3490	37264	514	8269
江　苏	76844	22431	3294	56373	3046	23503
浙　江	64247	22617	3744	61040	3458	13607
安　徽	29027	9696	1980	32444	1677	10277
福　建	18684	6033	562	9319	2135	8381
江　西	23859	7857	3000	23278	1137	9222
山　东	61851	30078	464	55176	4909	26553
河　南	60228	21444	3542	48829	3278	28133
湖　北	29666	8597	2909	30676	908	6609
湖　南	38018	15932	1395	18826	1268	10270
广　东	69739	28725	1238	58803	2260	29351
广　西	19558	6422	747	12283	1607	6128
海　南	10226	4064	859	4877	366	601
重　庆	23298	12093	592	20727	526	6669
四　川	41210	14038	2148	39091	1672	7512
贵　州	9512	3581	1453	15561	458	4044
云　南	13774	3358	775	9747	708	5474
西　藏	86	13	6	40	6	5
陕　西	18151	6491	1325	13534	948	5086
甘　肃	8475	2508	1734	10533	703	2048
青　海	3253	502	627	2906	42	45
宁　夏	2648	631	382	2545	64	1995
新　疆	4848	2124	832	6855	212	441

单位：人、个

按单位性质分			按登记管理机关行政层级分			
法人	合伙	个体	民政部登记	省级行政部门登记	地级行政部门登记	县级行政部门登记
448291	**8181**	**54487**	**98**	**15278**	**65619**	**429964**
97	1		98			
7566		82		1502		6146
3487	5	52		370		3174
16756	229	5646		372	2367	19892
9261	111	428		445	1746	7609
7311	153	1271		573	1826	6336
16231	156	2980		105	2166	17096
4756	90	2650		332	1506	5658
10092	318	2817		523	2587	10117
11367	10	896		700		11573
55809	441	2945		223	4570	54402
41194	1024	2401		669	2602	41348
15661	443	2844		346	2317	16285
13274	325	1112		704	1712	12295
13391	195	1353		222	2195	12522
38182	219	3131		1029	8089	32414
28694	1437	4110		1034	3735	29472
17880	157	1058		242	1324	17529
16510	560	3525		393	2591	17611
36202	237	2146		779	10114	27692
13930	153	1279		308	2042	13012
4379	26	570		852	1281	2842
9513	18	338		447		9422
20837	626	3054		601	3302	20614
4186	293	2314		224	731	5838
7843	614	1165		303	1001	8318
30	2	14		32	13	1
11199	161	2238		557	2603	10438
5495	82	1278		357	1778	4720
1782	26	43		307	416	1128
1630	17	658		452	490	1363
3746	52	89		275	515	3097

C-3-5续表2

地　区	行政执法	行政处罚数	#并处没收违法经营额/违法所得	#并处罚款	行政处罚类型 警告	限期（责令）停止活动	撤销登记
全　国	**3229**	**3174**	**6**	**24**	**979**	**110**	**2085**
中央级							
北　京	159	134			95	22	17
天　津							
河　北	79	79	1	10	11		68
山　西	83	83			39		44
内蒙古	126	125			22	4	99
辽　宁	20	20			7	1	12
吉　林	125	124			3		121
黑龙江	12	9			9		
上　海	16	16					16
江　苏	46	46			7		39
浙　江	62	58			4	2	52
安　徽	200	200			78	19	103
福　建	4	4			1	1	2
江　西	258	245			72	10	163
山　东	561	554			303	1	250
河　南	87	87			35		52
湖　北	143	142			2	10	130
湖　南	211	211			71		140
广　东	189	189		1	72	8	109
广　西	90	90			18	1	71
海　南	3	3			3		
重　庆	51	51		6	39	1	11
四　川	70	70	5	5	24	4	42
贵　州	16	16			3	3	10
云　南	69	69			11	7	51
西　藏	1	1			1		
陕　西	470	470			6	6	458
甘　肃	33	33			23		10
青　海	3	3			2		1
宁　夏	37	37		2	15	9	13
新　疆	5	5			3	1	1

单位：起、万元

取缔非法社会组织	#并处没收非法财产	民间非营利组织会计制度财务指标		
		固定资产原价	本年收入合计	本年费用合计
55	**1**	**41308865.7**	**38231531.4**	**41548725.7**
		191204.4	201510.4	178567.6
25		1922497.6	3623595.5	5289234.4
		266280.4	330607.4	295810.1
		2270445.1	2101351.7	1812599.7
		297940.2	235964.9	233801.3
1		131410.9	75071.3	84720.8
		1085649.2	703252.0	769561.3
1		21915.3	23034.0	25546.4
3		143858.6	42546.2	81391.8
		1845850.0	3799454.0	4745236.0
		1963179.9	3864606.1	3855185.6
4		2758361.5	3042407.9	3175200.1
		1615070.8	731039.7	689960.9
		334462.4	221481.3	268629.1
13		261755.2	208766.5	213682.1
7	1	4370584.1	196872.0	3975081.8
		3442428.8	4982483.7	1410199.3
1		699815.2	988540.5	991573.6
		976609.5	781511.2	1114822.3
		7941281.8	7043432.9	6982576.5
		983638.1	957042.4	957995.9
		69539.5	30324.4	50249.7
		2211471.5	1428324.6	1409791.0
		3184765.5	1505519.2	1709761.6
		462989.0	307727.3	279294.2
		511555.8	312659.8	325626.6
		521.3	530.0	555.7
		1014994.8	339143.0	444390.1
		119180.7	61521.3	69364.9
		45607.4	21939.6	23037.6
		86146.6	26937.7	37405.7
		77854.6	42332.9	47872.0

C-3-6 自治组

地　区	单位数	居民1000户以下	居民1000户至3000户	居民3000户以上	社区居委会（村委会）主任
全　国	**615146**	**434865**	**142784**	**37497**	**611119**
北　京	7122	4221	2307	594	7084
天　津	5183	3549	1255	379	5085
河　北	53186	43869	7605	1712	53012
山　西	25035	20138	4105	792	24631
内蒙古	13615	9517	3373	725	13536
辽　宁	16067	8299	5367	2401	15852
吉　林	11321	6868	3339	1114	11321
黑龙江	11691	6579	3974	1138	11559
上　海	6125	2373	3399	353	5924
江　苏	21373	8939	9728	2706	21094
浙　江	24958	17999	5877	1082	24790
安　徽	17997	8338	7462	2197	17926
福　建	17112	12330	4118	664	17040
江　西	20777	13996	5968	813	20660
山　东	66420	54673	9285	2462	66221
河　南	51962	37346	12212	2404	51962
湖　北	27473	20496	5112	1865	27359
湖　南	29276	19855	7437	1984	29163
广　东	26322	15920	7238	3164	26276
广　西	16396	10813	4688	895	16316
海　南	3195	2471	507	217	3148
重　庆	11186	6229	3725	1232	11110
四　川	35057	24873	7690	2494	34742
贵　州	17819	14071	3089	659	17584
云　南	14648	9556	4365	727	14515
西　藏	6860	6806	41	13	6844
陕　西	19870	15517	3434	919	19802
甘　肃	17465	14016	2816	633	17439
青　海	4637	3749	376	512	4512
宁　夏	2783	1977	593	213	2778
新　疆	12215	9482	2299	434	11834

织总表

单位：个、人

#主任、书记“一肩挑”	#中共党员	#女性	社区居委会（村委会）成员	#中共党员	#女性
291212	**479684**	**92503**	**2688820**	**1525673**	**822331**
6258	6691	2392	36843	22151	20406
3010	4198	1204	23586	12133	10697
29008	41496	4974	193557	101430	43648
6163	14846	2621	102746	36629	26348
5232	9489	2239	56479	26940	19767
7956	11502	4272	75780	41001	34077
4399	7908	2372	37933	5064	13825
3665	7315	2893	56879	27249	19498
1982	4395	3326	30616	14695	17170
6933	17571	5063	111999	72148	34860
21175	22911	3425	104450	63667	35847
8294	15879	3427	84549	53572	26487
6084	11518	1941	71525	33979	20944
4634	11917	4225	94754	34397	23534
37754	53800	6932	252228	184559	93024
27438	42155	6919	220910	126162	52918
24546	26807	3429	117612	81679	41512
10618	25322	3917	113934	76199	35779
22144	24265	3363	132459	100994	43288
3796	12549	1901	85202	56105	23794
2267	2557	250	18061	10543	4852
2397	9619	2275	59169	38675	24214
7423	25577	6005	145116	78833	41668
4011	11656	2612	87832	36797	22929
5983	11092	1630	75634	49602	17108
1239	3415	568	38180	31520	7218
6119	14194	1720	86463	36645	23006
14638	15778	3345	70740	29978	13623
1016	2905	620	21190	8391	4498
999	2201	516	13731	7929	6019
4031	8156	2127	68663	26007	19773

C-3-6续表1

地区	受教育程度		职业资格水平	
	大学专科人数	大学本科及以上人数	助理社会工作师人数	社会工作师人数
全国	**243505**	**114427**	**45717**	**24957**
北京	9298	8620	4156	1863
天津	2470	4368	2105	703
河北	11847	4278	528	560
山西	6743	2458	1461	1455
内蒙古	6311	3140	311	238
辽宁	11392	6270	2609	1373
吉林	1405	1085	207	110
黑龙江	2575	1642	739	340
上海	5832	5015	1705	717
江苏	11767	7196	5780	2083
浙江	13846	10279	4186	2230
安徽	13176	3263	1606	756
福建	4891	1469	831	637
江西	7886	2349	819	251
山东	24667	10876	5365	5817
河南	12092	4120	1646	811
湖北	10519	3568	2454	801
湖南	9028	2883	606	211
广东	22260	10884	2394	1117
广西	4324	1804	465	177
海南	2130	694	7	16
重庆	15463	5326	2640	1023
四川	9715	2641	1659	461
贵州	4482	1072	76	19
云南	2000	674	201	51
西藏	657	250	15	8
陕西	6455	2617	548	625
甘肃	815	588	145	126
青海	931	472	118	93
宁夏	1253	365	119	21
新疆	7275	4161	216	264

单位：人

年龄结构			
35岁及以下人数	36岁至45岁人数	46岁至55岁人数	56岁及以上人数
533224	**1038846**	**844689**	**272061**
7977	11698	12205	4963
7799	7190	6094	2503
23747	64071	72127	33612
17692	37145	35122	12787
12618	21467	16920	5474
14472	28210	24136	8962
1976	32334	2491	1132
10901	29229	13717	3032
7147	9984	8625	4860
29461	42438	31970	8130
22757	35696	35831	10166
19602	33687	26241	5019
13795	31235	22275	4220
15069	44265	28194	7226
41006	91001	86958	33263
40224	83733	71278	25675
25186	47240	34671	10515
23057	47500	35414	7963
24502	42950	49626	15381
14057	29107	31524	10514
2920	7273	5848	2020
15869	18646	18931	5723
30217	54683	45850	14366
20643	33644	26139	7406
20291	32210	19135	3998
8833	15537	9726	4084
14470	29812	32469	9712
15100	34596	16845	4199
4645	8882	5995	1668
3501	5426	4031	773
23690	27957	14301	2715

C-3-6续表2

地　区	居民（村民）小组	当年完成选举的居（村）委会数	当年完成选举的居（村）委会选民登记总数
全　国	**4997295**	**60570**	**109082837**
北　京	136555		
天　津	30593	2234	2670394
河　北	289903	13	351
山　西	96065	257	173550
内蒙古	72843	6177	5934918
辽　宁	166979	1182	2440981
吉　林	120198	2687	3258994
黑龙江	32241		
上　海	137107		
江　苏	238651	4155	19949877
浙　江	237423	17192	30805974
安　徽	301429		
福　建	153048	12	9645
江　西	173368	1623	8471231
山　东	376917		
河　南	369864	8077	10399115
湖　北	186383	32	81842
湖　南	435343		
广　东	280025	3	151
广　西	225576	62	808430
海　南	16101	574	413104
重　庆	99475	42	36739
四　川	211466	7965	12354942
贵　州	187243	399	495339
云　南	171730		
西　藏	25319	1834	491446
陕　西	131243	408	1310223
甘　肃	52045	4644	7581688
青　海	1776	347	418784
宁　夏	14497	142	352429
新　疆	25889	509	622690

单位：个、人

本届登记选民数	参加投票人数	#委托投票人数
75623561	**64963142**	**8282888**
623518	561166	364756
348	348	
124233	97972	3029
5064800	3998049	159657
672157	589495	20304
363470	341189	101062
7345904	6499953	620486
29042560	26275796	4347771
5679	2113	
7898345	7337805	375597
9993301	7300737	894282
78682	40819	63
151	126	
767043	681337	31744
411946	374117	31979
26562	13732	677
6067936	5206941	1041433
460572	366261	27248
424899	411181	2793
1240717	1047201	14004
4400263	3315896	84002
157535	154035	46142
349478	260732	112125
103462	86141	3734

C−3−7 村民

地 区	单位数	居民1000户以下	居民1000户至3000户	居民3000户以上	村委会主任
全 国	**502057**	**390874**	**95272**	**15911**	**499873**
北 京	3887	3545	323	19	3870
天 津	3519	3313	191	15	3475
河 北	48709	42211	5567	931	48602
山 西	22391	19297	2698	396	22035
内蒙古	11062	8695	2158	209	11021
辽 宁	11567	7586	3315	666	11461
吉 林	9343	6330	2375	638	9343
黑龙江	9027	5875	2780	372	8954
上 海	1562	950	561	51	1536
江 苏	14045	6811	5991	1243	13929
浙 江	19806	15857	3676	273	19717
安 徽	14427	7320	5764	1343	14388
福 建	14320	11073	2959	288	14293
江 西	16979	12376	4171	432	16929
山 东	58868	50498	7122	1248	58709
河 南	45148	33648	10012	1488	45148
湖 北	22665	18808	3516	341	22645
湖 南	23792	17349	5355	1088	23744
广 东	19425	13681	4242	1502	19399
广 西	14220	10091	3770	359	14165
海 南	2537	2134	242	161	2513
重 庆	7977	5299	2470	208	7942
四 川	26881	20901	5107	873	26697
贵 州	13196	11180	1741	275	13085
云 南	11825	8452	3169	204	11724
西 藏	6583	6538	33	12	6567
陕 西	16905	14300	2302	303	16886
甘 肃	16010	13369	2232	409	15993
青 海	4144	3498	212	434	4027
宁 夏	2244	1862	345	37	2242
新 疆	8993	8027	873	93	8834

委员会

单位：个、人

#主任、书记“一肩挑”	#中共党员	#女性	村委会成员	#中共党员	#女性
232763	**387089**	**49101**	**2072957**	**1183910**	**501661**
3341	3565	319	14677	10506	4417
1537	2662	195	12216	6010	2853
26142	37701	3007	170312	90251	29204
5140	13106	1617	89430	31625	18869
3885	7391	755	42743	20009	10858
4515	7604	1305	47121	24730	12546
3328	6418	1383	29695	2936	9443
2582	5373	1106	41860	21118	9005
609	1381	506	6492	4507	2242
4219	11927	2437	70805	46709	16706
16971	18309	1295	79669	47928	22656
6614	12748	2222	65069	41462	17310
5039	9521	926	56307	26494	13812
3497	9504	2766	75056	27102	13881
32712	46861	4780	216168	159384	73219
24134	36548	4844	186193	107288	38622
20506	22223	1722	90461	63637	26488
8075	20346	2455	88184	59157	24842
16007	17624	1143	90859	70422	22688
3248	10779	1114	71382	47966	16787
1810	2021	178	13791	8524	3134
1433	6720	1013	39165	25496	12892
5405	19097	3805	107728	56535	27093
2833	8658	1378	61458	26146	12302
4957	9003	1085	59352	39761	11767
1188	3217	534	36366	29991	6762
4902	11932	777	70092	29490	14424
13346	14419	2720	63497	27221	10275
772	2548	407	18179	7010	2874
726	1720	144	10203	6019	3082
3290	6163	1163	48427	18476	10608

C–3–7续表1

地区	受教育程度		职业资格水平	
	大学专科人数	大学本科及以上人数	助理社会工作师人数	社会工作师人数
全国	**127801**	**31989**	**11460**	**8149**
北京	2920	1045	228	60
天津	657	220	1	3
河北	7258	1125	100	178
山西	4141	832	687	617
内蒙古	2633	841	96	111
辽宁	4150	560	34	24
吉林	356	123	10	2
黑龙江	752	210	203	108
上海	916	815	91	40
江苏	6485	2351	1407	331
浙江	9165	4121	1555	376
安徽	8588	1411	249	111
福建	3008	481	180	155
江西	4165	847	171	58
山东	16676	5021	3560	4549
河南	7740	1596	1225	623
湖北	4133	612	137	16
湖南	5268	1164	94	28
广东	11337	2274	332	134
广西	1781	326	35	37
海南	1198	319	4	16
重庆	7828	1326	406	93
四川	4526	901	412	132
贵州	1839	413	2	5
云南	1000	152	7	24
西藏	602	166	4	8
陕西	3646	897	38	9
甘肃	322	159	37	61
青海	283	187	94	78
宁夏	594	71	38	
新疆	3834	1423	23	162

单位：人

年龄结构			
35岁及以下人数	36岁至45岁人数	46岁至55岁人数	56岁及以上人数
354772	**798903**	**689515**	**229767**
1115	3820	6769	2973
2542	3655	4364	1655
16385	55423	66546	31958
13502	31705	32275	11948
7765	16116	13912	4950
5678	16219	17539	7685
572	26443	1729	951
6228	22255	10736	2641
1702	2292	1995	503
17161	26968	21165	5511
14374	26941	29950	8404
13803	26064	21003	4199
9780	24643	18322	3562
10419	34999	23375	6263
32127	77661	76669	29711
30887	70158	62110	23038
17401	36159	27715	9186
15916	36768	28745	6755
12767	27631	38151	12310
10428	23861	27695	9398
1744	5642	4702	1703
9056	12064	13704	4341
20649	40941	34949	11189
14193	23844	18313	5108
16038	25537	14809	2968
8260	14837	9271	3998
9929	23714	27961	8488
12869	31301	15375	3952
3557	7502	5534	1586
2208	3767	3493	735
15717	19973	10639	2098

C-3-7续表2

地 区	当年完成选举的村委会数	当年完成选举的村委会选民登记数	本届登记选民数	参加投票人数	委托投票人数
全 国	**49369**	**75292876**	**56950536**	**50532203**	**7060599**
北 京					
天 津	1890	1947239	561184	505065	328291
河 北					
山 西	244	155342	106025	92875	2847
内蒙古	5371	4716065	4080482	3353520	155364
辽 宁	822	1637529	592426	525698	20222
吉 林	2176	2624304	285073	269834	100871
黑龙江					
上 海					
江 苏	2802	8064007	4890618	4850599	518637
浙 江	13848	21737577	20224478	18560673	3714999
安 徽					
福 建					
江 西	1213	7125366	6724120	6311364	336812
山 东					
河 南	6915	8686133	8647231	6487585	823173
湖 北					
湖 南					
广 东					
广 西	31	620986	593096	536011	29949
海 南	490	319008	319008	290134	27234
重 庆	23	15803	7891	1175	20
四 川	6356	9038265	4482961	3886749	756269
贵 州	300	322106	319922	255632	13667
云 南					
西 藏	1744	432914	399456	387334	821
陕 西	342	1184684	1119919	971064	13215
甘 肃	4032	5809155	3157110	2843704	74756
青 海	308	318249	107431	108096	30527
宁 夏	142	296495	296495	260497	112125
新 疆	320	241649	35610	34594	800

单位：个、人、次

经推举产生的村民代表数	#女性	当年召开村民会议次数	当年召开村民代表会议的次数	自然村	村民小组数
3284764	**513124**	**169837**	**397997**	**1580874**	**3761016**
				2617	50837
21006	289	2535	16907	1537	6475
16457	2042	13	51	43747	250905
14083	1026	258	4421	40370	82931
97656	15934	7430	11286	30091	49390
26968	6506	1212	2561	32092	67862
60870	2982			9271	64798
		5597	13315	30840	17240
70	30	534	2258	832	15871
79740	10012	4661	10689	44033	155083
775924	252040	15206	35160	66100	171769
		514	1647	150093	255654
		20795	51211	45725	128437
19049	1936	923	1239	54997	144727
419352	118145	1460	2635	140202	325320
582953	18435	2883	8898	91852	152826
		14866	33976	90993	376512
		35824	96680	158606	229100
34063	5626	9751	5619	132518	195118
12943	3054	480	680	9506	12102
1342	290	2546	1012	11881	67521
714470	29179	6813	14183	13948	157542
65183	22362	4977	7794	65731	134813
		5074	2746	130823	144621
48742	4936	70	70	14530	22323
80050	7469	18138	55499	45744	113481
146052	6814	2302	6403	21140	47565
53870	3470	2592	2593	523	728
7611	221	2101	8020	5371	9939
6310	326	282	444	1853	18665

C-3-8 社区

地　区	单位数	居民1000户以下	居民1000户至3000户	居民3000户以上	社区居委会主任
全　国	**113089**	**43991**	**47512**	**21586**	**111246**
北　京	3235	676	1984	575	3214
天　津	1664	236	1064	364	1610
河　北	4477	1658	2038	781	4410
山　西	2644	841	1407	396	2596
内蒙古	2553	822	1215	516	2515
辽　宁	4500	713	2052	1735	4391
吉　林	1978	538	964	476	1978
黑龙江	2664	704	1194	766	2605
上　海	4563	1423	2838	302	4388
江　苏	7328	2128	3737	1463	7165
浙　江	5152	2142	2201	809	5073
安　徽	3570	1018	1698	854	3538
福　建	2792	1257	1159	376	2747
江　西	3798	1620	1797	381	3731
山　东	7552	4175	2163	1214	7512
河　南	6814	3698	2200	916	6814
湖　北	4808	1688	1596	1524	4714
湖　南	5484	2506	2082	896	5419
广　东	6897	2239	2996	1662	6877
广　西	2176	722	918	536	2151
海　南	658	337	265	56	635
重　庆	3209	930	1255	1024	3168
四　川	8176	3972	2583	1621	8045
贵　州	4623	2891	1348	384	4499
云　南	2823	1104	1196	523	2791
西　藏	277	268	8	1	277
陕　西	2965	1217	1132	616	2916
甘　肃	1455	647	584	224	1446
青　海	493	251	164	78	485
宁　夏	539	115	248	176	536
新　疆	3222	1455	1426	341	3000

居委会

单位：个、人

#主任、书记“一肩挑”	#中共党员	#女性	社区居委会成员	#中共党员	#女性
58449	**92595**	**43402**	**615863**	**341763**	**320670**
2917	3126	2073	22166	11645	15989
1473	1536	1009	11370	6123	7844
2866	3795	1967	23245	11179	14444
1023	1740	1004	13316	5004	7479
1347	2098	1484	13736	6931	8909
3441	3898	2967	28659	16271	21531
1071	1490	989	8238	2128	4382
1083	1942	1787	15019	6131	10493
1373	3014	2820	24124	10188	14928
2714	5644	2626	41194	25439	18154
4204	4602	2130	24781	15739	13191
1680	3131	1205	19480	12110	9177
1045	1997	1015	15218	7485	7132
1137	2413	1459	19698	7295	9653
5042	6939	2152	36060	25175	19805
3304	5607	2075	34717	18874	14296
4040	4584	1707	27151	18042	15024
2543	4976	1462	25750	17042	10937
6137	6641	2220	41600	30572	20600
548	1770	787	13820	8139	7007
457	536	72	4270	2019	1718
964	2899	1262	20004	13179	11322
2018	6480	2200	37388	22298	14575
1178	2998	1234	26374	10651	10627
1026	2089	545	16282	9841	5341
51	198	34	1814	1529	456
1217	2262	943	16371	7155	8582
1292	1359	625	7243	2757	3348
244	357	213	3011	1381	1624
273	481	372	3528	1910	2937
741	1993	964	20236	7531	9165

C-3-8续表1

地区	受教育程度		职业资格水平	
	大学专科人数	大学本科及以上人数	助理社会工作师人数	社会工作师人数
全国	**115704**	**82438**	**34257**	**16808**
北京	6378	7575	3928	1803
天津	1813	4148	2104	700
河北	4589	3153	428	382
山西	2602	1626	774	838
内蒙古	3678	2299	215	127
辽宁	7242	5710	2575	1349
吉林	1049	962	197	108
黑龙江	1823	1432	536	232
上海	4916	4200	1614	677
江苏	5282	4845	4373	1752
浙江	4681	6158	2631	1854
安徽	4588	1852	1357	645
福建	1883	988	651	482
江西	3721	1502	648	193
山东	7991	5855	1805	1268
河南	4352	2524	421	188
湖北	6386	2956	2317	785
湖南	3760	1719	512	183
广东	10923	8610	2062	983
广西	2543	1478	430	140
海南	932	375	3	
重庆	7635	4000	2234	930
四川	5189	1740	1247	329
贵州	2643	659	74	14
云南	1000	522	194	27
西藏	55	84	11	
陕西	2809	1720	510	616
甘肃	493	429	108	65
青海	648	285	24	15
宁夏	659	294	81	21
新疆	3441	2738	193	102

单位：人

年龄结构			
35岁及以下人数	36岁至45岁人数	46岁至55岁人数	56岁及以上人数
178452	**239943**	**155174**	**42294**
6862	7878	5436	1990
5257	3535	1730	848
7362	8648	5581	1654
4190	5440	2847	839
4853	5351	3008	524
8794	11991	6597	1277
1404	5891	762	181
4673	6974	2981	391
5445	7692	6630	4357
12300	15470	10805	2619
8383	8755	5881	1762
5799	7623	5238	820
4015	6592	3953	658
4650	9266	4819	963
8879	13340	10289	3552
9337	13575	9168	2637
7785	11081	6956	1329
7141	10732	6669	1208
11735	15319	11475	3071
3629	5246	3829	1116
1176	1631	1146	317
6813	6582	5227	1382
9568	13742	10901	3177
6450	9800	7826	2298
4253	6673	4326	1030
573	700	455	86
4541	6098	4508	1224
2231	3295	1470	247
1088	1380	461	82
1293	1659	538	38
7973	7984	3662	617

C-3-8续表2

地 区	当年完成选举的居委会数	当年完成选举的居委会选民登记数	#本届登记选民数
全 国	**11201**	**33789961**	**18673025**
北 京			
天 津	344	723155	62334
河 北	13	351	348
山 西	13	18208	18208
内蒙古	806	1218853	984318
辽 宁	360	803452	79731
吉 林	511	634690	78397
黑龙江			
上 海			
江 苏	1353	11885870	2455286
浙 江	3344	9068397	8818082
安 徽			
福 建	12	9645	5679
江 西	410	1345865	1174225
山 东			
河 南	1162	1712982	1346070
湖 北	32	81842	78682
湖 南			
广 东	3	151	151
广 西	31	187444	173947
海 南	84	94096	92938
重 庆	19	20936	18671
四 川	1609	3316677	1584975
贵 州	99	173233	140650
云 南			
西 藏	90	58532	25443
陕 西	66	125539	120798
甘 肃	612	1772533	1243153
青 海	39	100535	50104
宁 夏		55934	52983
新 疆	189	381041	67852

单位：个、人

参加投票人数	#委托投票人数	居委会小组数
14430939	**1222289**	**1236279**
		85718
56101	36465	24118
348		38998
5097	182	13134
644529	4293	23453
63797	82	99117
71355	191	55400
		15001
		121236
1649354	101849	83568
7715123	632772	65654
		45775
2113		24611
1026441	38785	28641
		86056
813152	71109	44544
40819	63	33557
		58831
126		50925
145326	1795	30458
83983	4745	3999
12557	657	31954
1320192	285164	53924
110629	13581	52430
		27109
23847	1972	2996
76137	789	17762
472192	9246	4480
45939	15615	1048
235		4558
51547	2934	7224

C−3−9 其他社会服

地 区	单位数	市场监管部门登记	编制部门登记	民政部门登记	年末职工人数	#女性
全 国	**5286**	**1159**	**3562**	**565**	**92512**	**29211**
北 京	63	7	56		1454	514
天 津	31	3	23	5	747	268
河 北	212	12	199	1	3744	1112
山 西	96	29	58	9	1299	434
内蒙古	162	30	126	6	1918	577
辽 宁	425	55	59	311	3913	1247
吉 林	191	46	145		4262	876
黑龙江	177	26	136	15	3177	963
上 海	89	56	32	1	3617	1517
江 苏	303	63	220	20	4832	1591
浙 江	278	80	175	23	4353	1181
安 徽	172	32	127	13	3047	977
福 建	152	35	114	3	2712	753
江 西	144	29	105	10	2357	625
山 东	325	57	247	21	4828	1562
河 南	367	102	265		6812	2286
湖 北	230	25	197	8	7214	1548
湖 南	220	43	177		3179	1119
广 东	304	72	214	18	7686	2179
广 西	151	34	117		2314	926
海 南	20	8	10	2	342	63
重 庆	150	43	92	15	2504	1073
四 川	309	51	243	15	4620	1760
贵 州	131	71	56	4	3992	1476
云 南	197	33	160	4	1896	539
西 藏	20		2	18	84	10
陕 西	149	41	95	13	2829	983
甘 肃	76	28	37	11	1122	389
青 海	7	3	3	1	95	32
宁 夏	40	18	12	10	447	158
新 疆	95	27	60	8	1116	473

务机构总表

单位：个、人

受教育程度		职业资格水平		年龄结构			
大学专科人数	大学本科及以上人数	助理社会工作师人数	社会工作师人数	35岁及以下人数	36岁至45岁人数	46岁至55岁人数	56岁及以上人数
25005	**14066**	**1284**	**1338**	**24403**	**33399**	**25401**	**9309**
360	556	17	16	418	438	439	159
196	247	3	6	176	223	180	168
847	464	17	40	1037	1476	892	339
325	284	9	19	356	498	332	113
706	357	6	18	515	675	585	143
1163	512	83	166	1013	1386	1120	394
1544	490	4	7	1123	1607	1126	406
949	516	26	20	767	1372	824	214
790	681	20	19	998	1232	931	456
1395	1072	145	138	1373	1816	1247	396
1098	858	74	81	898	1571	1258	626
866	358	65	42	898	1146	792	211
439	267	37	45	689	1081	727	215
473	160	42	50	532	997	620	208
1683	1129	182	190	1256	1836	1300	436
1898	724	62	59	2272	2566	1519	455
1554	603	88	66	1238	1525	2773	1678
1172	495	46	34	962	1395	678	144
1873	1174	135	106	1742	2919	2295	730
781	487	38	32	762	873	527	152
43	37	1		75	108	113	46
767	504	41	42	781	822	691	210
1230	542	37	40	1106	1808	1317	389
817	379	19	16	1131	1483	1081	297
580	366	31	29	702	775	333	86
10	11	1	1	29	30	22	3
580	419	12	29	787	869	770	403
259	134	8	13	275	369	382	96
39	15	5		39	35	21	
71	59	12	10	59	155	179	54
497	166	18	4	394	313	327	82

C-3-9续表

地 区	企业会计制度财务指标			
	固定资产原价	营业收入	费用合计	营业利润
全 国	**1447725.3**	**1388651.0**	**412455.6**	**385275.9**
北 京	27586.1	65589.0	24855.5	21773.5
天 津	17199.2	7911.2	2134.2	4742.8
河 北	21201.0	18338.9	8892.2	-898.5
山 西	35222.5	16821.3	8290.8	-133.0
内蒙古	19673.5	8802.9	4970.2	952.2
辽 宁	45189.3	20635.4	8024.4	614.7
吉 林	28946.3	7349.3	1669.1	2088.2
黑龙江	21581.7	10090.4	4988.2	1085.3
上 海	290231.2	536379.1	103736.3	225041.6
江 苏	48405.2	77450.6	28944.3	44498.8
浙 江	32566.1	68241.6	15995.2	16078.5
安 徽	18538.6	19483.3	6076.3	3781.3
福 建	109646.1	31561.2	11930.0	2508.0
江 西	22425.4	19515.2	9830.3	316.3
山 东	36612.0	17627.5	5867.5	1539.9
河 南	56101.7	21712.6	10819.2	1918.6
湖 北	42674.2	19180.7	5230.6	3318.6
湖 南	51611.2	15144.5	6779.6	1418.5
广 东	77258.1	104599.8	32785.6	24549.5
广 西	49640.1	42153.4	15474.1	7574.2
海 南	5347.0	6194.5	2710.6	1137.4
重 庆	42528.1	39149.7	18121.0	4755.2
四 川	74232.8	60907.4	19550.0	6409.5
贵 州	138259.1	80644.1	35468.2	4331.2
云 南	35268.7	17799.2	4355.0	2114.8
西 藏	2725.6	31.4	18.7	
陕 西	31607.4	30562.0	12330.8	3014.2
甘 肃	26986.4	22700.4	1764.0	647.1
青 海	1931.0			
宁 夏	14684.3	1436.9	497.1	92.0
新 疆	21845.4	637.5	346.6	5.5

单位：万元

事业单位会计制度财务指标			民间非营利组织会计制度财务指标		
固定资产原价	本年收入合计	本年支出合计	固定资产原价	本年收入合计	本年费用合计
2632541.1	**1898431.9**	**1696883.0**	**105415.1**	**37642.7**	**36800.7**
136669.4	124224.0	109961.4			
48559.4	49648.9	60707.5	143.3	1210.6	563.4
128098.5	62030.6	58752.7	150.0		46.0
37679.7	24664.4	29816.2	1786.5	30.0	35.3
34187.0	154980.7	35078.1	743.0	393.7	161.1
29567.8	32438.9	24625.7	14665.3	3130.5	1424.0
92831.8	20114.6	19727.8			
94431.5	50452.7	50696.9	212.0	152.7	81.9
5644.5	16343.7	15033.6	38.0	169.7	
279830.4	172767.7	162314.5	7827.6	8220.7	4160.0
86336.0	129147.7	124239.4	693.2	66.0	1719.2
73389.2	62620.9	70699.9	2301.7	1931.3	1406.3
52261.6	48926.3	46707.8	634.0	2.0	45.0
26062.5	24016.6	25676.6	4266.3	995.7	2768.3
201625.0	120088.0	113270.5	12054.1	8132.2	7489.1
80579.6	44313.2	42551.5			
256329.9	118669.2	102777.7	2524.8	634.5	1304.2
93351.5	61446.5	53981.8			
322769.1	263511.7	243640.9	4037.8	814.0	6396.2
70129.0	44098.7	44175.6			
8640.5	5012.0	5192.3		10.0	10.0
69900.7	48681.4	44973.0	17874.8	5978.7	5372.6
98689.0	89396.8	79137.1	12905.5	581.7	1742.3
39362.5	8421.3	8385.3	68.7	3114.6	53.7
64585.8	38074.5	33253.6			
1977.5	18.3	230.2			
124463.0	33342.8	35302.5	5727.0	506.0	701.0
24325.7	18515.9	18371.1	1149.0	233.5	63.3
898.1	745.4	745.4	3.0		
10409.5	4198.9	6488.1	15127.7	620.0	1048.0
38955.4	27519.6	30368.3	481.8	714.6	209.8

C−3−10 婚姻登记

地区	单位数	编制部门登记	民政部门登记	年末职工人数	#女性	受教育程度 大学专科人数	大学本科及以上人数
全国	**1085**	**1030**	**55**	**6951**	**4535**	**2654**	**2585**
北京	10	10		103	77	13	82
天津	1	1		8	5	1	7
河北	37	37		370	249	133	87
山西	21	21		118	83	50	55
内蒙古	29	29		144	85	67	65
辽宁	15	15		70	62	32	31
吉林	63	63		486	304	138	118
黑龙江	42	31	11	289	174	95	105
上海	17	17		176	142	35	122
江苏	70	68	2	466	317	133	202
浙江	46	45	1	271	203	102	147
安徽	31	26	5	214	141	100	66
福建	26	26		88	59	27	38
江西	33	31	2	140	90	66	26
山东	100	100		764	507	304	367
河南	59	59		421	260	172	65
湖北	82	82		533	385	258	150
湖南	76	76		527	277	245	117
广东	57	56	1	386	257	138	189
广西	54	54		241	156	112	90
海南	2	1	1	9	4	3	3
重庆	40	38	2	250	180	71	164
四川	65	60	5	341	206	168	87
贵州	14	12	2	48	23	27	18
云南	23	19	4	91	54	30	41
西藏	18		18	54			
陕西	28	28		248	166	95	116
甘肃	8	8		24	19	7	3
青海							
宁夏	1	1		6	5	6	
新疆	17	16	1	65	45	26	24

服务机构

单位：个、人

职业资格水平		年龄结构			
助理社会工作师人数	社会工作师人数	35岁及以下人数	36岁至45岁人数	46岁至55岁人数	56岁及以上人数
192	**298**	**2640**	**2959**	**1207**	**145**
4	3	37	44	18	4
	1	2	3	2	1
1	14	137	183	48	2
	3	55	52	11	
		32	74	35	3
1	4	23	27	16	4
2	6	150	215	112	9
5		108	128	48	5
7	12	72	75	21	8
26	29	216	170	70	10
17	23	103	127	37	4
8	11	82	75	49	8
6	13	46	34	8	
1	5	45	55	37	3
30	74	287	313	152	12
4	20	180	154	60	27
10	10	190	225	113	5
16	9	230	229	65	3
13	14	134	176	69	7
4	6	59	123	54	5
		5	4		
23	21	105	97	42	6
7	7	135	155	47	4
2	3	18	19	8	3
5	4	40	42	7	2
		18	18	18	
	5	100	102	40	6
		16	3	4	1
			3		3
	1	15	34	16	

C-3-10续表

地区	办理婚姻登记事务的处数	可办理婚姻登记的乡镇机关数	事业单位会计制度财务指标	
			固定资产原价	本年收入合计
全国	**4791**	**1455**	**42291.4**	**63874.4**
北京	18		900.6	2551.3
天津	20	4	33.2	113.0
河北	261	74	503.4	1863.8
山西	129		80.4	405.6
内蒙古	113	5	236.9	925.4
辽宁	199	60	345.8	335.9
吉林	69	5	806.1	2420.2
黑龙江	142	16	306.4	792.6
上海	19	1	2270.3	8510.6
江苏	102	1	1348.1	5593.6
浙江	111	1	1513.8	4550.5
安徽	115	1	571.6	1726.8
福建	117	25	348.0	969.9
江西	224	110	175.3	312.7
山东	149	1	4036.9	7394.4
河南	196	15	17267.7	1537.5
湖北	149	43	1392.8	4084.9
湖南	149	17	1483.0	2081.9
广东	255	115	2131.9	6193.0
广西	130	2	1010.8	1266.8
海南	182	145	80.1	0.1
重庆	47	5	2929.9	5166.9
四川	256	77	1523.4	1857.9
贵州	649	397	78.6	79.2
云南	188	85	198.1	625.4
西藏	75		73.0	
陕西	139	10	504.4	2121.5
甘肃	124	23	12.6	38.3
青海	280	175		
宁夏	23	2	18.3	
新疆	161	40	110.0	354.7

单位：处、个、万元

	民间非营利组织会计制度财务指标		
本年支出合计	固定资产原价	本年收入合计	本年费用合计
65688.0	**187.7**	**572.8**	**295.5**
2525.3			
125.6			
1834.7			
490.3			
936.4			
323.7			
2294.6			
889.3	21.0	32.7	28.5
8433.9			
5812.0	44.8	229.7	7.8
4932.7			
1747.3	70.8	121.0	73.1
1009.7			
840.6	11.0	7.2	3.4
7309.0			
1298.2			
4274.0			
2250.2			
6383.8	3.0		13.0
1376.1			
5133.4	13.3	86.3	92.2
2033.3	21.9	94.4	74.1
119.8	1.9	1.5	3.4
774.5			
2139.7			
38.3			
361.6			

C-3-11 结婚登

地 区	结婚登记件数	结婚登记人数	内地居民登记结婚件数	内地居民登记结婚人数	涉外及华侨、港澳台居民登记结婚件数
全 国	**8143332**	**16286664**	**8125962**	**16250752**	**17370**
北 京	113790	227580	113414	226828	376
天 津	89844	179688	89696	179392	148
河 北	374907	749814	374642	749284	265
山 西	215796	431592	215727	431454	69
内蒙古	141654	283308	141560	283120	94
辽 宁	224299	448598	223996	447992	303
吉 林	139278	278556	139067	278134	211
黑龙江	171906	343812	171627	343254	279
上 海	92181	184362	91460	182920	721
江 苏	492373	984746	491707	983412	666
浙 江	277726	555452	276954	553908	772
安 徽	471810	943620	471309	942618	501
福 建	205610	411220	204644	409288	966
江 西	272446	544892	272136	544272	310
山 东	487448	974896	486982	973964	466
河 南	626469	1252938	625641	1251282	828
湖 北	315349	630698	314980	629960	369
湖 南	357505	715010	356957	713914	548
广 东	633341	1266682	629197	1258394	4144
广 西	297242	594484	294224	588448	3018
海 南	61221	122442	61115	122230	106
重 庆	210877	421754	210643	421286	234
四 川	536530	1073060	535913	1071826	617
贵 州	317557	635114	317380	634760	177
云 南	327891	655782	327061	654122	830
西 藏	34169	68338	34168	68330	1
陕 西	236217	472434	236008	472016	209
甘 肃	177911	355822	177844	355688	67
青 海	51863	103726	51844	103688	19
宁 夏	49361	98722	49344	98688	17
新 疆	138761	277522	138722	276280	39

记服务

单位：件、人

按居住地分类						
内地居民	#女性	香港居民	澳门居民	台湾居民	华侨	外国人
17191	**7137**	**1581**	**929**	**1979**	**651**	**12409**
375	247	14	8	53	6	296
148	94	1	3	25	2	117
265	73	2	2	18		243
69	35	2		13	1	53
94	48	1	2	13	1	77
297	205	5	8	38	2	256
211	129	4	6	30	2	169
278	148	24	8	39	26	183
708	502	38	9	164	1	522
654	430	16	11	153	2	496
632	393	15	7	93	383	414
501	177	6	12	70	1	412
963	487	134	91	200	91	453
310	121	11	13	49	4	233
465	228	14	4	50	5	394
828	197	376	15	73	3	361
369	245	22	20	79	1	247
548	277	44	41	100	2	361
4142	1829	713	579	328	98	2428
3018	214	45	33	61	5	2874
106	51	23	4	18		61
234	164	17	19	75	2	121
617	379	24	13	117	7	456
177	102	9	12	38	1	117
830	159	10	3	32		785
1						1
209	115	4	4	28	2	171
67	44	4	1	15	1	46
19	11	2	1	2		14
17	11			1		16
39	22	1		4	2	32

C-3-11续表

地区	按婚姻状况分类			
	初婚人数	再婚人数	#女性	#恢复结婚件数
全国	**12285987**	**4000677**	**2189834**	**554869**
北京	124281	103299	50857	650
天津	132755	46933	23463	23410
河北	484406	265408	144121	37113
山西	356612	74980	41981	9420
内蒙古	178648	104660	57190	17136
辽宁	327052	121546	64625	29763
吉林	162546	116010	61130	22930
黑龙江	283387	60425	30566	25137
上海	110483	73879	36618	15339
江苏	750805	233941	124894	50597
浙江	419639	135813	72342	21183
安徽	709881	233739	128108	43235
福建	321043	90177	51151	4544
江西	431714	113178	64099	15967
山东	668971	305925	164370	7552
河南	969324	283614	157145	50465
湖北	499049	131649	75022	20276
湖南	529929	185081	107036	17487
广东	1065152	201530	105297	27742
广西	476855	117629	70974	10661
海南	103521	18921	10663	2227
重庆	294189	127565	68209	16421
四川	766332	306728	172180	29484
贵州	497455	137659	78754	14373
云南	494719	161063	93664	12749
西藏	66680	1658	847	79
陕西	351691	120743	68707	13039
甘肃	288392	67430	33771	5703
青海	85134	18592	10380	1233
宁夏	77174	21548	11790	2151
新疆	258168	19354	9880	6803

单位：件、人

按年龄分类				
20～24岁	25～29岁	30～34岁	35～39岁	40岁及以上
3026738	**5683162**	**3146973**	**1356965**	**3072826**
9437	67721	56753	31213	62456
14371	55146	45368	26197	38606
156998	256032	150557	71356	114871
71063	175335	65875	27380	91939
30961	104395	59398	29603	58951
49793	148391	101927	45666	102821
27807	79540	60935	29342	80932
36589	85697	66357	37727	117442
7562	58839	46443	24270	47248
125717	333072	175470	73377	277110
67091	241637	108806	43830	94088
194695	322196	147798	60832	218099
64756	161211	89603	33304	62346
143449	179492	89330	36541	96080
225863	317088	209274	81354	141317
292829	381552	234088	97494	246975
70806	240713	139017	50381	129781
137134	228749	169689	67075	112363
243187	550444	247435	93691	131925
122318	188650	130071	63922	89523
21388	43290	24562	10615	22587
78024	145319	73840	34769	89802
233068	377154	190053	79149	193636
163863	194572	101301	52177	123201
175857	207530	107354	53029	112012
18107	25511	10791	5841	8088
64909	216418	103267	36328	51512
71835	140785	60803	22857	59542
24803	31091	16448	8616	22768
22482	33663	13901	6215	22461
59976	91929	50459	22814	52344

C-3-12 离婚登

地 区	总计	民政部门办理离婚登记合计	内地居民登记离婚	涉外离婚登记	涉港澳台及华侨离婚登记	离婚登记人数		
						20～24岁	25～29岁	30～34岁
全　国	**4338998**	**3736487**	**3732362**	**1759**	**2366**	**154724**	**1010476**	**2068741**
北　京	81949	76134	76003	89	42	613	7094	28149
天　津	72605	68685	68646	28	11	942	11004	36116
河　北	236497	205129	205094	29	6	6521	53196	118725
山　西	82052	66900	66890	7	3	2318	20850	36930
内蒙古	86062	73024	72996	21	7	2520	17438	35534
辽　宁	150464	134491	134400	67	24	3351	25011	64207
吉　林	103742	96081	96048	19	14	3079	21322	48767
黑龙江	137725	126147	126097	28	22	3252	23534	56474
上　海	66364	60209	59976	158	75	383	6027	23901
江　苏	269955	234497	234315	101	81	6686	63094	143208
浙　江	139128	117420	117241	93	86	2709	24550	57816
安　徽	237788	208708	208589	90	29	9436	71498	122324
福　建	106818	93403	93103	143	157	2962	24759	55359
江　西	126432	109475	109404	48	23	5587	33893	62344
山　东	259612	214479	214388	71	20	7486	43513	131758
河　南	315005	272184	272121	38	25	10871	76751	171559
湖　北	193352	172719	172634	41	44	3759	45208	101702
湖　南	213350	183531	183422	42	67	6429	42935	107207
广　东	245816	222287	220703	202	1382	11208	67410	117581
广　西	136740	115830	115705	77	48	6751	36392	65875
海　南	22970	19721	19690	14	17	1102	7020	11043
重　庆	144147	129761	129683	34	44	5387	34903	62331
四　川	300347	262128	261983	69	76	14834	83590	141191
贵　州	161244	132808	132770	17	21	10498	51057	73984
云　南	143024	115367	115158	195	14	9867	42659	64112
西　藏	6257	5346	5346			1272	2925	3283
陕　西	127913	96799	96757	21	21	2985	28380	60495
甘　肃	58963	42715	42708	4	3	2568	15688	26461
青　海	18319	13404	13399	3	2	1445	5772	7220
宁　夏	20730	15605	15600	4	1	1188	4863	7881
新　疆	73628	51500	51493	6	1	6715	18140	25204

记服务

单位：件、人

按年龄分组		法院部门判决、调解离婚合计	离婚		收案	维持	
35～39岁	40岁及以上		判决离婚	调解离婚		判决不离	调解不离
1502622	**2736411**	**602511**	**187405**	**415106**	**1231932**	**298943**	**25956**
32493	83919	5815	2209	3606	13766	2497	105
33423	55885	3920	1022	2898	9411	2648	62
88579	143237	31368	9756	21612	65740	16304	1017
26679	47023	15152	4434	10718	33928	10242	446
30220	60336	13038	4994	8044	24973	2615	562
53193	123220	15973	5620	10353	33065	7192	101
35826	83168	7661	2726	4935	15090	3067	69
47074	121960	11578	3559	8019	21044	2605	122
28690	61417	6155	1986	4169	12679	2990	227
93558	162448	35458	8359	27099	73976	18103	3180
49739	100026	21708	5776	15932	40347	8491	709
76694	137464	29080	7634	21446	65721	19524	869
42630	61096	13415	5939	7476	29133	8203	435
41847	75279	16957	5699	11258	37968	11108	517
91175	155026	45133	13014	32119	102816	32312	1308
102291	182896	42821	13563	29258	99151	31061	1644
70546	124223	20633	6434	14199	46123	14975	474
76117	134374	29819	8782	21037	60224	18376	1407
106656	141719	23529	10439	13090	48406	12888	477
53600	69042	20910	8724	12186	39977	10464	981
8697	11580	3249	1639	1610	6067	1023	233
44012	112889	14386	5459	8927	28676	6800	367
86702	197939	38219	9229	28990	73252	18792	1030
49773	80304	28436	7881	20555	54965	9291	797
44695	69401	27657	7168	20489	52120	8464	2498
2045	1167	911	107	804	1397	61	100
42587	59151	31114	14909	16205	49054	3049	242
16272	24441	16248	5260	10988	39285	11028	1626
4153	8218	4915	986	3929	10195	1093	662
6006	11272	5125	1564	3561	11575	2096	585
16650	36291	22128	2534	19594	31808	1581	3104

注：法院部门收案及判决、调解离婚数据来源于最高人民法院。

C-3-13 殡葬服务

地　区	单位数	市场监管部门登记	编制部门登记	民政部门登记	年末职工人数	#女性
全　国	**4201**	**1159**	**2532**	**510**	**85561**	**24676**
北　京	53	7	46		1351	437
天　津	30	3	22	5	739	263
河　北	175	12	162	1	3374	863
山　西	75	29	37	9	1181	351
内蒙古	133	30	97	6	1774	492
辽　宁	410	55	44	311	3843	1185
吉　林	128	46	82		3776	572
黑龙江	135	26	105	4	2888	789
上　海	72	56	15	1	3441	1375
江　苏	233	63	152	18	4366	1274
浙　江	232	80	130	22	4082	978
安　徽	141	32	101	8	2833	836
福　建	126	35	88	3	2624	694
江　西	111	29	74	8	2217	535
山　东	225	57	147	21	4064	1055
河　南	308	102	206		6391	2026
湖　北	148	25	115	8	6681	1163
湖　南	144	43	101		2652	842
广　东	247	72	158	17	7300	1922
广　西	97	34	63		2073	770
海　南	18	8	9	1	333	59
重　庆	110	43	54	13	2254	893
四　川	244	51	183	10	4279	1554
贵　州	117	71	44	2	3944	1453
云　南	174	33	141		1805	485
西　藏	2		2		30	10
陕　西	121	41	67	13	2581	817
甘　肃	68	28	29	11	1098	370
青　海	7	3	3	1	95	32
宁　夏	39	18	11	10	441	153
新　疆	78	27	44	7	1051	428

机构总表

单位：个、人

受教育程度		职业资格水平		年龄结构			
大学专科人数	大学本科及以上人数	助理社会工作师人数	社会工作师人数	35岁及以下人数	36岁至45岁人数	46岁至55岁人数	56岁及以上人数
22351	**11481**	**1092**	**1040**	**21763**	**30440**	**24194**	**9164**
347	474	13	13	381	394	421	155
195	240	3	5	174	220	178	167
714	377	16	26	900	1293	844	337
275	229	9	16	301	446	321	113
639	292	6	18	483	601	550	140
1131	481	82	162	990	1359	1104	390
1406	372	2	1	973	1392	1014	397
854	411	21	20	659	1244	776	209
755	559	13	7	926	1157	910	448
1262	870	119	109	1157	1646	1177	386
996	711	57	58	795	1444	1221	622
766	292	57	31	816	1071	743	203
412	229	31	32	643	1047	719	215
407	134	41	45	487	942	583	205
1379	762	152	116	969	1523	1148	424
1726	659	58	39	2092	2412	1459	428
1296	453	78	56	1048	1300	2660	1673
927	378	30	25	732	1166	613	141
1735	985	122	92	1608	2743	2226	723
669	397	34	26	703	750	473	147
40	34	1		70	104	113	46
696	340	18	21	676	725	649	204
1062	455	30	33	971	1653	1270	385
790	361	17	13	1113	1464	1073	294
550	325	26	25	662	733	326	84
10	11	1	1	11	12	4	3
485	303	12	24	687	767	730	397
252	131	8	13	259	366	378	95
39	15	5		39	35	21	
65	59	12	10	59	152	179	51
471	142	18	3	379	279	311	82

C-3-13续表1

地区	火化炉数	全年火化遗体数	有身份信息的火化遗体数	无身份信息的火化遗体数	国际运尸数	#外国人
全国	**6619**	**5558154**	**5497378**	**60776**	**138**	**74**
北京	94	107167	106458	709		
天津	98	78461	78224	237		
河北	397	234470	231007	3463		
山西	75	30316	27795	2521		
内蒙古	182	82258	81798	460		
辽宁	150	336982	336124	858		
吉林	187	127156	124996	2160		
黑龙江	275	209978	205209	4769		
上海	104	133530	133205	325	27	23
江苏	571	546517	544882	1635		
浙江	397	325661	323526	2135	17	3
安徽	297	311645	309542	2103		
福建	238	209506	207801	1705		
江西	302	242797	240559	2238		
山东	567	692940	688496	4444		
河南	351	180163	173851	6312		
湖北	354	261225	259469	1756		
湖南	199	119461	118013	1448		
广东	449	486597	479029	7568	86	42
广西	119	102666	101034	1632		
海南	6	5001	4895	106		
重庆	129	75917	74484	1433		
四川	323	234241	232256	1985		
贵州	214	120443	119250	1193		
云南	278	166772	163126	3646	4	2
西藏	5	907	897	10		
陕西	120	70308	68986	1322	4	4
甘肃	56	22964	22492	472		
青海	15	7353	7200	153		
宁夏	13	3633	3523	110		
新疆	54	31119	29251	1868		

单位：台、具、个、辆

#港澳台	#侨民	穴位数	#本年销售穴位数	安葬数	#本年安葬数	节地生态安葬数	专用遗体接运车辆数
32	**15**	**21281553**	**760327**	**15671962**	**1227934**	**955640**	**5972**
		744362	10972	719981	58077	72063	175
		331671	4392	507545	17575	103494	52
		505038	8732	211529	23840	3448	212
		177587	4157	78097	4456	513	59
		355484	14958	287820	23029	5992	88
		860029	62872	526939	89601	1826	49
		55060	2925	29547	3417	918	174
		258115	17230	247284	29131	25599	204
4		2360431	70953	1652672	61366	28130	138
		1819779	100241	1688133	104985	39885	133
14		2815490	83139	1968917	136387	101010	465
		660127	23342	610906	63357	30934	233
		323522	15321	273552	19056	3742	394
		193783	12083	163014	25296	13043	181
		971386	39775	446388	71221	95288	831
		600559	17381	346795	61768	5226	340
		1318992	31024	899854	55746	8018	151
		497651	16627	305721	38435	16468	212
12	15	1498655	32619	1467756	128334	299138	922
		388240	14998	238643	13528	26405	116
		121809	2174	82902	2005	1220	
		870302	14362	476073	22839	16105	137
		1333314	61014	985898	64180	15160	100
		752573	36616	325740	40822	7099	240
2		426769	26498	181019	1243	6143	182
							2
		474686	14795	488829	15731	17327	126
		277425	8133	226519	30135	6283	30
		3240	939	1262	295		
		56541	2989	53887	9708	34	11
		228933	9066	178740	12371	5129	15

C−3−13续表2

地 区	企业会计制度财务指标			
	固定资产原价	营业收入	费用合计	营业利润
全 国	**1447725.3**	**1388651.0**	**412455.6**	**385275.9**
北 京	27586.1	65589.0	24855.5	21773.5
天 津	17199.2	7911.2	2134.2	4742.8
河 北	21201.0	18338.9	8892.2	-898.5
山 西	35222.5	16821.3	8290.8	-133.0
内蒙古	19673.5	8802.9	4970.2	952.2
辽 宁	45189.3	20635.4	8024.4	614.7
吉 林	28946.3	7349.3	1669.1	2088.2
黑龙江	21581.7	10090.4	4988.2	1085.3
上 海	290231.2	536379.1	103736.3	225041.6
江 苏	48405.2	77450.6	28944.3	44498.8
浙 江	32566.1	68241.6	15995.2	16078.5
安 徽	18538.6	19483.3	6076.3	3781.3
福 建	109646.1	31561.2	11930.0	2508.0
江 西	22425.4	19515.2	9830.3	316.3
山 东	36612.0	17627.5	5867.5	1539.9
河 南	56101.7	21712.6	10819.2	1918.6
湖 北	42674.2	19180.7	5230.6	3318.6
湖 南	51611.2	15144.5	6779.6	1418.5
广 东	77258.1	104599.8	32785.6	24549.5
广 西	49640.1	42153.4	15474.1	7574.2
海 南	5347.0	6194.5	2710.6	1137.4
重 庆	42528.1	39149.7	18121.0	4755.2
四 川	74232.8	60907.4	19550.0	6409.5
贵 州	138259.1	80644.1	35468.2	4331.2
云 南	35268.7	17799.2	4355.0	2114.8
西 藏	2725.6	31.4	18.7	
陕 西	31607.4	30562.0	12330.8	3014.2
甘 肃	26986.4	22700.4	1764.0	647.1
青 海	1931.0			
宁 夏	14684.3	1436.9	497.1	92.0
新 疆	21845.4	637.5	346.6	5.5

单位：万元

事业单位会计制度财务指标			民间非营利组织会计制度财务指标		
固定资产原价	本年收入合计	本年支出合计	固定资产原价	本年收入合计	本年费用合计
2590249.7	**1834557.5**	**1631195.0**	**105227.4**	**37069.9**	**36505.2**
135768.8	121672.7	107436.1			
48526.2	49535.9	60581.9	143.3	1210.6	563.4
127595.1	60166.8	56918.0	150.0		46.0
37599.3	24258.8	29325.9	1786.5	30.0	35.3
33950.1	154055.3	34141.7	743.0	393.7	161.1
29222.0	32103.0	24302.0	14665.3	3130.5	1424.0
92025.7	17694.4	17433.2			
94125.1	49660.1	49807.6	191.0	120.0	53.4
3374.2	7833.1	6599.7	38.0	169.7	
278482.3	167174.1	156502.5	7782.8	7991.0	4152.2
84822.2	124597.2	119306.7	693.2	66.0	1719.2
72817.6	60894.1	68952.6	2230.9	1810.3	1333.2
51913.6	47956.4	45698.1	634.0	2.0	45.0
25887.2	23703.9	24836.0	4255.3	988.5	2764.9
197588.1	112693.6	105961.5	12054.1	8132.2	7489.1
63311.9	42775.7	41253.3			
254937.1	114584.3	98503.7	2524.8	634.5	1304.2
91868.5	59364.6	51731.6			
320637.2	257318.7	237257.1	4034.8	814.0	6383.2
69118.2	42831.9	42799.5			
8560.4	5011.9	5192.3		10.0	10.0
66970.8	43514.5	39839.6	17861.5	5892.4	5280.4
97165.6	87538.9	77103.8	12883.6	487.3	1668.2
39283.9	8342.1	8265.5	66.8	3113.1	50.3
64387.7	37449.1	32479.1			
1904.5	18.3	230.2			
123958.6	31221.3	33162.8	5727.0	506.0	701.0
24313.1	18477.6	18332.8	1149.0	233.5	63.3
898.1	745.4	745.4	3.0		
10391.2	4198.9	6488.1	15127.7	620.0	1048.0
38845.4	27164.9	30006.7	481.8	714.6	209.8

C-3-14 殡仪

地 区	单位数	年末职工人数	#女性	受教育程度	
				大学专科人数	大学本科及以上人数
全 国	**1722**	**45774**	**12043**	**13859**	**6537**
北 京	12	348	66	161	126
天 津	13	413	128	102	109
河 北	147	2565	561	493	277
山 西	28	423	118	92	97
内蒙古	68	1025	270	400	172
辽 宁	40	1104	298	336	147
吉 林	47	1736	230	1035	217
黑龙江	96	2251	628	672	349
上 海	12	812	232	217	178
江 苏	93	2987	733	869	596
浙 江	75	2064	471	682	379
安 徽	68	2025	533	568	208
福 建	64	2004	519	248	138
江 西	88	1957	457	339	114
山 东	122	2876	662	1008	560
河 南	112	3134	894	910	320
湖 北	74	2545	823	923	259
湖 南	70	1654	523	638	238
广 东	86	4138	959	1178	657
广 西	32	1129	373	404	219
海 南	2	70	22	14	15
重 庆	33	950	296	383	179
四 川	80	1876	537	541	244
贵 州	59	2192	705	513	204
云 南	101	1191	289	340	189
西 藏	2	30	10	10	11
陕 西	44	1145	301	283	160
甘 肃	25	433	164	154	63
青 海	4	82	28	38	15
宁 夏	6	106	31	27	20
新 疆	19	509	182	281	77

馆

单位：个、人

职业资格水平		年龄结构			
助理社会工作师人数	社会工作师人数	35岁及以下人数	36岁至45岁人数	46岁至55岁人数	56岁及以上人数
602	**489**	**12441**	**17556**	**12220**	**3557**
	2	73	78	131	66
1		96	98	117	102
15	22	602	1084	673	206
6	9	93	165	130	35
3	4	243	368	344	70
13	12	295	433	290	86
1		355	602	473	306
19	19	532	948	625	146
9	4	298	307	146	61
73	51	790	1095	852	250
32	36	481	802	590	191
45	25	612	786	513	114
14	17	486	779	572	167
21	30	437	839	515	166
101	84	687	1122	835	232
34	20	1206	1139	651	138
40	20	729	980	648	188
15	14	430	731	403	90
82	41	922	1589	1259	368
11	17	398	413	241	77
		30	18	18	4
10	14	325	271	289	65
16	22	444	796	506	130
10	5	765	852	493	82
9	8	459	468	220	44
1	1	11	12	4	3
4	7	347	402	306	90
1	4	109	150	132	42
5		37	33	12	
2	1	17	42	40	7
9		132	154	192	31

C-3-14续表1

地　区	火化炉数	国际运尸数	#外国人	#港澳台	#侨民
全　国	**6619**	**138**	**74**	**32**	**15**
北　京	94				
天　津	98				
河　北	397				
山　西	75				
内蒙古	182				
辽　宁	150				
吉　林	187				
黑龙江	275				
上　海	104	27	23	4	
江　苏	571				
浙　江	397	17	3	14	
安　徽	297				
福　建	238				
江　西	302				
山　东	567				
河　南	351				
湖　北	354				
湖　南	199				
广　东	449	86	42	12	15
广　西	119				
海　南	6				
重　庆	129				
四　川	323				
贵　州	214				
云　南	278	4	2	2	
西　藏	5				
陕　西	120	4	4		
甘　肃	56				
青　海	15				
宁　夏	13				
新　疆	54				

单位：台、具、个、辆

穴位数	#本年销售穴位数	安葬数	#本年安葬数	节地生态安葬数	专用遗体接运车辆数
5802727	**235372**	**4452077**	**501614**	**494941**	**5885**
11348	135	10201	288	581	175
48248	1057	246464	13597	100823	52
169940	2303	63054	12259	3254	199
1897	128	1180	127		58
151911	8605	118992	8442	5517	88
23528	184	30106	5934	898	49
19273	1743	11368	1623	918	167
101369	5294	105145	13603	25344	204
1114	300	100	100	50	138
320094	11820	413944	33752	19411	133
1508211	50861	834362	102678	69217	465
168958	6280	168815	24622	7016	233
241678	10558	175298	13659	2493	394
166432	10581	142961	23423	12733	181
479167	30321	267691	61592	88662	771
61098	3243	61292	15164	814	340
281735	10369	219601	28861	2632	151
278758	8341	201647	28930	13435	211
371854	11752	567979	62084	117043	922
5584	2039	10763	2262	1122	116
192077	3876	93040	4808	6921	132
140503	5588	118135	6492	736	100
412901	17900	119181	26477	2890	240
299858	20006	109989	-6479	4756	182
					2
69106	1534	152653	2371	392	126
49684	3725	40961	7238	2131	30
3035		946		23	11
223366	6829	166209	7707	5129	15

C-3-14续表2

地　区	企业会计制度财务指标			
	固定资产原价	营业收入	费用合计	营业利润
全　国	**490781.2**	**177954.0**	**74634.3**	**9691.0**
北　京				
天　津				
河　北	1234.7	1281.5	1161.6	-217.2
山　西	316.5	52.3		-49.3
内蒙古	8182.6	2413.6	2284.1	92.7
辽　宁	15411.8	1339.7	675.2	-266.4
吉　林	19519.1	762.1	169.7	
黑龙江	6930.5	2080.3	1364.6	60.1
上　海	45694.7	42384.8	12224.2	3520.9
江　苏	7890.9	3408.1	1110.6	762.1
浙　江	3250.1	5822.1	1687.5	276.7
安　徽	3038.9	1346.4	326.1	154.0
福　建	106288.1	25398.3	10113.8	1563.6
江　西	18519.8	14840.2	7543.5	112.3
山　东				
河　南	18006.9	1494.1	451.3	107.1
湖　北	2955.6	295.9	320.6	-3.0
湖　南	28813.1	6500.9	3797.6	-40.8
广　东	4917.2	2372.5	1352.2	229.5
广　西	10284.4	5257.0	3006.5	1026.6
海　南	5063.1	2330.4	1214.8	851.7
重　庆	8793.8	3737.6	2597.7	645.6
四　川	33790.1	9827.7	2887.9	405.2
贵　州	109326.7	40903.1	19182.3	328.9
云　南	20350.9	3409.9	897.3	150.1
西　藏	2725.6	31.4	18.7	
陕　西	1773.1	233.6	44.0	-16.4
甘　肃	5.0			
青　海	1781.0			
宁　夏	40.0	15.0	14.0	
新　疆	5877.0	415.5	188.5	-3.0

单位：万元

事业单位会计制度财务指标			民间非营利组织会计制度财务指标		
固定资产原价	本年收入合计	本年支出合计	固定资产原价	本年收入合计	本年费用合计
2245948.6	**1412912.8**	**1248367.4**	**44084.7**	**11279.5**	**10896.1**
68584.3	49204.2	49805.7			
30261.6	21872.6	18923.5		692.0	
119209.3	46762.6	44435.9	150.0		46.0
34651.5	22618.0	23812.4	783.0		3.2
29363.4	145778.4	26869.2	321.0	3.1	4.0
25812.6	25812.4	19208.0	2006.2	400.1	47.9
81526.7	13382.7	13164.7			
78031.5	41663.5	42288.3	145.0	120.0	
2774.1	4664.8	3636.4			
259758.8	111848.1	108650.7	6057.8	2760.8	1374.8
78580.1	104346.6	101821.4			
58340.2	45056.0	55270.4	1982.6	1147.7	667.2
49519.2	39849.7	37884.3	634.0		45.0
24961.6	23035.8	24173.0	4255.3	988.5	2764.9
182775.3	98406.0	93864.2	1149.4	653.7	901.7
56651.5	32721.9	32748.7			
235267.1	75343.3	74463.5	2413.8	600.0	1268.2
71952.7	52467.5	45304.4			
281861.5	211243.2	193292.8	3156.0	814.0	604.0
65000.8	37782.0	36947.5			
200.0					
58804.0	36624.8	33457.7	13681.0	2873.6	2764.0
73955.0	62139.9	53720.6	500.0		20.0
36186.8	6779.0	6693.9			
61008.7	32633.0	29331.7			
1904.5	18.3	230.2			
113729.4	26765.2	29124.7	2876.0	226.0	312.0
23999.7	16299.1	16154.3	526.0		9.2
881.0	726.0	726.0			
7037.2	2172.5	4613.8	3447.6		64.0
33358.5	24895.7	27749.5			

C-3-15 公

地区	单位数	年末职工人数	#女性	受教育程度	
				大学专科人数	大学本科及以上人数
全国	**1536**	**31555**	**10225**	**5895**	**3123**
北京	34	948	345	180	312
天津	10	248	110	76	81
河北	17	659	268	173	70
山西	34	652	201	163	98
内蒙古	25	466	165	144	62
辽宁	360	2556	743	734	268
吉林	43	1707	256	309	119
黑龙江	28	457	107	119	37
上海	50	2205	1021	392	281
江苏	96	1110	445	319	191
浙江	94	1484	380	165	155
安徽	53	725	263	175	68
福建	13	240	105	45	19
江西	4	111	58	24	18
山东	58	980	330	305	157
河南	109	2167	769	479	175
湖北	49	3911	286	253	158
湖南	27	602	247	122	50
广东	94	2394	798	315	184
广西	33	781	348	212	113
海南	6	186	24	14	4
重庆	39	884	414	212	71
四川	98	1994	876	347	144
贵州	27	1425	661	177	64
云南	21	260	92	62	17
西藏					
陕西	50	1226	463	148	93
甘肃	29	538	159	67	41
青海	1	8	1		
宁夏	19	246	96	19	27
新疆	15	385	194	145	46

墓

单位：个、人

职业资格水平		年龄结构			
助理社会工作师人数	社会工作师人数	35岁及以下人数	36岁至45岁人数	46岁至55岁人数	56岁及以上人数
317	**414**	**7153**	**9364**	**9975**	**5063**
11	7	288	296	279	85
1		60	95	44	49
	2	238	166	134	121
3	6	190	234	160	68
1	5	168	122	121	55
59	142	687	863	741	265
		569	576	493	69
2	1	92	210	103	52
3		533	669	662	341
36	50	302	426	263	119
13	7	199	398	490	397
11	5	185	252	205	83
1		60	96	58	26
8	15	21	26	34	30
32	25	241	328	249	162
5	9	556	794	570	247
37	36	239	243	1948	1481
12	10	191	251	123	37
20	34	478	842	762	312
15	7	255	277	191	58
		18	55	75	38
1	2	220	299	258	107
7	10	410	702	649	233
7	4	241	468	523	193
8	5	91	92	48	29
7	15	276	278	375	297
5	9	105	159	228	46
				8	
9	6	28	74	109	35
3	2	212	73	72	28

C-3-15续表

地区	穴位数	本年销售穴位数	安葬数	本年安葬数	节地生态安葬数	企业会计制度	
						固定资产原价	本年收入合计
全国	**15478826**	**524955**	**11219885**	**726320**	**460699**	**866865.7**	**1153528.8**
北京	733014	10837	709780	57789	71482	27586.1	65589.0
天津	283423	3335	261081	3978	2671	17199.2	7911.2
河北	335098	6429	148475	11581	194	19942.3	17057.4
山西	175690	4029	76917	4329	513	34277.0	16716.0
内蒙古	203573	6353	168828	14587	475	10952.9	6319.3
辽宁	836501	62688	496833	83667	928	29776.5	19295.7
吉林	35787	1182	18179	1794		4138.8	5561.2
黑龙江	156746	11936	142139	15528	255	7852.2	7274.1
上海	2359317	70653	1652572	61266	28080	191744.4	450309.0
江苏	1499685	88421	1274189	71233	20474	38529.3	74042.5
浙江	1307279	32278	1134555	33709	31793	29050.4	60658.5
安徽	491169	17062	442091	38735	23918	15294.3	18136.9
福建	81844	4763	98254	5397	1249	3005.8	5648.1
江西	27351	1502	20053	1873	310	3905.6	4675.0
山东	492219	9454	178697	9629	6626	36562.2	17300.5
河南	539461	14138	285503	46604	4412	37421.8	20107.5
湖北	1037257	20655	680253	26885	5386	39695.6	18884.8
湖南	218893	8286	104074	9505	3033	16776.3	7908.3
广东	1126801	20867	899777	66250	182095	72315.9	102142.3
广西	382656	12959	227880	11266	25283	39355.7	36896.4
海南	121809	2174	82902	2005	1220	230.9	3854.1
重庆	678225	10486	383033	18031	9184	32330.6	32377.2
四川	1192811	55426	867763	57688	14424	39439.6	50348.1
贵州	339672	18716	206559	14345	4209	25456.3	38043.8
云南	126911	6492	71030	7722	1387	12054.9	12050.8
西藏							
陕西	405580	13261	336176	13360	16935	29834.3	30328.4
甘肃	227741	4408	185558	22897	4152	26549.8	22542.0
青海	3240	939	1262	295		150.0	
宁夏	53506	2989	52941	9708	11	13444.3	1421.9
新疆	5567	2237	12531	4664		11992.7	128.8

单位：个、具、万元

单位财务指标		事业单位会计制度财务指标			民间非营利组织会计制度财务指标		
本年支出合计	营业利润	固定资产原价	本年收入合计	本年支出合计	固定资产原价	本年收入合计	本年费用合计
323808.0	**372661.3**	**217625.8**	**296043.2**	**244988.5**	**33054.1**	**14985.9**	**13670.2**
24855.5	21773.5	48022.0	62815.4	50331.1			
2134.2	4742.8	11025.0	16740.5	16845.1			
7730.6	-681.3	2214.1	7269.4	6735.7			
8249.8	-101.7	2706.1	619.9	4497.9	700.0	30.0	30.0
2668.1	819.5	1790.7	5445.7	5011.8	322.0	280.2	144.1
7349.2	881.1	3345.9	5921.1	4717.9	12399.1	2730.4	1375.1
1209.4	2078.2	6350.3	2683.8	2629.6			
3401.3	828.2	13867.0	6640.3	5934.5	46.0		53.4
82520.1	220074.8						
27833.7	43736.7	17175.0	51759.1	44268.8	1237.9	3601.9	1705.3
13676.1	15331.6	5314.0	8944.9	5969.6	551.2		1080.2
5750.2	3627.3	9431.1	14855.3	12466.6	248.3	662.6	659.6
1617.5	952.0	376.9	2271.8	1353.2		2.0	
2286.8	204.0						
5867.5	1439.9	11659.7	12200.2	10265.5	2109.7	1853.1	550.7
10276.9	1839.8	3750.2	5538.9	3830.4			
4910.0	3321.6	12637.7	36280.8	21250.4	82.0	32.0	33.5
2878.6	1459.3	10063.1	2919.1	2965.6			
31433.4	24320.0	26465.5	27146.1	24001.3	878.8		5779.2
12467.6	6547.6	1968.0	3085.9	2520.2			
1495.8	285.7	200.0					
14477.4	3733.9	4465.2	2329.7	1879.3	3175.0	1638.8	1175.6
16222.8	5983.8	16990.7	16373.6	13920.2	2383.6	421.7	748.2
15299.7	3727.7				66.8	3113.1	50.3
2621.0	1964.1	1576.0	194.6	168.6			
12286.8	3030.6	4019.0	2154.2	1759.0	190.0	48.0	40.0
1743.0	640.1				618.0	230.5	45.2
483.1	92.0	1403.3	1397.9	1211.2	7669.1		2.0
61.9	8.5	809.3	455.0	455.0	376.6	341.6	197.8

C-3-16 殡葬管

地区	单位数	年末职工人数	#女性	受教育程度	
				大学专科人数	大学本科及以上人数
全国	**865**	**7692**	**2214**	**2512**	**1740**
北京	7	55	26	6	36
天津	7	78	25	17	50
河北	9	88	23	27	6
山西	10	89	30	17	32
内蒙古	40	283	57	95	58
辽宁	9	181	142	61	66
吉林	31	226	36	58	33
黑龙江	11	180	54	63	25
上海	10	424	122	146	100
江苏	44	269	96	74	83
浙江	58	495	115	140	169
安徽	19	62	26	21	14
福建	48	370	69	119	72
江西	19	149	20	44	2
山东	11	120	40	52	24
河南	86	1080	360	337	164
湖北	25	225	54	120	36
湖南	46	393	72	164	90
广东	67	768	165	242	144
广西	32	163	49	53	65
海南	10	77	13	12	15
重庆	34	331	138	84	80
四川	65	398	133	171	59
贵州	31	327	87	100	93
云南	52	354	104	148	119
西藏					
陕西	27	210	53	54	50
甘肃	14	127	47	31	27
青海	2	5	3	1	
宁夏	8	30	6	12	10
新疆	33	135	49	43	18

理机构

单位：个、人

职业资格水平		年龄结构			
助理社会工作师人数	社会工作师人数	35岁及以下人数	36岁至45岁人数	46岁至55岁人数	56岁及以上人数
149	**127**	**2029**	**3295**	**1879**	**489**
2	4	20	20	11	4
1	5	18	27	17	16
		35	25	25	3
		18	38	24	9
2	9	72	111	85	15
10	8	8	63	71	39
		37	129	40	20
		35	86	48	11
1	3	95	181	102	46
10	8	65	125	62	17
11	15	101	229	132	33
1	1	12	25	19	6
16	15	97	167	84	22
12		29	77	34	9
1	2	29	49	39	3
19	10	324	475	238	43
1		80	77	64	4
3	1	108	184	87	14
20	17	208	312	205	43
8	2	50	60	41	12
1		22	31	20	4
6	5	96	136	68	31
6	1	108	153	115	22
	4	107	144	57	19
9	12	112	173	58	11
1	2	64	87	49	10
2		45	57	18	7
		2	2	1	
	2		8	20	2
6	1	32	44	45	14

C-3-16续表

地区	企业会计制度财务指标			
	固定资产原价	营业收入	费用合计	营业利润
全国	**82358.1**	**53357.7**	**13178.8**	**2249.5**
北京				
天津				
河北				
山西	629.0	53.0	41.0	18.0
内蒙古	538.0	70.0	18.0	40.0
辽宁	1.0			
吉林				
黑龙江	6799.0	736.0	222.3	197.0
上海	52792.1	43685.3	8992.0	1445.9
江苏	1985.0			
浙江	33.6	1094.3	285.0	281.4
安徽				
福建	352.2	192.2	198.7	-7.6
江西				
山东				
河南	673.0	111.0	91.0	-28.3
湖北	23.0			
湖南	6021.8	735.3	103.4	
广东	25.0	85.0		
广西				
海南	53.0	10.0		
重庆	1356.0	1566.7	848.0	0.4
四川	1003.1	731.6	439.3	20.5
贵州	3476.1	1697.2	986.2	274.6
云南	2862.9	2338.5	836.7	0.6
西藏				
陕西				
甘肃	431.6	158.4	21.0	7.0
青海				
宁夏				
新疆	3302.7	93.2	96.2	

单位：万元

事业单位会计制度财务指标			民间非营利组织会计制度财务指标		
固定资产原价	本年收入合计	本年支出合计	固定资产原价	本年收入合计	本年费用合计
121686.2	**114783.9**	**127698.5**	**14787.1**	**4833.5**	**5444.4**
19162.5	9653.1	7299.3			
7239.6	10922.8	24813.3	143.3	518.6	563.4
1311.9	1002.5	1154.3			
241.7	1020.9	1015.6	3.0		1.5
2796.0	2831.2	2260.7	100.0	110.4	13.0
63.5	369.5	376.1			
4138.7	1627.9	1638.9			
2226.6	1356.3	1584.8			
600.1	3168.3	2963.3	38.0	169.7	
1548.5	3566.9	3583.0	487.1	1628.3	1072.1
928.1	11305.7	11515.7	142.0	66.0	607.0
5046.3	982.8	1215.6			6.4
2017.5	5834.9	6460.6			
925.6	668.1	663.0			
3034.0	1885.0	1725.3	65.0	274.4	557.8
2910.2	4506.9	4666.2			
7032.3	2960.2	2789.8	29.0	2.5	2.5
9852.7	3939.1	3442.7			
12310.2	18929.4	19963.0			
2149.4	1964.0	3331.8			
8160.4	5011.9	5192.3		10.0	10.0
3701.6	4560.0	4502.6	1005.5	1380.0	1340.8
6219.9	3589.9	4055.4	10000.0	65.6	900.0
3097.1	1563.1	1571.6			
1803.0	4621.5	2978.8			
6210.2	2301.9	2279.1	2661.0	232.0	349.0
313.4	2178.5	2178.5	5.0	3.0	8.9
17.1	19.4	19.4	3.0		
1950.7	628.5	663.1			
4677.4	1813.7	1794.7	105.2	373.0	12.0

C-3-17 殡仪

地 区	单位数	年末职工人数	#女性	受教育程度	
				大学专科人数	大学本科及以上人数
全 国	**78**	**540**	**194**	**85**	**81**
北 京					
天 津					
河 北	2	62	11	21	24
山 西	3	17	2	3	2
内蒙古					
辽 宁	1	2	2		
吉 林	7	107	50	4	3
黑龙江					
上 海					
江 苏					
浙 江	5	39	12	9	8
安 徽	1	21	14	2	2
福 建	1	10	1		
江 西					
山 东	34	88	23	14	21
河 南	1	10	3		
湖 北					
湖 南	1	3		3	
广 东					
广 西					
海 南					
重 庆	4	89	45	17	10
四 川	1	11	8	3	8
贵 州					
云 南					
西 藏					
陕 西					
甘 肃					
青 海					
宁 夏	6	59	20	7	2
新 疆	11	22	3	2	1

服务站

单位：个、人、辆

职业资格水平		年龄结构				专用遗体接运车辆数
助理社会工作师人数	社会工作师人数	35岁及以下人数	36岁至45岁人数	46岁至55岁人数	56岁及以上人数	
24	**10**	**140**	**225**	**120**	**55**	**87**
1	2	25	18	12	7	13
	1		9	7	1	1
				2		
1	1	12	85	8	2	7
1		14	15	9	1	
		7	8	6		
			5	5		
18	5	12	24	25	27	60
		6	4			
		3				1
1		35	19	34	1	5
1		9	2			
1	1	14	28	10	7	
		3	8	2	9	

C-3-17续表

地　区	企业会计制度财务指标			
	固定资产原价	营业收入	费用合计	营业利润
全　国	**7720.3**	**3810.5**	**834.5**	**674.1**
北　京				
天　津				
河　北	24.0			
山　西				
内蒙古				
辽　宁				
吉　林	5288.4	1026.0	290.0	10.0
黑龙江				
上　海				
江　苏				
浙　江	232.0	666.7	346.6	188.8
安　徽	205.4			
福　建		322.6		
江　西				
山　东	49.8	327.0		100.0
河　南				
湖　北				
湖　南				
广　东				
广　西				
海　南				
重　庆	47.7	1468.2	197.9	375.3
四　川				
贵　州				
云　南				
西　藏				
陕　西				
甘　肃				
青　海				
宁　夏	1200.0			
新　疆	673.0			

单位：万元

事业单位会计制度财务指标			民间非营利组织会计制度财务指标		
固定资产原价	本年收入合计	本年支出合计	固定资产原价	本年收入合计	本年费用合计
4989.1	**10817.6**	**10140.6**	**13301.5**	**5971.0**	**6494.5**
4859.8	5132.3	4592.1			
			300.5		0.6
			260.0		1.0
10.0					
					32.0
119.1	202.4	106.5	8730.0	5351.0	5478.9
	8.0	8.0			
	38.9	18.9			
	5435.5	5407.6			
			4011.0	620.0	982.0
0.2	0.5	7.5			

C-4-1 其他事

地区	单位数	年末职工人数	#女性	受教育程度	
				大学专科人数	大学本科及以上人数
全国	**1539**	**19229**	**8823**	**4370**	**9590**
中央级	15	974	538	69	876
北京	58	824	400	71	674
天津	17	195	100	37	146
河北	29	255	120	67	67
山西	54	534	271	116	267
内蒙古	21	216	84	51	120
辽宁	51	4881	1854	1168	1918
吉林	5	82	26	3	7
黑龙江	19	557	331	215	301
上海	38	439	276	69	329
江苏	55	388	197	75	247
浙江	128	855	357	123	526
安徽	21	124	46	38	40
福建	51	300	152	61	182
江西	317	1184	412	276	175
山东	46	679	296	186	397
河南	113	1465	677	312	711
湖北	61	590	299	161	240
湖南	89	1022	557	282	486
广东	29	482	249	89	374
广西	51	665	360	224	246
海南	4	17	9	6	10
重庆	24	144	66	36	88
四川	131	1111	595	294	608
贵州	31	418	151	112	172
云南	23	209	92	57	124
西藏					
陕西	28	319	170	99	112
甘肃	12	130	36	45	34
青海	4	20	11	4	13
宁夏	2	8		3	1
新疆	12	142	91	21	99

业单位

单位：个、人

职业资格水平		年龄结构			
助理社会工作师人数	社会工作师人数	35岁及以下人数	36岁至45岁人数	46岁至55岁人数	56岁及以上人数
382	**754**	**5754**	**7337**	**4835**	**1303**
15	45	311	383	196	84
16	32	241	279	246	58
4	12	37	75	66	17
	3	94	84	67	10
15	22	147	191	148	48
5	10	69	58	73	16
64	129	1005	2048	1415	413
		37	19	15	11
6	5	337	151	58	11
15	36	138	174	97	30
17	40	130	159	85	14
17	66	282	332	187	54
1	8	28	51	41	4
5	30	103	116	65	16
10	11	389	581	189	25
17	60	232	250	149	48
21	58	440	562	359	104
6	21	143	227	171	49
35	25	352	372	251	47
14	27	140	197	123	22
35	23	241	188	191	45
1		6	7	4	
9	7	51	46	35	12
30	63	427	355	256	73
8	4	94	137	152	35
12	9	97	78	27	7
3	1	90	128	77	24
1		43	40	36	11
		8	6	4	2
		1	1	1	5
	7	41	42	51	8

C-4-1续表

地区	企业会计制度财务指标			
	固定资产原价	本年收入合计	本年支出合计	营业利润
全　国	**36931.7**	**20706.8**	**13228.1**	**-2915.4**
中央级	33423.6	17326.2	12049.1	-2551.3
北　京	173.3	2062.6	428.2	-290.2
天　津				
河　北				
山　西				
内蒙古				
辽　宁				
吉　林				
黑龙江				
上　海				
江　苏				
浙　江	73.4			
安　徽				
福　建				
江　西	13.0			
山　东				
河　南				
湖　北				
湖　南				
广　东				
广　西				
海　南	340.0			
重　庆				
四　川	2908.4	1318.0	750.8	-73.9
贵　州				
云　南				
西　藏				
陕　西				
甘　肃				
青　海				
宁　夏				
新　疆				

单位：万元

事业单位会计制度财务指标		
固定资产原价	本年收入合计	本年费用合计
824438.8	**605727.2**	**592953.6**
77322.5	44231.8	42519.4
84185.3	93005.6	87300.4
4020.3	4311.5	4943.8
5221.1	3325.9	3324.7
22455.3	9569.4	9827.5
2409.9	3292.5	3349.3
158121.4	93763.0	96207.7
40.8	161.1	136.8
16795.1	14543.3	14318.1
33455.7	50400.5	50716.4
13926.5	26047.3	28362.2
18307.0	37553.1	39589.9
831.5	852.6	894.6
6567.8	22684.2	20956.0
6859.1	11511.6	12180.6
36366.3	9397.9	9985.4
45586.3	27305.4	29018.0
32975.5	19068.6	18200.5
21329.4	23354.2	24360.7
91839.6	27257.4	27638.8
33252.1	14776.7	13458.9
32.0	353.3	944.7
1098.7	3811.7	3760.3
40792.0	24626.3	23751.1
13068.8	26922.6	12501.6
208.4	2153.1	2021.7
41698.6	5824.9	5959.9
5454.7	2020.8	2231.8
376.2	682.2	937.1
333.7	72.7	72.4
9507.2	2846.0	3483.3

第六部分

主要指标解释

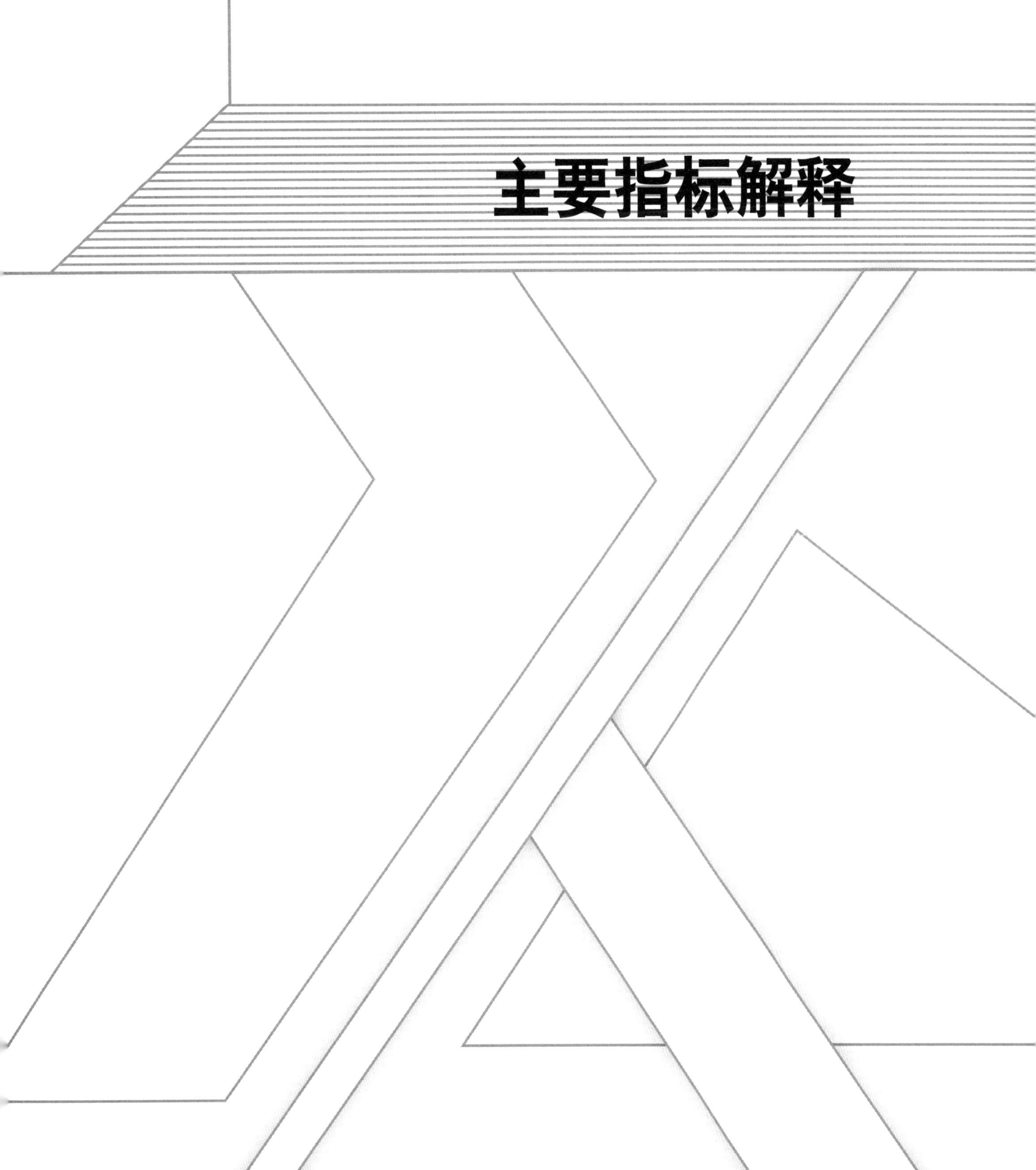

主要指标解释

行政区划

镇 指不设区的市、市辖区、县（自治县、旗、自治旗、特区、林区）在辖区内实际设有的镇人民政府个数（必须是经省级人民政府批准而设置的）。

乡 指不设区的市、市辖区、县（自治县、旗、自治旗、特区、林区）在辖区内实际设有的乡人民政府个数（必须是经省级人民政府批准而设置的）。

民族乡 在少数民族聚居地区建立的乡级行政区划。

苏木（民族苏木） 内蒙古自治区的乡级行政区划。

街道 街道办事处的简称，是市辖区人民政府或功能区管委会（例:经济技术开发区管委会）的派出机关，受市辖区人民政府或功能区管委会领导，行使区人民政府或功能区管委会赋予的职权，相当于乡级行政区。

行政机关

行政机关 指县以上各级民政部门行政机关。

乡、镇、街道民政助理员 是在乡、镇.街道负责民政具体业务的工作人员，是我国最基层的民政工作者，他们主要负责与保障人民群众基本生活权益和民主政治权益相关的特困人员救助供养、最低生活保障、扶贫帮困、社区建设、婚丧嫁娶，以及老年人、残疾人、困境儿童权益保障等各项工作。

基本建设

在建项目规模 指本年度在建的新建、改建、扩建项目的建筑面积之和，包括以前年度开工未完工和本年度新开工的项目，不包括单纯设备购置、更新项目以及因购置设备安装而进行的局部管线、基础、空间改造项目。扩建项目统计扩建后项目总建筑面积。“其中：使用彩票公益金建设规模”包括彩票公益金全额投资以及部分资助的所有在建项目的建筑面积总和。

在建项目总投资 指本年度所有在建项目的总投资之和。

开工累计完成投资 指截至本年度末，所有开工项目自开工以来各年度已支付资金的总和。

本年计划投资 指本年度各项目建设单位申请并落实到位的各种来源资金总和。

本年实际完成投资　指本年度实际支出项目建设资金的总和。截至年底未完成计划工程内容时，该数字可小于本年投资计划；有往年结余资金在本年度使用时，该数字可大于本年投资计划。

本年完工项目规模　指本年度完成正式竣工验收的项目建筑面积。项目统计口径与在建项目保持一致。

民政事业费预算

上年结转预算指标　指各级财政部门根据民政经费跨年使用的原则，由民政部门继续使用的上年结转预算指标。

本级财政安排预算指标　指各级财政安排的除上级下达的指标外的预算指标。

本年上级下达预算指标　指由上级民政部门下达的预算指标，此数字应与上级民政部门下达的指标文件核对一致。

本年下达所属地方预算指标　指省、地（市）级民政部门下达所属地方民政预算指标。此数字应与下级民政部门收到的上级下达预算指标核对一致。

本年预算指标=上年结转预算指标+本年财政安排预算指标+本年上级下达预算指标−本年下达所属地方预算指标。预算安排主要是财政拨款，民政部门财政拨款包括一般公共预算财政拨款和政府性基金预算财政拨款（彩票公益金）。

民政事业费支出

社会福利　反映社会福利事务支出，包括：

（1）儿童福利：指各级列入政府收支分类科目中2081001项指标，反映对儿童提供福利服务方面的支出。

（2）老年福利：指各级列入政府收支分类科目中2081002项指标，反映对老年人提供福利服务方面的支出。

（3）残疾人福利：指各级列入政府收支分类科目中2081003康复辅具与2081107残疾人生活和护理补贴项指标的合计，反映对残疾人提供福利服务方面的支出。

（4）殡葬：指各级列入政府收支分类科目中2081004项指标，反映殡葬管理和殡葬服务方面的支出，包括民政部门直属的殡仪馆、公墓、殡葬管理服务机构的支出。

（5）社会福利事业单位：指各级列入政府收支分类科目中2081005项指标，反映民政部门举办的社会福利事业单位支出，以及对集体办社会福利单位的补助费。

（6）其他社会福利支出：不在上述范围的用于社会福利的支出。含直接发放给未从单位领取过丧葬费

（补贴）的城乡居民的丧葬补助。

社会救助 包括最低生活保障、临时救助、特困人员救助供养以及其他生活救助。

（1）最低生活保障：指各级列入政府收支分类科目中20819款指标，反映城乡最低生活保障对象的最低生活保障金支出。

城市低保：指各级列入政府收支分类科目中2081901项指标，反映城市最低生活保障对象的最低生活保障金支出。

农村低保：指各级列入政府收支分类科目中2081902项指标，反映农村最低生活保障对象的最低生活保障金支出。

（2）临时救助：指各级列入政府收支分类科目中20820款指标，反映城乡生活困难居民的临时救助等支出，包括临时救助和流浪乞讨人员救助。

临时救助：指各级列入政府收支分类科目中2082001项指标，反映用于城乡生活困难居民的临时救助支出。

流浪乞讨人员救助：指各级列入政府收支分类科目中2082002项指标，反映用于生活无着的流浪乞讨人员的救助支出。

（3）特困人员救助供养：指各级列入政府收支分类科目中20821款指标，反映特困人员救助供养支出。

城市特困人员救助供养：指各级列入政府收支分类科目中2082101项指标，反映城市特困人员救助供养支出。

农村特困人员救助供养：指各级列入财政部政府收支分类科目中2082102项指标，反映农村特困人员救助供养支出。

（4）其他生活救助：指各级列入政府收支分类科目中20825款指标，反映除最低生活保障、临时救助、特困人员供养外，用于城乡生活困难居民生活救助的其他支出。

其他城市生活救助（含传统救济）：指各级列入政府收支分类科目中2082501项指标，反映除最低生活保障、临时救助、特困人员供养外，用于城市生活困难居民生活救助的其他支出。

其他农村生活救助（含传统救济）：指各级列入政府收支分类科目中2082502项指标，反映除最低生活保障、临时救助、特困人员供养、自然灾害生活救助外，用于农村生活困难居民生活救助的其他支出。

民政管理事务 指各级列入政府收支分类科目中20802款指标，反映民政管理事务支出。

（1）行政运行：指各级列入政府收支分类科目中2080201项，反映行政单位（包括实行公务员管理的事业单位）的基本支出。

（2）一般行政管理事务：指各级列入政府收支分类科目中2080202项，反映行政单位（包括实行公务员管理的事业单位）未单独设置项级科目的其他项目支出。

（3）机关服务：指各级列入政府收支分类科目中2080203项，反映为行政单位（包括实行公务员管理的事业单位）提供后勤服务的各类后勤服务中心、医务室等附属事业单位的支出。其他事业单位的支出，凡单独设立了项级科目的，在单独设置的项级科目反映。未设项级科目的，在“其他”项级科目中反映。

（4）社会组织管理：指各级列入政府收支分类科目中2080206项，反映民间组织管理方面的支出。

（5）行政区划和地名管理：指各级列入政府收支分类科目中2080207项，反映行政区划界线勘定、维护，以及行政区划和地名管理支出。

（6）基层政权建设和社区治理：指各级列入政府收支分类科目中2080208项，反映开展村民自治、村务公开等基层政权和社区建设工作的支出。

（7）其他民政管理事务支出：指各级列入政府收支分类科目中2080299项，反映民政部门接待来访、法制建设、政策宣传方面的支出，以及开展社会救助、社会福利、婚姻登记、社会事务、信息化建设等专项事务的支出。

行政事业单位养老支出　指各级列入政府收支分类科目中20805款指标，反映用于行政事业单位养老方面的支出。

其他　指财政从预算内经费中安排的其他用于民政事业的经费支出。

民政事业费收支

上年结转及结余　指各级民政部门以前年度尚未使用完毕、需结转至本年按有关规定继续使用的各类资金。

本年收入合计　本年度取得的全部收入。

本年实际支出　本年度全部支出。

收支结余　全部收入减去支出后的余额。

年末结转及结余　需要结转下年继续使用的各类资金。

财政拨款收入　本年度从本级财政部门取得的财政拨款，包括一般公共预算财政拨款和政府性基金预算财政拨款。

上级补助收入　事业单位从主管部门和上级单位取得的非财政补助收入。

事业收入　事业单位开展专业业务活动及其辅助活动取得的收入（事业单位收到的财政专户实际核拨的教育收费等资金在此反映）。

经营收入　事业单位在专业业务活动及其辅助活动之外开展非独立核算经营活动取得的收入。

附属单位上缴收入　单位附属的独立核算单位按照有关规定上缴的收入。

其他收入　单位取得的上述收入以外的各项收入，包括未纳入财政预算或财政专户管理的投资收益、银行存款利息收入、租金收入、捐赠收入、现金盘盈收入、存货盘盈收入、收回已经核销应收及预付款项，以及行政单位收到的财政专户管理资金等，也包括从本级财政部门以外的同级单位取得的经费，从非本级财政部门取得的经费。

基本支出 单位为保障机构正常运转、完成日常工作任务而发生的各项支出。

项目支出 单位为完成特定的行政工作任务或事业发展目标，在基本支出之外发生的各项支出。

上缴上级支出 事业单位按照财政部门和主管部门的规定上缴上级单位的支出。

经营支出 事业单位在专业业务活动及其辅助活动之外开展非独立核算经营活动发生的支出。

对附属单位补助支出 事业单位用财政补助收入之外的收入对附属单位补助发生的支出。

殡葬收费 指各级列入政府收支分类科目中103044908款指标，民政部门收取的殡葬收费收入。

社会工作

社会工作包括提供住宿的社会工作和不提供住宿的社会工作。

提供住宿的民政服务机构包括：养老机构、精神疾病服务机构、儿童福利和救助保护机构以及其他提供住宿机构。

床位数 指单位报告期末床位的实际收留抚养能力。对于炕、通铺，以正常可容纳人员数量折算床位数。

民政服务床位合计 包括养老床位、智障和精神疾病服务床位、儿童服务床位及其他社会服务床位。

（1）养老床位：包括养老机构床位和社区养老服务床位。

养老机构床位：包括社会福利院床位、农村特困人员救助供养机构床位以及其他各类养老机构床位。

社区养老服务床位：包括未登记的农村特困人员救助供养机构床位、全托服务社区养老服务机构和设施床位、日间照料社区养老服务机构和设施床位和社区互助型养老设施床位。

（2）智障和精神疾病床位数：指社会福利医院床位数。

（3）儿童服务床位数：包括儿童福利机构和未成年人流浪乞讨救助保护中心床位数。

（4）其他社会服务床位数：包括流浪乞讨人员救助管理站、安置农场、其他提供住宿机构的床位数。

年在院总人天数 指提供住宿单位报告期内，收留抚养人员住院的总人天数。公式：本年在院总人天数=Σ（每名收留抚养人员的在院天数）。

年末在院（收留抚养）人数 指提供住宿单位在报告期末实际收留抚养的人员总数，包括特困人员、自费人员和其他人员。

（1）特困人员：是指因无法定赡养（抚养、扶养）义务人、无劳动能力和无生活来源而纳入特困救助供养政策保障的居民。

（2）自费人员：除优抚对象和特困人员以外的住院人员，不管实际有无收费，均统计为自费人员。

（3）其他人员：除以上两类以外均统计为其他人员。

年龄段的划分 老人是指60周岁及以上的人员；青壮年是指18周岁以上至59周岁的人员；未成年人

是指17周岁（含17周岁）以下的人员。下同。

自理能力划分 参照《老年人能力评估标准》（MZ/T 001—2013）对在院人员自理能力进行划分，分为：

（1）能力完好，即：自理；

（2）轻度受损和重度受损，即：介助（半自理、半失能）；

（3）重度受损，即：介护（不能自理、失能）三类。

康复和医疗门诊人次数 设有医疗服务窗口（部门）的民政服务机构提供的康复和医疗门诊服务人次数。

家庭寄养儿童数量 应进入福利机构供养，但因当地未建福利机构或现有福利机构床位有限而散居社会、寄养在家庭中的、由民政部门负担生活费用的儿童数量。

职工人数 单位年末实有职工人数，按性质分为（1）机构管理人员；（2）专业技术技能人员。

（1）机构管理人员：指机构内承担领导职责和管理任务的工作人员，包括从事党政、行政、业务、财务、后勤和安全保卫等管理工作的人员。如：党委书记、院长、部门主任等。

（2）专业技术技能人员：指除具有管理职责工作人员以外的，直接为老年人、儿童、残疾人等贫困弱势群体提供服务的人员，不包括从事管理工作的技术技能人员。

取得医疗机构执业许可证书的机构 颁发给达到《医疗机构管理条例》相应条件的机构的执业证书。按照《医疗机构管理条例》，医疗机构执业许可证由卫生管理部门审发，并赋予登记证号，登记证号为22位的字母与数字组合。

取得医疗保险定点医疗机构资格的机构 定点医疗机构是通过劳动保障行政部门资格审定，并经医疗保险经办机构确定，为参保人员提供医疗服务的医疗机构。

养老机构

养老机构包括社会福利院、农村特困人员救助供养机构和其他各类养老机构。

社会福利院 不以营利为目的提供食宿的，主要收养城市中无亲属子女赡养、无生活来源、无劳动能力的孤老、孤儿和残疾人为对象的综合性社会福利事业单位。

特困人员救助供养机构 为农村特困老年人等提供24小时集中居住和收留抚养照料服务的办理了注册登记、拥有统一社会信用代码的机构。例如，已经登记注册的**农村敬老院、**五保之家、**托老所、**镇养老服务中心、**镇养老福利服务中心等。

其他各类养老机构 是指除了社会福利院、农村特困人员救助供养机构以外，在编办、民政或者市场监管部门办理了登记注册手续，为老年人提供24小时集中居住和照料服务的机构，例如**养老中心、**养老公寓、**颐养院等。

精神疾病服务机构

精神疾病服务机构指社会福利医院。

社会福利医院　提供食宿的、不以营利为目的、主要收治无亲属子女赡养、无劳动能力、无生活来源的困难人群和低保对象中的智障和精神病人等的具有医疗机构资质的专门福利机构。

儿童福利和救助保护机构

儿童福利和救助保护机构包括儿童福利机构和未成年人救助保护中心。

儿童福利机构　包括儿童福利院和SOS儿童村。

（1）儿童福利院：民政部门设立的，主要为依法由民政部门担任监护人的未成年人提供收留抚养等服务的机构。

（2）SOS儿童村：国际性的民间慈善机构，其运行经费主要来源是世界各国友好人士的爱心捐款，办村模式为以家庭方式抚养教育孤儿，并用“SOS”这个国际上通用的求救信号，呼吁全社会都来关心和帮助那些失去父母的孩子。

未成年人救助保护中心　对生活无着流浪乞讨未成年人实施救助，提供基本生活照料和教育、心理疏导、行为矫治等服务的专门机构。

其他提供住宿机构

其他提供住宿机构包括生活无着人员救助管埋站、安置农场和其他提供住宿机构。

流浪乞讨人员救助管理站　救助生活无着流浪乞讨人员的专门单位。

流浪乞讨人员　是指离家在外、自身无力解决食宿、无亲友投靠处于流浪或者乞讨状态的人员。

在站救助人次数　进入救助站接受救助的总人次数。每一位流浪乞讨人员从进入救助管理机构接受救助到结束救助计1人次，统计时正在救助站内接受救助的每一位流浪乞讨人员计为1人次。

（1）家暴庇护救助人次数：因家暴自愿到救助站申请庇护救助服务或者由职能部门护送家暴受害人到站接受庇护救助服务的人次数。

（2）年末在站人数：报告期末，仍在救助站内接受救助的人数。

（3）本年在站人天数：所有受助人员在站天数的总和。

（4）在站滞留三个月以上人数：暂时查找不到监护人（家庭信息、住所地）滞留在救助管理站三个月以上的受助人员，包括救助站委托社会力量照料的受助人员。

（5）本年站外救助人次数：本年在救助站外救助的流浪乞讨人员总人次数。

安置农场 指由民政部门管理、独立核算、企业化管理的农场（由救助类单位中的安置农场转移而来）。

其他提供住宿机构 指上述机构之外的提供住宿的其他民政服务机构。

不提供住宿的社会工作

不提供住宿的社会工作包括老年人福利和残疾人福利、民政部门直属康复辅具机构、儿童福利和儿童收养、社会救助、社会救助服务机构、福利彩票发行、慈善和社工、社区服务机构和设施。

老年人福利和残疾人福利

享受高龄补贴的老年人数 指报告期末各地领取了高龄补贴的老年人数。

享受护理补贴的老年人数 指报告期末，生活长期不能自理、经济困难的老年人，根据其失能程度等情况享受政府给予的现金、代金券、物资等护理补贴的人数。

享受养老服务补贴的老年人数 指报告期末，经济困难的老年人，在生活照料、紧急救援、医疗护理、精神慰藉、心理咨询等养老服务方面享受政府给予的现金、代金券、物资等补贴人数。

享受综合补贴的老年人数 如果本省设立了老年人综合补贴，没有单独设立护理补贴和养老服务补贴，则护理补贴和养老服务补贴指标必须为空，将享受补贴的人数填在享受综合补贴的老年人指标中。

残疾人 是指在心理、生理、人体结构上，某种组织、功能丧失或者不正常，全部或者部分丧失以正常方式从事某种活动能力的人。残疾人包括视力残疾、听力残疾、言语残疾、肢体残疾、智力残疾、精神残疾、多重残疾和其他残疾的人。六类残疾人证的评定标准按照中国残疾人联合会文件〔1995〕残联组联字第61号《关于统一制发中华人民共和国残疾人证的通知》规定。

困难残疾人生活补贴 补助残疾人因残疾产生的额外生活支出，对象主要是低保家庭中的残疾人，有条件的地方可逐步扩大到低收入残疾人及其他困难残疾人。

重度残疾人护理补贴 补助残疾人因残疾产生的额外长期照护支出，对象为残疾等级被评定为一级、二级且需要长期照护的重度残疾人，有条件的地方可扩大到非重度智力、精神残疾人或其他残疾人，逐步推动形成面向所有需要长期照护残疾人的护理补贴制度。

民政部门直属康复辅具机构

民政部门直属康复辅具机构 指民政部门直属的专门为残疾人生产、装配、修理、销售康复辅具的单位。

儿童福利和儿童收养登记

孤儿　是指失去父母或查找不到生父母的未满18周岁、由地方县级以上民政部门依据有关规定和条件认定的、并已经领取了孤儿基本生活费的未成年人。按照保障方式分为：

（1）集中养育孤儿：社会福利机构抚养或寄养的孤儿。

（2）社会散居孤儿：在社会上分散供养的，由其法定监护人承担抚养义务、履行监护职责的孤儿。

事实无人抚养儿童　指父母双方均符合重残、重病、服刑在押、强制隔离戒毒、被执行其他限制人身自由的措施、失联情形之一的儿童；或者父母一方死亡或失踪，另一方符合重残、重病、服刑在押、强制隔离戒毒、被执行其他限制人身自由的措施、失联情形之一的儿童。

儿童收养登记　指中国公民以及外国人在中国境内收养子女和协议解除收养关系，在县级及以上民政部门办理的收养登记和解除收养关系登记。县级及以上民政部门办理儿童收养登记或解除收养关系登记一次为一件。

成立收养关系登记　指中国公民以及外国人在中国境内收养子女，在县级及以上民政部门办理的收养登记。

（1）中国公民收养登记：指中国居民作为收养人办理成立收养关系的收养登记。其中：

①香港居民收养登记：指收养人是居住在香港特别行政区的中国公民。夫妻共同收养有一方是香港居民的，按香港居民办理收养统计。

②澳门居民收养登记：指收养人是居住在澳门的中国公民。夫妻共同收养有一方是澳门居民的，按澳门居民办理收养统计。

③台湾居民收养登记：指收养人是居住在台湾的中国公民。夫妻共同收养有一方是台湾居民的，按台湾居民办理收养统计。

④华侨收养登记：指收养人是侨居国外的中国公民（含留学生）。夫妻共同收养有一方是华侨的，按华侨办理收养统计。

（2）外国人收养登记：指收养人是具有外国国籍（包括无国籍人）的人员。夫妻共同收养有一方是外国人的，按外国人办理收养统计。

被收养儿童合计　指通过收养登记被家庭收养儿童人数的总和。分为以下八类：

（1）社会福利机构抚养的孤儿：指在社会福利机构抚养的父母死亡的儿童。

（2）社会福利机构抚养的弃儿：指在社会福利机构抚养的查找不到生父母的儿童。

（3）继子女收养：是指因被收养人的生父或生母再婚，继父或继母与被收养人确立收养关系的收养登记。

（4）三代以内同辈旁系血亲的子女：指被收养法中规定的三代以内同辈旁系血亲关系收养的儿童人数。统计此指标的目的是为了掌握收养三代以内同辈旁系血亲子女数量。

（5）非社会福利机构抚养的孤儿：指未在社会福利机构抚养的孤儿。此类必须是孤儿父母死亡或查找不到生父母，一般由其近亲属担任监护人，未在社会福利机构抚养。

（6）非社会福利机构抚养的弃儿：指非社会福利机构抚养的弃儿。

（7）生父母有特殊困难无力抚养的子女：指生身父母有特殊困难无力抚养自己的子女而作为送养人的儿童。

（8）生父母均不具备完全民事行为能力且具有严重危害可能的子女：指生身父母不具备完全民事行为能力且对子女具有严重危害可能而被收养的子女。

协议解除收养关系登记 指具有收养关系的当事人通过协商解除收养关系的必经程序。办理协议解除收养关系的登记机关是县级及以上民政部门。

社会救助

城市（农村）最低生活保障 最低生活保障是指国家对家庭人均收入低于当地政府公告的最低生活标准的人口给予一定现金资助，以保证该家庭成员基本生活所需的社会保障制度。城市（农村）最低生活保障人数指在报告期末纳入城市（农村）最低生活保障的居民数。

城市低保对象中的成年人按照就业情况分为以下四类：

（1）在职人员：指从事一定社会劳动并取得劳动报酬或经营收入的人员，一般应与某一单位建立劳动关系，包括企业内退人员和个体经营人员。

（2）灵活就业：指为社会、单位、家庭或个人提供临时性、季节性、弹性劳务并获取相应劳动报酬，且无法建立或暂无条件建立稳定劳动关系的人员。

（3）失业：指在劳动年龄（16周岁至法定退休年龄）内，有劳动能力，无业而要求就业，并在当地就业服务机构进行求职登记的人员。

（4）无就业条件：指在劳动年龄（16周岁至法定退休年龄）内，因丧失劳动能力或因照料家中残疾人、老年人、未成年人等原因而不具备劳动时间，且未在当地就业服务机构进行求职登记的人员。

农村低保对象中的成年人按照劳动条件分为以下两类：

（1）无劳动条件：指在劳动年龄（16周岁至法定退休年龄）内因丧失劳动能力或因照料家中残疾人、老年人、未成年人等原因而没有劳动时间或不具有劳动条件的人员。

（2）有劳动条件：指在劳动年龄（16周岁至法定退休年龄）内，除无劳动条件人员外的人员。

农村低保中“纳入扶贫建档立卡对象” 指纳入扶贫部门建档立卡范围的农村低保对象人数。

城市（农村）低保户数 指领取最低生活保障金的居民家庭数。

城市（农村）低保累计支出 是指城市（农村）低保金与低保对象价格临时补贴的合计。低保金：反映对最低生活保障对象发放低保金的支出；低保对象价格临时补贴：反映对最低生活保障对象的价格补贴、节日补贴等临时或者其他一次性补贴支出。

城市（农村）低保标准　指由地方人民政府确定的家庭人均收入线，低于该线的家庭纳入最低生活保障范围。

特困人员救助供养　指满足特困人员认定条件，纳入特困人员救助供养范围的，享受特困人员救助供养待遇的对象。

（1）按护理类型（自理能力）分类

全护理：指根据特困人员认定办法，被认定为完全丧失生活自理能力的特困人员。

半护理：指根据特困人员认定办法，被认定为部分丧失生活自理能力的特困人员。

全自理：指根据特困人员认定办法，被认定为具备生活自理能力的农村人员。

（2）按供养方式分类

集中供养：指在供养服务机构中集中供养的特困人员。

分散供养：指享受分散供养待遇在家供养的特困人员。

临时救助　对遭遇突发事件、意外伤害、重大疾病或其他特殊原因导致基本生活陷入困境，其他社会救助制度暂时无法覆盖或救助之后基本生活暂时仍有严重困难的家庭或个人给予的应急性、过渡性的救助。临时救助的人次数，不包括在救助管理机构获得救助的生活无着的流浪、乞讨人员。临时救助人次数指临时救助对象一年内获得临时救助的总次数，如1人一年内获得2次临时救助，则统计为2人次。

（1）按属地分类

本地户籍：指本地户籍人员获得临时救助的人次数。

非本地户籍：指非本地户籍人员获得临时救助的人次数。

（2）按对象分类

低保对象：指最低生活保障对象获得临时救助的人次数。

特困人员：指特困人员获得临时救助的人次数。

其他：指除最低生活保障对象、特困人员外其他人员获得临时救助的人次数。

社会救助服务机构

社会救助服务机构　承担低收入家庭经济状况信息数据库的建立和维护、经济状况信息查询与核对、宣传交流等相关具体工作的机构，不包括各级民政部门内设的社会救助处、科、办等内设部门。

彩票发行

福利彩票发行机构　指民政部门管理的、独立核算的，以筹集社会福利基金为目的发行和销售社会福利彩票的事业单位。

慈善和社工

慈善组织 指在我国县级以上人民政府民政部门依据慈善法登记或认定为慈善组织的基金会、社会团体、民办非企业单位（社会服务机构）。

慈善信托 指在我国县级以上人民政府民政部门依法备案的慈善信托。

注册志愿者总人数 指全国志愿服务信息系统中汇集的注册志愿者数量，既包括直接通过全国志愿服务信息系统注册的志愿者数量，也包括从其他志愿服务信息系统归集到全国志愿服务信息系统中的注册志愿者数量。

社会捐赠接收站点 指在大中城市、有条件的小城市设立的具备集中、清理、消毒、运输捐赠物品功能的机构数量和设立在街道（乡、镇）、居（村）委会中的社会捐助点数量。

慈善超市 指以经常性社会捐助站（点）为依托，以解决困难群众生活困难为主的，以有针对性的募集和发放为主要形式，借鉴商业超市管理模式，救助对象按需领取捐助物资的社会捐助机构数。

社会工作者职业资格水平 参加全国社会工作者职业水平考试合格，获得由人力资源和社会保障部统一印制，人力资源和社会保障部和民政部共同用印的《中华人民共和国社会工作者职业水平证书》的人员。包括：助理社会工作师、社会工作师和高级社会工作师。

社区服务

社区服务分为社区综合服务机构和设施、社区养老服务机构和设施。

社区综合服务机构和设施 是面向全体城乡居民提供社区服务的机构和设施。原则上，城乡社区服务机构应能提供以公共服务为主体的综合性服务，城乡社区服务设施面积应能满足社区组织办公和社区综合服务所需，并配置多功能社区居民活动场所。在此基础上可根据社区居民的实际需求，重点强化若干类服务功能。社区服务机构和设施包括：

（1）社区服务指导中心：是指建立在县区层面以上的，对社区服务中心和服务站具有指导功能的社区服务类机构。

（2）社区服务中心：是指建设在乡、镇、街道层面，以“一站式”服务为特点的社区服务中心。街道办事处及社区组织依托社区服务中心，组织开展就业服务和职业培训、社区救助、社区治安、社区卫生和计划生育、社区环境和文化、教育、体育等公共服务。

（3）社区服务站：是指在社区层面，建设功能为社区居家养老服务，重点发展面向老年人及其家庭的商品递送、医疗保健、家庭保洁、日间照料、陪伴等服务的设施和综合性、多功能的社区服务站。

（4）社区专项服务机构和设施：是指独立于社区服务中心、社区服务站以外的为居民提供各种（除养老以外的）专业社区服务的机构和设施。如：社区儿童服务站、社区残疾人康复站、问题人群庇护站等。

不含社区养老服务机构和设施。

城市社区综合服务设施覆盖率　城市建设社区服务中心、社区服务站的个数之和除以当年期末居委会数乘以100%。计算公式如下：

$$城市社区综合服务设施覆盖率 = \frac{城市建设社区服务中心+社区服务站的个数}{当年期末居委会数} \times 100\%$$

农村社区综合服务设施覆盖率　是指农村社区服务中心、农村社区服务站之和除以当年期末村委会数乘以100%。计算公式如下：

$$农村社区综合服务设施覆盖率 = \frac{农村社区服务中心 + 农村社区服务站}{当年期末村委会数} \times 100\%$$

社区养老服务机构和设施　主要以社区老年人为服务对象的社区服务机构和设施。包括：

（1）未登记的特困人员救助供养机构：是指没有在编办或者民政部门登记，为农村特困供养老年人等提供24小时集中居住和收留抚养照料服务的设施。例如，没有登记注册的**农村敬老院、**五保之家、**托老所、**镇养老服务中心、**镇养老福利服务中心等。

（2）全托服务社区养老服务机构和设施：是指在社区建立的、为社区老年人留宿照料服务（也可提供日间照料）的小型（一般十张床位以下）养老机构或者设施。如:**社区老年养护中心、**星光老年之家、**老年社区托养照料中心。

全托服务床位：为老年人提供全日集中住宿和照料护理服务的床位。

（3）日间照料社区养老服务机构和设施：是指在社区建立的、为社区老年人提供日间照料服务的小型养老机构或者设施。例如:**社区老年中心、**星光老年之家、**老年社区日间照料中心。

日间照料床位：为老年人提供日间照料护理服务的床位。

（4）社区互助型养老设施：是指依托村居委会办的微型的五保村、五保家园、幸福院等互助型养老设施，没有专职服务人员、不是注册登记的独立机构，以相互帮助为主，提供少量床位，可以住宿、不以营利为目为老年人、残疾人、烈军属等社区居民提供互助养老服务的设施。

（5）其他社区养老服务设施：为本社区老年人提供助餐、助医、护理等服务，没有床位的社区养老服务设施。如**老年餐桌。

社区社会组织

社区社会组织　指由社区居民发起成立，在城乡社区开展为民服务、公益慈善、邻里互助、文体娱乐和农村生产技术服务等活动的组织。按照活动领域分为：公益慈善类、社区服务类、社区事务类、文体活动类。

社会组织

社会组织包括社会团体、民办非企业单位（社会服务机构）和基金会三类。

社会团体 指中国公民自愿组成，为实现会员共同意愿，按照其章程开展活动的非营利性社会组织。包括各种协会、学会、联合会、研究会、联谊全、促进会、商会等。社会团体不得从事以营利为目的的经营性活动，并具备以下四项法人条件：①依法成立；②必要的财产或者经费；③有自己的名称、组织机构和场所；④能够独立承担民事责任。否则，不能统计为社团机构数。报告期末合法社团总数，即为年末实有社团机构数。

民办非企业单位 即社会服务机构，是指企业事业单位、社会团体和其他社会力量以及公民个人利用非国有资产举办的，从事非营利性社会服务活动的社会组织。目前，民办非企业单位主要分布在教育、卫生、文化、科技、体育、劳动、民政、社会中介、服务业等行（事）业中。

民办非企业单位根据其依法承担民事责任的不同方式分为民办非企业单位（法人）、民办非企业单位（合伙）和民办非企业单位（个体）3种。个人出资且担任民办非企业单位负责人的，可申请办理民办非企业单位（个体）登记；两人或两人以上合伙举办的，可申请办理民办非企业单位（合伙）登记；两人或两人以上举办且具备法人条件的，可申请办理民办非企业单位（法人）登记。由企业事业单位、社会团体和其他社会力量举办的，或由上述组织与个人共同举办的，应当申请民办非企业单位（法人）登记。

基金会 指利用自然人、法人或者其他组织捐赠的财产，以从事公益事业为目的，按照《基金会管理条例》规定成立的非营利性法人。基金会分为具有公开募捐资格的基金会和不具有公开募捐资格的基金会。

（1）具有公开募捐资格的基金会：依据《中华人民共和国慈善法》取得了公开募捐资格的基金会。

（2）不具有公开募捐资格的基金会：没有依据《中华人民共和国慈善法》取得公开募捐资格，只可以在特定对象范围内开展定向募捐的基金会。

社会组织负责人 是指任理事长（会长）、副理事长（副会长）及秘书长以上职务的负责人。

当年年检单位数 指当年按规定参加年检的社会组织单位个数，包括参加年检但未通过的单位数。

当年新登记单位 是指本年度民政部门新登记的社会团体、民办非企业单位、基金会数量，基层备案的社会组织不计算在内。

慈善组织 依法成立、符合《中华人民共和国慈善法》规定，以面向社会开展慈善活动为宗旨的非营利性组织。慈善组织可以采取基金会、社会团体、民办非企业单位等组织形式。

社会组织按照所服务行业分为：

（1）S工商服务业：从事工业、商业、服务业等经济类活动的社会组织；

（2）S农业及农村发展：直接为农业及农村发展服务的社会组织；

（3）M科学研究：从事自然科学、社会科学研究的社会组织，包括思想政治工作研究会；

（4）P教育：从事各种教育活动的组织；

（5）Q卫生：从事各种医疗、卫生、保健服务的组织；

（6）R文化：从事文学、艺术、娱乐、收藏、新闻、媒体、出版等相关的活动组织；

（7）R体育：从事各种体育运动、健身活动的组织；

（8）N生态环境：从事动物、植物保护、环境保护以及环境治理的组织；

（9）Q社会服务：从事社会福利、救灾救助、社会保障及社会事务的组织；

（10）S法律：从事各种法律研究、咨询、援助、代理的组织；

（11）S宗教：各类宗教及宗教交流组织；

（12）S职业及从业者组织：职业协会、专门行业从事者组织；

（13）T国际及涉外组织：国际性非营利性组织、外国商会；

（14）K其他：校友会、友好协会及其他未列明的组织。

社会组织行政执法 是指民政部门对登记的社会组织作出的行政处罚和取缔非法社会组织。包括：

（1）行政处罚：指本年度民政部门依据《社会团体登记管理条例》《民办非企业单位登记管理暂行条例》《基金会管理条例》，对违反上述条例规定的社会团体、民办非企业单位、基金会作出行政处罚并且已经结案归档的案件数。因行政处罚引起的行政复议、行政诉讼未复议或审理终结的，不影响统计。

（2）没收违法经营额或违法所得：指本年度民政部门依据《社会团体登记管理条例》《民办非企业单位登记管理暂行条例》，对违反上述条例规定的社会团体和民办非企业单位作出其他行政处罚时予以并处没收违法经营额或违法所得处罚的案件数。

（3）罚款：指本年度民政部门依据《社会团体登记管理条例》《民办非企业单位登记管理暂行条例》，对违反上述条例规定的社会团体和民办非企业单位作出其他行政处罚时予以并处罚款处罚的案件数。

（4）警告：指本年度民政部门依据《社会团体登记管理条例》《民办非企业单位登记管理暂行条例》《基金会管理条例》，对违反上述条例规定的社会团体、民办非企业单位、基金会作出警告处罚的案件数。

（5）限期（责令）停止活动：指本年度民政部门依据《社会团体登记管理条例》《民办非企业单位登记管理暂行条例》《基金会管理条例》，对违反上述条例规定的社会团体、民办非企业单位、基金会作出限期（责令）停止活动处罚的案件数。

（6）撤销登记（吊销登记证书）：指本年度民政部门依据《中华人民共和国慈善法》《社会团体登记管理条例》《民办非企业单位登记管理暂行条例》《基金会管理条例》，对违反上述条例规定的社会团体、民办非企业单位、基金会作出撤销登记和吊销登记证书处罚的案件数。

（7）取缔非法社会组织：指本年度民政部门依据《社会团体登记管理条例》《民办非企业单位登记管理暂行条例》《基金会管理条例》取缔的案件数。

（8）没收非法财产：指本年度民政部门取缔非法社会组织案件中并处没收非法财产的案件数。

自治组织

居民委员会 指报告期末城市和建制镇在城镇居民集中居住的地区设立的居民委员会实有个数（含家委会）。

取得统一社会信用代码的村（居）民委员会 到民政部门办理了统一社会信用代码证并取得了相关证书的村（居）民委员会个数。相关工作见民政部公告第414号《民政部关于赋予村（居）民委员会统一社会信用代码有关事项的公告》。

居民小组 指报告期末在居民委员会下设的由居民组成的群众自治组织总数。

居（村）民委员会成员 指依照法律规定，经选举产生的居民委员会（村民委员会）的主任、副主任和委员的总数。

村民委员会 指报告期末乡镇在农业人口的居住地区设立的群众性自治组织（即村民委员会）实有个数。

成员中有女性的村民委员会数 指报告期末村民委员会成员中有女性的村民委员会实有个数。

自然村 是指按照自然、地理特点自发形成的农民生活居住村落。

村民小组 指报告期末在村民委员会下设的由农民组成的群众自治组织总数。

当年完成选举的村（居）民委员会数 本年度内进行了村（居）民委员会选举，而且当选成员人数足够组成新一届村（居）委会开展工作的村（居）委会。

当年完成选举的村（居）选民登记总数 只对本年度内完成村（居）委会选举的村统计此指标。一个村的选民登记总数少于本村村民数，大于等于本届登记选民数。

本届（登记）选民数 指在本年度内完成村（居）委会选举的村（社区）中，按照村（居）民选举委员会发布的公告，于有效日前在村（居）民选举委员会依法登记，有资格参加投票的本村（社区）选民。

参加投票人数 在本年度内完成村（居）委会选举的村中，以亲自投票、委托投票等形式参加了选举的选民人数。每个村（居）的参加选举人数，应当等于从票箱里收回的全部选票数。其中“委托投票人数”：指采用委托投票方式参加投票人数。

经推选（选举）产生的村民代表数 指依照法律、法规规定，经推选（选举）程序产生、任期为三年的村民代表人数。一般来说，一个村村民代表的人数从数值上少于村民代表会议组成人员的总数。

当年召开村民会议的次数 村民会议有两种组织形式：一是本村十八周岁以上村民的过半数参加；二是本村三分之二以上的户的代表参加。有些地方通过“村务公决”的方式决策重大村务，也可视为第三种形式的村民会议予以统计。

村委监督委员会数 指报告期末建制村建立的村务监督委员会个数。

婚姻登记

内地居民婚姻登记　指报告期内婚姻登记机关办理的当事人双方均是内地居民的结婚登记。包括内地居民结婚登记和内地居民离婚登记。

涉外及华侨、港澳台婚姻登记　指婚姻登记机关办理的，夫妻双方或一方是外国人、华侨、港澳台同胞的婚姻登记。

初婚人数　指报告期内婚姻登记机关办理的结婚登记中，当事人属第一次结婚人数的总和。

再婚人数　指报告期内经婚姻登记机关办理的结婚登记中，当事人属第二次（或者二次以上）结婚人数的总和。再婚包含恢复结婚。

恢复结婚　指报告期内，原为夫妻关系的男女双方申请办理结婚登记，经婚姻登记机关审查，为其办理结婚登记的件数。

涉港澳居民婚姻登记　指报告期内经民政部门的婚姻登记机关批准登记结婚的当事人的一方是居住在香港、澳门特别行政区的中国公民。

涉台湾居民婚姻登记　指报告期内经民政部门的婚姻登记机关批准登记结婚的当事人的一方是居住在台湾省的中国公民。

涉华侨婚姻登记　指报告期内经民政部门的婚姻登记机关批准登记结婚的当事人的一方是华侨。

涉外国人婚姻登记　指报告期内经民政部门的婚姻登记机关批准登记结婚的当事人的一方是外国人（含外籍华人）。

结婚率　是指结婚对数除以当年期初人口数与当年期末人口数的和的一半乘以1000‰。计算公式如下：

$$\text{结婚率} = \frac{\text{结婚对数}}{(\text{当年期初人口数}+\text{当年期末人口数}) \times 1/2} \times 1000\text{‰}$$

离婚率　是指离婚对数除以当年期初人口数与当年期末人口数的和的一半乘以1000‰。计算公式如下：

$$\text{离婚率} = \frac{\text{离婚对数}}{(\text{当年期初人口数}+\text{当年期末人口数}) \times 1/2} \times 1000\text{‰}$$

办理婚姻登记事务处数　指具体办理婚姻登记事务的场所、网点的数量，含编办登记、民政登记和未登记的婚姻登记机构以及乡镇街道可以办理婚姻登记的网点等。

殡葬服务

殡葬管理服务机构包括殡仪馆（含火葬场）、公墓、殡仪服务站以及殡葬管理机构。